中国管理学

理念、情境与过程

王凤彬
胡国栋 郭长伟
何文龙————
编著

中国人民大学中国管理学系列教材

总主编 叶康涛

中国人民大学出版社
·北京·

U0596453

总　序

为深入贯彻习近平总书记2016年5月17日在哲学社会科学工作座谈会和2022年4月25日在中国人民大学考察时的重要讲话精神，着力建构中国自主的知识体系，中国人民大学商学院在多年教学和科研成果积累的基础上，启动了中国人民大学中国管理学系列教材建设工程。

一、建设中国管理学系列教材的必要性

随着社会经济的快速发展，我国现行高等学校工商管理教材的局限性逐渐显露，不能适应新时代新形势的要求。一是工商管理教材中的基本理念不够完善。不少教材参照英美流行教材，更多关注股东利益，将"股东财富最大化""公司价值最大化"等财务目标直接作为企业的目标，其片面性和局限性值得反思。二是党和国家大政方针、我国法律体系的内容不够突出。现有不少教材注重引进美国、日本等管理理论，较少提及我国制度背景和相关法律法规，结果可能削弱学生对我国制度背景和相关法律（特别是专业性强的法律）的理解和认识，进而影响其专业胜任能力，不利于增强"四个自信"。三是与我国企业实践和传统文化的结合不够紧密。在吸收借鉴西方管理理论和实践的同时，本土教材对中国企业管理实践和经验的总结提炼不够，对我国社会主义经济建设所取得的伟大成就体现不足，也未能深入挖掘中国优秀传统文化中的管理思想。四是缺乏基于学科史的辩证分析。许多教材缺乏学科理论、学科史的梳理与总结，不利于学生理清学科发展

脉络，培养创新思维。

面对新时代新发展理念和中国企业管理实践提出的新要求，有必要对我国工商管理教育的现状进行反思，着力建设面向未来的工商管理系列教材。

二、中国管理学系列教材的主要特点

中国人民大学中国管理学系列教材以习近平新时代中国特色社会主义思想为指导，面向鲜活的工商管理实践的挑战，基于中国的发展理念、法律制度、文化传统和原创学术成果与管理实践，融汇东西方管理思想、方法和案例，打造面向未来的管理学科体系和教材体系，力求使教材品质符合"建构中国自主的知识体系"的要求。

1. 用习近平新时代中国特色社会主义思想铸魂育人

系列教材全面贯彻习近平新时代中国特色社会主义思想，结合工商管理学科独特优势和资源，突出原文原著进入，注重引导学生在学习学科专业知识过程中加深对习近平新时代中国特色社会主义思想的理解和认识，力求实现有机融入。

2. 贯彻理论逻辑、历史逻辑和实践逻辑三个逻辑相统一的马克思主义方法论

习近平总书记指出，"只有坚持不忘本来、吸收外来、面向未来，坚定文化自信，才能提出体现中国立场、中国智慧、中国价值的理念、主张、方案"。系列教材不仅系统阐述学科基础理论，而且注重从中国传统文化和学科发展史中汲取养料，帮助学生弄清楚知识点的来龙去脉，建立交叉贯通的网状知识结构。同时，基于中国优秀企业的管理实践，系列教材力求提炼总结具有中国特色的管理规律，向世界贡献中国的管理智慧和管理理论。

3. 体现党和国家的大政方针及宪法法治教育

系列教材注重把宪法法治意识的培养放在突出位置，尽可能明确学科知识点与宪法、法律、行政法规、部门规章、其他规范性文件的对应关系，帮助学生建立学法、用法的学习惯性。系列教材秉持"法律是道德的底线"的理念，在涉及法律知识的管理学课程中，注重结合相关法律法规开展理论分析和案例研讨，培养学生的底线意识、合规意识。

4. 注重多种教学方法的创新和运用

系列教材倡导交叉学科教学，将经济学、管理学、政治学、法学等学科的知识和方法贯通起来，同时强调案例教学和思辨教学，设计了大量鲜活的企业管理案例和问题，引导学生进行批判性思考，提升学生的学习效果和实际管理能力。

三、着力建构中国自主的知识体系

立德树人是教育的根本任务。教材应该是科研成果的重要载体和归宿。中国人民大学商学院以"成为最懂中国管理的世界一流商学院"为愿景，一贯主张管理研究要面向

中国共产党治国理政需要、面向管理教育、面向管理实践，研究成果要力争进法律、进教材、进实践，教学成果多次荣获高等教育国家级教学成果奖。习近平总书记"把论文写在祖国的大地上"的重要讲话精神，更是激励着我们加倍努力投身于建构中国自主的知识体系。

中国人民大学中国管理学系列教材建设是中国人民大学商学院贯彻落实新时代党中央、国务院一系列教育教学改革指导精神，在教材建设领域推动的又一创新举措。真诚地欢迎理论界和实务界同仁继续与我们一道集思广益，共同投身于建构中国自主的知识体系的伟大事业。

中国人民大学中国管理学系列教材

总主编　叶康涛

于中国人民大学明德楼

序

2022 年 4 月 25 日，习近平总书记在中国人民大学考察调研时指出，加快构建中国特色哲学社会科学，归根结底是建构中国自主的知识体系。他强调，哲学社会科学工作者要以中国为观照、以时代为观照，立足中国实际，解决中国问题，不断推动中华优秀传统文化创造性转化、创新性发展，不断推进知识创新、理论创新、方法创新。响应习近平总书记的号召，同时遵照中国管理学系列教材编委会的策划和部署，本书编写团队本着为"建构中国自主的知识体系"贡献绵薄之力的心愿和"边学边做"的宗旨，在理论逻辑、实践逻辑和历史逻辑相统一中，尝试建构一个能在某种程度上体现中国特色的管理学知识体系。

创建中国式企业管理科学，是中国几代管理学者梦寐以求的夙愿。为了这个目标，新中国管理理论和矛盾管理理论的先驱者李占祥教授，协同中国人民大学原工业经济系下属的工业企业管理教研室的教师们，付出了持久的努力。继出版《中国社会主义工业企业管理》（中国人民大学出版社，1980）后，又编写了《工业企业管理原理与组织》（中国人民大学出版社，1984），之后又编写了《现代企业管理学》（与杨先举合著，中国人民大学出版社，1990）。多版本更新之后的教材，不仅内容更充实，理论阐述也更深邃，极大地推动了创建中国式企业管理科学的进程。李教授不但自己以下企业为乐，而且带领教研室师生深入企业开展调查研究，组织各方力量共同总结和提炼改革开放以来我国企业管理中出现的新情况、新问题和新经验，先后出版了《大庆工业企业管理》（人民出版社，1979）、《宝钢现代化管理概论》（中国人民大学出版社，1993年）等反映和升华中国企业先进管理经验的系列著作。李教授躬教笃行65载，为创建中国式企业管理科学谱写了华章、奠定了根基，也为后辈们开展理论联系实际的科研与教学工作明确了主旨、树立了榜样。

为了在管理学课程教学中有一本用于本科阶段教学的本土特色教材，我们依循"传承与创新相结合"的学术路线编写本书，希望能够以实际行动为创建中国式企业管理科学、为建设中国管理学系列教材添砖加瓦。本书从现实企业管理中的矛盾出发，以整体观和动态观的角度看待问题，对学科发展的历史脉络做简要梳理并系统阐述管理的理念、情境与过程。

本书的研究对象是管理活动及其开展过程，但是这一过程绝不是主客体分离的，而是二元融合的，需要把管理主体与其具体管理实践中的特定对象结合起来考虑。出于主客体合一和聚焦实业的考量，本书的定位是：一本应用基础理论类学科教材，以工商企业为专门对象，以企业整体层面开展的综合性管理活动为关注点。这样的定位与本书编写团队所持的基本信念相契合。我们相信，以面向企业整体（在较具体的思维层面上称之为"组织"，在更抽象的思维层面上则称之为"协作系统"）的管理过程作为管理学典型考察对象，在一般或者综合管理学领域把基础层面的理论科学做实、做深，将有助于启发和引导工商企业（营利性组织）中各个专业领域管理学的发展与完善，并对其他类型机构（非营利组织）管理的理论与实践发展提供借鉴。基于此，本书的实质是一本"综合管理学"（general management）教材。

源于实践又高于实践，实事求是，是本书编写的基本理念。中国是制造业大国，截至2023年11月底，规模以上工业企业数量达到48.3万户。每一个体都有自己独特的个性，不能以"模板化""公式化"的办法来对待。与此同时，我们需要对事物本质规定有综合性的认识，为此必须以理性抽象为思维工具，把最初的感性具体上升为理性具体，通过理论总结和概括搭建帮助读者形成对企业整体管理活动基本规律之认识的管理学知识体系。

为确定一个合适的阐述主线，我们对比了20世纪80年代以来国内管理学界流行的各种管理学教材及相关论著，其中包括管理过程学派奠基者亨利·法约尔的《工业管理与一般管理》、现代管理理论鼻祖切斯特·巴纳德的代表作《经理人员的职能》、经理角色学派提出者亨利·明茨伯格的《管理工作的本质》、管理理论丛林总结及审辨者哈罗德·孔茨的《管理学精要》、斯蒂芬·罗宾斯的被视为管理职能学派经典教材的《管理学》（国内中译版教材的市场主导者，本书第一作者曾参与其早期两个版本"组织"篇的翻译），以及中国人民大学教授杨先举的《孔子管理学》等、杨文士和焦淑斌的《管理学》、王利平的《管理学原理》、包政的《管理的本质》、杨杜的《现代管理理论》、黄卫伟的《管理政策》、王凤彬和李东的《管理学》，以及书名中含有"东方管理"或"中国管理"字眼的各类著作。总体上，现有管理学教材的框架体系要么以管理客体的经营职能为主（仅关注企业具体业务活动的管理，如生产管理、销售管理、技术管理、财务管理等），要么以管理主体的管理职能为主（仅关注管理者的管理行为，如规划、组织、领导和控制等），这反映了李占祥教授批评的"还原论"倾向。管理知识体系的"整体论"缺失与"食洋不化"、本土化不足密不可分。

在管理理论框架体系之争中，李占祥教授坚持贯彻中国现代管理科学的倡导者和践行者、中国人民大学原校长袁宝华先生倡导的"以我为主，博采众长，融合提炼，自成一家"十六字方针，把辩证唯物论的认识论作为治学的座右铭，坚持不懈地走从管理实践出发到管理理论再到管理实践这样一条科研之路。他强调，管理实践是充满矛盾的动态过程，矛盾是企业发展的动力，矛盾理论应当作为我们认识和研究一切事物的根本方法。《现代企业管理学》中明确指出：企业管理的内容，充满着对立统一的关系，事物常常是既相互对立又相互依恃而存在着。我们努力用唯物辩证法思想分析问题，称这种研究问题的方法为矛盾分析的方法，称这种观点为矛盾分析学派的观点。

本书以矛盾管理为主线，从历史维度梳理中外管理思想演进过程，提取和凝练管理核心概念和观点；从管理理念出发阐明主客体对立统一关系，探析管理工作的本质和对管理者知识能力的要求，以及中外管理思维方式的异同；剖析管理工作对象的典型特征，识别企业内外部的管理情境和相应的管理应对方式；把握管理过程体系和管理职能要素，并展望管理创新的新动向，从而为建构中国自主的管理学知识体系提供理论养料和思想启迪。全书包括四篇，即概述、管理理念、管理情境和管理过程，共15章。

本书的立意是，从通常侧重于知识介绍转向更注重学理阐发，从应试类教材转变为能力培养类教材，以帮助读者建立起关于企业管理工作有效开展的理论逻辑。本书的主要特色体现在如下五方面：

第一，贯彻具体与抽象相结合的方法论。马克思关于人类认识过程的辩证法，主张从具体的表象出发，通过科学分析形成抽象的概念，再转化为具体的认识。企业是管理的具体对象，从中抽象出"协作系统"及作为其内核的"（正式）组织"概念，意味着思维的内容有了更一般（概化）的本质的规定。本书将组织作为企业整体的代名词，赋予管理对象以具体的规定。这样建构起来的管理学，不同于对象泛化的"一般（通用）管理学"，也不像既有的"企业管理学"那样偏重于各项经营业务的专业管理和人的管理，而是更强调对企业整体的管理。

第二，坚持管理的自然属性与社会属性相统一。以习近平新时代中国特色社会主义思想为指导，依据企业作为生产力与社会关系结合体的性质，厘清中国社会主义制度情境下企业管理活动两重属性之间的关系，使本书实现价值性和科学性相统一。为凸显管理工作中的价值判断成分，除了设立"管理理念"篇进行专题介绍外，还在各章章首增列了"思政主题"。

第三，注重管理的理论性与实践性相融合。本书编写坚持理论联系实际，将中国领先企业的前沿管理实践融合进来，搭建思想引导性、逻辑明晰性与实践相关性兼具的管理学知识体系。通过引例、若干实例和各篇的篇末案例，把实业界发生的鲜活的案例融入理论知识阐述，促进学用融合、学以致用。同时，借助"延伸阅读"和"深化学习"，把理论界或思想界的深度思考和观点探讨与本书知识点相关联，促进各章知识与外界开放、动态连接，帮助读者在开拓学术视野的同时进行资源组合，进而打造个性化的知识探索机会。

第四，突出管理的时代性和本土性。从世界百年未有之大变局、党和国家事业发展全局出发，本书突出管理新思维、管理创新、新科技革命与管理模式变迁、全球化与本地化矛盾及文化冲突等相关内容。同时，以坚定"四个自信"为着眼点，运用辩证矛盾逻辑来揭示和阐释社会主义企业的管理规律，深入挖掘基于中华优秀传统文化与中国特色社会主义制度情境的更具本土契合性的管理知识。

第五，强化管理的系统性和过程性。以整体观、动态观和辩证观来考察管理工作各个职能要素及其构成的整个过程，把中国传统哲学思想与本土企业管理实践结合起来，融合中外管理智慧，把中国元素和现代化元素糅合进管理学知识体系中，展现中国式现代化管理的端倪。

本书提供了内容完整、素材丰富的配套材料，读者扫描二维码可便捷地获取资源。

目　录

第 II 篇 02

管理理念

第 III 篇 03

管理情境

第 IV 篇 04

管理过程

概述 第一篇

第1章

导　论

学习目标

- 理解管理的内涵和重要性。
- 理解限定管理对象的必要性、企业管理与一般管理的区别和联系。
- 认识管理学科的属性与中国管理学的典型特征。

通过本章的学习，你将掌握企业作为协作系统的本质内涵和管理的使命（重点），了解管理学科的发展现状和中国管理学的定位与特色（难点）。依循"古为今用、洋为中用"原则，深入思考如何融会贯通各种管理思想，加速建构中国自主的管理学知识体系（思政主题）。

引　例

华为公司的对事负责制

华为技术有限公司是中国的一家民营电信设备企业。公司在创业初期，与其他民营企业一样，规章、流程不健全。由于没有现成的依据可供参考，公司管理者主要根据自己的经验、能力去判断和决策，下属只有与上级密切沟通，才能充分地理解上级的意图。这时期的企业管理表现为对人负责制。

在华为经过十年的发展而进入大规模扩张期后，任正非注意到华为暂时的成功和员工待遇的提高滋生出一批"明哲保身"的干部。针对这一情况，任正非以"华为的红旗到底能打多久"提醒员工思考：到底是实行对人负责制还是对事负责制，这是管理中两个不同的原则。

任正非明确指出，日本企业在20世纪80年代面临困境的一个重要原因，就是对人负责制的掣肘。日本企业因为太依赖人才，导致雇佣过剩，企业缺乏创新和竞争力。他主张华为应确立对事负责制：让最有责任心的人担任最重要的职务，把权力下放给最明白、最有责任心的人，让他们对流程进行例行管理。相反，习惯于对人负责，事事请示，会使流程化管理推行困难。任正非倡导内部运作上遵循流程化导向，强调"已经有规定，或者成为惯例的东西，不必请示，应快速让它通过"。他希望通过建立对事负责制，不断地把例外管理转变为例行管理，提高效率。

任正非认识到，制定一个好的规则比不断批评员工的行为更有效，能让大多数员工努力地分担工作、压力和责任。针对华为当时出现的干部"明哲保身"的现象，任正非批评说，他们事事请示，僵化、教条地执行领导的讲话，生怕丢了自己的乌纱帽，成为对事负责制的障碍。他强调，公司发展到一定的规模后，必须依靠制度来管理，尽量减少对人的依赖。他还对比说，对人负责制是一种收敛的管理体系，对事负责制依据流程和授权以及有效的监控，使最明白的人具有处理问题的权力，因此是一种扩张的管理体系。

华为初期是靠企业家抓住机会、奋力牵引而进入发展阶段，因此必须依靠规范的管理和懂得管理的人才。通过"市场部集体大辞职"，任正非向全体员工特别是管理者发出了一个重要的信号：华为要从创业期的个人英雄主义向提高职业化管理能力的方向转变，只会冲锋陷阵而不会带兵打仗的人必须从管理职位撤出。他主张公司进入规范化运作阶段后，所有业务都由流程来驱动，实现"华为人与制度同步发展"。尽管对人负责制与对事负责制都需要"能人"，但前者中能人的能力体现在对下级的领导上，后者中能人的能力则体现在流程规范的建立与执行上。传统的对人负责制是对上级管理者素质的预期与要求，而对事负责制不但是对业务人员素质的预期，更是对领导者制度管理能力的依赖。

华为把对事负责制的理念落实到端对端的流程上。例如集成产品开发（IPD）流程，输入客户的需求，处理后输出满足客户需求的产品。华为对任何层次的任何流程都设有流程责任人，并考核该流程的绩效产出，实现从哪里来到哪里去的闭环。这样，流程体现的就不仅仅是一种权力，同时也是一种责任。

任正非不仅强调流程化管理的高度重要性，更重视公司各方面人员对新流程的理解与执行。他多次指出：公司的人是会流动、会变的，但流程和规范会留在华为，因此必须有一套机制，无论谁在管理公司，这种机制不因人而变。同时，流程本身是死的，而使用它的人是活的，需要人对流程的理解。而对流程了解比较多的是管理者，只有他们而不是基层人员才清楚为什么这样设定流程。他明确地说，IPD流程本身不是最有价值的，它的管理理念才最有价值。好企业的各级管理者如何管理IPD，他们的理念如何，是要大家去体会和学习的，如果人不理解，流程就是没有用的。

资料来源：李慧群．华为的管理模式．深圳：海天出版社，2006；王凤彬，等．企业组织与管理制度．北京：机械工业出版社，2012；黄卫伟．管理政策：矛盾、辩证法与实践．北京：中信出版社，2022.

管理是什么、管理者做什么，是管理学要回答的基本问题。高效的管理者知道如何根据不同的对象采取不同的管理行动。华为从早期的对人负责制转变为对事负责制，启发我们深入思考管理的使命和任务，以及管理方式如何根据企业发展的阶段而调整。

第 1 节 管理的概念与学科发展现状

　　现实中的管理，是在管理者与被管理者之间的互动乃至矛盾关系中展开的，所以谈及管理就必须考虑对什么进行管理，深化学习 1-1 说明了限定管理对象的必要性。本节的一个重要论题，就是明确以工商企业（business，简称为"企业"）为对象的管理学的独特内容及其重要意义，以及本学科与其他类似名称学科的异同。

深化学习 1-1　限定管理对象的必要性

一、管理的内涵和重要性

（一）管理的对象及对应学科

　　（1）以企业为对象的企业管理学。工商管理领域通常把在企业（或作为其典型表现形式的公司）中发生的管理（management）作为管理学的关注对象，并因此建立起企业管理学。根据具体管理对象的不同，企业管理学范围内探讨的管理，又可以区分为对各项业务经营活动（事）的专业管理、对工作者（人）的管理和对企业整体（组织）的管理。虽然这三者都是在某特定企业（场所）内发生的，但它们差异明显。以企业整体为对象的管理更具有综合性，区别于以"事"或者"人"为对象的管理，比如生产管理、销售管理、财务管理等与业务经营活动相关的专业管理，以及人力资源管理或人才开发、发展管理等。鉴于具体对象的差异，企业管理学往往解构为若干次级学科。细分之后，以企业为对象的企业管理学就不包含各项专业管理的内容。

　　（2）管理对象泛化的一般管理学。现实中的企业，在规模、形态、结构、名称等方面有着不同的特点。面对工业企业、商贸企业、物流企业、生产加工商、供应商以及上市公司等名目繁多的企业分类，以及每种分类下许多具体的企业，为了异中求同，往往需要从中抽象出共性。营利性组织（通常指代上面述及的企业）和非营利组织（指代学校、公立医院等各类机构）就是对管理发生的场所或载体的泛称。一般管理学不对所面向的机构类别做出区分，没有限定承载管理活动的特定的具体的对象，而是试图成为普适的、通用的管理学，但是存在对象泛化所带来的内容针对性弱化的问题。本书不采用此类泛化的做法，而是聚焦于探讨企业这一专门类别的管理。

　　（3）针对企业整体的综合管理学。企业是管理活动发生的场所，但未必成为管理的焦点。亨利·法约尔在多年担任矿业公司总经理的经验基础上总结出总体性、全局性的管理职能开展过程与原则的论著《工业管理与一般管理》，在传播中"general management"（一般管理）中的"general"被转译为"非专门的、一般性的、普通的"，而不是"整体的、全面的"。这导致管理理论在脱离产业背景而走向普适的过程中，对象泛化的"一般管理"取代了对象特定的"企业管理"，而针对企业总体的"general management"原本意指的"综合管理"或"整体管理"被替换为"一般管理"，以致谈及"企业管理"就落入"在商言商"范畴，过于重视业务经营活动各项专业管理以及人的管理等微观话题，而忽视企业整体这一最为重要的管理对象。

（二）企业作为协作系统的本质内涵

从整体的立场看，企业是一个系统性质的生命有机体，通常称之为"组织"。鉴于流行的"营利性组织"概念只是描述了企业的使命与目标，还需要进一步把其物质和技术的、社会和人的因素抽离，提炼出作为组织最本质的特征。切斯特·巴纳德沿着这一方向提出以"协作系统"来对包括营利性组织和非营利组织在内的各类机构进行抽象，形成一个具有一般性意义的、共性的概念。按照切斯特·巴纳德在《经理人员的职能》一书中的定义，所谓协作系统，是指"由两个以上的人为了一个或更多目的进行协作而引起的、处于明确的系统关系中的物质的、人的、社会的要素所组成的复合体"。

协作系统是一个高度抽象的概念。从某家特定企业、某类别企业到营利性组织，再到协作系统，其抽象程度逐渐提高。不过，现实中在具体的协作系统中存在着各种变异，诸如物质的、社会的、人的或人贡献的基础等要素都会有不同的状态。巴纳德认为要获得对组织本质的认识，就需要将它们与作为外在的事实即环境要素进行剥离，只将"正式（的）组织"认定为管理对象，以使管理职能的研究和讨论更为聚焦。由于协作系统代表了各类机构的共性，这样的本质探讨就具有普适的意义。

综上，巴纳德将"正式组织"定义为"经过有意识地协调两个或两个以上的人的活动或力量的协作系统"。该定义表明，构成正式组织的并不是人，而是人所提供的活动或力量。加入特定组织之前的人，只是作为组织环境要素存在的，是一种向特定组织输入的资源。这样经过抽象又聚焦的正式组织（简称为"组织"①），就是本书所讨论的管理活动的对象。

毫无疑问，针对上述定义的正式组织所探讨的管理学原理，并不仅仅适用于企业，对其他机构也有借鉴和参考价值。图 1-1 对比说明了管理的对象在不同抽象层次的概念。

总之，将管理对象从企业延伸到其他各类机构时，当关联某类机构业务特殊性的专业管理内涵被抽离，并将正式组织之外的要素视为环境之后，这样建构的管理学（综合管理学）既有明确的针对性和对象性，又具有一般性和普适性。

（三）管理的起源与重要性

管理起源于人类共同劳动中协调各方努力的客观需要，是协作劳动的必然产物。马

---

① 需注意"组织"一词的多种含义：作为企业的代名词，即营利性组织，是指管理活动的场所；作为正式组织的简称，是指以整个企业即协作系统方式存在的管理对象；作为一项管理职能，指的是组织工作及其形成的结构形态，其中，当协作系统自我管理时，组织自身就成为"自组织"行为的载体。英文语境下，前两种含义通过 organization（具体名词）来表达，后一种含义的用词只能是 organizing（动词）、organized（形容词）或者 organization（抽象名词）。中文语境下，为便于区分，会在"组织"一词的前、后添加修饰语，比如前两种为企业或组织，后一种为组织工作、组织结构、组织形态或状态等。另外，简洁起见，把针对整个企业（正式组织或其代表的协作系统）的管理学简称为企业管理学。

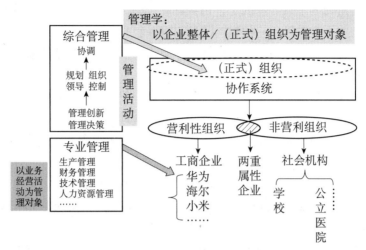

图 1-1 管理的对象及对应学科

克思指出："一切规模较大的直接社会劳动或共同劳动，都或多或少地需要指挥，以协调个人的活动，并执行生产总体的运动——不同于这一总体的独立器官的运动——所产生的各种一般职能。"[①] 这种指挥、协调和执行生产总体运动所产生的各种一般职能，就是管理。它把共同劳动中每个人的活动协调一致，使之为实现集体目标作贡献。[②] 马克思所指的共同劳动的场所，抽象地说就是协作系统，具体地说可以是营利性组织，也可以是非营利组织。企业就是一类典型的通过经营来赚取利润的组织。

管理活动是企业的一项重要而特殊的职能，与企业中的技术活动、商业活动、财务活动、安全活动、会计活动等同属于经营或运营好一个企业所必须开展的活动。管理的成败得失，在相当程度上影响着企业其他各项活动的有效运作以及整个企业的前途命运，所以，管理之于企业，可以类比为大脑之于人体，由此可见管理活动的重要性。不过，相比企业开展的各项业务经营活动，管理活动具有独特性与超越性，是让技术、商业、财务、安全、会计等各项活动实现由分到合转变的关键，所以是赋予企业"生命体"机能所必不可少的职能。企业要在环境变化中持续生存发展下去，就必须确保管理活动在企业整体运营中处于突出的位置，使管理渗透到企业各项活动的开展过程中，做到处处有管理、人人会管理。

（四）管理的使命与任务

让多人共同劳动、协调一致，使作为协作系统的企业处于有管理的状态，是管理的基本使命。它表明，管理没有自身的目的，管理的使命，实质上就是帮助其管理对象实现目的。

管理大师彼得·德鲁克明确主张，管理的目的统一于企业的目的，统一于企业的存续与发展。管理是特定机构的一个器官；而机构，不论是一个工商企业还是一个公共服

① 马克思，恩格斯. 马克思恩格斯全集：第 23 卷. 北京：人民出版社，1972：367.

② 李占祥，杨先举. 现代企业管理学. 北京：中国人民大学出版社，1990：39.

务机构，又是社会的一个器官，为了作出某种特别的贡献并执行某种特别的社会职能而存在。没有机构就不会有管理。而机构之所以存在，只是为了给社会、经济和个人提供所需的成果。器官从来不是由它们做些什么，更不要说是由它们怎么做来确定的，而是由其贡献来确定的。①

那么管理如何贡献于企业？依照马克思的论述，但凡有两个或两个以上的行动者共同劳动的场合，为了实现共同的目标，就必须通过管理活动，把这些个体的努力整合为集体的努力。亨利·明茨伯格明确地把组织定义为"为了追求共同使命而架构的集体行动"②，强调了劳动分工之后必须进行协调。

管理是协调个体努力所不可或缺的因素。管理的贡献就在于促成管理对象取得"1＋1＞2"的合力，即实现多人共同劳动的协调（coordination）。能够取得行动的协调，就意味着这一协作系统处于有管理的状态。

李占祥教授指出，企业管理是以管理任务为导向的执行管理职能的系统活动，因而，研究企业管理，首先必须明确企业管理任务。现代企业管理必须承担和完成下列三项相关的重要任务：（1）为社会创造财富，增加积累；（2）调动员工的积极性和创造性；（3）承担社会责任。包政教授把管理任务概括为三项：使企业有前途，使系统有效率，使员工有成就，并将其视为管理之道，具有总括性或纲领性的意义。

如何衡量管理工作在多大程度上帮助管理对象实现目的？从衡量的标尺来看，需要关注所管理的企业能否选择正确的事情去做（目标达成上的效果），并且能够把这些事情做正确（实现目标手段的效力与效率）。这两方面结合在一起，就是正确地做正确的事情，这是判断企业是否处于有管理状态的标志，也是衡量管理工作有效性的标准。而为了确保管理工作卓有成效，需要有专职或兼职承担管理职能的管理人员从事管理工作。概言之，管理工作的出发点就是赋能，帮助管理对象不断地改善其行动的协调性。深化学习1-2介绍了管理工作的独特性。

 深化学习1-2　管理工作的独特性

二、管理学的学科地位与属性

管理实践历史久远。出于对共同劳动进行协调或更好地协调的愿意，人们不断地思考和总结管理活动开展的方式方法及背后的理念。在管理理论日益丰富的同时，走出"管理理论丛林"也成为困扰管理学家多年的难题。正如李占祥教授指出的，泰勒以来的管理学，在思想方法上一直受还原论影响，认为企业整体的性质可以还原为部分或低层次的性质，认识了部分和低层次的性质，通过累加即可以认识整体或高层次的性质。作为一种纠偏，他强调，必须把企业作为一个生命体来看待。③整体地、动态地看待管

① 彼得·德鲁克.管理：任务、责任和实践.北京：华夏出版社，2008.
② Mintzberg H. Understanding organizations … finally! Structuring in Sevens. Auckland：Berrett-Koehler Publishers，2023.
③ 李占祥.李占祥自选集.北京：中国人民大学出版社，2007.

理活动及其开展的过程，是构建中国管理学的基本立场。

现阶段，中外各种管理思想经过融合、转化和条理化，形成了有着丰富内容和一定系统性的管理理论。但是，就中国管理学界来说，从管理学科独立发展的角度看，当前存在三个明显的局限：

（1）学科地位欠独立。长期以来，管理学一直作为经济学的一个分支，以"企业管理"为专业名而存在，主要关注企业生产经营活动的管理；1997 年，管理学作为一个学科门类单列后，又在社会学、心理学等多学科渗透和交叉影响下丢失了自己独特的研究对象，以至于外围或周边理论知识严重挤占了管理学主干知识的发展空间，真正研究管理活动的学科被边缘化或丛林化，管理学出现理论内核的缺失。

（2）学科属性较含糊。涉及企业管理的论著，常常将研究对象微观化，侧重生产或运营管理、销售管理、技术管理、财务管理、人力资源管理等专业管理。这些针对企业具体职能领域的管理学，通称为工商管理，属于应用导向的学科，在理论抽象度和普适性方面都不足以成为一般（普通）管理学。而针对所有管理活动中的共性原理展开研究的一般管理学，是各门具体的或专门的管理学科的共同基础，有必要发展成为一门基础性的理论科学，以便为具体的专业管理学提供指导。

（3）本土特色未凸显。管理学界受西方中心主义思潮冲击严重，使得建构中国自主的管理学知识体系成为当前的一项突出任务，管理学研究与教育在增强"四个自信"、建构中国自主的管理学知识体系的征途上任重而道远。

在管理学作为一门独立学科的地位确立之后，从学科发展的理论逻辑来看，为了加快建立起中国管理学，当前需要从理念和方法论两方面及其结合上谋求改进和发展。首先是理念方面。有关管理活动承载的是人文属性还是工具属性的争论，推动着管理学界进行学理性探究，以增进对无定式但有规律的管理活动的深入理解，从而实现以人的全面发展为目的的终极价值。这将加深对管理学作为人文社会科学的基本属性的认识。其次是方法论方面。管理学面对艺术性的自由发挥与科学性的规律遵循之间的二元对立，管理学的技艺性已受到重视，成为在科学性还是艺术性这一矛盾关系处理中谋求二元对立统一的一个中介。最后，管理不仅是年轻的学科，还是发展中的学科。任何学科的发展都离不开理念和方法论的密切结合，学理性与技艺性的探寻需要在更高层面上予以统合，才能创建出能够不断地发展完善的有生命力的学科。

第 2 节　中国管理学的典型特征

管理作为一门学科对于中国来说是舶来品，西方的工业化进程使管理由经验走向科学，并伴随着西学东渐传入中国。[①] 在工商管理领域，中学与西学之间产生了诸多碰撞、渗透和冲突，在趋同中显示出差异。

---

① 刘文瑞．管理学在中国．北京：中国书籍出版社，2018.

一、西学东渐中的中国企业管理

西方普遍崇尚"法治"，而东方倾向于"人治"。中国的民营企业也是如此，企业的兴衰成败主要取决于作为"一把手"的企业家和以其价值观为主导所形成的企业（家）文化。然而，随着企业的发展壮大，"人治"终归要向规范化、制度化管理的方向转变。华为从早期的对人负责制转到对事负责制，而后又向流程建设进一步演进，并且从靠自己的摸索建设公司管理体系，到总结提炼自身的特色，再到引入国际化规则，其间经历了一个复杂的"折返""扬弃"过程（见实例1-1），但"每次到了关键时候，辩证法思维总会在分析和决策中起作用"。这种管理工作好比"拧麻花"，将时间维度加入后，其跨时期处理矛盾的方式被诠释为"前后拧"，也就是一个时期强调一种主要倾向，一张一弛，波浪式发展。①

实例1-1

华为管理规范化进程中的 "折返"

华为1987年成立后，面临通信行业激烈的市场竞争，任正非一度将"狼性文化"注入企业文化建设。他认为，企业发展就是要发展一批具有敏锐的嗅觉、进攻精神和群体奋斗意识的人，他们能把握市场的发展与动向，并能瞄准机会主动出击，拿下订单。凭借"狼性文化"，华为逐步占领了从农村到城市、从国内到海外的一个个市场。1991—1995年，华为自己摸索建设公司管理体系，在计划管理、产品开发项目管理、销售管理等方面取得了一定的成绩，但是总体还比较落后，在很多方面走了弯路。于

 延伸阅读1-1　《华为基本法》制定的过程及意义

是，华为向中国人民大学的几位教授进行人力资源咨询，并随后任命一位副总裁筹建管理工程部，致力于改造公司管理体系。随后，中国人民大学专家组帮助起草了著名的《华为基本法》（详见延伸阅读1-1）。

资料来源：吴建国，冀勇庆. 华为的世界. 北京：中信出版社，2006；郭开森，张鹏. 三个维度看华为. IT经理世界，2004（17）.

中国企业不断演进的管理实践创新，为本土优秀管理思想的形成提供了沃土，也为提炼出中国特色的管理理论奠定了基础。不过，即便现阶段已有学者陆续提出具有深厚中国文化底蕴的本土管理理论，但总体上看，我国本土理论界至今仍处于"尝试用西方管理理论解释中国管理实践"的"照着讲"状态。对此，魏江等呼吁用国际话语讲好中国故事，强调如今产生于中国管理实践的经验与智慧已经具备支撑建构具有中国特色的管理理论体系和发展适合解决本土管理问题的方法体系的良好条件，学术界在用国际话

---

① 黄卫伟. 拧麻花. 中国企业家，2003（6）.

语讲好中国故事时要"自信而不偏狭"。[①] 特别是对于日益频繁出现的复杂的、充满矛盾的现象，中国人因为太极阴阳理念的普及，相对更容易理解其中的精髓。[②] 中国管理学界应该本着"四个自信"，从"照着讲"转到"接着讲"。其中可以有部分内容接着西方管理学讲，但更大部分内容要接着中华传统文化讲和接着中国近现代管理实践讲。[③]

二、中西方管理学的本质差异

中华民族传统文化博大精深，能够包容和吸收其他文化中优秀先进的成分。这种包容性使得基于中华文化所建构的管理学能够博采众长，形成中国特色的管理实践活动，并在此基础上展现出异于西方的特色化的系列管理思想、理论和方法体系。

受中华传统文化熏陶，处于劳动密集型行业的制造业企业，在多样性劳动力队伍的管理方面显示出独有的优势。20 世纪 80 年代产生的企业文化热潮，也表明了中国式管理有可以补足西方管理的优点。延伸阅读 1－2 表明这种补足是可能的，而且可以把宏观层面的经济制度落实到微观层面的企业管理中。

延伸阅读 1－2　企业管理的对比

差异性是互补性的前提。因企业管理所面对的环境条件的差异，中国与西方在管理上呈现出诸多差异。具体表现在以下方面：

（1）管理目标。所有的管理行为都是为使特定劳动集体能够有效地实现其共同目标服务的，这是协作系统的本质决定的。但是，在目标本身的价值判断上，西方管理学倾向于价值中立的立场，而中国管理学则认为有价值关联，存在"义"与"利"孰轻孰重的价值考量。

（2）管理主体。管理主体是管理体系构成中最核心、最关键的要素。组织是否处于有管理的状态，取决于管理活动的实施，但是管理行为并非一定由专职的管理人员做出。西方管理学在分工理论的主导下，对管理活动与作业活动持截然分离的立场，对员工队伍强行做"白领"与"蓝领"的区分。与之对比，中国管理学并不认为存在这种绝对的区分，而是倾向于巴纳德的主张，即协作系统亦存在自我管理的可能性，所以"分工不分家"。管理者更多地是指一种工作关系中的角色，而非局限于固定占据着管理职位的人员。

（3）管理客体。西方管理学主张管理客体包括不同类型的组织，管理具有普遍的适用性，因而统称为"（一般）管理学"。中国管理学认为管理活动具有高强度的情境依赖性，要针对具体时空情境下的管理客体采取"对症"举措，强调要明确管理行为的受作用一方，所以通常针对地称"企业管理学"，而不是笼统地称"管理学"。这是马克思实践论所倡导的"具体问题具体分析"原理的体现。

① 魏江，杨佳铭，陈光沛.西方遇到东方：中国管理实践的认知偏狭性与反思.管理世界，2022，38（11）.
② 肖知兴，管理的麻花.华夏基石 e 洞察，2022－08－01。
③ 胡海波，等.中国管理学原理.2 版.北京：经济管理出版社，2017.

（4）管理功能及其实现媒介。提升效率是西方管理学所主张的管理活动的出发点和落脚点，为此要采取科学化的管理方式。中国管理学则主张决定管理功能最直接、最核心的因素是人的主观能动性，为此，要从人文精神出发采取以人为本的管理方式，通过"管事"达到"理人"的效果。

（5）管理环境。西方管理学主张管理环境是客观存在的、独立于管理过程的组织各种内外部因素的总和，管理行为受到管理环境的重要影响，所以，管理主体要对所处环境做出反应，以确保获得即期收益。中国管理学持"天人合一"观点，认为企业的内外部环境也是可管理的，一方面，环境影响企业及其管理，另一方面，企业的所作所为也反向作用于环境，所以，环境属于管理对象的范畴。个体要通过"修身"，在正确价值观指导下与外界环境发生良性互动，实现服务利他人、利群体、利组织的目的，也就是说，个体要"人为为人"，共建全社会的长期秩序。中国管理学主张的"人为为人"事实上代表了一种极高的道德境界——有理性的利他行为，这样的人具有比较稳定的道德准则，其行为评价能够以是否服务于别人并提高整个组织的工作绩效为依据。

第 3 节　管理过程概述

管理是一个活动过程，需要从局部和综合的角度来了解它。局部的角度，就是把该过程分解为若干工作活动，向内逐步地细化，得出各个职能要素；而综合的角度则注重该过程所产生的结果，主要看其对外产生的作用，即整体要实现的功能。系统观则需要结合两个角度来看。

一、管理过程的构成和产出

管理是结果导向的工作活动，服务于特定组织（包括企业）以实现共同的目标。对管理①的定义虽然并未达成一致，但归结起来，就是指特定组织中的管理者通过实施规划、组织、领导和控制来协调他人的活动，带领人们既有效果又有效率地实现组织目标的过程。

管理是发生在特定组织中的，组织是管理活动发生的场所，所以不能忽视组织内外部环境；同时，管理要服务于组织目标的实现，并在必要时配备专门的管理者来协调为组织贡献力量的各类成员所开展的各种各样的活动。而要实现活动的协调一致，需要管理者开展规划（谋划和确定包括目标与途径的计划方案）、组织（形成各类成员间的分工与协作）、领导（以施加影响、营造氛围来领导）和控制（使事情按计划进行并在需要时调整计划本身）等多项基本活动以及支撑其管理创新、管理决策等基础活动，因而

---

① 管理可以细分为工商管理、行政管理等，行政管理（administration）特指管理所服务的机构本身没有自己的目的，目的是由外界所给予的情形。许多行政性机构就属于此类，所以将其管理行为称作"行政管理"。

管理是一个多维度、多环节工作活动有机统合的过程。该过程的产出就是组织成员活动的协调，由此带来的结果是组织目标的实现。图1-2显示了管理过程的构成及其产出与结果。

图1-2　管理过程的构成及其产出与结果

二、协调的实现方式

任何存在共同劳动的组织，不论何种类型，都对协调提出了要求。协调既然是普遍的、客观的需要，那么，协调究竟是如何实现的？

对于协调的认识可追溯至中国古代。中国先贤、道家代表人物庄子不仅注意到生命有机体中协调运动的重要性，而且观察到协调运动于有机体来说是自然而然的。庄子以形似蜈蚣的蚿为例形象地说明了有机体如何自然地产生协调的运动（详见延伸阅读1-3）。

延伸阅读1-3　《庄子·秋水》中的蚿

如庄子所描绘的，有机体实际上存有某种自然本能，能实现多方力量的协调。因此，协调内蕴于有机体之中。面对存有这种自然协调本能的行动者（有机体），管理者要做的是激发有机体发挥其内在的、固有的协作性潜能，并使之不断强化。管理者所起的协调作用，是需要内化于协作性过程中的。

巴纳德在提出协作系统时指出，企业（作为协作系统）的存续取决于两个相互关联的过程：其一是与满足成员个人需要相关的分配性过程，其二是与整个系统及环境相关的协作性过程。这两个过程所起的作用相同。在协作系统中，除了来自组织内部成员（员工）的个体努力之外，还有两类行动是个体行动所不包含的：一类是在组织边界即交换点上，为协作系统积存所需的物料，或者产出某些并非本组织用于消费的产品，这是为了维系协作系统而展开的投入与产出；另一类是为了促进协作本身，即协调，这是组织内部的生产性或创造性因素。举例来说，五个人合力搬走某条路上的一块石头，而这条路将来是要使用的，这是通过协作而改变环境以便于组织将来行动的例子。这里的问题不在于石头的移动对每一个参与者意味着什么，而在于石头的移动对整个组织意味着什么。把一块石头从一处搬到另一处，不涉及参与者个人动机的满足，而是反映了个体努力的重要性以及所有协作者努力的重要性。协作系统行动的目标必然独立于个体的目标，这表明协作性是一种客观的、组织层面的因素。至于个体是否加入合力移动石头的五人群体，则反映了个人参加协作系统的意愿，这是主观的、个人层面的因素。

巴纳德认识到，协作系统本身蕴含着一种自我管理的力量，即协作系统可以"自己管理自己"（manage by itself）。就像有机体一样，企业本身是存在意识的，内部存在某种"有意识的协调"，使协作系统能够实现整体大于部分之和。这一观点强调，协调的主体是被称为正式组织的这一整体，而不是组织成员。协作系统达成协调的过程，可能需要管理者，也可能无须依赖管理者。

从管理的产出来说，管理过程有助于协作系统更好地达成协调。从时间维度来说，这一功能自古以来就天然存在，而且会永远存在下去，具有永恒性。从空间维度来说，管理具有普遍性。可以毫不夸张地说，有人类存在的地方就有管理，管理活动无处不在，而不论是否有专门的管理者来承担管理工作。协调是管理职能的核心，而协调的对象，既有来自组织内部的，也有来自组织外部的。

三、组织与人、环境的关系

组织作为一般意义上的类属范畴，指的是由两个或两个以上的个体为了实现共同的目标组合而成的有机整体。如图 1-2 所示，从管理工作承担者的角度来看，其所处的管理环境应该包括内部环境和外部环境两大部分。

（一）组织与人的关系

组织参与者在加入某一特定组织之前所具有的思想观念和素质能力等，是个体历史行为沉淀的结果，与投入组织的物料等一样，是源自环境的资源投入，因此是独立于组织的存在，应当作为组织内部环境的一部分。

传统的观点倾向于把组织看作"人的集合体"，没有区分组织本身与组织的成分。巴纳德不认同这一简单化认识，主张以个人人格和组织人格来区分组织参与者。构成正式组织的并不是人，而是人所提供的活动或力量，这是正式组织与俱乐部组织的区别所在。因此，巴纳德在对正式组织的定义中明确主张，只有"人的活动或力量"，才是组织作为协作系统最本质意义上的构成要素。这一观点充满了辩证性：一方面，没有人，就没有组织；另一方面，构成组织的应该是人的服务、行动、行为或影响，而不是人本身。华为主张"以奋斗者为本"，是对巴纳德所强调的以行动者所贡献的力量为要件的协作系统观的体现。延伸阅读 1-4 说明了巴纳德提出的"组织人格"概念如何平衡个人身份与角色任务之间的作用力。

延伸阅读 1-4 巴纳德的"组织人格"概念

（二）组织与环境的关系

企业及其他类型机构，是管理工作开展的场所或载体，这些具体的社会实体统称为"组织"。组织作为一个有机物、生命体，与它所处的环境持续发生相互作用，因此是以不同程度对外开放的系统，而非绝对封闭的系统。因此，识别这一系统的构成要素与环境要素，就是阐明管理学理论逻辑的起始点。

科学管理学派与人际关系学派虽然在对待人的问题上主张各异，但都持封闭系统观，忽视了企业外部环境的影响。现代管理理论持开放系统（open system）观，把既往认为存在于企业外部的顾客等也视为协作系统的参与者。这样拓展了组织范围之后，企业的组织边界变得可渗透、相对模糊，管理对象的范围也在扩大，企业管理逐渐演化为生态系统管理。也就是说，管理的对象已不再局限于法律意义上的企业，而是企业经营发展中需要吸收的各种力量所共同构成的协作系统。

四、管理职能与管理功能

（一）管理职能

西方管理学倾向于把管理活动过程分解为各项职能，即规划、组织、领导和控制，它们相对对立、序贯连接，对由此构成的整体的研究虽冠名为管理过程学派，实际上却是各职能彼此割裂、重局部甚于整体的管理职能学派。这种简约化的理论体系，被哈德罗·孔茨视为操作性学派（operational approach）。管理职能的分解虽然便于初学者了解管理工作开展的基本原理和程序步骤，但是远离了当代企业复杂多变的管理现实，并且破坏了管理活动作为服务于企业的一项职能的整体性。

管理所服务的协作系统是一个有机体，如果将之比喻成人体，那么各项管理职能就相当于人体的各个组成部分。比如，规划相当于大脑，组织是人的骨架和肌肉，领导是血液循环，控制是心脏。组织的生命取决于所有这些职能的协调运作。任何一个职能，都不具有独立的存在价值。

在原子论观念下，管理活动被分解为各个要素，但是，整体不等于各个要素的简单加总。整体思维要求把要素放在包含它的系统中，需要把握各要素之间的关系。动态思维则关注过程，洞察并理解整体的运作，以发挥系统的功能，实现预期的产出结果。因此，必须把管理活动作为一个体系（系统）来看待，这个体系处于抽象为协作系统的企业或组织这一大系统之中，必须让这些活动切实承载起所担负的功能（functions），也就是以其产出服务于所在的协作系统。所以，管理本质上就是服务。

（二）管理功能

为清晰理解管理功能，首先，有必要对功能与职能的含义做一介绍。两者虽然是近义词，但具有不同的寓意。所谓功能，指的是存在物被赋予的用途，是事或物在客观上所具有的功效或效能。也就是说，功能是事物内部固有的效能，它是由事物内部要素结构所决定的，是一种存在于事物内部相对稳定独立的机制。通常所说的存在即合理，就是存在物必有其用。职能是指事、物和人所应有的作用。对事或物而言，职能一般等同于其功能；而对于人而言，职能是指处在一定职位的人完成其职务的能力，具有一定的主观性。承担管理职能的管理者，其行为方式会决定或影响管理层在管理功能实现过程中最终所发挥的作用。

其次，关于功能与作用的比较。一般而言，功能是一个中性的概念，而作用具有正、负面之分。同样的功能对外界的作用，既可能是正面的，又可能是负面的，这取决于功能载体与所处环境的互动方式。① 管理服务于企业实现协作系统的目标，这一功能是客观的、必要的。但是，就管理者所发挥的作用而言，可能是正面、有助益的，可以赋予协作系统以更大的做成事的可能性，简称为"赋能"；也可能是负面、有阻碍或有损害的。比如，现实中可能出现"为管理而管理"的行为，这可能使协作系统原本可以达到的效果打折扣。

当今社会，尤其在官本位思想和圈子文化盛行的地方，管理者常常被视为或者自视为"当权者"。"赋能"这一说法在一定程度上把管理者提至过高的位置，甚至凌驾于企业（或组织）之上。这不符合中国管理学所倡导的"人为为人"原则。

由专门的管理者来承担管理的职能，是使管理活动专业化、职业化的需要，而不是为了让某些人垄断权力。从责任履行的角度说，管理是一个使协作系统能够在不断变化的环境中长期存续和发展的过程或职能。

五、管理体系的组成与框架

管理者（管理主体）与管理对象（管理客体）之间的关系，本质上是一种矛盾关系，这是马克思实践论倡导的对象化关系在当代管理活动中的体现。除了这一基本矛盾，企业管理中还有其他矛盾关系需要识别和解决，因此需要从系统观角度来看待和构建管理体系。习近平总书记强调"系统观念是具有基础性的思想和工作方法"②。系统观所内蕴的思想方法和工作方法，本质上就是辩证唯物主义的认识论和方法论。

所谓系统，是指把同类事物按照一定的关系联合起来而形成的一个有机整体。系统具有层次嵌套特性，即小（低层）系统是大（高层）系统的组成部分。企业的管理系统是企业作为协作系统的组成部分，除了管理活动之外，企业中还有各种经营活动同步进行，而企业又是所处环境中的组成部分。从开放系统的角度看，管理之于企业、企业之于所处环境，是多层次嵌套的关系。

体系是指若干有关事物（组成部分）互相联系而构成的一个整体性结构。为了确保管理活动的有效开展，需要将系统思维和系统方法运用到管理体系构建中，处理好整体与部分、内部与外部之间的相互联系。将系统观用于指导企业（或组织）管理体系的构建，可以形成如图 1-3 所示的企业管理系统的基本框架。具体地，从内部看，管理体系由管理主体、管理客体及关联两者的管理理念和管理职能发挥作用所需的各项管理活动要素及过程所组成；从外部看，该体系还需要与所处的特定管理情境相适配，以确保管理工作的有效性。因此，企业管理系统是一个在特定管理情境中开展管理活动的体系化的、开放的系统。

---

① 例如，人参的功能是滋补，但对于体虚者来说，其作用未必是正面的。"虚不受补"说明了事物的作用具有情境依赖性。

② 习近平．习近平谈治国理政：第四卷．北京：外文出版社，2022：117.

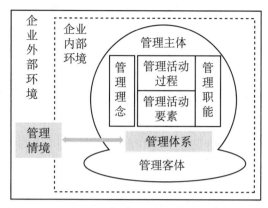

图 1-3 企业管理系统的基本框架

第4节 本书的阐述主线与框架体系

一、本书的阐述主线

管理活动是管理主体与管理客体之间相互对立又相互依存的过程。主体泛指某种特性、状态和作用的承担者。从哲学的角度看，主体指实践活动或认识活动的承担者，与之对应，客体就是主体实践活动或认识活动的对象。与传统主张主体与客体二元对立的哲学思维不同，马克思以实践论为依据把唯物主义和辩证法统一起来，强调了实践主体与实践客体之间具体的相互作用和辩证关系。

李占祥教授将实践论用于中国式企业管理的研究中，强调"唯物辩证法认为，管理实践是充满矛盾的动态过程，矛盾是企业发展的动力"，因而应当通过实施管理"使企业运行经常处于不均衡状态……不断持续成长"。[1] 依照唯物辩证法的观点，世界上的一切事物都包含两个方面，即矛盾的主要方面和次要方面。这两个方面既相互对立，又相互统一。对立是指矛盾双方相互排斥、相互分离的属性；统一是指矛盾双方相互吸引、相互联结的属性，矛盾双方相互依存，并在一定条件下相互转化。矛盾双方的对立和统一是始终不可分割的。世界上任何事物都是在自身的矛盾运动中发展、前进的。矛盾是一切事物发展的动力，也是企业发展的动力。

李占祥教授主张，"现代企业就是一个充满矛盾的组织实体，管理者就是在对企业内外无时无刻不存在的矛盾的管理过程中履行自己的使命的。"[2] 所以，矛盾理论应当作为我们认识和研究一切事物的根本方法。鉴于"企业管理的内容，充满着对立统一的关系，事物常常是既相互对立，又相互依恃而存在着，我们努力用唯物辩证法思想分析

---

① 李占祥. 矛盾管理学：企业可持续成长之路. 北京：经济管理出版社，2000.

② 同①.

问题"，坚持"矛盾分析法是创建中国式管理科学的基本方法"。① 所谓矛盾管理，就是应用矛盾动力原理，观察和分析企业的矛盾运动，并研究解决矛盾的方法，用以指导实际工作，推动企业可持续发展。矛盾管理理论对于现代管理学的重大意义，在于它是传统职能管理的补充和发展，必将把管理学研究推向一个新阶段。为此，他倡导"在管理哲学上，从重视'均衡'转向更重视'非均衡'"，在思想方法上"把企业作为一个生命体来看待，从还原论转向整体论"。②

国际上，矛盾和悖论在推动变革过程中的作用，已经引起越来越多学者的注意。矛盾和悖论被认为不是偶然出现和需要消除的，而是持续存在的，是组织内生性发展和变革的源泉。③ 矛盾或悖论双方之间的作用力可以促进多样性和创新，阻止刚性形成，从而帮助组织适应复杂、模糊和快速变化的世界。将中国阴阳思维融入悖论管理研究，阴阳之间的不对称性平衡、转化性平衡、非线性平衡可以为悖论管理提供新的视角和见解。④

在中国企业界，许多优秀的管理者认识到，企业是一个矛盾体，存在扩张与控制、集权与分权、团队合作与尊重个性等矛盾关系，这些矛盾关系既相互对立又相互依存。矛盾的哪一方都不可偏废，它们是共同推动企业发展的两股力量。管理，就是要把各种问题看似互相矛盾的两个方面，变成对立统一、相辅相成的一个整体。在本章引例中，华为正是这样对待矛盾的，并将这种独特的矛盾管理方式叫作"拧麻花"。

对中华优秀传统文化和唯物辩证法的信奉、理解和把握，使中国企业界出现了一批卓越的管理者，他们善于通过历史看现在、透过现象看本质，基于客观事物的内在联系去把握事物，去认识问题、处理问题。正如习近平总书记在 2022 年五四青年节前夕到中国人民大学考察调研时强调指出的，我国有独特的历史、独特的文化、独特的国情，要坚持把马克思主义基本原理同中国具体实际相结合、同中华优秀传统文化相结合，不断推进马克思主义中国化时代化。加快构建中国特色哲学社会科学，归根结底是建构中国自主的知识体系。要以中国为观照、以时代为观照，立足中国实际，解决中国问题，不断推动中华优秀传统文化创造性转化、创新性发展。

本书编写组相信，以马克思主义唯物辩证法为思维导引，将之与中华优秀传统文化相结合，会指引和助推我们加快建构中国自主的管理学知识体系。本书将秉持袁宝华、李占祥等先辈倡导的"从中国实际出发，洋为中用，古为今用，博采众长，自成一家"的治学方针，以体现理论与实践结合、本土文化与外来文化融通的矛盾管理为主线逻辑，针对企业实践中存在的种种辩证性矛盾，结合中外管理思想史阐明关于管理主客体及其关系、管理工作的本质、管理的两重性与管理目标等基本理念，并围绕管理职能的有效开展系统阐述管理情境、管理过程体系和各项具体活动要素。

① 李占祥．矛盾管理学：企业可持续成长之路．北京：经济管理出版社，2000．

② 李占祥．李占祥自选集．北京：中国人民大学出版社，2007：90-91．

③ Langley A, Smallman C, Tsoukas H, et al. Process studies of change in organization and management: unveiling temporality, activity, and flow. Academy of Management Journal, 2013, 56 (1); Farjoun M, Fiss P C. Thriving on contradiction: toward a dialectical alternative to fit-based models in strategy (and beyond). Strategic Management Journal, 2022, 43 (2).

④ 李平．中国本土管理研究与中国传统哲学．管理学报，2013，10（9）．

二、本书的框架体系

本书编写的主旨是，以建构中国自主的管理学知识体系为目标，秉持理论逻辑、实践逻辑和历史逻辑相统一的原则，在向上承袭马克思主义实践论（元理论），向下连接各类企业现实的管理实践中，以历史为观照、以时代为观照，尝试搭建一个能够刻画企业管理活动共通特性且贴合当代中国企业管理实践和管理情境的管理学理论知识体系。深化学习 1-3 具体说明了本书的定位以及建构中国自主的管理学知识体系的基本逻辑。

深化学习 1-3　本书的定位与中国自主的管理学知识体系建构逻辑

关于本书编写的出发点与内容，概括而言，就是以马克思主义实践论为思维指引，从辩证发展的视角看待现实管理现象，基于对典型或领先的管理实践的认识与总结，提炼适用于各类组织（包括企业）管理活动的整体管理一般理论体系。

在篇章结构方面，本书第Ⅰ篇侧重于阐明管理的实质和核心任务，即目标内容（做什么，what）。而目标的产生受到特定理念的影响，理念体现了目标背后的缘由和逻辑（为什么，why），承载着企业管理的哲学，故作为本书第Ⅱ篇的主题。为了践行理念、达成目标，需要采取切实有效的行动，使管理对象处于并保持有管理的状态，为此需要关注管理过程和管理情境。过程关乎管理工作怎么做（how），情境限定了在何种时空条件和制度文化背景（contexts）下去这样做。依照权变管理的主张，有效的管理是适用于特定情境的管理。所以，本书第Ⅲ篇介绍管理情境，第Ⅳ篇阐发管理过程。具体内容如下：

（1）概述篇。简要介绍管理工作的对象与作用，围绕中国式企业管理的特色和管理学课程的使命提炼出本书的阐述主线与框架体系，并概述过程视角下的管理活动及特征。然后从辩证发展的视角概述工业革命以来的现代管理理论的演进脉络。最后对贯穿中国漫长历史的本土管理思想与理论发展做简明而凝练的历时性展现。

（2）管理理念篇。明晰管理的本质、管理的主客体及其关系、管理层的存在理由与功能和职责，管理者思维方式的塑造及其对任职能力的影响，以及中国式思维的独特之处及其对管理实践与理论发展的意义。

（3）管理情境篇。将企业作为管理的特定对象来阐述企业及其管理的两重性、企业内部和外部环境的构成与特征、管理者可发挥能动性的自主选择空间及制约，并重点介绍企业资源能力、制度文化和生命周期阶段对管理活动的要求、支持与制约作用。鉴于公有制企业是中国经济中占有主导地位的经济实体，本篇还专门针对中国特色社会主义市场经济中一个特殊类别的企业群体，即市场经济中负有国家使命的国有企业，简要回顾其通过改革促管理的进程，并识别和分析本土企业管理的一般情境条件。

（4）管理过程篇。让作为协作系统的企业持续处于有管理的状态，是管理服务于企业的职能所在。为此，需要从系统观出发整体地、动态地看待管理过程。不同于管理职能学派将管理体系解构为各项独立的职能，管理过程学派从管理过程体系出发阐明管理系统内部的构成及其对企业所发挥的整体功能，切实将系统整体观和动态观贯彻于管理体系建构之中。其核心主张是，要将管理功能实现所需开展的规划、组织、领导和控制等基本活动，与支持其开展的管理创新和管理决策等基础活动一并重视，将它们都作为管理借以助推（赋能）企业这一协作系统更好地实现协调目的的职能要素。这样处理管理系统内部体系构成与对外功能的关系，是辩证矛盾思维在管理理论构建与发展中的一个应用。

小　结

1. 协作系统是抽取企业及其他机构的共性而得到的概念，指的是两个以上的人为了一个或更多目的进行协作而引起的、处于明确的系统关系中的物质的、人的、社会的要素所组成的复合体。从概念抽象程度来看，从某家特定企业、某类别企业到营利性组织，再到协作系统，抽象程度逐渐提高，普适性逐渐增强。

2. 本书探讨的管理对象是将协作系统中物质的、人的、社会的要素作为外在的事实（环境要素）剥离后留下的部分，即"正式（的）组织"。其定义是，经过有意识地协调两个或两个以上的人的活动或力量的协作系统。它表明，构成正式组织的并不是人，而是人所提供的活动或力量。

3. 管理是指特定组织中的管理者通过实施规划、组织、领导和控制来协调他人的活动，带领人们既有效果又有效率地实现组织目标的过程。

4. 管理是结果导向的工作活动，服务于特定组织实现共同的目标。管理的目标是帮助所在的协作系统更好地实现协调而获得存在的价值。管理本质上是服务，是作为企业运营中所需的一项职能而存在的，不能为了管理而管理。

5. 虽然管理作为理论在百余年前才出现，但是管理作为活动，自古就有，因此从时间维度来讲，管理具有永恒性；从空间维度来讲，管理具有普遍性，适用于需要共同劳动的任何集体，企业是其中一个典型的应用场景。企业管理对于其他类型的协作系统的管理具有借鉴和启发价值。

6. 对于管理学科的性质，要从科学性、艺术性、技艺性、人文性和学理性等方面全面认识。

7. 中西方管理学在管理目标、管理主体、管理客体、管理功能及其实现媒介、管理环境等方面同中有异、异中有同。

8. 中国管理学要从"照着讲"转变为"接着讲"。其中部分内容可以接着西方管理学讲，但更多要接着中华传统文化和中国近现代管理实践讲，以建构中国自主的管理学知识体系。

思考与讨论

1. "为了管理而管理"在当今社会普遍吗？请结合企业或政府机关中的具体表现分析，并从管理责任和思维方式角度进行讨论。

2. 有种通俗的说法认为，管理工作就是带人做事。你认为，企业中人与事的关系有哪些形态？科学管理和人本管理的分歧是什么？

3. 你认为人是组织的内部要素还是环境要素？为什么？

4. 巴纳德把协作系统中物质的、人的、社会的要素进行剥离，解构出"正式组织"作为管理对象，其理论意义何在？

5. 如何看待"正式组织"与"组织"概念的区别与联系？

6. 有关管理学科性质的思考，对实际管理工作有什么启示？对管理研究工作又意味着什么？

7. 试结合实际讨论，在探寻本土特色的中国管理模式和建构中国自主的管理学知识体系的过程中，"西学东渐"、"东学西传"和"中西融合"的倾向性及未来发展。

8. 试结合引例，讨论华为公司实行对事负责制的意义与必要性。

9. 在企业经营管理中存在着大量相互矛盾和相互制衡的关系，如激励与约束、扩张与控制、集权与扩权、内部与外部、继承与创新、短期利益与长期利益、团队合作与尊重个性等，这些关系需要企业家作出妥善管理。试讨论在此背景下任正非提出的"拧麻花"对管理工作有什么意义与启发。

第 2 章

现代管理理论演进脉络

学习目标

● 了解劳动分工与制度化管理等现代管理思想的早期萌芽背景。

● 掌握现代管理理论演进中分工与协作、科学与人文、定性与定量、观念与方法的辩证关系。

通过本章的学习，你将了解工业革命以来的主要管理理论（重点），理解管理实践和管理理论的关系，并掌握如何结合管理实践理解管理理论的时代内涵（难点）。在马克思主义中国化时代化的背景下，深入思考如何推动管理理论和管理实践的与时俱进（思政主题）。

引 例

不变的 "变化"

技术发展是影响管理模式演变的重要因素。近两个世纪以来出现了四次重大的技术革命浪潮，分别是铁路与蒸汽动力革命、钢铁与电力革命、汽车与石油革命、计算机与电信革命。每一次浪潮都极大地改变了产业格局，并给企业带来了新的管理问题。随后，这些问题的解决方案形成了新的管理模式和组织范式。此外，每次浪潮都包含主要和次要两个周期。主要周期是革命性的，其间诞生了新的管理模式，通过利用新技术来克服新技术背景下旧组织范式的局限性，从而塑造了新的组织范式。然而，从矛盾观来看，新的组织范式同样存在自身的局限性，这些局限性在起平衡作用的次要周期中得到解决，从而使新的组织范式达到平衡。

铁路与蒸汽动力革命使美国铁路产业大规模扩张，使铁路公司出现了组织和管理问题。铁路公司设立了职业管理者，通过多层管理来控制直线经理，产生了直线与参谋管理模式。这一时期是主要周期，形成了职业化管理企业这一组织范式。但是，直线与参谋模式很少关注员工的工作和生活条件，导致了员工的罢工。这一问题引发了一个次要周期，并形成了产业条件改善模式，该模式下铁路公司向员工提供食物、住所、浴室、图书馆、运动设施和课程等福利。产业条件改善模式并没有消除直线与参谋模式，而是将福利工作纳入管理者职能，从而增加了一种与商业导向相平衡的社会功能。

钢铁与电力革命导致钢铁需求急剧增长，突出了对工作站的工作流程以及机器和工具维护进行更科学的规划的必要性。这导致了主要周期中科学管理模式的产生，开发了科学的工作流程、工厂布局原则和合理的激励制度。这一模式开创了一种新的组织范式：采用集中式组织结构的"工厂"。新组织范式的特征是严格控制任务执行的方式和速度，但同时也导致了员工高流动率和低士气。这些问题引发了次要周期的人际关系模式。该模式建立在前期产业条件改善的基础之上，同时也引入了新的管理理念，以应对与科学管理模式相伴而生的问题。人际关系模式的出现并不意味着科学管理模式的消失，而是起到了重新平衡工厂组织范式的作用。

汽车与石油革命使企业规模和市场需求迅速扩大，但工厂组织范式的单一职能组织结构和单一产品线无法有效应对日益多样化的不断扩大的消费者需求。美国通用汽车公司率先在公司内部区分出独立的业务部门，分别负责不同的细分市场，从而在统一的战略指导下追求产品差异化。这带来了战略和结构的管理模式和多部门公司的新组织范式。但是，随着组织范式的发展，工作质量和服务水平低、员工参与度低、合作性弱化以及管理者之间的政治博弈等问题暴露出来。这引发了次要周期的质量管理模式，主要特征表现为以质量、组织文化和组织学习为目标。质量管理模式纠正了战略和结构模式的功能障碍，对组织范式起到了稳定作用。

计算机与电信革命促成了更加复杂和分散的组织结构与流程关系。这一时期的主要周期产生了业务流程模式，企业重新设计业务流程以使各业务活动的运行更加合理化，并促成了一种网络组织范式，重点关注跨企业内部的单位以及焦点企业和其他上下游企业之间的网络联系。然而，业务流程模式忽视了参与流程的员工，破坏了经验丰富的员工之间共享的集体隐性知识结构。这一时期的次要周期形成了解决这一问题的知识管理模式。与前几次技术革命一样，知识管理模式并没有带来新的组织范式，而是通过缓解业务流程模式的功能失调来重新平衡网络组织范式。

资料来源：Bodrožić Z, Adler P S. The evolution of management models: a neo-Schumpeterian theory. Administrative Science Quarterly, 2018, 63 (1).

正如引例所介绍的，不断有新的管理模式代替旧的管理模式。实践没有止境，理论创新亦无止境。历史地看，管理变革通常始于社会层面的技术变革。工业革命中诞生的工厂组织引发了人们对管理问题的思考。随后，钢铁、电力、汽车、信息技术等一系列技术革命接连兴起，不断涌现的新管理实践推动管理学者总结规律、凝练经验，并抽象概括为普适的管理理论。

不过，管理理论的演进并不总是一个平稳过程。新一轮技术革命带来的全新管理实践通常会质疑和挑战原有的理论，此时便会出现理论危机，进而推动一个更有前景的新理论代替旧理论。管理理论正是在这种周而复始的扬弃过程中不断演进的。本章从辩证发展的视角，简要介绍工业革命以来的现代管理理论演进脉络。

第 1 节　分工与协作

管理活动自古有之。古埃及金字塔和中国万里长城都是需要管理大规模人力和物力的重大工程。但在历史的长河中，人类大部分时间以家庭手工业生产方式为主。直到 18 世纪 60 年代，英国率先开始了工业革命。珍妮纺纱机的发明大幅度增加了棉纱产量。随后，骡机、水力织布机等机器相继出现，并在采煤、冶金等许多工业部门引发了机器发明、技术革新的连锁反应。随着瓦特改良的蒸汽机在工业部门迅速推广，工业生产实现了手工劳动向动力机器生产转变的重大飞跃，可以大规模集中化生产的工厂组织应运而生。

一、劳动分工

提高生产效率是工厂组织不懈追求的目标。早在 1769 年，英国工程师乔赛亚·韦奇伍德就在其开办的陶瓷工厂中实行生产活动的精细分工制度。他将任务专门化，把原来由一个人完成的制陶流程分成数十道工序，分别由专人完成，确保了大批量生产的效率和质量。

正式提出劳动分工思想的学者是经济学家亚当·斯密，他在 1776 年出版了经典著作《国富论》，提出了分工的重要性和价值。斯密认为，将一项工作分解为多个细小部分，能够提高工人的劳动效率。他进一步总结了效率提高的三点原因：第一，工人在简单和重复性的任务中提升熟练度，进而提高工作效率和产品品质；第二，随着一道工序的熟练度提升，工人获得的知识能够帮助发明使这一工序更有效率的机械和工具；第三，分工减少了工人在不同工序间变换任务而损失的时间。斯密还举了著名的大头针工厂案例：如果将生产一根大头针的工作拆分成 18 道工序，分别由不同工人完成，则 10 名工人每天可以生产 48 000 根大头针，平均每个工人每天可以生产 4 800 根大头针；而如果没有分工，那么工人的产量可能连前者的百分之一都达不到。

二、制度化管理

18 世纪末期，工业革命逐渐从英国向西欧大陆和北美传播，廉价无烟煤和铁的供应使得蒸汽机技术在美国得到了更快的应用，美国铁路产业大规模扩张。然而，铁路线纵横东西南北，设备和员工分散在全国各地，给铁路企业带来了巨大的协调和控制难题，导致铁路事故频发。

针对这一问题，伊利铁路公司的丹尼尔·麦卡勒姆制定了全面系统的管理制度和具体的实施细则，包括职责划分、授权与监督、及时纠偏以及每日报告和检查制度等。1854 年，麦卡勒姆设计了一张树状结构的图表，其根部是铁路公司的总裁和高管层，各枝干代表公司的各类职能部门和业务部门，树叶则代表地方的工长及其他员工。这被认为是世界上第一张正式的组织结构图，清晰说明了组织的业务分工、行政职责、汇报对象等情况。麦卡勒姆的管理实践极大地推动了制度化管理思想的传播。

制度化管理思想在清朝末期传入中国。中国棉纺织领域早期的开拓者张謇弃官从商，1895 年创办大生纱厂。他倡议建立公司法、破产法等相关法律，帮助企业循章建制，避免过多依靠经验管理带来的决策失误。1897 年，中国人自办的第一家银行——中国通商银行在上海成立，其内部管理制度参照汇丰银行，旨在减少行政干预，让银行经营者拥有自主权。1914 年，北洋政府在清政府颁布的《公司律》的基础上，制定了关于公司设立、组织及成员职责的《公司条例》。

尽管制度化管理和劳动分工都能够提高工作效率，但二者实现效率提高的机制是不同的。制度化管理的实施有利于部门、员工以及上下级之间的良性沟通，最大限度地减少员工的工作失误。同时，实行制度化管理更方便对员工的工作进行监控和考核，从而促进工作效率的提高。因此，制度化管理不仅强调组织内的分工，更重要的是通过权责联系和控制系统加强了组织协作，实现了分工与协作的辩证统一。

第 2 节　科学与人文

19 世纪，炼钢工艺取得了较大突破，钢铁的性能和产量均有了质的提升。成本低、性能优的钢铁逐渐成为铁路、城市基础设施和军事装备的首选材料。19 世纪 30 年代，钢铁与电力革命兴起，电力开始成为补充和取代蒸汽动力的新能源。大规模生产、电网系统、大型机床制造等实践标志着工业革命进入新的阶段。和铁路与蒸汽动力革命不同的是，钢铁与电力革命更加突出了机械化和标准化的生产流程，科学发明与生产技术结合得更加紧密，工厂投入了更多的机器设备和人力来满足人们日益增长的需求。然而，基层工人能力与管理制度并没有跟上快速增加的产能需求，管理效率亟待提高。

一、古典管理理论

(一)科学管理理论

1878 年，弗雷德里克·泰勒进入费城米德维尔钢铁公司成为机械车间工人，后来被提升为车间管理员、小组长、工长、总技师和总工程师。从基层做起的泰勒对工人的工作情况有着深刻的认识，由此引发了他对通过提高工人的劳动效率来改善企业管理的思考。泰勒关注到工人的"磨洋工"问题。他认为，必须要通过严格的科学实验找到更好的工作方法，并采用更有激励性的付酬制度来鼓励工人超额完成工作任务。在进行了一系列关于劳动时间和工作方法的实验后，泰勒于 1911 年发表了著作《科学管理原理》，从作业管理和组织管理两方面阐述了科学管理的思想。在作业管理方面，泰勒强调挑选适合该项作业且努力工作的一流工人，确定劳动时间定额和标准化操作流程，以及在制定标准定额的基础上实行差别计件工资制。在组织管理方面，首先，泰勒把计划职能与执行职能分开，实行职能工长制，每个工长只承担一种管理职能。其次，泰勒提出了组织管理的例外原则，即企业的高级管理人员只保留重要事项的决策权和控制权，把一般日常事务授权给下级管理人员。

科学管理的思想也随留学华人传入近代中国。1914 年，"棉纱大王"穆藕初从美国留学归来，他先后在威斯康星大学、伊利诺伊大学、得克萨斯农工大学学习农科、纺织和企业管理，并多次拜访泰勒，获得授权将其《科学管理原理》翻译出版，译名为《工厂适用学理的管理法》。穆藕初认为，虽然科学管理理论是以钢铁企业为实例展开分析的，但其指导意义十分广泛，即"用其道以施之各业，无不推行尽利"。随后，他便在自己创办的纺织厂德大纱厂内推行科学管理原理（详见实例 2-1），仅用一年时间便在北京商品陈列质量比赛中一举夺冠，获得"上海各纱厂之冠"美誉。穆藕初的改革措施包括：（1）在企业中逐步取消封建工头制，开始向工程师管理体制转变；（2）在企业财务管理上推行复式记账法，替代传统的流水账；（3）在生产上采用新式机器，开展技术革新，重视产品质量。此外，穆藕初还弥补了科学管理忽视工人心理的缺陷，关注工人的工作和生活环境，资助工人接受教育。

实例 2-1

科学管理理论的中国化实践①

泰勒的科学管理理论通过研究劳动时间对工人操作流程进行重新设计，实现了降本增效。例如，原先一个工人每天连续不断地工作，人均采煤 7 吨，已经非常疲劳。泰勒让工人每工作 30 分钟休息 5 分钟，如此，每人每天能采煤 40 吨，工作效率提高了几倍。

穆藕初首先在德大纱厂实践科学管理理论。当时两个工人管理 400 只纱锭。穆藕初根据自己在美国所见的一人可管理 1 000 纱锭的事实，认为 400 只纱锭完全可由一人管理。于是他去车间观察，了解工人的操作过程，证实自己判断无误。但在他询问工人时，他们都声称做不到，穆藕初颇为不解。后来有人告诉他，并非一人管理不了 400 只纱锭，而是这样会导致大量工人失业。

穆藕初恍然大悟，他结合当时的情况想出另一个方法，即按废花减少程度来酌加工资。这一方法很快奏效，工人数量没有减少，棉纱成本却大幅降低，质量日趋提高。行业顺境时，德大纱厂盈利更多；如遇困境，其亏损也更少。穆藕初说："这不能不说是实行科学管理的结果。"

（二）一般管理理论与行政组织理论

科学管理理论从基层工人角度出发，关注工作活动。而亨利·法约尔和马克斯·韦

---

① 唐国良. 穆藕初：中国现代企业管理的先驱. 上海：上海社会科学院出版社，2006.

伯则从企业和组织的整体视角研究管理职能与组织形式。

　　法约尔担任科门特里富香博公司总经理 30 多年，他从企业整体视角出发，将自己的管理思想形成了著作《工业管理与一般管理》。法约尔认为，管理理论是基于普遍经验并得到论证的一套有关原则、标准、方法、程序等内容的完整体系。企业、军政机关、宗教机构和社会团体等任何组织都需要管理。这种对管理普遍性的认识使得他的思想被称为"一般管理理论"。法约尔将经营和管理两个概念进行区分，他认为，管理寓于经营之中，并包含计划、组织、指挥、协调和控制五大职能。管理职能与管理过程相互依赖，管理的过程就是管理职能发挥作用的过程。因此，一般管理理论也被称为管理过程理论或管理职能理论。为了使管理者很好地履行各种管理职能，法约尔提出了 14 条管理原则，分别是工作分工、权力和责任、纪律、统一指挥、统一领导、整体利益、报酬、集权、等级链、秩序、公平、稳定的员工任期、主动性、团结精神。

　　一般管理理论涉及企业组织的整体管理，这与关注工作活动的科学管理理论形成了一对整体和局部的矛盾。另外，与科学管理理论推崇数量方法截然不同，法约尔提出的 14 条管理原则并不强调数量最优化和效率至上，而更强调恰到好处的合理化，其中稳定的员工任期、主动性、团结精神等管理原则具有人文色彩。不过，法约尔并没有明确提出对员工个体需求的重视。

　　德国社会学家韦伯虽然没有直接的企业管理经验，但他专注于行政组织理论的研究，为管理理论的发展作出了重要贡献。1921 年，韦伯的《经济与社会》一书出版。该书认为官僚组织是一种理想的行政组织形式，其特点包括：（1）进行专业分工，每一职位有明文规定的工作范围和权责；（2）确定等级结构和指挥链，按照职位等级高低确定员工间的服从关系；（3）根据职务要求和员工能力进行公开考试选聘人才；（4）制定与工作相关的正式法规制度和办事程序，规范管理者与员工的行为；（5）员工间的关系强调理性而非依赖个人情感；（6）管理人员职业化，有固定的薪金和明文规定的晋升制度。韦伯认为，按照规则运行的官僚组织具有高度的稳定性、纪律性和可靠性，是提高工作效率的理想组织形式。

　　对古典管理理论，特别是科学管理理论的主要批评在于其将员工视为"理所当然的机器齿轮"，忽视个体员工的心理需求，导致员工离职率较高，士气低迷。这引发了管理实践者和研究者对员工动机、行为以及员工间关系的关注。

二、人际关系学说

　　早在 18 世纪，人事管理的先驱罗伯特·欧文就提出了工作环境对员工品行的影响。欧文在工厂里着力改善员工工作条件，诸如提高使用童工的标准年龄、缩短员工劳动时间、提供厂内餐食、按成本价向员工出售生活必需品等。20 世纪初，雨果·芒斯特伯格开创了工业心理学的研究，他提出要根据员工的素质来进行员工选聘和职业指导，让最适合的人做最适合的工作，从而使每个员工都能够发挥最大的积极性，产生最大的工作效益。在这一时期，被誉为"管理理论之母"的玛丽·福莱特强调合作是管理的本质。她认为管理不是对他人的统治和支配，而是管理者在寻求集体合作中和下属建立共同情感，从而服务于一个共同目标。系统组织理论创始人切斯特·巴纳德同样关注组织中的协作问题，他认为正式组织有三个基本要素，即协作意愿、共同目标和信息沟通。这三个要素是相互依赖的，个体员工的协作意愿建立在整体共同目标的基础之上，而信息沟通则使前两个要素得以结合。

在这些思想的基础上，埃尔顿·梅奥提出了人际关系学说。20 世纪 20 年代，梅奥和他的同事们在美国西方电气公司的霍桑工厂进行了一系列有关工人行为的实验。最著名的实验是工厂照明水平对工人生产率的影响。工人在不同的照明水平下工作，实验观察到无论亮度提高还是降低，工人的生产率都会增加，但在实验结束时生产率又回到了原有水平。梅奥因此得出结论，工人生产率的提高并非受照明水平影响，而是激励作用的结果。经过一系列实验，梅奥在《工业文明的人类问题》一书中总结了几点重要发现：（1）工人是"社会人"，不仅有经济需求，还有社会、心理方面的需求；（2）企业中存在着非正式组织，其成员遵循共同的观念、兴趣、价值和价值准则，对员工生活和工作有着重要影响；（3）工人生产率的高低主要取决于工人的士气，而士气源于工人的家庭和社会生活。因此，管理人员应该重视企业中的人际关系。此后，管理开始更加关注人的心理与行为方面，体现以人为本的管理理念。

科学与人文之间的冲突，推动了从科学管理到人文管理的思想转变。由此，管理学发展出了科学导向和人文导向两条路线。这两条路线的基本思想是相互矛盾的，科学导向强调精妙的数学计算和效率至上，而人文导向关注人的行为和管理艺术。但这两种导向在各自发展的过程中又相互依赖和相互制约，一方对另一方起到矫正作用，从而推动管理理论的发展。[①] 因此可以说，管理的科学性与人文性是辩证统一的。

第 3 节　定性与定量

汽车与石油革命改变了人类的生产方式和生活方式，汽车的发明和普及为工业生产提供了更多的动力，石油也为工业化和现代化的发展提供了极大的动力。大规模生产和消费的普遍化导致市场不稳定性加剧，在这一背景下，工厂组织的单一职能结构和单一产品线无法有效应对日益增长的消费者需求。学者开始结合企业管理实践，在定性管理与定量管理领域取得了一些成就。

一、定性管理

由于古典管理理论和人际关系学说都无法完全解释企业在新技术环境下发展的实际需要，管理者开始聚焦企业实践，尝试从企业管理的实际出发，归纳总结企业的管理经验，由此形成了经验主义学派。艾尔弗雷德·斯隆和彼得·德鲁克是经验主义学派的两位代表人物。

---

① 刘文瑞. 管理学在中国. 北京：中国书籍出版社，2018.

　　20 世纪 20 年代，通用汽车公司的总裁艾尔弗雷德·斯隆对公司进行了改革，他按照产品类别把公司划分为 21 个事业部，分别由 4 个副总经理领导。有关全公司的大政方针，如重要人事任免、财务控制、长期规划等由公司总部掌握，其他具体业务则完全由各事业部负责。这种组织结构将公司政策的制定和执行环节分离，从而能够平衡组织中的集权和分权。1924 年，斯隆将这种集权下的分权模式总结为斯隆模型，后来被称为事业部制组织结构或多部门组织结构。经过斯隆的改革和整顿，通用汽车公司迅速超越福特等竞争对手，发展成为世界上最大的汽车公司之一。

　　彼得·德鲁克在 1942 年受邀担任通用汽车公司的顾问，研究通用汽车的公司政策和组织结构。1946 年，德鲁克基于他参与通用汽车公司内部运作研究的心得，出版了《公司的概念》一书，对通用汽车公司的多部门结构进行了推广，深入分析了大型组织内部的分工与协作。此外，该书还将企业视为一种把人们的努力组织起来以达到共同目的的工具，开创性地提出了企业是"社会组织"的概念，并探讨了大企业作为一种社会组织如何在更广泛的层面上影响社会。

　　1962 年，艾尔弗雷德·钱德勒在考察了通用汽车公司等 4 家大公司后，出版了著作《战略与结构》。他深入考察了 4 家大公司从直线职能型组织结构向多部门组织结构转变的过程，并提出了著名的"钱德勒命题"——结构跟随战略，即企业的发展战略决定了企业组织结构的设计与选择，因此组织结构具有动态适应性特征，随着发展战略的变化而改变；反过来，企业发展战略的实施过程及效果又受到所采取的组织结构的制约。如果组织结构跟不上企业战略的变化，组织就会出现混乱和无效率。

二、定量管理

　　第二次世界大战后，用于解决军事问题的数学、统计学和运筹学方法开始应用于管理领域。定量分析方法由于具有科学性以及较强的可操作性，能够解决复杂管理问题。定量管理的两个经典领域是全面质量管理和定量决策。

　　质量管理的种子在科学管理时期就已经埋下。20 世纪中期，美国质量管理专家约瑟夫·朱兰出版了极具影响力的《质量控制手册》，并与威廉·戴明前往日本向日本工程师及管理人员教授统计分析和质量控制方法。然而，美国经济在第二次世界大战后享受到增长红利，美国企业并不重视生产工作和质量管理，导致工人参与度较低和产品质量较差。到 20 世纪 70 年代，美国进入了滞涨时期，而日本和德国的经济逐渐完成重建，戴明推广的质量管理思想在日本受到了广泛关注，并产生了显著成效，日本开始向全球输出高质量产品，市场竞争格局发生了变化。于是，美国企业开始广泛学习日本企业的质量管理模式，全面质量管理时代到来。全面质量管理强调企业全员密切参与管理过程，持续进行过程改进以及广泛的跨职能团队合作，使员工的工作目标与组织的整体目标保持一致。在这一过程中，企业运用数理统计方法和现代电子技术来测量评估组织工作的关键指标，据此改善质量管理工作。

　　定量分析方法也在改进管理决策中发挥重要的作用。随着信息技术的发展与管理复杂性的增加，越来越多的管理者力图寻找一套科学的决策方式以应对复杂多变的管理问题。定量决策是数量化决策中常用的方法，利用数学工具建立反映各种因素及其相互关系的数学模型，通过计算和求解该数学模型来选择最佳决策方案，以解决一些复杂决策问题。同时，在正式决策之前，可以利用仿真技术通过数学方法模拟决策的各种可能组合，从而确定一个或多个因素变化时可能产生的影响。定量决策可以提高常规决策的及时性和准确性，确保复杂决策的质量。

定性管理与定量管理是辩证统一的。定性管理和定量管理作为两种不同的管理方法，有不同的内在规律和内涵特征，相互对立而又相互依赖。定量管理的精确性能够解决定性管理所不能处理的复杂问题；而定量管理必须建立在准确的定性研究的基础上，没有对管理实践的本质认识，再精细的管理方法也难以有效发挥作用。因此，仅仅对管理进行定性思考或定量分析都不足以准确反映管理的本质，只有将定性管理和定量管理有机结合，才能实现科学管理。

第 4 节　观念与方法

20 世纪中后期，微电子、计算机、互联网等信息技术使得人们利用信息的方式发生了巨大变革。这一时期主流的组织结构仍是服务于大规模生产的集权的、多部门和科层式的金字塔结构，底层是一线的生产、销售和服务人员，中层是各类管理人员，顶层是总经理或首席执行官。信息和指令要经过层层传递才能上达下通。在一些大公司里，组织结构和层级关系更加复杂，中层管理者既要处理公司内部的纵向信息流，又要协调横向的部门间关系。这导致企业的决策效率和灵活性降低，难以及时对市场变化作出应对，从而失去竞争优势。因此，如何调整组织战略、结构、系统和流程以应对信息技术带来的复杂性，成为重要的管理问题。

一、系统观与权变理论

系统观的思想由来已久，中国古代就有"天人合一""阴阳五行"等朴素系统观，《孙子兵法》中论证的军事中攻防、速慢、先后等战略思想，都是整体系统观的体现。马克思和恩格斯的唯物辩证法利用系统观对自然世界和社会世界的整体联系进行了诠释。马克思和恩格斯认为，系统是由许多相互联系、相互作用的要素构成并与周围环境发生关系且具有稳定结构和特定功能的有机整体。唯物辩证法的核心要义是从整体性和全局性视角把握事物内在的本质规律和逻辑关系，注重事物内部各要素以及事物之间的普遍联系。美籍奥地利生物学家路德维希·贝塔朗菲正式创立了一般系统论，一般系统论包含三个方面：使用精确数学语言的系统科学，用系统思想和系统方法来研究复杂系统的系统技术，以及研究一般系统论的具有科学方法论性质的系统哲学。一般系统论强调系统具有整体性、有机关联性、动态性、有序性和目的性等特征。

系统管理理论旨在将一般系统论的思想应用于解决相互关联的管理问题，克服管理中管中窥豹的局限。系统管理理论的代表人物弗里蒙特·卡斯特和詹姆斯·罗森茨韦格等提出，企业应该被视为由人力、物资、结构、技术等部分组成的有机系统。企业系统的各部分之间是相互依赖的，一个组织领域的决策和行动会影响另一个领域，各部分之间的协作产生了组织效率。同时，企业也是社会系统中的一个子系统，它受到政府、供应商、投资者以及社区等环境的影响，同时也对环境施加影响。

我国的钱学森院士在系统论的基础上引入了辩证法，强调将整体与局部有机结合起来研究系统问题。这是一种集成式的系统辩证思维，使用定量分析和定性分析相结合的方法进行系统分析和系统设计。钱学森指出，系统工程是组织管理系统的规划、研究、设计、制造、试验和使用的科学方法，是一种对所有系统都具有普遍意义的方法。

党的二十大报告强调要坚持问题导向，坚持系统观念。习近平总书记强调"系统观念是具有基础性的思想和工作方法"①，系统观所蕴含的思想和工作方法，本质上就是辩证唯物主义的认识论和方法论。习近平总书记指出："唯物辩证法认为，事物是普遍联系的，事物及事物各要素相互影响、相互制约，整个世界是相互联系的整体，也是相互作用的系统。坚持唯物辩证法，就要从客观事物的内在联系去把握事物，去认识问题、处理问题。"② 党的二十届三中全会明确强调要"坚持系统观念，处理好经济和社会、政府和市场、效率和公平、活力和秩序、发展和安全等重大关系，增强改革系统性、整体性、协同性"。

系统观是辩证唯物主义认识论和方法论的重要范畴，不仅与中华传统文化所蕴含的整体观、动态观与辩证观一脉相承，也与唯物辩证法所倡导的全面联系地、动态发展地看问题的观点高度契合，同时还与华为、海尔等本土优秀企业领导者的管理实践智慧密切贴合。李占祥教授主张，企业管理存在着多元化的错综复杂的矛盾关系，只有善于观察和分析管理中的各种矛盾关系，运用正确的理论、原则及方法来处理和解决各种矛盾关系，才能调动各方面的积极因素，推动管理系统顺利运行和发展。为此，他主张在管理思维方式上，要从还原论转向整体论，并且从重视"均衡"转向更重视"非均衡"。③

权变理论以系统观为基础并对其进行了拓展与延伸。权变理论认为，在瞬息万变的商业环境中，没有一套适用于所有情境的组织结构和管理方法，相反，最佳的组织结构和管理方法取决于组织的内部要素（如组织规模、资源、结构）和外部环境要素（如政策、行业发展情况）。权变理论将组织视为一个开放系统，组织和管理的有效性体现在管理活动和组织内外部各要素相互作用的过程中。因此，管理者要审时度势，因地制宜地进行管理活动，以适应不同时期组织内外部环境的变化。正如《孙子兵法》所言，兵无常势，水无常形，能因敌变化而取胜者，谓之神。

———————————

① 习近平. 关于《中共中央关于制定国民经济和社会发展第十四个五年规划和二〇三五年远景目标的建议》的说明. 人民日报，2020-11-04（2）.

② 习近平在省部级主要领导干部学习贯彻党的十八届五中全会精神专题研讨班上的讲话，人民日报，2016-05-10（2）.

③ 李占祥. 李占祥自选集. 北京：中国人民大学出版社，2007：79-80，635.

权变理论也是矛盾管理理论的重要内容。李占祥教授指出，当企业的外部环境变化时，企业为了实现目的，为了生存和发展，可以适应环境的变化而对内部管理进行改造。例如，为了适应从传统计划经济体制转向社会主义市场经济体制的要求，企业可以相应改造内部组织结构，强化研究开发与营销能力。因此，企业的生命取决于企业系统结构和能力对外部环境的适应能力，只要企业系统能够依据环境变化权变地变革系统结构和形态，增强适应能力，企业这一人造系统就可以避免消亡。①

二、企业流程再造与学习型组织

尽管系统观和权变理论为管理活动提供了全面、整体的视角，但它们主要是管理观念的变革，很少论及具体的行动方式。20 世纪 90 年代出现的几种新管理方法弥补了这一缺陷，比较典型的有企业流程再造与学习型组织。

企业流程再造（business process reengineering，BPR）也称为业务流程重新设计，是一种重新思考和设计工作方式以更好地支持组织的使命及降低成本的方法。该方法专注于分析和设计组织内的工作流程及业务流程，迈克尔·哈默与詹姆斯·钱皮认为，大部分正在进行的工作不会为客户增加任何价值，因此，为了能够适应新的世界竞争环境，企业必须摒弃已经过时的运营模式和工作方法，以工作流程为中心重新设计企业的经营、管理及运营方式。BPR 认识到组织的业务流程通常可以分解为子流程和任务，由组织内的几个专门职能部门执行，这也是一种系统观的体现。不过，如果子流程从根本上是低效和过时的，则企业无法从迭代改进中获益。因此，BPR 的重点是重新设计整个流程，以便为组织及其客户实现最大利益。随后，BPR 受到越来越多的重视，应用范围越来越广。

学习型组织，是指通过培养组织整体的学习氛围，促进全员积极参与工作问题的识别和解决，充分发挥员工的创造性思维能力，从而使新经验和新知识源源不断地流入组织，帮助组织获得战略灵活性和竞争优势。彼得·圣吉是学习型组织理论的奠基人，他沿袭了佛瑞斯特关于系统动力学的研究，将系统观应用于企业以使其持续有效地学习。彼得·圣吉在其著作《第五项修炼》中提供了一套使传统组织转变成学习型组织的方法和理论框架，包括建立共同愿景、团队学习、改变心智模式、自我超越和系统思考，这五个要素环环相扣，构成了一个学习循环周期。

习近平总书记指出，"当今时代，新知识新事物层出不穷，有许多难题需要我们去破解，有许多挑战需要我们去战胜，有许多风险需要我们去应对"，为此我们需要"如饥似渴地学习，毫不懈怠地实践，与时俱进地提高"，"做到干中学、学中干，学以致用、用以促学、学用相长"。②

马克思主义哲学指出，世界观和方法论是不可分割的两个方面，世界观指导方法

① 李占祥．李占祥自选集．北京：中国人民大学出版社，2007：473 - 475.
② 中共中央党史和文献研究院，中央"不忘初心、牢记使命"主题教育领导小组办公室．习近平关于"不忘初心、牢记使命"论述摘编．北京：中央文献出版社，2019：205，209.

论，方法论体现世界观，二者相辅相成，缺一不可。管理观念创新是管理方法创新的前提与基础，管理方法创新是对管理观念创新的发展与推进。企业流程再造和学习型组织都蕴含着系统观，并将系统观与组织管理方法有机结合。如果没有系统观，管理方法将缺乏理论活力；如果没有操作性的管理方法，那么系统观也难以落地生根。因此，管理理论的发展也是观念和方法的辩证统一。从实际出发，用与时俱进的眼光看待管理理论创新，是马克思主义中国化时代化的必然要求。

小　结

1. 管理理论是对先前管理实践的归纳总结，并对后续的管理实践起着指导作用，因此管理理论和管理实践是相互促进的关系。

2. 管理理论的演进是一个批判性的辩证过程，在每一次的技术革命中，新理论建立在旧理论的基础上，并对旧理论提出批判，从而构成了一对矛盾。

3. 工业革命时期，对劳动效率的关注导致了劳动分工的思想，亚当·斯密正式指出分工有助于提升工作效率。铁路企业的制度化管理则强调了组织协作的重要性。这构成了"分工与协作"的矛盾，分工是协作的前提与基础，而协作使组织整体层面的分工价值得以实现。

4. 科学管理理论实现了对作业的科学管理。人际关系学说批评了科学管理对人的因素的忽视，强调关注员工的人际关系和社会需求。"科学与人文"的矛盾反映了两种各有侧重但又相互依赖的管理导向。

5. 经验主义学派强调扎根企业实践，从管理实践中总结经验教训和科学方法。定量管理通过科学方法对管理现象做量化分析，得出规律性认识，能够解决定性管理所不能处理的复杂问题。但定量管理不能脱离定性管理而独立存在，必须建立在准确的定性研究的基础上，对管理实践的本质进行思考。

6. 系统观和权变理论是现代管理理论的代表，强调从整体性和全局性视角看待企业管理活动，把握企业系统各部分之间的关系。同时，也要因地制宜，随环境变化而调整管理措施。在系统观的基础上诞生了企业流程再造和学习型组织等具有操作性的管理方法，实现了管理观念与管理方法的有机结合。

思考与讨论

1. 为什么社会层面的技术变革会引发管理理论的演进？

2. 分工与协作之间的关系是怎样的？制度化管理是如何处理二者之间的矛盾的？

3. 科学管理理论的主要内容有哪些？其在中国化的过程中遇到了什么问题？

4. 科学管理理论和一般管理理论看待企业的视角有何不同？

5. 管理理论从科学到人文的转变的背景是什么？如何平衡管理的科学性与人文性？

6. 霍桑实验的主要发现有哪些？

7. 斯隆对多部门组织结构的推广解决了哪些问题？

8. 从定性管理转向定量管理的技术背景是什么？

9. 定性管理和定量管理的优势与劣势分别有哪些？二者的辩证关系是怎样的？

10. 全面质量管理的主要内容是什么？为什么它在美国提出却在日本先流行起来？

11. 系统管理理论如何看待企业？体现了哪些哲学思想？

12. 权变理论的主要内容是什么？

13. 管理的观念创新和方法创新哪个更重要？如何处理观念与方法的辩证关系？

14. 管理理论的演进过程有什么特征？对于学习管理学有何启示？

《 第3章 》

中国管理思想发展史

学习目标

- 了解先秦至明清时期中国经济管理思想的演变历程。
- 掌握晋商等中国古典企业的经营管理思想。
- 理解中华传统文化在古代管理思想中的体现。
- 了解新中国成立后"鞍钢宪法"等企业民主管理思想。
- 了解改革开放以来基于中国企业实践的管理思想。

通过本章的学习,你将了解中国古代和近现代管理思想的发展历程和主要内容(重点);深化对中国古代管理实践特殊性的理解,并掌握中国管理思想史中丰富的人文主义理念,掌握新中国成立后中国的企业民主管理思想(难点);拓展对中华传统文化、中国管理实践与中国管理思想之间关系的理解(难点)。从承古启今角度深刻领会并贯彻落实习近平总书记在党的二十大报告中强调的"坚定历史自信,增强历史主动"(思政主题)。

引 例

中国管理实践的历史渊源

中国近几十年来飞速发展,特别是经济管理领域取得了一系列重大突破与成长。马克思指出:"人们自己创造自己的历史,但是他们并不是随心所欲地创造,并不是在他们自己选定的条件下创造,而是在直接碰到的、既定的、从过去承继下来的条件下创造。"那么当代中国企业管理实践的发展,是否有其独特的历史传承性因素?中国古代是否已经出现适应当时历史条件的管理理念?这些管理理念在数千年的文明传承中是否产生了独具中国特色的特征?有关中国管理实践的历史性发展问题亟待解答。

彭慕兰在研究19世纪中期以前欧洲在生产力方面的比较优势时指出,欧洲的土地和劳动要素市场并不比中国更有效,西欧最发达地区与欧亚大陆其他人口密集的核心区域（如中国）有着共同的重要经济特征——商业化，商品、土地与劳动的互相修正，市场驱动的发展，家庭根据经济趋势调整其生育和劳动力配置 。彭慕兰的有关研究揭示了一个重要史实，即古代中国似乎早已发展出一套适合自身的经济与管理体系。在彭慕兰的有关研究之外，卡尔·波兰尼、吉尔伯特·罗兹曼等人也有类似的发现，精细的劳动分工、包含强劲竞争在内的商业化的重视契约的经济、以家族和类家族形式存在和发展的古典企业等一系列先进的经济管理体系在中国早已生根发芽。

事实上，中国很早就诞生一系列先进的市场体制与管理体系。从中国特殊的历史发展规律来看，数千年的朝代更迭、文化传承与文明发展，使得中国形成了一种充满民族性、连续性、发展性和厚实性的独特的历史积淀，这种历史积淀既塑造了中国的特殊性，又成为中华民族屹立于世界民族之林的突出优势。对于管理学而言，相当长时期的历史积淀与发展意味着有效管理理念的持续涌现。在历史的延续性中，往往是有效的经济管理体制得到继承和发展，不那么有效的经济管理体制被修正或废除，从而逐渐涌现出一套在长历史条件选择下行之有效的经营管理手段。这种在数千年历史中不断经历产生、发展、改革、再发展的管理理念，构成了马克思口中中国管理实践"直接碰到的、既定的、从过去承继下来的条件"。从这一角度来看，进一步了解中国古代管理思想尤其关键。

从中国特殊的社会现实来看，在数千年的发展中，发动、施行和改革一系列经济管理体制的过程往往离不开当时以儒家思想为代表的传统文化影响。一方面，由于中国特殊的"文官制度"，每个朝代经济管理领域的一系列变革几乎都受到儒生前仆后继的推动；另一方面，以儒家思想为代表的中华传统文化体现出聚焦于现实活动的实践智慧，这导致中国古代一系列经济管理思想往往是对当时传统文化的映射，因而呈现出与西方古代、现代管理思想完全不同的价值追求和管理理念。通过对中国古代管理思想史的详细刻画，可以发现在传统文化影响下中国古代管理实践的特殊性，这或许可以从一个方面解答现代化视角下中国管理实践飞跃式发展的渊源。

管理活动由来已久，管理历史几乎与人类历史一样悠久和深远。中华民族拥有辉煌的哲学、艺术和商业文明。中国在数千年历史中，通过组织管理的力量创造了无数精神、制度与技术成就，在世界文明史上独领风骚。《论语》《史记·货殖列传》《盐铁论》等文化典籍，以及谏议制、科举制、两税制、身股制等管理体系，蕴含着跨时空的管理智慧，体现了独具人文主义特质的中国式管理。

第1节　中国古代经济管理思想

一、先秦儒家的管理思想

儒家思想从春秋时期至今已有 2 000 余年的历史，其中先秦儒学是由孔子继承和发展周朝礼制，并经由孟子、荀子两代进一步发展形成的儒学。先秦儒家经济管理思想主要体现在《论语》等儒家典籍中，其核心思想包括"中庸"、"仁爱"与"义利并重"等商业与管理思想。

首先，以中庸作为日常管理实践的方法论。"中庸之为德也，其至矣乎"，中庸被儒家奉为最理想的行为方式，也是儒家管理最基本的方法论。中庸可拆解为"中"和"庸"，"中"就是指主观地、情境化地掌握事情的度，这个度的掌握既要遵循客观存在的规律以保证处事的合理性，又要依据具体的管理实践权变地进行情境分析，从而达到"执经达权"的境界。"庸"就是指万事万物都要保持一个"中"的权变性，"庸，常也，用中为常道也"①。因此，中庸是根本性的、基础性的行事原则。企业管理的中庸，便是要恰当地看待和处理企业管理中存在的一切矛盾现象，权变、审慎、妥善地把握一切管理事务的尺度。

其次，以仁爱作为组织治理的基本准则。"仁爱"思想是儒家思想的核心，是"仁义礼智信"等品德要求的首要标准。仁爱思想在经济管理上有两个层面的意义：从组织层面来说，仁爱是一种组织文化，将成员的情感价值纳入企业组织发展目标，提倡满足成员的精神需求，塑造一种成员之间互相关爱的工作氛围，将组织塑造为具有人文关怀的工作场所，而不是单纯为了获取盈利的工作场所。从个人层面来说，仁爱是一种道德修养，强调领导者真诚对待企业员工，在日常事务中遵循心中的仁爱思想，不过分强调各种既定的规章制度，而是主张通过具体的组织实践反思和践行对员工的尊重与爱护，做到"己欲立而立人，己欲达而达人"。当企业目标包括真诚的关爱员工，并努力提升员工的道德修养时，企业内部便会形成一种向心力和凝聚力，形成一种"居其所而众星拱之"式的理想组织治理局面。

最后，以义利并重作为价值目标。义利并重是儒家思想处理道德与利益、公共利益与私人利益之间关系的核心准则。"义"是指道德准则，代表行为的正当性；"利"是指利益，代表行为的功利性。从道德与利益的关系来说，义利并重一方面承认物质利益追求具有先天存在的合理性，即"富与贵，是人之所欲也"，因此将利益追求纳入企业管理目标是满足员工合理经济需求的必要途径；另一方面强调"不以其道得之，不处也"，即如果通过不符合道德的方式追求物质利益，则是不正当的。因此，企业只有通过合乎道德的途径获取合法利益，在积累财富的同时积极履行社会责任，合法缴纳税款、公平竞争、保护自然生态、尊重员工发展等，才能做到"以义为先，义利兼顾"。从公共利益与私人利益的关系来看，"义"是一般性的道德原则，强调超越私人利益的公共利益，认为企业的整体利益要高于员工的个人利益。因此，管理者在决策中要从组织整体出发，顾及企业和全体员工的利益，做到"博施于民而能济众"。

二、秦汉商业管理思想

(一)《史记·货殖列传》与古代商品经济

中国在秦汉时期就出现了千人规模以上的超大工厂和周流天下的商业活动，形成了

---

① 详见《中庸》"君子中庸"章郑玄注释处。

比较成熟的早期商业管理思想，集中体现在《史记·货殖列传》中。"殖，生也。生资货财利"①，"货殖"即指经商盈利之人。《史记·货殖列传》是太史公马迁专为商业所立之传，为我们呈现了中国古代熠熠生辉的商业文明，以及中国古代企业家对商业管理的深入思考（详见延伸阅读3-1）。

延伸阅读 3-1 白圭经营之道

先秦至汉初时期，我国已出现按经济类型分工、专业化分工、地域经济分工交织叠加的复合多元分工体系②，产生了复杂多样的资本积累方式，促进了基于交换的商品经济的繁荣发展。此外，这一时期出现了子贡、范蠡等杰出儒商。《史记·货殖列传》中展现的商业管理思想主要有以下方面：

（1）强调商业要重礼明德。一方面在经营企业时强调"智、勇、仁、强"等品德的重要性，"智不足与权变，勇不足以决断，仁不能以取予，强不能有所守"；另一方面在从事生产经营活动时主张义利并重，在符合仁义的基础上公平竞争，正当地追求财富并信守诺言。

（2）将商业经营与人性、道德联系起来。破除"重农抑商"的传统观念，认为追求财富是人性的一部分，是社会交换活动的动力，因此需要合理疏导求富的人性，激发人的主观能动性以发展商品经济。同时通过财富的积累促进礼仪道德的发展，在解决衣食住行问题的基础上对人进行教化，即在实现物质激励的基础上进行精神激励。

（3）重视商业战略。《史记·货殖列传》中有很多经济战略思想，其中涉及的商业战略包括在市场中不能有固定的战略，需要预测市场变化，抓住时机，果断地买入卖出③；将国家利益、人民利益与企业利益相结合，为市场提供必需的食材、工具和财物，做到"上则富国，下则富家"；追求产品质量，及时响应市场需求；主张跨区域发展商品经济，积极开拓区域市场。

（4）强调有效选拔人才。商品经济的发展必然伴随着有效的人员选拔机制，其中主要包括两方面内容：一方面强调将人才选拔与识别商机相结合，选拔与当下商业环境相匹配的人才，做到"能择人而任势"；另一方面主张做到知人善任，善于发现员工的价值，将其安置在合适的职位并进行人力资源挖掘，如汉初商人刀间能充分开发和利用仆从等各类人员的聪明才智，使他们按照各自所长从事买卖、社交等活动，最终做到"终得其力，起富数千万"。

（5）注重商业伦理。《史记·货殖列传》反映了一批高素质商人的经营之术，主张商人必须注重自身品行与商业伦理。一方面鼓励勤俭节约、与员工同甘共苦，做到"能薄饮食，忍嗜欲，节衣服，与用事僮仆同苦乐"，以得到员工的尊重和认同；另一方面鼓励积极履行社会责任，在企业盈利之后回报社会，多行仁义之事。

---

① 司马迁．史记·货殖列传．北京：中华书局，1959：2461.

② 李涵，等.《史记·货殖列传》研究．昆明：云南大学出版社，2002：100.

③ 同②71.

（二）《盐铁论》中的经济管理思想

《盐铁论》是桓宽根据汉昭帝时期盐铁会议相关论题所撰写的管理典籍，详细记述了西汉时期与工商业相关的一系列思想观点，以及关键经营问题的辩论过程。《盐铁论》全书围绕以桑弘羊为代表的士大夫与文学贤良之间的经商分歧展开，集中探讨了有关国营化政策、儒学价值、儒法之辩[①]等问题，集中展现了汉代经济管理思想及其形成过程，对后世中国管理思想产生了深远影响。

（1）工商业国营化。桑弘羊明确主张盐、铁、酒等重要的自然资源应该由国家经营，并通过实行"均输法"[②]，由国家控制重要资源的物流运输和调配流程，发展以国营工商业为主体的计划经济。[③] 一方面有效发挥工商业为国家积累财富的效果，以其为富国之本，做到"蓄货长财"；另一方面严格避免私人垄断经营，国家统一调控可以保证物价合理，保障人民生活必需品供给，并使资源可用于赈灾救急和配合农业生产，实现"有益于国，无害于人"。

（2）推行德治。领导者持续学习以达到修身的目的，时刻反省自身而不能过度指责他人，举荐贤才，选拔贤能，并积极纳谏。领导者应该首先注重自身的道德榜样作用，其次依靠道德教化功能。管理不能完全依靠僵化的正式制度，而应培养自身的战略远见和坚持管理的道德原则。

（3）权变性的战略导向。在战略制定上既要坚持市场导向，与时俱进、灵活变通，同时也要坚持核心的道德文化传统[④]，而决定道德文化传统是否合适的关键因素则是其是否有利于治理企业和完善管理实践，而不是其是否宏大，即"无补于用者，君子不为"[⑤]。

（4）有效利用激励手段。一方面既要实现"教之"，也要实现"庶之"和"富之"，将精神层面的激励与物质层面的激励相结合，满足员工的多层次需求；另一方面实行分权，避免过度集权和过于严格的监督机制，善于下放权力，并通过塑造和维持情感联系实现自然、主动的互相监督与制衡。

（5）因地制宜地从事产销活动。一方面必须顺应一定时空下的外部环境变化，因地制宜地开发可供获取的资源；另一方面必须因地制宜从事制造和销售，并为消费者提供方便、可靠和有用的产品，安民富国才能长治久安。

三、唐宋经济管理变革思想

（一）刘晏改革

唐朝在贞观之治时开创了繁荣昌盛的发展局面，安史之乱后由盛转衰，国家逐渐呈

---

① 王利器．盐铁论校注．北京：中华书局，1992．
② 元鼎二年（公元前 115 年），汉朝开始实行均输法，即在全国各个地区设置均属官，由其控制当地主要物资的统一订购、调配和物流运输过程，从而加强国家对重要资源的掌控力度，防止私人售卖并牟取非法收益。
③ 吴晓波．历代经济变革得失．杭州：浙江大学出版社，2013：61．
④ 桓宽．盐铁论．北京：中华书局，2015：236．
⑤ 同①552．

现财政紧缺、经济萎靡以及人民生活困苦的破败之象。为挽救唐朝的衰退困局，刘晏自宝应元年（762年）被启用至建中元年（780年）身死，在近20年中筹划并实施了具有官商合营属性的经济改革。[①] 刘晏改革的重点涉及集权与分权、内部治理、市场信息收集和人才选拔等方面。

（1）集权与分权相结合。刘晏改革的首要目标是整顿盐铁官营制度，盐铁等资源向来主要由国家控制，体现出极强的集权性。为了应对绝对集权导致的官僚腐败、质量低下以及价格不合理等问题，刘晏推行间接专卖制[②]，充分发挥商人的销售能力和市场的价格调节功能，同时由官府负责盐铁等资源的收购和批发工作，通过寓税于价的方式积累财政资金，并设盐监、盐场、巡院等机构对物资供需、运输、价格进行监管，从而将集权与分权相结合，最终实现"国用充足而民不困弊"[③]。

（2）优化内部治理。刘晏改革的过程往往伴随着通过优化内部治理遏制官员腐败现象。一方面革除大量机构和裁减行政官员，如罢免非产盐区盐官、盐吏，尽量精简治理结构；另一方面利用市场的力量推行"常平盐"制度，在盐资源暂时短缺而市场价格偏高的地区售卖平价食盐，保障食盐的正常供给。

（3）重视市场信息收集。刘晏改革十分重视市场信息的收集和分析工作，一方面通过地方的巡院收集各地市场交易信息并按时上奏，另一方面通过改革驿站制度，及时、快速地获得各地商品交易信息，从而在全国形成庞大、精密和快速的情报网，做到"虽极远不四五日知"，进而保障改革决策的科学有效。

（4）重视人才选拔。刘晏改革的目标之一是完善国家理财工作，因此一方面十分重视对能力可靠、品德优良的人才的选拔，主张起用"新进锐敏"的士人；另一方面对于通过私人关系举荐而来的能力不足者，给予其优厚待遇但不让他们担任核心工作，以避免人才队伍受到系统冲击，即"厚以廪入奉之，然未尝使亲事"，从而为经济改革提供了稳定而高效的人力资源。

（二）王安石变法

为解决北宋积贫积弱、内外交困危机，在宋神宗的支持下，王安石在熙宁二年（1069年）到元丰八年（1085年）推行了发展生产、富国强兵的一系列政治经济变革措施，史称"王安石变法"。王安石变法将"理财"作为变法革新的主要环节，其经济管理思想主要包括推崇权变、儒法并用、以义理财、重视人力资源管理等。

（1）推崇权变。权变是王安石变法的思想基础，一方面强调事务的权变，主张辩证地看待具体管理实践，适度、灵活地处理一切事务。另一方面强调关系的权变，认为不必将管理者视为必须服从的对象，而是首先考虑管理者的品质是否符合变革要求，再决定管理者与管理对象之间的关系。

---

① 吴晓波.历代经济变革得失.杭州：浙江大学出版社，2013：90.
② 刘晏将盐铁资源的流动过程改为由人民制造、官府收购、商人运输和销售，因此与以往官府直接运输、销售的过程相比，官府干涉力度降低，无法直接参与售卖过程，因此称为"间接专卖制"。此举一方面节省了官府在物资运输中的开支，另一方面充分发挥了市场机制的灵活性。
③ 司马光.资治通鉴.北京：中华书局，1976：7286.

（2）儒法并用。即将儒家道德体系与法家制度体系相结合，从而对儒家经济管理思想进行变革与再创新，通过更为明确的制度体系宣传道德意识，并将道德意识作为组织秩序一以贯之的核心和纲要。

（3）以义理财。王安石变法中的"义"是指集体的利益，即企业通过经营管理实现营收应该以国家、社会利益为先，为国家积累财富，为社会巩固人心，并主张"聚天下之人，不可以无财；理天下人之财，不可以无义"①。

（4）注重人力资源管理。一是主张根据品德能力进行人才选拔和培养；二是主张将人才培养与实践相结合，而不能停留在表面的理论知识上，选拔和培养能够经世致用的人才，并强调持续学习的作用；三是主张解放思想，人才选拔和任用不拘泥于经文和注疏，强调在阐明核心观点的同时表达自己的看法；四是主张物质激励与制度约束相结合，即"饶之以财，约之以礼，裁之以法也"②。

四、明朝经济管理思想

明朝时期我国商品经济得到了进一步发展，白银成为主要的流通货币，但机构腐败、朝廷收支不平衡等问题逐渐突出并引发财政危机。明神宗时期，张居正为解决财政危机，在万历元年（1573 年）到万历十年（1582 年）实施变法。其经济管理思想主要表现在以下方面：

（1）完善管理制度体系。一方面重新修订、完善规章制度，在节省不必要的经济支出的同时，变革原有赐宴制度、驿递制度、土地制度以及赋税制度等，并主张制度面前人人平等，不徇私情。另一方面严格执行相关制度，"虽万里外，朝下而夕奉行"③，并通过调整工资和职位、加强监督等手段进行强化，保障制度执行效果。

（2）加强财务管理。一方面严查管理人员铺张浪费现象，减少不必要开支，同时关注基层人员的生活保障，整治生产体系以增加收入，全面提升财富积累能力。另一方面强化会计职能的重要性，在改革过程中结合《万历会计录》《清丈条例》对各项收入和支出进行记录、重新厘定，设立客观标准并以会计账册为基础进一步促进制度变革，提升财务管理水平。

（3）优化人力资源管理。一是通过绩效考核克服僵化的官僚体制，强化岗位职责的重要性，通过对职责履行、才能的考量对下属进行绩效考核并根据考核结果进行赏罚；二是注重人员的品德和才能，在选拔人员时以德、才为依据，主张知人善任，充分发挥下属的长处，在培养人才时强调通过教化过程提升个人道德水平，同时注重实践导向，将理论知识与具体实践相结合；三是强调明确的岗位职责，保持人员任职的相对稳定性，并将任职决定权集中在高级管理层；四是注重以身作则，严于律己，从而发挥榜样作用。

---

① 王安石. 王文公文集：上. 上海：上海人民出版社，1974：364.
② 同①8.
③ 张廷玉，等. 明史：第 1 册. 北京：中华书局，1974：5645.

第 2 节　中国古典企业的经营管理思想

中国古代商业经隋唐到两宋出现繁荣局面。唐代手工业十分发达，由富豪经营的大手工业作坊和广大个体手工业者经营的家庭作坊得到发展，出现了以"行"命名的商业组织，如布行、杂货行等商行，这就是中国古典企业的雏形。宋代在唐代商行的基础上，发展出按货物品种分类的行会组织，使得成长期的中国古典企业由松散变得规整，各个行会有着明确的分工和严格的管理条例。明清赋税的货币化改革、工商业市镇的崛起以及"工商皆本"思想的传播，为中国古典企业的规模扩大提供了广阔空间，明清成为中国古典企业发展的鼎盛时期。这一时期出现了以血缘、地缘与业缘为纽带的十大商帮，包括山西商帮（晋商）、徽州商帮（徽商）、陕西商帮、山东商帮、福建商帮、洞庭商帮、广东商帮、江西商帮、龙游商帮、宁波商帮。其中，北方的晋商和南方的徽商以资本雄厚、贸易遍布全国最为著名，"富室之称雄者，江南则推新安（徽州），江北则推山右（山西）"[1]。明清晋商、徽商的繁荣受益于其经营管理思想的创新，主要体现在以下方面。

一、义利并重的商业伦理

晋商和徽商从儒家文化的传统社会价值观中提炼出共同遵守的职业道德规范，进而升华成一种商人信仰，因而具备儒商特色。儒家谈治理，强调仁义为先、功利居后。功利居后不意味着不谈功利，而是不汲汲于功利之中，"富与贵，是人之所欲也"[2]，"君子未尝不欲利"[3]，仁义为先而后取利乃君子之道，延伸阅读 3-2 形象地说明了晋商以义取利、义利并重、诚信至上的商业伦理道德。

延伸阅读 3-2

晋商的信义之道

由财东之识意的信赖经理，于是经理以忠义之答报知遇，此理之固然者也。最足使人玩味者，即财东将资本委经理，不加过问，静候决算时报告。苟非人力所能制止而丧失资金，财东不但不责经理失职，且加慰勉，立即补足资金，令其重整旗鼓。盖以商业赔赚，犹如兵家胜败，倘出千误而非故致遭损伤，亦须励其前进，始可挽回颓势，此信之表现也。

经理倘视环境不佳，恐将损及血本，必挥其铁腕预筹退步，决不肯稍有疏虞。故营业范围系以环境为比例，活动为主旨，务使操纵自如，决不行险侥幸，致碍个人人格，

---

① 出自谢肇淛《五杂俎》卷四《地部二》。
② 出自《论语》里仁篇第四。
③ 出自程颢、程颐《二程遗书》卷十九《伊川先生语五》。

同事地步，财东资产，此义之表现也。

资料来源：黄鉴晖，等. 山西票号史料. 太原：山西经济出版社，2002：594.

　　从晋商票号的内部组织制度可以看出，中国古典企业强调利益的追求受到信义的制约，"君子喻于义，小人喻于利"[①]，先义后利体现的是君子的修为，传递的是儒家学说的和谐思想、人文思想以及高瞻远瞩、长远规划的治理思想。以义制利、忠诚信义是晋商和徽商组织成员共同遵守的道德准则，作为一种非正式制度时刻约束着组织成员的行为规范。这在日常经营中体现在"宁叫赔折腰，不让客吃亏""买卖不成仁义在""售货无诀窍，信誉第一条""仁中取利真君子，义中求财大丈夫""斯商，不以见利为利，以诚为利"等世代流传的谚语和商训中。

二、情感认同的员工选聘

　　晋商和徽商的员工选聘侧重熟人社会中的情感认同，以宗族血缘或同乡地缘为纽带，基于熟人间的信任对员工进行筛选，最大限度地降低聘用员工的委托-代理风险和机会主义倾向。晋商选聘员工以地缘关系为基础遵循雇用本地人原则，避免血缘宗亲参与企业经营；徽商以血缘和宗族关系为基础，在宗族子弟中选拔员工。晋商"举贤避亲"的主要目的是保证员工的选拔质量，避免血缘宗亲干涉企业的日常经营事务，使得晋商员工能够"放开手脚"，以免东家血缘宗亲的人情世故给企业经营带来影响。而晋商的雇用本地人原则能够顺利推行，得益于其完善的员工选聘策略。晋商选聘的学徒和掌柜都需要家境殷实的保人举荐，"倘有越规行为，保人负完全责任"，使得被举荐的学徒和掌柜更加自律谨慎以免辜负保人的恩情。选聘过程中的背景审查范围涉及祖上三代的信誉记录，个人表现直接影响整个家族在本地的信誉，因为同县同乡的信息沟通相对顺畅，信誉受损不仅会影响自身前程，还会影响后代出路。

　　与晋商不同，徽商的员工选聘则注重宗族血缘，"举贤不避亲"，以至出现"贾盐江淮间，艘至千只，率子弟贸易往来，如履平地"[②]的情形。徽商严格的宗族家法强化了徽商宗亲间的纽带和联系，家族主义信任关系降低了人力资源管理中的监督和控制成本。总之，无论是依靠地缘关系还是血缘关系，晋商和徽商都重视员工对组织的情感认同，尽最大可能地筛选具有相同价值观和组织目标的员工。作为本地人和宗亲的员工，也都自觉接受儒家思想的约束，将其视为不可违背的原则和底线，从而降低了用于人员监督的制度成本以及机会主义倾向。

三、长期雇佣的用人之道

　　晋商和徽商的员工聘用均遵循长期雇佣的原则。学徒一般是从小培养的，中国古典

---

① 出自《论语》里仁篇第四。
② 出自《休宁西门汪氏宗谱》卷六《益府典膳福光公暨配金孺人墓志铭》。

企业员工的职业生涯发展往往遵循"学徒—伙计—经理人"的晋升路径。学徒期（一般为三年）是普通伙计的必经培训过程，学徒在此期间接受专业技能培训（识银、算数等）、服务技能培训（烧水、扫地、冲茶等）以及品德训育等，学徒期结束后成为正式伙计。晋商伙计职业生涯期间，"每一伙友入号，日间在门市部练习，晚间收市后，分由各高级伙友教授珠算及习字。半年以后，经高级人员推荐，乃有练习跑街资格。上市经年，经高级人员认为可以造就者，乃派充录信员，先誊各埠来函一年，后经文牍先生赏识，乃改缮外发信件，同时由文牍先生教以文字学。再经年余，乃有升充帮账之望。帮账半年后，遇各分庄有调换人员之举，经高级人员提拔，乃得派赴各埠分庄服务。一经外派，身价立高，勿问在分庄担任何项职务，皆有二老板之身份"①。

徽商伙计得到商号主人的赏识，可以被提拔为副手或掌计，分管某处商铺。营运若干年后，其个人积蓄多了起来，可以独立经商。晋商的员工在长期雇佣期间要严格遵守各式复杂多样的"号规"，凡发现违反号规或其他营私舞弊的行为，将一律被清除出号。徽商用族规家训管束企业中的同宗伙计，采用传统习俗约束和规范员工，维护门风，凡侵害宗族利益的以逐出宗族为最高处罚。

四、信任至上的激励制度

晋商最具特色的激励制度是身股激励，它是中国古代股权激励制度的典范。晋商字号的股份有银股和身股之分：银股是财东投资字号的合约资本，对字号承担无限责任；身股是针对掌柜和重要伙计的一种顶身入股的虚拟股权，不需要付出任何资本代价，只需凭借个人的绩效成果被赠予股权，可以参与分红但不对商号的亏赔负责。大掌柜的身股配给在开办企业之初与财东签订合同之时即约定明确。商号内的伙计由大掌柜根据考核结果向财东推荐，经财东同意后正式确定身股配给。

徽商雇员以血缘宗亲为纽带，一些徽州大贾为了提携宗族子弟，培养他们的经营能力，通常会将自己的一部分资金委托给他们去经营，利息率很低或者不收利息，徽州宗祠设置"月折制"，富商按照一定的规范缴纳资金给予祠堂，财力不足的本族商人经过申请可以每个月得到祠堂的补助，用以渡过难关，重整旗鼓。无论是晋商身股制的员工只负盈不负亏，还是徽商月折制的经营补助，都在物质激励及物质支持的基础上赋予了信义的内涵，从而在心理与精神层面让员工及合伙人充分得到尊重与信任，激发员工及宗族子弟的持续经营动力。

第3节　中国近代企业管理思想

清朝末年是工商业发展的一个关键节点，外国资本主义的入侵破坏了我国以农业为主的经济结构，激发了我国商品经济的发展。在这一段特殊的历史时期，中国企业在政

---

①　黄鉴晖，等．山西票号史料．太原：山西经济出版社，2002．

府干预与自主经营中不断徘徊和博弈，既展现出对现代企业管理体系不断摸索的强大魄力，也在频繁复杂的体制变迁中呈现出时代特有的管理思想。

一、洋务运动与近代企业管理

伴随着洋务运动兴起，大量的军工企业和民用企业如雨后春笋般出现，在学习西方现代企业体制的同时，引进西方先进的生产技术与机器设备作为支撑。这些企业的主要形式包括"官办"、"官督商办"和"官商合办"三种形式，军工企业以官办为主，如江南机器制造总局、金陵机器制造局、福建船政局等，民用企业以官督商办为主，如轮船招商局、开平矿务局和上海机器织布局等。[①] 官办形式下的军工企业开始大量引入西方先进的机器设备和雇佣劳动制，同时参考现代企业管理模式，但企业经营管理仍贯彻封建官僚制理念，具体表现如下：

（1）资本来源固守传统。由于军工企业的筹办时期仍处于旧制度时期，且主要是为提高国家军事力量服务，因此一方面在原始资本积累上依靠政府的军费开资，另一方面在经费开销上实行奏销制度，即向户部申请资金，并采用传统记账法。

（2）实行分工制。军工企业的产品以大型军事机器为主，制造工艺复杂，而分工协作可以快速提高效率，因此军工企业在生产管理上多实行按产品、生产过程进行的分工制，通过重复劳动下的员工与机器的协作完成生产任务。

（3）公司结构以科层制为主。官办形式下的军工企业生产规模巨大，且分工制导致存在大量的生产部门，因此需要纵向的协调机制，如福建船政局具有以船政衙门为主导的四个简单纵向结构。

（4）注重内部技能培训。由于军工企业涉及的生产制造工艺比较复杂，且需要操作大型机器，因此企业内部十分注重员工的技能培训工作。一方面成立翻译馆、船政学堂、实学馆、德文馆等机构进行教学培养工作，另一方面聘请外国传教士和军官担任教习以传播、培训西方先进的制造工艺和专业技能知识。

（5）经营业务不具备市场属性。由于筹办军工企业的目标在于"求强"，因此在经营业务上以满足国家军事力量需求为准，只生产如钢材、轮船、枪炮等军事资源，并直接向军队供给，不在市场流通。

军工企业主要以增强国力、加强统治为目标，并常常受资金来源和西方机器设备的限制。随着郭嵩焘"西洋立国有本有末"的提出，清政府认识到西方以"富"求"强"的基本逻辑，"求富"口号逐渐响亮起来，带动了大量民用企业的兴起，这些企业分布在重要的国家经济部门。官督商办形式的民用企业一方面受到政府的倡导和监督，并在政策、资金方面受其保护，但企业资本主要来自私人；另一方面也学习西方企业的经营管理理念。

（1）提高商股地位。一方面在资本构成上，按股份制公司治理结构设立董事和股东席位，采用入股形式进行原始资本积累，股权高度集中于私人即买办和商人，如轮船招

---

① 王建朗，黄客武. 两岸新编中国近代史：晚清卷：上. 北京：社会科学文献出版社，2016：254.

商局便是我国近代第一个自办的大型股份制企业。另一方面通过规章制度来提升商股地位，并在后期建立分权和监察体系。

（2）细化内部治理。首先，在治理结构上形成了初步的委托-代理机制，同时存在政府官员与股东等多个委托人。其次，细分总局和分局。一方面通过分工制明确岗位职责，如轮船招商局细分漕运和局内管理工作，设置"总办"和各"分办"职位；另一方面细化职能部门分工，设财务、运营、交涉等具体部门，如轮船招商局下设公务、文案、开支等职能部门。最后，总分局之间的行政关系发生改变，如轮船招商局总分局原有的隶属关系进一步松弛，演变为类似于业务经纪人之间的关系。①

（3）加强财务管理。由于官督商办形式下的民用企业追求获得剩余利润，主张财富积累以实现"求富"的目标，因此对内部财务管理非常看重，加强了公司内部财务监管、总结和稽查机制。如开平矿务局每日设置流水账，并按期进行月结、年结②，通过年度会议总结经营状况，根据账目进行核查，并向社会和股东公开财务状况。

（4）经营业务范围转向市场。由于官督商办形式的民用企业的目标在于"求富"和"分洋商之利"，因此其开始从满足政府军用转为满足市场需求，业务范围多集中在煤矿、纺织、电报以及包括铁路、轮船等在内的运输领域，主要向市场流通，以营利为目的。

二、黄金时期的私营企业及其管理

官督商办形式的企业不断凸显弊病，随着清政府的垮台以及 1914 年《公司条例》③的正式颁布，私营企业逐渐进入近代以来的黄金时期，如以大生纱厂、荣氏企业、南洋兄弟烟草公司为代表的民族资本，以西北实业公司以及中国建设银公司④为代表的私人官僚资本在这一时期快速发展。这一时期的近代企业逐渐摆脱了政府的过度干预，建立了更为先进的现代管理体系。近代私营企业管理具有以下特征：

（1）企业形态更丰富。私营企业在企业所有制形态上具有更大的灵活性，对西方现代企业的学习也逐渐深化，开始出现了具有无限责任制的个体和家族企业、合资公司、股份公司、股份有限公司、两合公司以及股份两合公司等形式。

（2）管理体系进一步完善。首先，众多私营企业逐渐摆脱政府的过度干预，开始建立更为完善的财务管理体系，如建立财务会计部门、加强成本管理和利润管理等。其次，强化了劳动管理体系，引入科学管理思想优化工厂治理。同时实行招工考核制、养成工制、包身工制，并在计件工资制基础上加入赏工赏金制。最后，实现所有权与经营权两权分离，同时设置参谋机构辅助决策。

（3）经营业务范围扩大。由于私营企业的发展以利润增长为主要目标，多以私人营

---

① 张国辉 . 洋务运动与中国近代企业 . 北京：中国社会科学出版社，1979：151.

② 同①202.

③ 中华民国史事纪要（初稿）：中华民国 3 年（1914 年 1 月至 3 月）. 台北：正中书局，1982：126.

④ 武力 . 重新审视"官僚资本"的几点想法：评《从投资公司到"官办商行"》. 中国经济史研究，2003 (2).

利需求为主，同时政府的干预力度下降，因此经营业务范围不再局限于军工产品、矿产以及对外运输等关系国家命脉的领域，而是聚焦人民日常生活的必需品等拥有广大市场需求的实业领域，如面粉、纺织、烟草、粮油等。

三、官办商行的兴起

抗日战争结束后，坐拥大量资本的私营企业如中国建设银公司、孚中实业公司和扬子建业公司，利用与政府之间的密切关系抢占市场、牟取暴利，又被称为"官办商行"[1]。官办商行在企业内部治理上延续着对西方管理模式的模仿和学习，如继续推进股东制的完善，设董事、经理、监察等职位。在总公司下设多个部门，交由相应人员管理，并在全国各地、国外开设分公司、联合机构等。官办商行与官督商办存在显著差异，主要表现为：

（1）资本构成差异。官办商行的资本构成外在表现为私人资本占比更大，其内在实质则是国家资本和私人资本的混合，表现为官商之间的联合，这与官督商办形式下官商之间的利益博弈与斗争具有明显不同。

（2）经营业务差异。官办商行的发展与政府开放外汇及鼓励输入的政策相关，因此其经营业务集中在进出口贸易上，主要包括钢铁、五金、汽车、建筑化学材料、电器、药品、羊毛、茶叶等产品及原材料[2][3]，大有垄断经营之势。

（3）管理模式差异。官办商行的管理模式受到政府干预的影响更小，与西方现代企业的经营管理模式更相似，这既与官办商行所有者的对外关系更发达、与欧美国家的利益关联度更高有关，也是由于其所有者往往具有政治资源，能够更大限度地发展现代企业管理模式而不受政府的干预。

第 4 节 新中国成立后的企业民主管理思想

新中国成立后，国家通过和平赎买政策，对私营企业进行社会主义改造，使之转化为国营企业。1949 年 9 月通过的《中国人民政治协商会议共同纲领》明确规定：在国家经营的企业中"实行工人参加生产管理的制度"，在私人经营的企业，"由工会代表工人职员与资方订立集体合同"，同时要求在企业中普遍推行职工代表会议制度，开启了我国企业民主管理思想的探索。1949—1950 年，我国在东北建立了最早的一批单位制国有企业，1956 年初的"全行业公私合营"的改造活动，基本上将私营企业纳入国家统一管理，正式开启了我国国有企业单位制时代。1956 年 9 月，中国共产党第八次全国代表大会决定，在国营企业中执行党委领导下的厂长负责制。随后党中央又强调实行

① 王建朗，黄克武. 两岸新编中国近代史：民国卷：下. 北京：社会科学文献出版社，2016：757.
② 同①760.
③ 郑会欣. 战后"官办商行"的兴起：以中国孚中实业公司的创立为例. 中国经济史研究，2009（4）.

和加强党委领导下的群众监督，并要求各企业积极试行职工代表大会制度，作为群众参加企业管理和监督行政的权力机关。在此背景下，鞍山钢铁公司（简称"鞍钢"）在实践中总结出一套具有中国特色的社会主义企业管理经验，凝缩这些经验的"鞍钢宪法"成为新中国成立后我国企业民主管理思想的杰出典范。

一、"鞍钢宪法"的产生背景

"鞍钢宪法"是新中国成立后社会主义经济建设思想在企业管理实践中的反映。1956 年后，中央高层领导开始对企业管理中高度集权的苏联模式进行反思和批判，尤其强调了苏联"一长制"领导体制滋生的官僚主义与我国长期追求的企业民主化管理目标之间的矛盾。1960 年 3 月，毛泽东在中共鞍山市委《关于工业战线上的技术革新和技术革命运动开展情况的报告》上所作的批示中对鞍钢管理经验进行总结，针对"一长制"淡化政治观念并侵害职工利益的弊端，强调国营企业要实行党委领导下的厂长负责制并坚持"两参一改三结合"，"鞍钢宪法"由此正式产生。

二、"鞍钢宪法"的核心内容

"鞍钢宪法"的核心内容是坚持政治挂帅，加强党的领导，大搞群众运动，实行"两参一改三结合"，开展技术革新和技术革命。其中"两参一改三结合"即工人参加管理、干部参加劳动，改革不合理的规章制度，领导干部、技术人员和工人群众三结合。在"鞍钢宪法"产生后，一系列体现其核心思想的管理实践不断创新并被总结推广。"鞍钢宪法"实施的组织与制度保障主要有职工代表大会制度、技术表演竞赛和三结合小组等。

（1）职工代表大会制度。工人通过职工代表大会提出各种意见，对企业的经营进行监督、评议。鞍钢中板厂首创的班组经济核算是员工参与日常管理的一种重要形式。鞍钢第一初轧厂在推广这一经验时，采用的是班组工人自己选出兼职核算员进行日常核算工作，根据各个岗位的不同情况确定不同的具体核算内容和核算指标。通过班组经济核算，工人能够及时了解自己每天劳动的经济成果，可以及时发现存在的问题，做到边生产、边核算，边分析、边改进。工人通过参与职工代表大会，以及在班组层面自己进行日常核算，增加了对生产过程的控制，工人自治、自主的程度有所提高，激发出对于企业管理的介入感、参与权及主人翁意识。

（2）技术表演竞赛和三结合小组。技术表演竞赛主要关注的是生产中的关键问题，如技术操作、工作方法等是鞍钢第三炼钢厂职工首创的一种技术表演竞赛形式。最开始的技术表演竞赛是少数先进生产者展示先进的操作技术，其他人观摩学习，后来则发展成包括落后工人在内的所有工人都参与的竞赛活动，在活动中工人相互学习，彼此促进工作技能的提高。三结合小组是指领导带头下车间参加劳动，与技术人员和工人群众一起开展技术革新，解决生产中的关键技术难题。

三、"鞍钢宪法"的民主管理思想

"鞍钢宪法"是中华传统文化与社会主义政治、经济体制结合的产物。与西方主流管理模式相比，"鞍钢宪法"触及了管理中的一个根本性问题，即企业组织中"人的解放"问题。塑造具有主人翁意识自主性的人，保证职工对管理的主导地位，将职工从资本主导的逻辑中解放出来，这是"鞍钢宪法"的根本目的。"鞍钢宪法"的本质是职工当家作主，这是人民当家作主的社会主义民主在国有企业经济管理生活中的体现。

（1）"鞍钢宪法"打破了日益精细化的分工原则，消解了由之造成的权威主义、部门分立、责任分割等分而治之的企业治理逻辑及其造成的人身束缚。西方主流管理模式中的泰勒制和福特制是建立在专业分工与权威主义基础之上的理性控制模式，认为制度体系及操作规程一旦固定下来就不能改变，工人必须按照规定和指令进行机械的操作执行。鞍钢则通过三结合小组以及技术表演竞赛，缩小了干部与工人之间的情感距离，有助于解决工人和干部之间分工不同而造成的情绪对立，工人也不再仅仅依靠管理人员和技术人员来安排生产流程及确定操作标准，技术人员和工人被赋予一定的技术决策权。

（2）"鞍钢宪法"将工人视为管理的主体而非被管制的对象，并增加其在生产过程与组织管理中的参与权与自治权。首先，工人在日常工作中可以就生产工艺、操作技术提出建议，在某种程度上拥有了决策参与权。其次，鞍钢的职工代表大会制度是社会主义代议制民主在企业中的发展。通过参与职工代表大会，以及在班组层面进行日常核算，工人参与到企业的管理决策之中，增加了对生产过程与组织管理的控制感，从而提高了自治、自主的程度。

"鞍钢宪法"消解了西方科学管理模式中管理者与被管理者之间的紧张对立关系，管理者、技术人员与工人在结合中成为平等主体，权力扩散到职工群体之中，有力地遏制了企业中作为特权阶层的管理者对于作为弱势群体的职工的剥削和压制。由于各项权利受到"鞍钢宪法"保障，劳动者不再是被科学管理驯化成的标准化的机器零部件，而是支配生产资料为自身利益服务的"自主性的人"，从而成为企业主人。"鞍钢宪法"蕴含的整体性思维、关系性思维、理性批判精神与人性解放意蕴，以及劳动主导、限制资本等民主管理思想，在数字经济时代依然焕发着强大的生命力。

第 5 节　改革开放以来的中国本土管理思想

改革开放以来，中国逐步建立和完善社会主义市场经济体制，企业经营活力不断迸发。企业从最初的学习模仿国外先进管理经验、制度和方法，逐步走向结合国情探索管理创新之路。面对新的市场环境，中国企业的管理理念转向解放思想，在学习欧美国家先进经验的同时坚持独立自主探索与社会主义市场经济相适应的管理模式。在企业经营权下放、资本市场开放、管理思想解放的时代浪潮下，中国管理学迎来了百花齐放、百家争鸣的发展盛况。中国管理学者立足于中华优秀传统文化和改革开放以来中国企业奋力进取、勇于开拓的先进管理实践，总结提炼中国式现代化下的管理模式和体系，贡献了诸多具有中国特色的本土管理思想。

一、基于中华传统文化的本土管理思想

在五千多年多谋善虑、开拓创新的历史实践中，中华民族创造了源远流长、博大精深的优秀传统文化，奠定了中华民族在认识世界、解释世界和改造世界上的思想根源。中华优秀传统文化不仅体现出古人在历史流变中的实践智慧，更是当前政治、经济、文化、社会和生态文明建设的思想宝库，是发展中国特色管理理论的文化资源，对此习近平指出："中华优秀传统文化是中华民族的突出优势，是我们在世界文化激荡中站稳脚跟的根基，必须结合新的时代条件传承和弘扬好。"改革开放以来，中国企业面临着社会主义市场经济体制转型带来的一系列复杂性、矛盾性问题，中华优秀传统文化具有鲜明的辩证性、包容性、和谐性、整体性等特征，正是解决新时代企业管理问题的宝贵思想资源。一些学者尝试从中华优秀传统文化中汲取管理智慧，立足于中华优秀传统文化的认识论和方法论，通过对传统文化的创造性转化与创新性发展，尝试构建中国特色的管理理论。这方面较为典型的有中国式管理、和谐管理理论、道本管理等本土管理思想。

曾仕强提出的中国式管理①以易经对"阴中有阳，阳中有阴"的辩证思维看待同中有异、异中求同的管理实践，以儒家"修身、齐家、治国、平天下"一以贯之的过程为依据看待管理行为，将管理定义为一个修己安人的过程。② 中国式管理将管理界定为三部分，分别是以人为主、因道结合、依理而变。③ "以人为主"强调管理过程中人的重要性，主张中国式管理就是人性化管理；"因道结合"主张以共同的理念、中国式的民主聚集共识，实现集体协作的有效性，发挥管理的作用；"依理而变"主张以合乎道理的方式处理管理实践中的问题，不强调遵循既定的规章制度，而是参照具体实践中的道理，合理求变，因时制宜，从而产生合理的管理效果。

席酉民提出的和谐管理理论将西方科学哲学思维与东方传统智慧相结合，为 UACC (uncertainty，ambiguity，complexity，changeability) 环境下的复杂管理实践提供了理论指导。首先，"和谐管理"的"和"指的是人及人群的观念、行为在组织中的合意的嵌入；"谐"是指一切物的要素在组织中的合理的投入，和谐管理主张二者同时进行，但不暗含"匹配、协调及一致性"的假定。④ 其次，和谐管理包括"和则""谐则"两大机制，"和则"是解决具有不确定性的管理问题所采取的变通措施，核心是通过"人"的因素产生的不确定性应对管理过程的不确定性，如员工激励、企业文化、心理契约等；"谐则"是解决具有相对确定性的管理问题所采取的整体优化措施，核心是通过理

---

① "中国式管理"从广义上看涵盖极广，部分学者将具有中国特色的管理体系称为"中国式管理"，本书此处的"中国式管理"是指曾仕强所提出的理论体系。
② 曾仕强．中国式管理．北京：中国社会科学出版社，2003：前言．
③ 同①83．
④ 席酉民，韩巍，尚玉钒．面向复杂性：和谐管理理论的概念、原则及框架．管理科学学报，2003（4）．

性设计与优化提升整体有效性，如组织架构、工作流程、正式制度等。① 最后，和谐管理就是以"和则"应对不确定性、"谐则"应对相对确定性，两种机制之间动态调整并进行一定的组合②，从而应对不确定环境下的复杂管理问题。

齐善鸿提出的道本管理是以《道德经》等文化典籍为基础尝试融合中西方管理文化，进而以"道"为根本建构的管理理论体系。道本管理的核心观点是以"道"所代表的规律为依据从事管理活动，是以规律为本，对管理主体及其相互关系进行重新定位，运用文化的力量实现人的解放与发展、企业可持续发展的管理模式。具体管理思想包括：第一，道本管理强调人性规律与精神文明，它将管理过程放入人与社会、自然的和谐系统，主张对和谐的管理规律的把握。第二，"道"本身就是规律，它包含三个层次，分别是探讨天道与人道关系的宏观之道，追求人的全面发展、世界大同、社会和谐；探讨人与社会关系的中观之道，追求将人融入社会和集体的关系结构，并追求关系结构的"生产性"；探讨人与自身关系的微观之道，追求人对自身的"反思与修行"，从而增强同情心、理性与幸福感。③ 第三，基于人与社会（自然）、人与人、人与自身的三层次分析框架，强调企业与自然、社会资源间的和谐共生关系，主张以人为企业发展核心和目标，尊重人的主体性规律，强调员工的自我管理。④

二、基于中国企业实践的中国式管理

改革开放以来，中国经济发生了翻天覆地的变化，经过数十年的发展，中国已经成为世界第二大经济体、第一货物贸易大国、第一制造业大国、第二数字经济规模大国。中国经济的快速腾飞离不开优秀企业及企业家的管理实践探索。世界 500 强企业中的中国企业从 1998 年的不足 10 家增至 2023 年的 142 家且连续 5 年稳居世界第一，中国优秀企业家面对社会主义市场经济体制转型、经济全球化以及高新技术不断突破带来的机遇和挑战，始终坚持中西结合、博采众长的基本理念，独立自主地探索符合中国国情、凝聚中国智慧、体现中国精神的企业管理道路。在锐意进取、勇于开拓的管理实践过程中，不仅国有企业改革蹄疾步稳、多点开花，也涌现出了破釜沉舟、敢为天下先的华为、海尔、阿里巴巴等优秀民营企业。在此背景下，一些管理学者聚焦中国企业和企业家的独特管理经验，综合中国管理哲学和现实管理经验，尝试归纳和建构能够解释中国当代管理实践的理论体系，出现了《华为基本法》、海尔制、三精管理等具有本土经验支撑的中国式管理思想。

《华为基本法》是基于华为的企业管理实践而形成的关于企业管理的纲领性文件，是"华为公司的价值观体系和管理政策系统"⑤。《华为基本法》包括公司的宗旨、基本经营政策、基本组织政策、基本人力资源政策、基本控制政策和接班人与基本法修改等

① 席西民，熊畅，刘鹏. 和谐管理理论及其应用述评. 管理世界，2020，36（2）.
② 席西民，韩巍，尚玉钒. 面向复杂性：和谐管理理论的概念、原则及框架. 管理科学学报，2003（4）.
③ 齐善鸿，等. 道本管理：中国企业文化纲领. 北京：中国经济出版社，2007：288.
④ 同③313-314.
⑤ 黄卫伟，等. 走出混沌. 北京：人民邮电出版社，1998：59.

内容，以不断积累过往管理实践、规范当下管理活动和应对未来管理挑战。《华为基本法》强调探索将知识转化为资本，是一种以"知识本位主义"为理念和信仰塑造公司价值链，并以一套完善的制度体系维持价值链循环的企业经营管理纲领。其主要思想包括：第一，《华为基本法》的核心是对人才的潜力开发。[①] 人力资本不断增值的目标优先于财务资本增值的目标，只有对人才的潜力实现最大化的开发和培养，企业才能不断突破自我，以人才为中心进行持续的创新和增长。第二，企业的持续增长过程是系统的协调过程。企业是一个不断与外界进行资源交换的复杂系统，企业的可持续发展取决于复杂系统内部的不断协调，是企业的核心价值观与经营、组织、人力资源、控制和继承发展政策等各部分有机整合，并始终贯穿以价值创造、价值评价、价值分配构成的价值链[②]的结果。第三，《华为基本法》是不断更新的。《华为基本法》每 10 年进行一轮修订，如最近一次的修订将新冠疫情的影响纳入其"公司的成长""员工的义务与权利"等部分。这是因为企业作为外部社会协作系统中的成员，由内部有共同目标的群体组成，其发展必须不断考虑内外部环境，企业的持续创新和发展离不开对内外部环境的不断适应和创造。

海尔制是在总结海尔集团近 40 年管理创新实践的基础上，整合中西方管理智慧，将海尔"人单合一"模式提炼总结为物联网时代的新管理范式。大数据、人工智能、云计算、物联网与区块链等新一轮科技革命和产业革命的迅速发展，改变了现有企业的生产方式、组织形式以及参与产业竞争的关键资源基础，推动企业进行数字化转型。海尔制探索新时代的管理变革规律，突破西方经典管理模式的"经济人""社会人"假设，将员工由被动的执行者转变为自主性的创业者，提出"自主人"假设，将企业家精神赋予每一个普通员工。将企业预设为在高不确定性、超常规竞争的市场环境中进行内外互动、价值创造的生态系统，而不是被动满足市场多样性需求的适应系统。将共享、开放、创新、创业等管理原则根植于组织之中，通过工业互联网进行多品种、大规模的个性化定制，强调用户体验和员工自治，消除组织部门隔阂，取消中级管理层，打破员工与用户界限，将原来的自主经营体发展为一个个独立核算、自主经营的"小微企业"，使整个企业转型为整合社会资源、孵化创业小微企业的生态平台。在员工激励方面，海尔制改变了日本丰田制片面强调高福利、情感归属和对绩效重视不够的方式，通过"人单合一"模式以价值创造为标准，将员工报酬、顾客价值和企业目标有机结合在一起，鼓励员工自我实现、自我驱动和自我领导。海尔制是基于企业实践提炼出的有代表性的中国式管理思想，是与时代共同进化的生态管理体系，其实践主体也并非特指海尔一家企业。海尔制基于体验经济、共享经济和社群经济时代的新管理规律，为传统企业的数字化转型和激发员工创新创业活力提供了一套新的管理哲学与方法论。[③] 延伸阅读 3-3 对泰勒制、福特制、丰田制与海尔制进行了比较。

延伸阅读 3-3　泰勒制、福特制、丰田制与海尔制

---

① 黄卫伟，等．走出混沌．北京：人民邮电出版社，1998：87.

② 同①166.

③ 胡国栋．海尔制．北京：北京联合出版公司，2021：260.

　　"三精管理"是中国建材集团在长期实践中总结提炼出的一套企业组织、管理、经营的管理模式，其内核凝练为组织精健化、管理精细化、经营精益化。[①] 组织精健化旨在提升企业的组织竞争力，管理精细化旨在提高企业的成本竞争力，经营精益化旨在提高企业的持续盈利能力。组织精健化主要围绕公司治理、管控模式、组织机构等展开，它的核心目标是建立精干高效的组织体系。企业的逻辑是成长的逻辑，但在成长过程中要不停地"剪枝"，不然就可能"疯长"，得"大企业病"。因此，组织精健化至关重要，具体落实措施包含治理规范化、职能层级化、平台专业化、机构精干化。管理精细化主要围绕成本控制、质量管理、现金流等展开，其核心目标是构建成本领先的生产管理体系，在保证质量和现金利润的情况下，解决成本竞争力的问题，具体落实措施包括管理工法化[②]、成本对标化、质量贯标化[③]、财务稳健化。经营精益化主要围绕业务选择、产品创新和市场细分等展开，其核心目标是建立效益优先的经营管理体系，解决可持续盈利能力问题，具体落实措施包括业务归核化、创新有效化、市场细分化、价值最优化。"三精管理"是基于中国国有企业管理实践的本土管理思想，是中国国有企业管理创新思想的典范。

小　结

　　1. 先秦至明清时期中国经济管理领域丰富的思想成果，代表了古人在商品经济、劳动分工、人才管理等多方面的早期探索。

　　2. 中国古典企业的经营管理智慧充分结合了本土社会结构和传统文化的优势，包括义利并重的商业伦理、情感认同的员工选聘、长期雇佣的用人之道、信任至上的激励制度等。

　　3. 中国古代管理思想具有丰富的人文属性和道德属性，这构成了对中国管理实践特殊性的一种解释，并为当代企业管理提供了丰富的管理实践经验和启示。

　　4. 清末洋务运动以"自强求富"为目标，大力发展军工企业，同时也发展了若干民用企业，洋务运动的兴起在客观上促进了中国早期工业企业的发展。中华民国时期，民国政府正式颁布《公司条例》规范，私营企业也建立了较为完善的管理体系。抗日战争结束后，官办商行更大限度地发展现代企业管理模式，私人资本主导下的官办商行拥有更高的经营自主权。

　　5. 新中国成立后，人民当家作主，以政治民主为导向的国有企业民主管理思想也得到长足发展。"鞍钢宪法"是国有企业民主管理的典范，通过重塑国有企业职工的主人翁精神，保障职工的主人翁地位和激发职工的主人翁行为，是重建当代企业民主管理的重要启示。

　　6. 改革开放以来中国本土管理思想从与国际主流接轨的情境化管理研究转向独具

---

　　① 宋志平. 三精管理：增订版. 北京：机械工业出版社，2023：5-11.

　　② "管理工法化"是指，经营管理靠工法。"工法"指工艺方法和工程方法。工法不是系统地讲理论，而是针对一个点位、一个事件，推出一些宜操作、宜复制的实战方法。

　　③ "质量贯标化"是指，贯彻系统的产品质量标准以保证产品质量。要保证产品质量，企业需要做长期而细致的工作，不仅要有责任心，还要全员参与。

中华传统文化特色的本土管理，华为、海尔、中国建材集团等本土企业取得的举世瞩目的成就为中国企业本土管理思想争取国际话语权提供了强有力的支撑，中国企业的管理模式正在登上世界舞台。

--- 思考与讨论 ---

1. 中国古代管理思想与西方管理思想的区别与联系是什么？

2. 中国古代管理思想在当代中国管理实践中是否仍有所体现？举例说明。

3. 中国古代管理思想对当代管理实践的启示是什么？

4. 中国古代管理思想是古代社会、经济、文化等特殊条件下的产物，那么其是否存在与现代社会、经济、文化等条件不适应或矛盾的要素？举例说明。

5. 如何推动中国古代管理思想的创造性转化与创新性发展？

6. 中国近代企业管理思想的发展历程是怎样的？影响其发展历程的核心要素是什么？

7. 什么是"鞍钢宪法"？"鞍钢宪法"是如何产生和推行的？"鞍钢宪法"的推行对中国企业管理具有怎样的里程碑式的重要意义？

8. 改革开放后中国本土管理思想产生的依据是什么？管理思想如何实现从西方管理学到中国管理学的过渡和发展？

篇末案例 I-1

铁建重工如何化解技术升级与迭代创新的矛盾

"上天有神舟、追风有高铁、入地有盾构"，盾构机被公认为国之重器。盾构机是世界先进的全断面隧道施工特种专业机械，广泛用于铁路、地铁、公路、市政、水电等领域的隧道工程，被称为"世界工程机械之王"。2005年之前，中国盾构机市场几乎被国外品牌垄断。如今，盾构机90%的中国市场、2/3的全球市场被中国铁建重工集团股份有限公司（简称"铁建重工"）等中国头部企业所占有，成为中国攻克"卡脖子"技术的一道靓丽的风景线。

成立于2007年的铁建重工是中国盾构机行业的领先企业，总部位于湖南长沙，隶属于世界500强企业中国铁建股份有限公司，是集隧道施工智能装备、高端轨道设备装备的研究、设计、制造、服务于一体的专业化大型企业。自2010年起，铁建重工不仅研发出了50多项填补国内甚至是全球空白的首台（套）产品，其全断面硬岩隧道掘进机（TBM）等系列产品的国内外市场占有率还长期位居世界前列。铁建重工是如何化解技术升级与迭代创新矛盾，实现盾构机"从有到优"的跃迁的呢？

加速期起点——前沿产品TBM

TBM被称为"现代掘进机之王"，是以岩石地层为掘进对象的最先进的大型隧道施工装备。传统盾构机主要适用于城市内软土隧道的挖掘，而TBM则适合复杂岩土地层。伴随中国城镇化建设的加快，地下复杂的地质隧道施工的需求增加，中国市场需要更先进的TBM产品。"开路先锋19号"的成功研制，虽然意味着铁建重工已基本掌握土压平衡盾构机整机架构技术，但还需要尽快迭代出不同型号的定制化产品以扩大市场份额。未来，铁建重工一方面需要迭代土压平衡盾构机功能，另一方面需要研制性能更优的 TBM 盾构机，能否处理好产品技术升级与迭代创新的关系决定了该企业能否实现技术赶超。

构建以集成商为核心的创新联合体，攻克技术升级与迭代创新的难题

盾构机的架构原理是相似的，即整机的主要组成部件以及部件的连接方式已经大致确定，是由发动机推动主轴承向前推进，刀盘带动岩土切削，同时推进油缸带动液压千斤顶不断向前推进，推进一定距离后利用管片拼装机依次循环拼装成环，将挖出的渣土储存到密封仓，最后由螺旋式输送机将渣土运出。这意味着铁建重工要想进一步提升产品质量与技术能力，就必须要攻克刀盘刀具等关键零部件技术，以核心零部件技术进步推动产品功能迭代创新。核心零部件的关键技术涉及众多学科，具有大量高度默会性的知识，难以逆向开发。先发企业为了免遭模仿，往往设计严格的技术保护与独占机制，使得后发企业要么买不来关键的核心零部件，要么即使买得来也难以掌握其中的技术诀窍。核心技术只能依靠自主研发，例如，2013 年铁建重工中标北京地铁 6 号线东段建设项目，在施工过程中发现盾构机的刀盘磨损非常快。技术人员经过研究发现，原来是北方地下的岩石含量较高，加速了刀盘的损坏。刀盘是盾构机关键零部件之一，也是最容易消耗与出故障的零部件之一。因此必须研发出高性能耐磨的盾构机刀盘，而这需要掌握刀盘研制的核心知识，涉及材料、化学、力学、机械等多个学科。铁建重工与上游优秀的刀盘企业、用户、科研院所构建创新联合体，通过原理学习、试验验证、持续积累的方式，实现科学管理、技术开发与工程应用三位一体。

2012 年，铁建重工积极响应科技部号召，作为牵头部门中标国家科技部 863 项目重要课题"TBM 关键技术研究及应用"。该项目不仅坚定了铁建重工持续创新的信心，还让其更好地吸引了当时对 TBM 有研究兴趣的专业团队，如来自浙江大学、中铁十八局的专业团队等。铁建重工基于自身的技术，充分发挥与科研院所以及用户联合攻关的作用，进行技术创新。此外，铁建重工与天津大学、浙江大学、中南大学等强强联合，研制 TBM 支撑推进换步系统，实现了推进换步工序顺应性控制理论验证，解决了长期困扰企业的盾构机刀盘破岩效率低的问题。2015 年，拥有自主知识产权的国产首台敞开式 TBM 在铁建重工顺利下线，并应用于吉林省引松供水工程。

总之，铁建重工借助承担国家 863 项目的契机，吸引了上游供应商与科研院所，共同开展相关技术原理的攻关，铁建重工作为集成商负责整体方案的设计与产品的集成总装，下游则联合中铁十八局等施工单位进行产品的验证与反馈，形成一个产学研用闭环的创新联合体。该创新联合体不仅联合攻关突破大直径 TBM 多系统协调技术，大功率、变载荷、高精度电液控制系统设计与集成，关键部件状态监测等关键核心技术，同时通过小步快跑的方式连续迭代创新国产首台大直径土压盾构机、首台土压泥水平衡双模式盾构机等系列产品。

善于与用户联合开发

邀请用户参与产品研发，有助于挖掘潜在需求，并将其快速在产品上实现，这是铁建重工的盾构机能在短期内从实验室走向市场，有效化解技术升级与迭代创新的矛盾的关键因素之一。因为用户作为盾构机的使用方，有大量经验数据以及未被满足的潜在需求，而掌握这些数据与需求，将准确指引产品开发的方向，有效缩短技术创新从投入到产生可见绩效的时间。例如，在承接引松供水工程项目时，铁建重工提前联合项目施工方中铁十八局，结合其在工程项目中收集的施工环境数据，运用已知参数设计盾构机的参数，匹配刀盘刀具、传输带等部件，从而使交付的盾构机的最终功效达到与施工项目的最佳匹配状态，大大降低了施工故障率并减少了停机换件次数。在国际工程俄罗斯莫斯科地铁第三换乘环线西南段项目中，铁建重工在充分理解莫斯科地铁项目方的需求后，与施工方中铁十六局通力合作，自主研制并解决了盾构机在零下 30 摄氏度极寒环境下可靠运转的关键难题。

资料来源：曾德麟，欧阳桃花，崔宏超，等 . 盾构机从跟跑到领跑：铁建重工的技术赶超矛盾与破解 . 中国管理案例共享中心，2022.

启发思考题

1. 铁建重工是如何构建以集成商为核心的创新联合体的？在这个创新联合体中有哪些类型的参与者？

2. 用户为什么愿意参与铁建重工的产品研发？

篇末案例 I - 2

联想集团对于 "技术与市场" 的选择

联想集团的前身是在 1984 年成立的中国科学院计算技术研究所新技术发展公司。创立之初，联想的资金十分紧张。倪光南加入联想后，柳传志和倪光南以"企业家＋科学家"的组合，把联想汉卡做到了中国市场的第一。当时，计算机还只能运行在英文环境中，如何让计算机识别处理汉字，是数以万计的中国用户的迫切愿望和科技工作者孜孜以求的目标。联想于 1985 年率先推出了业界领先的联想汉卡，成为在汉卡、程控交换机等领域的高技术企业，初步实现了创业梦想。但到了 1993 年，由于国外品牌抢占市场，联想自有品牌的市场份额大幅缩小。

1994 年前后，汉卡产品在市场上"江河日下"。联想时任总工程师倪光南决心打造新的技术制高点，试图寻求芯片技术上的突破。而已在市场上摸爬滚打多年的柳传志则反对过多投入，他希望在电脑组装生产线上"赌一把"。在突围的方向上，柳传志和倪光南的分歧开始显现，由此引发了联想的"贸工技"与"技工贸"之争。

柳传志认为，西方高科技企业的发展是先掌握一项技术，形成产品，然后再形成销售，这是所谓"技工贸"的路线。而联想在成立初期完全不懂市场，不懂销售，也没有开发产品的启动资金，只能先给外国企业做代理，学习和了解市场，而后才开发产品形成了自己的品牌和技术。这也就决定了联想的"贸工技"的路线。

关于技术与市场孰重孰轻的分歧旷日持久，将联想推向了动荡的岔路口，面临重大抉择。

1995 年 6 月 30 日，倪光南被免去了总工程师的职务。原因是，自 1993 年冬季以来，联想的研发中心沉浸在技术至上的气氛中，支出超过利润的 40%，但成果很少能够变成产品，即使做成产品也很难成功。作为企业经营者，柳传志开始更现实地考虑问题，认为不能单纯为了技术而危及企业的生存。柳传志说："联想要做技术创新，这也是我的目的，只是我与倪光南达到目的的路径、方式不同。"

倪光南退出后，联想逐渐缩减过去包括程控交换机、打印机等方向繁多的技术研发业务，转向了个人电脑制造。1996 年联想电脑的市场占有率首次超越国外品牌，位居国内市场第一。2000 年，联想家用电脑、商用电脑、笔记本电脑国内销量位列第一，台式电脑销量进入世界前 9 名。

尽管柳传志的"贸工技"之路在后来很长时间内饱受诟病，联想也被视为没有技术的制造企业，但电脑制造业务的市场成功及赚取的利润支撑了联想后来的快速发展。曾茂朝曾表示这（指免去倪光南职务）是不得已的一种取舍，这样的取舍对联想集团今后的顺利发展，无疑是唯一正确的选择。

资料来源：王然 . 25 年联想：面孔与表情 . 经济观察报，2009 - 08 - 20；杨国强 . 联想放弃"贸工技"走向何方？. 第一财经日报，2009 - 12 - 03；十问联想 . 电脑报，1999 - 06 - 28.

启发思考题

1. 运用辩证思维思考，柳传志与倪光南之间关于技术与市场的分歧具有什么特征？

2. 就当时的情境来说，联想选择"贸工技"的路线，具有怎样的合理性？从事后的复盘来说，又如何看待此决策的合理性？

3. 要在当时的联想集团奉行"技术至上"，你认为要具备什么样的条件？

4. 企业高研发投入与行业高利润率之间有什么关系？行业环境会对管理决策产生什么影响？

5. 曾任联想公司高级副总裁的郭为被问及"技工贸"与"贸工技"谁更先进时，回答说："联想选择走'贸工技'道路是历史的选择，IT 领域核心技术都掌握在人家手中，我们可能在今后相当长一段时间还得在技术上采取跟踪策略。"如果以这作为决策前提，那么，企业以"贸"为中心，注重对市场的理解与把握，具有哪些合理性？

6. 你认为，联想作为有中国科学院背景的民营企业，其决策的出发点应该是什么？从企业道德的角度，对于柳传志所说的"联想要做技术创新，这也是我的目的，只是我与倪光南达到目的的路径、方式不同"，你会作何评判？

篇末案例 I - 3

联想集团的"制变"会议

在联想 2012—2013 财年誓师大会上，董事长兼 CEO 杨元庆宣布了"联想在全球市场的排名从第 4 上升到第 2，与第 1 名的差距从 13 个百分点缩小到 2 个百分点"的消息。他指出，"联想已经从暗处走到明处，将来的竞争会越来越复杂和艰辛。"在产业趋势判断上，他认为，传统的 PC 不会被取代，它依然具有创新的空间，但是，从传统 PC 拓展到电视、手机的趋势已经不可逆转，消费化的趋势也已经显而易见，联想必须很好地顺应这些变化。他说："PC 产业已经进入 PC＋的时代，从智能手机到智能电视等不同类型的设备，都能拥有像 PC 那样的计算、存储和网络通信能力。"如何实现从传统 PC 领域领先厂商到"PC＋"领域领先厂商的过渡，是联想未来几年的突出任务。

联想一直把"集思广益"作为企业文化的重要组成部分，发展为国际化企业后，更是将"从背景、经历和观点不同的人那里寻求建议，获得启发"明确写入以"说到做到，尽心尽力"为主旨的"联想之道"中。事实上，早在 1994 年，创始人柳传志就为成长中的联想建立了"总裁室"这一集体议事与决策的体制。他认为，领导团队由企业的精英组成，每个人都有独当一面的能力，但也要有强烈的合作精神。团队里面的人有不同专业背景、不同性格，每个人从不同的角度看问题，互相交流，最后综合意见确定方案，这个过程需要在坚持原则下协同。为了培养这样相互合作的团队，联想"总裁室"的成员除了公司总裁、高级副总裁和副总裁之外，还有助理总裁（与一般企业中的"总裁助理"职位不同，联想的助理总裁是一个特有的高管职位，兼任某业务部门总经理）。助理总裁通常会在总裁室会议召开之前，就集团的一些重要事务展开调研和讨论。

总裁室的成员响应杨元庆关于PC＋时代公司战略转型讲话的精神，探讨怎么改进集团各业务部门之间的协作关系。成员在最初的讨论中观点分歧比较大，但随着交流的深入，他们逐渐形成了以下两点共识：第一，成员都认同"只有时代的企业，没有成功的企业"的说法。他们认为，包括联想在内的所有企业的成功，都是因为踏准了时代的节拍。但是，外部环境变化非常快，企业不一定总能踏准节拍。所以，成为时代的企业，就是要不断创新和战胜自我，在变化的市场上以变制变，变中求胜。中国企业在成长壮大过程中常会遇到一些始料未及的事件，对这些事件的应对，铸成了企业特定的演进轨迹。在复杂多变的环境中，要踏准时代的节拍，风险很大，尤其是对于规模较大的企业，不对前行的路线进行设计，就未必能像"好掉头的小船"那样以灵活制胜。第二，在战略和组织结构的关系方面成员尝试在PC＋时代"以变制变"。他们赞同"变"是必须的，但是，对于"变什么""怎么变"，一部分人持渐变的观点，认为集团全球业务按中国市场、北美市场、EMEA市场（欧洲、中东及非洲）和亚太-拉美市场四大区划分的结构是基本合理的，关键是要做好职能、产品和区域三条线的权力平衡。另一部分人则认为现行的管理结构已不适应PC＋时代企业对业务拓展及创新的需要，需要探索新的组织结构。

最终，在公司总裁室的复盘会议上，总裁室成员向公司最高管理层提交了包括两部分内容的提案：第一部分是关于如何推动PC＋战略落地的组织结构重构方案。该方案以产品屏幕大小作为部门划分的标准，划分出移动事业部、平板事业部、PC事业部、数字家庭事业部。同时，按照四大事业部分权运作的方式进行相应的权责体制设计。第二部分主要是关于组织设计的一般程序的讨论和必要修改，并将其作为基本制度纳入联想集团制度手册。

资料来源：王凤彬，刘松博，郝瑾．奇妙嬗变：联想集团组织演进的轨迹与方向．中国人民大学商学院案例库，2013.

启发思考题

1. "总裁室"这一集体议事与决策的体制有什么好处？
2. 总裁室成员讨论的观点体现了哪些管理理论思想？

第
二
篇

管
理
理
念

第4章

管理的本质

学习目标

- 认识管理的本质，明确管理工作有效性的衡量标准。
- 了解管理对象的特定性，领会管理主体与管理客体的关系。
- 区分知识理性与道德理性，明确管理的目的和价值所在。

通过本章的学习，你将掌握管理的效果、效力与效率的内涵（重点），领会企业的先在性与管理的赋能性，以及道义型管理的时代意义与实现可能性及可行路径（难点）。培育"通过历史看现实、透过现象看本质"的洞察力，把握好全局和局部、当前和长远、宏观和微观的关系（思政主题）。

引 例

于不确定性中创造确定性

海尔集团创始人张瑞敏，在领导这家大型制造业企业转型变革中，面对外部的高度不确定性，将唯物辩证法用于企业管理实践。他在辞去海尔集团首席执行官之职前夕，在海尔集团重大专题会议上做了如下讲话：

> 我们今天召开这个会议的目的是，研究"外部高度不确定性形势下的确定性战略"。当下高度不确定性的环境，是"无常""无我"。比如，人的生命一定会终结，只不过谁也不知道是哪一天。在有限的生命里，我们改变不了生命的长度，但可以改变生命的高度和宽度。企业也是一样，不可能长生不老。但是，我们可以使企业不断地适应时代变化而进行转型，每一次转型相当于对原来的企业的一次扬弃，属于过去时代的那个企业死掉了，适应 VUCA 时代的企业将获得新生。我们现在向生态转型，就是企业在物联网时代的一次扬弃与新生。

> 只有"无常"没有"恒常"意味着，所有的一切，都不是我能主宰的。在这种

情况下，我们应该怎么做呢？我认为，还是要按《易经》中的"三易"原则——"变易""不易""简易"来应对。具体来说，"变易"指外部环境的变化并不是我们能决定的，但我们可以在变化中形成自己的定力，这个定力就是"不易"，也就是采取外部高度不确定性形势下的确定性战略，然后用"简易"的方式去迅速落地。

　　"不易"或者说确定性战略，到底是什么呢？量子力学有一个重要的概念，即量子跃迁：事物从一个状态到另一个状态的变化常常是跳跃式的。在海尔实践中，量子跃迁的目标就是"蝴蝶效应"，实现生态指数级增长。比如，海尔打造食联生态，通过食联网平台接入营养师、农场、生鲜冷链等七大类上百家资源方，包括食联网数据中心、健康指导服务方、家庭健康方案提供方、安心食材提供方、智慧购买平台、厨房智慧电器供应方。食联网自进化出至少三种用户最佳体验迭代的价值：一是在与用户无穷交互中自进化出新的体验价值。体验价值是区别于产品物质价值的新价值。如果没有与用户的无穷交互，其本来价值只体现在冰箱和烤箱等产品上，现在食联网交互出了"一键烤鸭"的场景体验，这就是一种新的体验价值。当然，体验价值不局限于产品本身，它首先体现于用户资源。没有用户资源，就不可能交互出用户体验的新价值。二是以生态的增值分享自进化出体验迭代升级的新价值。"一键烤鸭"创造了新的体验价值，但这种体验价值能否持续呢？如果满足不了用户想要的其他体验，那么"一键烤鸭"的体验价值也不会持续。下一步，用户需要的是预制菜的生态。这就需要引入资源方。资源方只有能从场景迭代中获得增值分享，才能蜂拥而至。如果没有生态，也就没有体验迭代，新的体验价值也就不可持续。三是以完全合约自进化出每个人的价值最大化。哈佛大学教授奥利弗·哈特认为，现实中不可能制定出完全合约，因为合约的外部条件是动态的、无法完全预测的。但是，我们以完全合约的设计即链群合约，使合约中的每一个人或生态系统中的每一个节点实现边际收益递增，也就是使每个人的价值最大化，激励每一个节点重新出发以创造新的体验价值。这形成一个可以循环的过程，结果就是量子跃迁产生的"蝴蝶效应"。目前即使总量平均值做不到，样板也要先做到指数级增长，然后，复制样板实现总量平均值的指数级增长。

资料来源：张瑞敏最新万字讲话：于不确定性中创造确定性．（2022－04－10）．https：//www.dailyqd.com/guanhai/168048＿1.html.

　　使企业在适应环境变化中保持生命力并实现指数级增长，是中国本土企业的管理使命与目标。企业不是追求自身利益和当下的高效率，而是着眼于"改变生命的高度和宽度"。本着对"没有成功的企业，只有时代的企业"的认识与信念，海尔集团创始人张瑞敏在管理创新的道路上不断探索、持续变革，引领海尔顺应时代的变化生生不息，使海尔成为一家与时俱进的管理型企业。

第1节　管理的本质和有效性

　　关于管理与管理者的工作是什么，并没有达成一致的观点。巴纳德以大脑来比喻管理职能，特别强调了管理者为组织创造道德准则的重要性。在企业管理中，"脑"（智慧，mind）与"心"（善意，heart）不可厚此薄彼。向善的企业及其管理者应该舍弃利己立场，处理好"己与他""义与利"的关系。本书基于李占祥教授对企业及管理两重性的认识，主张"万物一体"理念下企业管理者至少应该做到"脑"与"心"的结合；并基于中国本土企业"两参一改三结合"（"鞍钢宪法"）和员工民主管理等的创举，以及思考与行动相统一的原则，探讨管理工作对企业生存发展的意义与作用方式。

一、多维度的管理内涵

（一）管理内涵的认识及偏离

管理是一个多维度的概念。关于管理内涵的探讨自古就有。在古希腊思想家色诺芬（苏格拉底的门徒之一）所著的《经济论》（也称《家庭管理》）中，被视为管理对象的"家庭"并不仅限于供人居住的房子，而且包括家庭维持生计的所有财产。这部管理主题的论著明确提出了一个内涵丰富的管理概念。

布洛克将色诺芬论及的九个管理维度凝练为企业管理的六个维度：（1）管理是运用权力和实施控制，以建立和维持企业的运作秩序；（2）管理是通过其他人把工作做好来介入企业经营；（3）管理是以适当的资产管理和创业行动，获取利润并唤起公众的钦佩；（4）管理是抵御世界上可能的失败，并采取相应的行动改变世界、化解失败；（5）管理是管理者亲自参与企业经营的主要过程，基于融入实际经营的实践来历练自己，积累和提升管理技能或诀窍；（6）管理是为商业运作建立一个有意义的世界。前三个维度是现有管理概念中已普遍关注的内涵，而后三个维度则是色诺芬曾经述及但未得到应有重视的内涵。在承古启今的论著述评中，布洛克强烈建议把后三个维度作为附加的特征加入管理概念。

布洛克关于"什么是管理"内涵的反思，触及了管理学和管理哲学领域关于管理的性质、方法与目的三方面基本主张的论争（如表 4-1 所示）。深刻反思管理背后的哲学理念，让缺失维度重获重视，对于明确管理理论发展的方向和规范商界的管理实践具有重要影响。

表 4-1　关于"什么是管理"的基本主张的论争

基本主张	已关注维度	缺失维度
性质	作为权力和控制的管理，着眼于建立和维持秩序	作为抵御失败和采取行动的管理，着眼于改变世界
方法	通过其他人把工作做好的工具式管理	需要管理者亲自参与企业经营实践的融入式管理
目的	实现利益	意义构建

（二）管理内涵缺失维度的补足

上述关于管理内涵的论争，实际反映了管理工作中固有的矛盾。李占祥教授指出，企业生存和成长是在企业内部功能与外部环境耦合、互动的过程中实现的，矛盾和非均衡的思想应该受到重视。下面围绕管理的性质、方法与目的分别阐述当代企业在管理工作中需直面的基本矛盾。

1. 性质：维持型管理与变革型管理的矛盾

在全球面临各种大挑战的严峻形势下，管理的内涵不能局限于建立和维持企业运作秩序，而要承认风险的重要作用。李占祥教授指出，企业要想实现可持续成长，必须适应经营环境的巨大变化而进行创新。管理实践是充满矛盾的动态过程，创新是管理的灵魂和动力。在当今企业管理创新中居于首位的是，管理哲学要从重视"均衡"转向更重视"非均衡"。管理者在进行管理时，应当有意识地对某些资源、环节、能力实行重点突破，使企业运行处于不均衡状态，激发企业在解决不均衡问题中不断挖掘潜力，使企业能力与素质跃升到更高层次，持续成长。

热力学中的熵增定律，说明了世间事物存在一个自发地由有序向无序发展的过程。所谓熵，就是对系统混乱或无序程度的度量。黄卫伟将热力学理论用于华为企业管理政策的总结与阐释，他指出，企业只要处于孤立的封闭状态，就令它自然发展，内部要素的能量差异会趋向于消除，最终就会形成能量在组织空间中均匀分布的平衡状态。这样的系统看似进入了稳定的状态，但实际上是进入了一种运动或发展停止的状态。一个系统中能量的分布越均匀，熵就越大。当系统达到平衡状态的时候，熵便达到最大值。这意味着盛极必衰，在一次生命周期中生命的长度总是有限的。为此，企业需要不断破旧立新，开启新的生命周期。

在总结华为实践经验时，黄卫伟明确指出，无序可以成为新秩序的源头。秩序和混沌之间具有矛盾的特性，二者是具有镜像关系的两种力量，是你中有我、我中有你的。企业成长会趋向平衡，但也将止于平衡。成长起源于不平衡，而不是平衡，只有打破旧的平衡，才能实现新的成长。将不平衡视为成长之源，彰显了一种以变化求发展的理念。任正非就经常扮演"平衡破坏者"的角色。他强调企业要长治久安就必须远离平衡状态，建立耗散结构，以防止出现组织"黑洞"吞噬企业活力。延伸阅读4-1是其观点的摘录。

延伸阅读4-1

任正非谈公司耗散结构

板块之间肯定会有冲突，地理板块冲突造成地震和火山喷发，沉淀下来就是新大陆。华为肯定有板块之间的冲突矛盾，这个矛盾如何解决？就是要有良好的耗散结构。旧的凝聚力一定要转化为新的凝聚力，新的凝聚力如何解决企业的生存发展问题？就是凝聚完的东西一定要耗散掉，否则无法产生能量。

公司的运作应该是一种耗散结构，应该让公司在稳定与不稳定、平衡与不平衡间交替进行，这样公司才能保持活力。

谈到耗散结构，华为公司实际上是处在一个相对较好的时期，（但）要加大投入，把这些优势消耗掉。……对未来的投资不能手软。

耗散结构是一种非平衡有序结构，具有秩序源于混沌的潜质。黄卫伟认为，耗散意味着损失，是能量逐渐衰减的过程，而结构则表明实际的秩序。系统不能形成新结构，是因为积累了多余的能量，而且这些多余的能量积聚在了不适当的地方，只有将其消耗掉，才能形成新的结构。混沌系统是一个远离平衡的开放系统，能够在与外界不断交换物质和能量的过程中形成，并在时间、空间或功能上维持的有序结构。具有耗散结构的系统，其运动和变化常是非线性、混沌的，从而可能以"蝴蝶效应"产生巨大的破坏性，也可能形成"油水分层"这样的秩序。高熵值的系统蕴含更多的可能性，从而呈现不确定性。然而，专业的管理者可以于不确定性中创造出新的秩序，所以，变化产生秩序。企业必须兼顾稳定与变化，实现动态平衡。

2. 方法：管理工作与经营活动之间的分离与融合

从企业的基本功能来说，业务经营活动是主要过程，管理工作附属并服务于经营活动。法约尔在《工业管理与一般管理》一书中主张，管理只是经营的一部分。但是，自从泰勒开启了"脑体分离"的科学管理运动后，管理者（脑）凌驾于基层员工（体）之上，基层员工的独立思考空间日益被压缩。泰勒制意味着管理与生产相分离，工人在专业化的精细分工下进行生产，不参与管理。这种管理体制进一步与机械化的流水生产线结合后，形成了大规模生产下以效率为目标的管理体制——福特制。在按部就班地按照规范流程操作和服从经理人员指挥的过程中，工人技能的退化与其话语权的减弱相互强化，使得管理层成为企业运行的主导力量。

从全球范围管理实践演进来看，20 世纪 80 年代美国的巡视或走动管理（management by walkaround）以及工作团队（workteam）建设等，与"鞍钢宪法"强调的"两参一改三结合"具有很高的契合度。它们共同表明，以融入式管理取代远离生产现场或业务的官僚式管理，能促使基层员工的思想、智慧重新发光，使"脑"与"体"得到更紧密的结合，从而更好地适应顾客需求的多样化、个性化及市场环境的变化。然而，这股力图打破科层制组织中层级割裂局面的管理思潮力量尚很微弱，其发展速度无法与当前人工智能算法替代人脑、大数据替代小数据的速度相提并论。

3. 目的：管理是服务于利益实现还是意义建构

把企业称为营利性组织只是一个宽泛的类型化定义，并不意味着企业的价值导向就是盈利。现实中的企业往往是具体的、个性化的，其设立或存在的宗旨、目的或者意义是可以因企业而异地进行设定和塑造的。企业存在的意义，虽然从表层看离不开"利"，但是，凡事满则损、盈则亏，单向追求盈利或者不输，不符合企业的本质。

《吕氏春秋》记载的"子路受牛"故事发人深省。孔子对其弟子子路救下溺水者后被回报以一头牛的行为做出了首肯，认为接受获救者主动给予的谢礼是可取和必要的，可以确立"善行有好报"的社会价值观。这则故事表明，孔子是以义与利兼顾的准则来理解和评判行为的适当性。如果将孔子视为一个组织的管理者，那么他是作为一个意义给赋者来帮助组织成员构建起"什么是值得去做的事情"这样一个清晰的、共享性的参照框架，以此确定未来行动的方向，并使组织成员保持对事件或行为会意的连续性。根据意义建构理论（sensemaking theory），人们的行动会创造他们的环境，这种创造又影响意义和行动，即意义是由社会建构的。所以，管理者可以有所为。孔子对待弟子受礼的立场，就反映出作为管理者的视野不仅要有深度，还要有远度，通过自己的价值观立场来影响影响企业当前和未来的行动。

习近平总书记指出，"绿水青山和金山银山决不是对立的，关键在人，关键在思路。为什么说绿水青山就是金山银山？'鱼逐水草而居，鸟择良木而栖'"①，"生态环境没有替代品，用之不觉，失之难存。……保护环境就是保护生产力，改善环境就是发展生产力。在生态环境保护上，一定要树立大局观、长远观、整体观，不能因小失大、顾此失彼、寅吃卯粮、急功近利"②，"生态环境保护和经济发展不是矛盾对立的关系，而是辩证统一的关系"③。

习近平总书记的系列讲话告诫我们，在工商企业中，义与利之间未必是非此即彼的权衡关系，可以是在合二为一中形成两者兼顾的关系体系。

二、组织理性与管理有效性

(一) 理性的概念与表现形态

人与动物的区别在于理性。理性是人类所拥有的自觉地把握世界和自身的智慧与能力。理性是对行为人具有主体性的肯定。德国社会学家马克斯·韦伯认为，理性不是来自事物本身，而是被归因于事物的，故亦称合理性（rationality）。理性是一个相对概念，只有从一个特定角度来看，事物才被认为是理性还是非理性的，而事物本身无所谓理性或非理性。理性有多种表现形态。

（1）从社会行动视角分为价值理性和工具理性。价值理性强调的是一定行为的无条件的价值、关注动机的纯正和选择正确的手段去实现自己意欲达到的目的，亦称为道德理性或人文精神；工具理性是指行动只由追求功利的动机所驱动，借助理性达到自己的预期目的，行动者纯粹从收益最大化的角度考虑，而漠视人的情感和精神价值，因此亦称为知识理性或科学精神。价值理性和工具理性是可以相互组合的，事实的社会行动是不同类型理想的社会行动的组合。

（2）从社会结构视角分为形式理性与实质理性。形式理性具有事实的性质，是关于不同事实之间的因果关系的判断；实质理性具有价值的性质，是关于不同价值之间的逻辑关系判断。从性质来看，形式理性是一种客观的合理性，主要源自手段和程序的可计算性；而实质理性是一种主观的合理性，主要源自目的和后果的价值。

（3）从社会伦理视角分为责任理性与信念理性。责任理性反映的是一种政治中立或价值祛除的观点，是行动者寻求达成既定目的的最为有效的手段或工具，并对其行为后果负责的准则。后果合理被视为可以为所使用的手段的不善提供合理性论证或补偿，而不考虑行动的后果是否在终极意义上合乎人的目的。与之相对的是信念理性，指行动者仅根据被其认定的价值信念而开展行动的准则。它反映一种主观的价值认定逻辑，要求

---

① 习近平. 论坚持人与自然和谐共生. 北京：中央文献出版社，2022：63.
② 同①135-136.
③ 同①213-214.

行动者首先对行动本身是否符合绝对价值和普遍规律进行审视。只要行动目的正当，无论手段是否科学、是否带来其他负面后果，应不计代价、不顾一切地努力达成。

（二）组织理性的概念

组织作为由各方参与者聚合而成的中观层面的社会实体，亦具有理性。以组织为载体的理性，即组织理性，是指一个组织具有了一套独特的共识性或强制性的行动逻辑规则和经验惯例且得到其主要成员自觉遵循的一种状态。组织理性不仅表现为客观评判，更多表现为主观选择。

巴纳德把组织当作能够提供某种东西的有机体，这一观点本身已隐含组织理性。在层次嵌套关系中，组织理性成为社会理性的投射，组织理性进而也会影响组织成员个体理性的状态和水平。由于层次嵌套，理性状态会出现跨层次投射。组织理性与个体理性、社会理性的区别在于，承载理性的主体在结构层次上的差异。价值理性占主导的组织，与工具理性占主导的组织相比，不但目标不同，其成员也会呈现出不同水平的个体理性。

根据工具理性与价值理性的区分，可将社会理性中涉及的几个理性范畴，对应延展到企业或组织的情境下。

组织理性是针对企业或组织这一载体而言的理性概念。由于企业是一个社会的经济细胞，经济活动除了要考虑能以特定的方式或手段生产出产品或服务之外，还需要精打细算、降本增效，因此，在工具理性的基础上还增加了一个独特概念，即经济理性。詹姆斯·汤普森在《行动中的组织》一书中指出，技术理性有两个衡量标准，即工具的和经济的。工具理性和经济理性都涉及对手段和目的之间连接的评估。经济理性、工具理性、价值理性同样适用于对企业而言的组织理性，不过，在企业这一组织情境下，它们在表现形式上有了衍生或变化。图 4-1 列示了这些范畴的具体内涵及其对应关系。

区分工具理性和价值理性，使得我们可以清晰地辨析理性是否一定带来进步，这个命题与管理工作致力于确保组织以正确的方式做正确的事密切相关。赫伯特·西蒙在《管理行为》中指出，理性就是要用评价行为后果的某个价值体系去选择令人满意（未必最优）的备选行为方案。他从决策角度讨论了事实的组织理性与组织目标实现之间的因果关系，并强调了组织具有的共识性价值准则的作用。

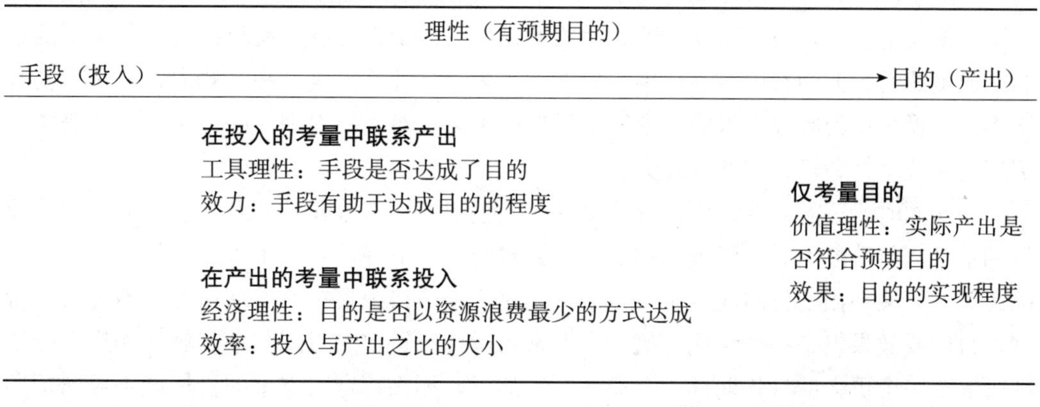

理性（有预期目的）

手段（投入）━━━━━━━━━━━━━━━━━━━━━━━━━━━━━━━━━━━▶ 目的（产出）

在投入的考量中联系产出
工具理性：手段是否达成了目的
效力：手段有助于达成目的的程度

仅考量目的
价值理性：实际产出是否符合预期目的
效果：目的的实现程度

在产出的考量中联系投入
经济理性：目的是否以资源浪费最少的方式达成
效率：投入与产出之比的大小

图 4-1　经济理性、工具理性和价值理性的内涵及其对应关系

（三）管理有效性

1. 管理有效性的度量指标

各种理性范畴都可以在管理有效性的评估中找到对应的度量指标。就特定组织所做的事情是否正确来看，管理中的效果（effectiveness）是与价值理性对应的范畴。它们均关涉目的，即本体价值，是对活动的实际产出是否符合预期目的的评估，而评估的角度可以是伦理、美学或者责任感方面的。就做事的方式是否正确来看，形式理性或者技术理性涉及手段和目的之间的连接，但从管理工作的着眼点来看，有必要把技术理性进一步细分为经济理性和工具理性，前者是对于是否以资源浪费最少的方式（怎样的手段）达成目的的评估，即效率（efficiency），后者是对于特定手段在多大程度上达成了目的的评估，即效力（efficacy）。经济理性、工具理性和价值理性三个范畴各有其独特的内涵，这意味着与其对应的效率、效力、效果应当在管理有效性的评估中得到同等重视。

2. 现实中对组织理性的度量及侧重点偏离

然而，由于科学发展史上既成的学科分类，社会科学领域的关注点通常是价值理性（效果），经济学领域重视经济理性（效率），而技术领域更注重工具理性（效力）。至于管理学领域，因为企业管理专业在中国曾长期附属于经济学，所以倾向于以经济理性为关注点，着重考虑特定手段对达成目的的效率，对于预期目的本身以及非经济面的考虑缺乏足够重视，从而导致价值理性与工具理性在管理学领域双缺失。中国长期以来受苏联学科体系的影响，企业管理学科归属于经济学门类，直至1997年才把管理学从经济学中独立出来，下设若干一级学科。

从管理学视角来看，工具理性和经济理性应该并重，它们都涉及对手段和目的之间连接的评估。与此对应但具有可操作性或者说更便于衡量的，就是效力与效率这对概念，两者都连接着投入与产出两端。效率是对应于经济理性的一个量化的概念，效力是对应于工具理性的一个量化的概念。效率强调一定产出条件下的投入，意在测量经济性；效力强调一定投入条件下的产出，意在测量特定手段有助于达成目的的程度，即有用性。

西蒙主张管理决策中的"手段-目的"是一个链条，最直接、最初级的目的达成可视为特定手段所具有的潜在能力的实现，其导向的高层次目的即整体组织目标的实现。从这一意义上说，效力可以反映特定手段潜在能力的实现程度，反映特定手段在帮助组织达成预期目的上的有用性。从更一般的意义来说，凡是工具，必有效力，只是程度有所不同。管理作为服务于组织实现共同目标的手段，对其技术理性的考量就需要兼顾经济理性（效率）和工具理性（效力）。

与此同时，还需要认识到，价值理性对于组织发展有着非凡的意义。价值理性涉及目的本身，与手段无关。管理中的效果，是对应于价值理性的一个可量化的概念，与手段无关，但关乎预期目的或结果。效果可以用于评估组织目标的实现情况。不过需要看到，目标或效果仅是一个量化的概念，通常仅适用于特定的时间与空间域。如果将时空视野置于一个更大的（长期性、全局性）框架下，那么特定时空下的目标能否导向预期目的，就在于管理层能否持之不懈地坚守其为组织服务的初心。

"企业究竟为了什么而存在"这一终极目的，应该成为管理的"心"之所向。这也是度量价值理性在组织中践行情况的基本指标。在价值理性上，需要关注的并不只是预期目的实现程度的"量"，还有特定时空下要努力实现的目标或目的本身的"质"。

第 2 节　对象化关系观下的企业管理

管理是在特定时空情境下发生在管理主体（管理者）与管理客体（管理对象）之间的管理活动与过程。实践论反对主客体对立的二元论思维，倡导二元交互的"对象化"关系思维，强调管理实践是把管理主体和管理客体联系起来的桥梁。在这一思维指引下，我们需要以对立统一的辩证观来看待管理主体与管理客体之间的关系。

一、企业的先在性与管理的赋能性

企业（或组织）作为管理活动的对象与载体，是先在并优先于管理的。但是，在官本位思想下，容易出现管理者凌驾于企业之上从而导致官僚主义、山头主义等有损企业实现共同目标的情况。把管理定义为管理者同其他人一道或通过其他人实现组织目标的过程，突出了管理是为企业及其成员所要做的事情服务的。管理的这一作用可以概括为"赋能"。[①]

联想集团有一种说法：好的管理体系就好比计算机有个好的操作系统，这样，企业的多个业务就好比计算机的多个应用，每个应用都不必从操作系统底层建起，只要考虑自己的业务特质进行调整就可以，如此各个应用（各项业务）就实现了共享一个兼容性很好的操作系统。这一比喻形象地展现了管理只能依存并且服务于企业。

鉴于企业与管理的关系，管理学必须以整个企业或组织的管理需要为出发点和落脚点，确保抽象和升华后的理论成果能够与企业管理者真正开展的管理活动具有契合性。因此，面向企业生命体的管理职能以及承担这项职能的管理者，必须置身于企业的实际情境中开展卓有成效的管理活动，切不可为了管理而管理。

管理活动要密切联系作为管理客体的企业的实际，但又不能直接落到企业的具体职能领域，这也是管理学者偏好以"组织"概念来抽象地代表现实可见的企业的缘故。在范畴上将管理客体由"企业"替换为"组织"，产生了两种理解：一种是模糊了管理客体的特定性，认为企业是众多类型机构（organizations）中的一类，管理不需要有明确的对象所指，管理普遍适用于各种类型的组织，因而舍弃"企业管理学"之称，认为存在一个与对象无关、泛化的一般管理学；另一种是把总括性地代表各类具体管理客体的可数名词"组织"狭义化为作为管理活动过程要素即组织工作（organizing）结果的组织（organization），这样也就模糊了组织作为管理活动要素（组织设计）与作为管理客体（企业组织）的两个不同概念。

---

① 包政.管理的本质.北京：机械工业出版社，2018.

本书明确指定企业这一组织作为管理客体，强调企业是一个先于管理而存在的客观事物，而且是作为生命体整体存在的，目的是提示管理研究者和学习者必须把企业这一整体而非其组成部分作为关注点。把在协作系统范畴下作为管理客体的企业称为组织，就是为了突出整体综合性，摒弃专业职能的局限。本书论述的是针对整个企业（组织）的管理，区别于生产管理、销售管理、财务管理或人力资源管理等专业管理。当然，在做必要的概念抽象的同时，管理研究者和学习者又不能把自己与企业的现实隔离开，就像管理实践不能脱离其所服务的企业一样。把企业泛化为组织，是把这一概念抽象化的一个副作用，误导了一些人，使他们无视企业的先在性，没有把企业作为管理活动产生的先决条件，而仅就管理者的行为或作为来阐述管理，进而使（企业）管理学领域被管理职能学派所主导。

如何有针对性地、切实地联系企业的独有特性与管理实践，是管理理论发展的一个关键点。以整个企业或组织作为管理对象，意味着研究层次是相对宏观的，其理论是关于整体管理（即企业的综合性管理）而非专业管理（如生产管理、财务管理等）的。而要理解和把握宏观层面管理活动的一般规律，需要管理学者先置身于企业现实的管理情境中进行情境化的洞察与归纳，然后在去情境化的抽象概括中形成具有一定普适性的理论成果。既源自实践又高于实践，是管理学科在应用基础理论层面发展出关于整体管理理论科学的要径。

二、管理主客体之间的对象化关系

实践论认为，存在物的存在并不是一种自我存在，而是一种对象性存在。深化学习4-1具体解释了对象化关系原理。

深化学习 4-1　对象化关系原理

在管理实践与研究中应用对象化关系原理，需要以关于事物的关系观（把一个事物与其他事物之间的联系当作该事物本身的一部分）和过程观（事物包含事物的过去和可能的未来）来取代关于事物的常识（承认事物的历史，但认为其与其他事物之间的联系是外生的），由此重构关于现实的思想。[①] 玛丽·福莱特主张动态管理，举了一个发人深省的冲突处理的例子：有一天，在哈佛大学图书馆的一个小房间里，有人想打开窗户，我却想让窗户关着。我并不喜欢密闭的空间，我只是不想让风吹到我，而那个人也并非要打开某扇特定的窗户，他只是希望房间里的空气流通。最后，我们打开了隔壁房间的窗户。[②] 这个例子说明，关系观、过程观思维有助于实现冲突双方利益的整合。

将实践论应用于本书关于管理主体（管理者）与管理客体（管理对象）之间关系的

---

① 伯特尔·奥尔曼. 辩证法的舞蹈：马克思方法的步骤. 北京：高等教育出版社，2006.

② Follett M P. The new state：group organization the solution of popular government. London：Longmans Green and Co.，1918.

认识中，可以得出如下推论：在企业管理活动中，管理者与其所管理的企业之间并不是割裂的，而是相互依存的，因而可以把它们之间的关系看作一种特有的社会性质的对象化关系。实践论有助于探究各种矛盾如何在实践中产生并在实践中化解，从而把有关管理活动的认识从经验性描述提升并抽象到"相互依存的过程"的哲学高度，以便深入且富有逻辑地阐释管理活动促进管理客体实现共同目标的过程及结果。[1]

第 3 节　管理的目的和价值取向

管理作为人类的实践活动，是一种有意识、有目的的活动，受到管理主客体意志的推动。意志是实践的理性，它本质上必然包含着目的和方法两个不可分割的要素。[2] 人的活动之所以有别于动物的活动，就在于人的活动具有动物所没有的目的性。目的指向生命整体的意义，是生命的本意，不能被简化为量的目标。目的是人行动和努力最终要达到的境界，重在于质而不在于量。人对价值真理的追求，意味着管理应指向的是目的（境界）本身，而不仅是实现目的的手段、步骤等。在促进人类发展和进步这一大前提之下，管理的目的可能是遥不可及的，但是它作为企业前进的方向具有重要意义。对于企业这类营利性组织来说，管理的目的涉及功利与道义之间的辩证关系。

一、功利型管理

管理向善还是向利，成为评判管理者是否建立组织道德的标志。传统管理中关于追逐利润最大化的管理、作为工具的管理和作为无限官僚控制的管理的主张，引发了对于管理者是否应当承担建立组织道德的责任的争议。

一般地，功利主义注重人类社会活动在社会系统中的功效，即发挥功能。在功利主义主导下，逐利构成了人类理性行为的基础。具体反映在资本主义经济制度下的企业组织中，企业主（拥有特定企业所有权的资本家）往往把劳动者作为创造财富的工具，劳动者处于被雇用的地位，随时都可能被可带来更高生产效率的机器所替代。反过来，劳动者也把组织当作实现个人目标的工具。劳资双方在物质层面的财富创造、利益分配中互为工具，易发生冲突甚至对抗。那些为企业主所聘用的管理者，凭借代理人身份，往往通过管理层级制中内置的命令服从关系，凌驾于操作者之上进行指挥与监督。与此同时，管理者自己也沦为资本的附庸，其存在的价值仅仅在于拥有企业主所难以拥有的协调多人共同劳动的管理知识。不论是操作者还是管理者，都不过是"社会的物"，没有被视为拥有自身价值且有独立意志的人。

功利型管理强调通过管理创造效益，具体主张如下：（1）追逐利润最大化的管理；（2）作为工具的管理，包括管理者在内的劳动者都被视为工具，名义上为"人"，实为

---

① 伯特尔·奥尔曼. 辩证法的舞蹈：马克思方法的步骤. 北京：高等教育出版社，2006.
② 吕力. 论管理的本体与本体价值. 商业经济，2010（21）.

"社会的物"；（3）作为无限官僚控制的管理。上述三个主张受到了越来越多的质疑，一些管理学家开始从哲学角度重新思考和定义管理的目的。文森特·布洛克认为，对于什么是（企业）管理的认识奠定了管理哲学的基础。

二、道义型管理

巴纳德强调管理者要担负起建立组织道德的责任，将对管理本质的探讨提升至管理理念的高度。所谓管理理念，是指管理者（或管理层）所持有的理性想法和概念，它代表认识或实践主体对管理工作在本质上所做的定义或重新定义。对于企业来说，对利与义的权衡是对其管理者所秉持的管理理念的一种测验。伦理道德①作为一种社会意识形态，是指用来维系和调整不同行动主体（人与人、组织与人或者组织与组织）之间关系的基本准则。

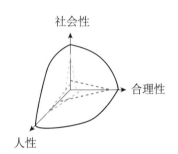

图4-2　组织道德的三维立体模型

道义型管理的出发点是利润之上有更高的追求。但是，具体追求什么，可以有不同的认识。从多元矛盾系统管理的角度说，道义型管理需要处理好合理性、人性和社会性几个维度之间对立统一的关系，如图4-2所示。

（一）合理性维度的组织道德

管理是有意识、有目的的行为，旨在帮助企业实现目的。合理性是被归因于所指事物的一个相对概念。一个行为的合理性如何，通常是评判者从某一特定角度所做出的论断。《论语》记载，子贡问曰："乡人皆好之，何如？"子曰："未可也。""乡人皆恶之，何如？"子曰："未可也。不如乡人之善者好之，其不善者恶之。"即不以众人的好恶为依据，而应当依据正确的善恶标准做出公正的评判。

目的性系统（purposeful system）是一个价值导向系统，它能够在不变的条件下改变自己的目的（结果），以及为此采取的行动。根据行动及其结果是否可变且可选择，可以对该系统做如下分类：（1）状态维持的系统：被决定的可变的行动，结果固定不变；（2）单一目标寻求的系统：有选择的可变的行动，结果固定不变；（3）多目标寻求但行动有特定目标的系统：有选择的可变的行动，结果可变但由外界因素所决定；（4）有目的的系统：有选择的可变的行动，结果可变并且是有选择的。目的性系统不仅会选择实现目标的方式（工具、手段），还会选择终极的目标（目的或结果），是真正表达出自己的意图及自主选择的权利的系统。人类及其创造的人工系统如组织，就是目的性系统。这样的系统能够在同样的内外部条件下以不同的行动方式实现同样的结果，而且能够在相同和不同的条件下实现不同的结果，所以无论行动还是结果都是其自

---

① "德"与"道"是互为表里的本体论概念，"德"不能离开"道"而单独存在。从本体论角度来看，一切事物都是具有德性的，而人伦关系中的道德是相对狭义的，通常称为"伦理"（ethics）。

身可控的。

从本质上说，理想追求系统（ideal-seeking system）是可以在不同的目的（结果）之间进行选择的系统，它是目的性系统的一个重要子类。理想是指无法在任何时间段内实现，但是可以不断地逼近的目的。理想是在理论上可行但实际中不可能实现的结果。理想追求系统在实现了一个目的之后，就会开始寻求另一个更接近理想的目的，因此是一个具备终极愿望的系统。它会系统性地用相互关联的步骤来追求理想，在此过程中不断地调整行动的目的，因此是人类最为高级的一类系统。计算机和人工智能可以是目的性系统，但并不是理想追求系统。也就是说，即便同样是人造物，人工智能系统与作为社会系统的组织有着本质区别。这意味着，目的本身的选择是组织区别于其他人造物的重要标志。所以，组织必须树立理想，以便影响其对目的的选择。管理者从道德的角度打造或提升组织的合理性，要以价值理性而非工具理性为优先考量。

（二）人性维度的组织道德

管理活动不可与企业经营活动相分离。人的意识活动以仁心、良心、良知为根据，这种道德意识必然指向某种道义行为，并且在现实世界里成就相关主体的道义行为。作为这样的意识主体，管理者就不能高高在上地把从事业务活动的人（操作者）作为工具来对待，而要坚持"把人当作目的来对待"这一价值理性。从本质上说，道义型管理要秉持人性应善的价值取向。[①]

黄卫伟在《管理政策》中指出，由于现代人的大部分时间是在组织中度过的，工作不仅是人谋生的手段，也应当是人生活的意义，因此，创造一种组织环境，使人在组织中工作时感到愉悦和富有成就，使其潜力和创造力得到充分发挥，是管理的重要任务。他认为，企业以满足客户需求和取得商业成功为目的和以人的全面发展为目的，二者之间存在权衡的关系。完全从员工个人角度设计人力资源管理方案，而不考虑企业成功的需要，不符合矛盾原理。延伸阅读 4-2 是黄卫伟在书中引述的任正非关于员工培训的看法。

从人性维度看，华为公司所尽的责任，归结起来就是赋予员工奋斗和奉献的意义，让他们在公司找到人生的意义，享受来自创造性工作的挑战、兴趣、乐趣和成就感。[②]

延伸阅读 4-2　任正非关于员工培训的看法

不论操作者还是管理者，劳动者作为"人"都有存在的目的与价值。员工作为组织人格的身份，意味着无论是"无组织的人"还是"无人的组织"，都是有失偏颇的。企业在寻求对待员工的合理性与人性之间存在矛盾，需要从辩证的角度来妥善处理，使劳动者在奋斗过程中实现全面发展。张瑞敏认为，"人的幸福在于自由地发挥他的最强能力，你叫人能发挥他的最强能力，这才是他的最

---

①　吴照云，姜浩天. 中国管理学派：源起、发展与建设. 中国文化与管理，2022（1）.
②　黄卫伟. 管理政策. 北京：中信出版集团，2022：202-203.

大幸福"①。管理活动的开展，不能仅追求功利性，而需要秉持"把人当作目的来对待"的理念，同时实现企业价值与员工价值。

（三）社会性维度的组织道德

"企业为什么存在"是组织道德的重要考量。德鲁克指出，企业是"社会的公器"，其本质存在于社会之中，因而必然要承担相应经济责任之外的社会责任。企业社会责任（corporate social responsibility，CSR），就是以企业为主体自觉或自愿地履行对社会的责任。企业向善，表达了企业除了盈利之外还在更多社会议题（包括全球范围自然生态问题）的解决上承担职责的愿望和行为倾向。所以，从企业对外部的责任角度看，社会性维度的组织道德在广义上是包含人类和非人类行动者在内的多样性参与者共处共生且长短期兼顾的生态性。

1979年，阿奇·卡罗尔提出了金字塔模型，认为企业社会责任从重到轻依次由经济责任、法律责任、伦理责任和慈善责任四个方面构成，其中前三个为强制性的，第四个为自愿性或自主决定的。该模型成为一个流行的阐释和践行企业社会责任的概念框架。但是实践中，很多企业只是通过简单的捐赠来履行企业社会责任。企业要么只关注捐赠的行为（把善举诠释为慈善），对捐赠之后的效果不在意（作为表达慈悲心理的一种施舍，即成本），要么将捐赠作为塑造企业品牌形象的手段（可带来回报的一种无形的投资）。其不足有二：一是对行为动机是发自内心的仁慈为善还是义务性的赚钱行善少有区分；二是捐赠方向往往与企业的优势领域相距甚远，难以满足企业可持续经营的需要。仅强调企业自觉、自愿地利他，不足以确保企业能够长期地深度参与社会问题的解决。例如，一家钢铁厂可以捐款给环保组织以支持环保行动，这是一个善举。但是，如果管理者能真正通过流程的优化、设备的改进，尽可能地减少对环境的污染，让员工有更好的工作环境，让周围的居民有更好的生活质量，则是更大的向善。②

党的二十大报告强调了牢固树立和践行绿水青山就是金山银山的理念。当前日益获得重视的企业社会创新（corporate social innovation，CSI）概念，最早是由德鲁克提出的。其基本含义是，将社会创新融入企业行为，促成企业把解决社会问题和满足社会需求变成企业创造利润的机遇，即"行善赚钱"。在实例4-1中，利用浓雾获取水资源，不仅帮助非洲人民获得新的水源，而且基于雾气收集技术创立了一家营利性企业——Aqualonis GmbH公司。这说明，管理者可以采取创新性举措来积极应对面临的重大挑战。"行善赚钱"体现了利他与利己相统一的战略性视角。但它的一个局限是，把企业与外部分隔开，并且意图把利他作为利己的战略性路径，本质上仍是利益导向的。延伸阅读4-3中，黄金枝从中国先贤"万物一体"智慧出发对企业社会责任的东西方概念内涵做了对比分析。

---

① 张瑞敏：海尔希望成为第三次工业革命的范式．（2019-6-22）．https：//finance.sina.com.cn/hy/hyjz/2019-06-22/doc-ihytcitk6956274.shtml．

② 朱睿教授：商业需要向善，但绝不是捐钱那么简单．（2021-11-26）．http：//news.sohu.com/a/503732393_121123783．

实例 4-1　雾里取水

延伸阅读 4-3　东方智慧中蕴含的企业社会责任理念（一）：中国先贤"万物一体"智慧

三、组织道德选择的基本价值取向

在合理性、人性和社会性之间矛盾关系的处理上，不同国家、不同时期的企业及其管理者可能表现出不同的价值取向。

从管理理论的全球发展过程看，古典管理理论把企业视为封闭系统（无人的组织），手段或方法合理性成为管理的焦点；行为管理理论提出自然系统（无组织的人）的观点，人性成为新的焦点；与前两者都把企业看作封闭系统（无社会的组织）不同，系统管理理论强调企业是一个向社会开放的系统，企业对于广大的一般社会的责任感逐步加强，社会性被纳入管理者考量的范围。这些理论力图从不同维度提升管理有效性，无论是无组织的人还是无人的组织，都是有失偏颇的。组织道德的合理性与人性、合理性与社会性之间存在张力。无论是组织整体还是以组织人格的身份来行事的组织成员，作为社会的一分子，都需要考虑与其所处环境的关系。

但是，在西方占主流地位的还原论视角下，企业是独立于外部环境存在的实体，内外部之间具有清晰的边界。基于万物彼此分立的基本假设，CSR 被视为企业回应社会的举措，被归入商业伦理范畴。而从内涵来看，伦理与道德是两个不同的概念：伦理是外部社会对人的行为的规范和要求，指社会的秩序、制度、法制等；道德，则是人的一种心理状态，是内在于行动者自身的。所以，从商业伦理角度提出的 CSR，其实不是内在于企业的，而是属于外在性的规范和束缚。外在性的责任是一种迫使人不得不履行的义务。

黄金枝明确指出，西方学者提出 CSR 概念的初衷及后来的 CSR 运动所传递的都是伦理意义上的外在性。这种外在性观点反映在两个方面。首先，从时间上来看，企业发展在先，CSR 产生在后。企业追求利润最大化，引发了日趋严重的社会问题，因而始有 CSR 的觉悟。CSR 是随着企业的发展而产生的，依附于企业。其次，从内容上来看，CSR 被视为企业付出的成本。履行社会责任，要求企业对其给社会所造成的影响负责任，从而增加了成本支出。CSR 是社会对企业行为的规范和要求，对企业来说，CSR 是外在的、被动的。与之对比，儒家道德观强调人与世间万物本来浑然一体，既包含上至（宇宙万物）超越性的天道，又包含下至现实性的人

延伸阅读 4-4　东方智慧中蕴含的企业社会责任理念（二）：大道至简

道。"仁"实质是主张"宇宙与我为一体"，但普遍被狭义化诠释为"人道"。这是一种人类中心主义观念，偏离了儒家主张的"一体之仁"。延伸阅读4-4介绍了东方智慧中蕴含的企业社会责任理念——大道至简。

四、组织道德的践形与践行

（一）道德的养成

巴纳德在讨论经理人员职能时提出其要担负起建立组织道德的责任，这与中国儒家学说强调把万物一体从道德义理具体化为"致良知的修养功夫"的道德实践的思想有异曲同工之妙。两者都指明，管理者要付出努力，使行动主体具有道德性或良知。

发真心、立大志，是一切的基础。关于发真心的结果，如果关联企业的管理工作，就是将企业实现组织合理性的目标与对员工的人性和整个生态的社会性等多维度考量融合起来。在落实组织道德的过程中，管理者承担着将其所秉持的价值观落实在具体行动中并以之指导具体行动的功能。但是，如何落实？如实例4-2所示，在方太集团"导人向善"的过程中，董事长茅忠群和高管把"文化即业务"作为口头禅，共同发愿"因爱伟大"，这对于当代企业管理工作具有重要的启迪。

实例4-2

导人向善的方太集团

宁波方太厨具有限公司是一家以智能厨电为核心业务的幸福生活解决方案提供商，创建于1996年。在公司创建20年之际，董事长兼总裁茅忠群明确提出"成为一家千亿级的伟大企业"的愿景。他认为，一家伟大的企业不仅是一个经济组织，要满足并创造顾客的合理需求，而且还是一个社会组织，要积极承担社会责任，不断引导人向善，实现人类社会的真善美。

茅忠群主张"心性即文化，文化即业务"。《道德经》倡导"我无为，而民自化"。方太集团的员工管理理念，包括"关爱感化"和"教育熏化"，关键就在这个"化"字。茅忠群把以教育来化人、导人向善，作为员工品性修养的方式。他结合自己的实践总结说："针对'人'的问题，我们把教育跟培训分开，因为培训是开发知识与技能的过程，而教育是开发人性、心性的过程。提升心灵的过程才叫教育，我们不能以培训的方式做教育。教育是否成功有两个要素：第一个要素是员工有没有发自内心的认同，第二个要素标准更高，即这种认同有没有转化为自己的思维方式、行为习惯。既然标准不同，我们的方法就要不同。在方太，我几乎没有用过任何强制的手段。因为人，尤其是现在年轻人，对强制很反感，不管好的坏的，只要是强制的就反感、逆反，所以要通过比较柔和的方式，润物细无声地慢慢地影响他们。"

茅忠群和公司高管们一致主张，真正的企业文化模式是"文化即业务"，文化是做业务的发心和方式，业务是文化的呈现和结果，文化与业务一体两面、水乳交融。许多企业要么不重视企业文化，要么只是口头重视，没有真正行动，或者行动而不得其法，最终流于形式。文化和业务之间"两张皮"的情形非常普遍。方太集团高层认为，真正有效的企业文化，不仅要得到上至董事长、下至普通员工的认同，更应与具体的管理和业务实践相融合，切实地创造价值。

方太集团内部对许多观点、概念进行探讨，员工惯常从"究竟"角度做出解读。比如，在方太集团，发展顾客的"究竟"，是安心；关心员工的"究竟"，是成长；社会责任的"究竟"，是正气；企业经营的"究竟"，是可持续。这样的自我化育，使方太作为企业愿景提出的"伟大企业"概念具体化为同时具备四个特征：顾客得安心，员工得成长，社会得正气，经营可持续。

资料来源：钱丽娜. 伟大的企业导人向善. 商学院，2017（8）；方太的"内圣外王"之道：文化即业务. (2024-01-29). https://baijiahao.baidu.com/s?id=1789388587109405822&wfr=spider&for=pc.

上述实例表明，卓越的领导力，并不是一个人的卓越领导力，而是遍布组织各个部门和层级的领导力。方太集团董事长茅忠群和高管们以"利他"为"导人向善"过程的心性所向，通过"心性即文化，文化即业务"的独特方式，使文化与业务紧密融合。

在诠释和实践知行合一观点时，"践形"而非"践行"的论争具有启发意义。深化学习4-2介绍了良知与致良知、践形与践行这两组概念的内涵及其相应的区别和联系。

深化学习4-2 良知与致良知、践形与践行

（二）体与用的统一

体与用的统一，是道德主体内蕴的"利他"和"向善"之心转化为实际行动的修炼途径。不论"践形"还是"践行"，"践"字所指代的身体力行、力学笃行的内涵是共通的。方太集团正是因为自高层至基层的员工，个个立志且践行，心性能量才聚变为企业发展的原动力。公司强大的文化和包括战略、研发、营销等领域体系化的经营管理实践，共同驱使文化与业务融合落地，并且日显其作用。

以王阳明为代表的儒家道德实践强调"尽性践形"，主张"仁者与天地万物为一体""仁即生之理"，由此倡导主体"己欲立而立人，己欲达而达人"，帮助"他者"实现"生"。"身心一如"就体现了天人合一、生生不息的境界。身涵纳心，心落实于身而得展现，这就是承体达用、身与心不断交互作用的一种动态的圆融境界。

仁爱之心（体、良知）和合理取用（良知的发用）的统一，强调人们要通过修身养性达到"万物一体"的境界，领悟和把握顺着事物内部道理做事、万物生生不息的义理。致良知，实际上是一个包括性体与心体、价值与知识的整体过程。良知作为价值系统的规定，给出行为所依据的原则、行为所欲达到的目的，并且监察各人秉承事物性体而运作其心体的情况。所以，良知是连通体与用的桥梁，把性体的价值规定、价值指向转化为心体的现行运作。

致良知的过程需要帮助他者实现"生"，但是他者具有多样性，如何利他就必然不存在统一模板。王阳明认为，一个有道德的人的境界是"与万物为一体"，同时对待万物又自然有轻重厚薄的价值秩序。这种"良知上自然的条理"主张，体现了一体之仁与

差等之爱的有机统一。它一方面强调了价值总体上的至善原则，每个人以心中本有的道德意识来表达对万物的价值平等观念，也即"一体之仁"是圣人"泛爱"意义上的道德性；另一方面又强调在爱的对象、爱的方式等方面呈现出事物差等的分别，形成结合具体发用情景的价值差等观念，此即遵循自然的条理。概言之，虽然人对待万物有差等，但种种做法都是围绕"诚于中"必然"形于外"之理展开的，因此是其内在德性的"践形"。

以当代语言来解读，在"良知上自然的条理"观点背后，蕴含着这样一种辩证法：一方面，从"体"的角度看，良知的体是"一体之仁"，是内在的、本然的，非意之的。在"一体之仁"视野下，世间万物并无善恶可言。良知，就是对事物性体的自觉，而性体是天道天理的凝聚，天理显现于心，心即理。也就是，就价值总体来说，要持价值平等观，以至善原则看待万物的性体，并渗透至心的层面被心体所知，良知即天理（道）。另一方面，从"用"的角度看，个体经验中满足其特殊需要的事物具有善恶的差异性，因此具体取用时遵循价值差等观。依照王阳明的主张，"好善、恶恶"的严正性来自（事物）性体本身，它是保证（人）心体知何者为善恶的基础。心体的责任在于呈现，即把性体的至善具体化为对经验事物的处理原则，此即条理。① 天理与条理，是异中有同的。

（三）道德理性与知识理性的并重

从践形角度诠释王阳明的身心之学，可以看出知与行是本然合一的关系，是一个工夫，通常谓之"知与行合一"。它指明，内与外、知与行是一时并到的，而不是分立的或者有先有后的。致力于将"万物一体"境界践形出来的人，所讲求的是一种道德义理，有别于西方所注重的伦理义务。对比来说，与纯形式的善—恶、对—错评判倚靠是非之心不同，以"万物一体"为内涵的道德性更注重实质性内容，而这个内容来自人心的自然展开，是人之仁心的推展与显现。这样的道德不是强加于行为主体的规范或约束，而是合于天理的精神境。这实际上是一种具有东方式理性主义（讲求价值理性更甚于工具理性）特质的道德性观点。

依照践形逻辑推行道义型管理，其本质所在就是要让宇宙间的每一个存在物都有其内在价值，让世间万物自然而然地和谐相处，如其所是。联系管理者所担负的创造组织的道德性的使命来推断，这包含了确保其所服务组织整体及其参与者的所作所为符合什么道德标准（良知）以及能否达到这样的标准（致良知）的双重问题。为此，需要做到"心为体，智为用"，在体用并举中实现道德和知识的同步增进。换言之，就是以道德或价值理性（心）为统领，以知识或工具理性（智）为辅翼，让"万物一体"境界在组织所有成员的践形中得以实现。正如《大学》在阐发"修身为本"思想时，将格物、致知、诚意、正心、修身、齐家、治国、平天下"八目"② 作为人生进修的阶梯。其中，

---

① 张学智. 从人生境界到生态意识：王阳明"良知上自然的条理"论析. 天津社会科学，2004（6）.
② 原文为：古之欲明明德于天下者，先治其国；欲治其国者，先齐其家；欲齐其家者，先修其身；欲修其身者，先正其心；欲正其心者，先诚其意；欲诚其意者，先致其知，致知在格物.

齐家、治国、平天下是修身的目标指向（家、国、天下是个体实现其德性实践的场域），而格物、致知是修身的外部途径，诚意、正心是修身的内在前提。"格物致知"侧重于知识理性，被王阳明代更正并提升为"致良知"后，更加突显了中国儒家在道德性方面的心学建树，为当代企业的道德实践提供了重要而深刻的思想启迪。

　　总之，个体行动者的行为可以也应该是自主的，但是绝不应当是自利的。从管理者是服务于企业的以及企业是社会经济的一个组成部分来说，任何层次的行动主体都是其所处环境这一整体中的部分或个体。管理者及其所影响的组织参与者不但要有善举，更要有善心（道德理性）和脑力（知识理性）。善举由心而生、由智而行，善心与智识的结合才能生发出善举、善事。"心"指向认识或实践主体内在的方面，"智"则代表知识和能力。心与智兼备并且身体力行的管理者，会让各种相关事物顺应天理而行，此即《荀子·议兵》所说的"义者循理"。

小　结

　　1. 管理是企业组织或协作系统的一项职能，并不具有独立存在的价值。企业的先在性与管理的赋能性，意味着居于管理职位的管理者要端正自己的立场，摒弃"官本位"思想，避免为了管理而管理。

　　2. 企业的生命力取决于企业内部功能与外部环境的耦合和互动。现实的企业，在管理的性质、方法与目的上，存在许多基本矛盾，包括维持型管理与变革型管理的矛盾、管理工作与经营活动之间的分离与融合、管理是服务于利益实现还是意义建构等。这意味着管理道德应包含对企业本身的合理性、对员工的人性和对外部的社会性等多个维度的考量。

　　3. 组织理性与个人理性、社会理性之间既区别又关联。区别在于承载理性的主体在结构层次上的差异。关联在于理性状态会跨层次投射。价值理性占主导的组织与工具理性占主导的组织相比，不但其自身目标不同，其成员也会呈现不同倾向的个人理性。

　　4. 可通过经济理性、工具理性、价值理性来识别组织的理性状态，并用效率、效力、效果等度量指标评估管理有效性。

　　5. 管理作为人类的实践活动，是一种有意识、有目的的活动。管理实践活动应指向的是目的本身，而不仅是实现目的的手段、步骤等。

　　6. 在探讨管理主体（管理者）与管理客体（特定企业）的对象化关系时，管理者需要助推其所在的企业自觉而妥善地处理好义与利之间、不同行动主体之间的张力，由功利型管理转向道义型管理。

　　7. 组织道德是内在于企业、内在于每个行动主体的，其高度和宽度在商业伦理范畴之上。在合理性、人性和社会性之间矛盾关系的处理上，中国先贤主张的"万物一体""义者循理"等观点，可启发和指导有道德的行动主体在知识理性与道德理性统一中实践道义型管理。

──────── 思考与讨论 ────────

1. 让企业处于有管理的状态，一定需要专职的管理者吗？为什么？

2. 你如何认识管理的本质？把管理整体作为一项职能，与把管理作为多项职能的集合体，两者有什么区别？

3. "鸡蛋从外面打破是食物，从内部打破是生命"这一哲学思想对于管理工作有什么启示？

4. 追求企业的生命力，与追求企业的效率相比，在管理方式上会存在哪些差异？

5. 有观点认为，管理不是追求规范性，而是追求有效性。你认同这一观点吗？请运用理性的相关概念给出具体解释。

6. 组织道德为什么是一个多维度的概念？试从不同维度讨论企业管理所要实现的目的应该是什么。

7. 目标、目的、理想这三个不同的概念如何反映出行为主体在"追求"的远度和高度上的差异？

8. 试从组织道德多维度的角度，具体分析第 1 章引例中介绍的华为公司在各个历史时期责任指向的变迁。

9. 试结合本章引例，讨论把作为管理对象的组织定义为力量协作系统的意义所在。与法律意义上界定的企业边界相比，海尔食联网平台建设中所构建的组织的内涵是什么，具有什么特征？

10. 从企业生命的长度、高度和宽度来考虑海尔在物联网时代向生态转型有什么意义和启发？这意味着企业管理应关注哪些方面？为什么？

第5章

管理者的职责与能力

学习目标

- 认识管理者存在的意义。
- 领会管理者所要履行的职责。
- 明确管理者需要具备的知识和能力。

通过本章的学习，你将掌握将知识转化为管理能力的基本途径（重点），领会在不同管理层任职的管理者胜任其工作所需要具备的能力有什么差异（难点）。依据唯物辩证法的思想，正确认识管理工作中的责任与权力的统一，明确负责任的管理行为的基本特征和胜任力要求（思政主题）。

引 例

宁高宁谈经理人的五个层次

宁高宁曾在华润、中粮、中国化工等中央企业担任管理者。他基于亲身经验总结说：经理人的行为倾向有很大的不同，据此可以将经理人区分为五个层次，他们对企业进步的推动作用是逐层提升的。

第一层，守业型（维持型）。守业型的经理人喜欢管理大公司，任职之后基本能维持现状。他有职责，对员工也不错，不贪污不腐败，什么会都开，发言按稿念，各方面都没大问题，能守住公司规模。但是守住就是落后，因为别人进步了，市场进步了。

第二层，效率提升型（职责型）。效率提升型的经理人在内部搞管理改革，提升效率，比如降低成本、提高产量、减少销售费用等，这个层次的经理人算不错的。

第三层，业务拓展型（发展型）。经理人必须要有发展欲望，必须要有市场份额意识，必须要有竞争意识。业务拓展型的经理人会建新的工厂，认为如果竞争对手建了新厂，而自己没建，就会落后。他们虽然没有真正使企业产生革命性的转变，但是也在发展。如果企业所处的行业发展非常快，那么企业也能取得一定的成功，但没人能预判行业形势。

第四层，战略转型发展型（战略型）。这一层次的经理人会研究战略转型，特别是技术创新、行业转型，不断产生新的主意。这一层次的经理人不会做重复建设，不会打价格战，一定会产生创新的东西，这是非常难得的经理人。

第五层，可持续发展组织再造型（自我完善型）。这一层次的经理人会让组织变成一个学习型、创新型、可持续发展的组织，他自己是否留在组织中并不重要。这一层次的经理人使组织本身从精神理念的发展到业务专长的发展都非常完善，是更少见的经理人，能够使团队和业务不断优化。

基于以上五个层次经理人的比较，宁高宁指出，越高层次的经理人，对企业进步带来的推动作用越大。作为"一把手"的企业经理人与"二把手"（副职）的差距，不仅仅体现在职级上。相对来说，前者的能力重在创新力，后者的能力重在执行力；前者的作用主要是为企业找到新的机会即发现，后者的作用则是实现这一发现。

管理工作对于企业的作用或贡献，是通过具体的行为和活动体现出来的。管理层是管理工作承担者（管理者）的总称，它包含组织中承担管理职责的所有角色。管理工作开展的具体方式及其有效性，与管理者的理念和能力密不可分。

第 1 节　管理者存在的意义与职责

在企业或组织中开展管理活动的管理者，既可以是居于特定管理职位的专职人员，也可以是临时从事管理工作的角色。不论哪种，从职位胜任的角度来看，管理者都必须符合特定职位（岗位）的任职要求，具有必备的知识与能力以履行好工作职责。

一、管理者存在的意义

（一）管理者产生的原因

事物存在的意义，在于客观上它本身的价值。价值是特定事物具有的一般规定、本质和性能。从概念的内涵来说，价值这一范畴可用以揭示具有特定属性的事物对于满足利益相关者或价值评判者的需要的意义。

管理者及其所开展的管理活动之所以对企业是有价值的，从本质上说是因为它能够帮助企业形成或更好地形成有管理的状态。有管理的状态的典型特征就是协作系统中所有参与者的努力是协调的。巴纳德曾举例说，当多个参与者的努力经过协调而成为一个协作系统即组织时，就会创造出在数量和质量上大于他们努力总和的新事物。他将这一形成了合作努力的协作系统概称为组织，强调它是由各个局部单元或个体的努力所构成的，而不是这些构成部分的简单加总。管理者存在的意义，是确保整个组织中的努力能够协调一致，从而创造出剩余价值。

正是因为协作系统中需要协调，所以才产生了管理职位、管理组织。管理作为一项职能，其作用就是为协作系统提供所需的协调。特定企业或组织中的活动是否协调以及协调的程度，是该协作系统处于有管理的状态的集中表现。与这一认识相呼应，在管理研究与教育中，探讨为了履行管理职能必须开展什么工作，要比关注在某个特定组织中到底谁在从事管理工作，更具有通用性和一般性意义。所以，不能把管理职位上的人员所从事的全部工作都视为在履行管理职能。只有那些有助于企业形成或更好地形成有管理的状态的管理行为，才体现了管理者存在的意义。

（二）管理者发挥作用的方式

管理者作为管理主体，不能脱离管理客体独立存在和展现价值。依照实践论，主体与客体不是二分的而是合一的，应该置于对象化关系的框架中来认识。主体拥有某种本质力量，客体是实现这一本质力量转化的客观存在。主体与客体要进行对象化和相互转化，主体的客体化、客体的主体化，是实践的双向对象化。所以，管理活动本质上是主体与客体交互作用的过程。

管理活动作为管理主体面向特定管理客体所开展的实践，是管理主体表达其存在的意义和价值所需要的介质。通过实践中的对象化活动，管理主体把人的目的、理想、知识、能力等本质力量向管理客体进行渗透和转化，从而创造出某种新的客观实在，这就是马克思所说的改造世界作用的体现。

传统观念下，管理被通俗化解释为管人理事、用人办事，这无意中陷入了管理者处于凌驾于被管理者之上的统治地位的误区。但是，如前所述，管理的本质是使协作系统处于有管理的状态，从而有效地做成事。管理者未必要事必躬亲，无须亲自解决所有问题。

"管事理人"是对管理活动的实质进行的简要概括。管理主体要通过服务于协作系统或者赋能组织做成事，来体现其存在的价值。"管人"并不是出发点，也不是目的，或者说，需要管理的不是人而是事。让人明白做成事的道理，可以达到让人自主成长进步的效果，此即"理人"。如延伸阅读 5-1 所示，张瑞敏提出让员工成为自主人而非执行人、管理者要以人为目的而非手段的新型管理理念。

延伸阅读 5-1

让每个人都成为自主人

张瑞敏认为，企业需要先有以人为主体的启蒙运动。欧洲的启蒙运动开启了工业革命，但工业革命之后，在企业中，人成为管理客体，却没有以人为主体的启蒙运动，现在企业必须要有人的主体性的启蒙。

明代思想家王阳明曾提出，"心中有良知，满街皆圣人"。良知就是天理。良知不是教育出来的，而是每个人心中本来就有的，关键是能不能创造一个机会把良知发挥出来。如果良知发挥出来了，那么人人都可以成为圣人。张瑞敏结合管理大师彼得·德鲁克"每个人都是自己的 CEO"的主张解释道，每个人都有主体性，每个人都可以去创新，每个人都可以像 CEO 那样发挥自己的聪明才智。

关于主体性思维的理解，他引用法国哲学家让-保罗·萨特的话：存在先于本质。每个人都可以创造自己的价值，通过创造自己的价值造就自己的本质。人的本质不是规定性的，而是按照自己的意愿造就的。一个人来到某个企业的某个岗位，成为某个部门的员工，这就是规定性。但是，作为一个自主人、一个创新者，人不能局限于被规定的本质。传统企业把人视为物品，这是非常悲哀的，试想，如果仅作为管理的客体、执行人，人怎么会存在呢？企业在这种情况下又怎么会有颠覆性创新呢？

张瑞敏竭力倡导以主体性思维取代主客体二元对立的思维定式，并在海尔集团中树立每个人都有其主体性的理念。他认为，经典管理范式强调管理的三要素，即管理的主体、客体和工具，主体就是以 CEO 为代表的管理层，客体就是被管理的员工，工具就是各种管理制度和管理方法。与之对比，生态进化范式强调每个人都是管理的主体，不是完全听命于上级领导，而是以用户为领导，听命于用户，为用户创造价值，而个人的潜在价值通过其为用户创造价值得以实现。他强调要通过思维转换，让每个人都成为自主人。为此，海尔集团 2005 年开始持续探索并坚定地实行"人单合一"的管理模式，目的就是先把每个人都变成自主人。管理者不应该控制员工，而应该让员工自主做事。这样才能使组织变成一个有机体，建立起生态经济体系。

资料来源：张瑞敏：链群合约诠释量子组织，开创生态经济体系．（2022 - 10 - 10）．https：//sd.china.com/shangye/20000940/20221010/25674848.html.

将管理者作为实施管理的主体、员工作为被管理的客体，是一种主客体二元割裂的对立观。对每个员工都有主体性的认识和实践，高度契合了马克思关于对象化活动就是创造一个对象世界的主张。从实践论的角度看，存在主体的客体化和客体的主体化两方面的相互作用。结果是，管理者在具体的、现实的管理实践（对象化活动）中，既引起对象的变化，又引起主体自身的变化。作为对象化关系中的管理者，既是能动的主体，也是被动的存在物，其现实的关乎本质的活动，便是在改变世界的过程中不断改造自我和实现自我。在对象化活动中，主客体成为相对的、变化中的存在。

首先，从主体的客体化方面看，依照巴纳德的协作系统观，个体在特定企业或组织中存在的意义，源于他所作出的贡献、所付出的劳动。除了投资者之外，其他所有参与者都只有通过劳动才能获得组织人格，管理者亦是如此。管理者作为协作系统中的一类参与者，其存在的意义不是向内的，而是向外的。从事管理工作、开展管理活动，就是管理者为组织付出的劳动。管理者劳动所要达到的基本目的，就是让所服务的企业或组织处于有管理的状态，这是打造卓有成效的协作系统的必要条件。

其次，从客体的主体化方面看，有管理的状态未必是狭义上的被管理的状态，而可以包括协作系统自发或主动的管理与被动的管理两种。巴纳德虽然将其经典论著命名为《经理人员的职能》，但他更注重的是协作系统是否是有管理的，而不是谁在管理。他明确指出，从整体上来说，协作系统是自己管理自己，而不是由管理者组成的管理层来进行管理。管理并不是独立的存在物，而是贡献于企业维系协作系统有效性的一项专门化工作。就像人类是由包括大脑在内的神经系统指挥着身体的各种活动，使身体能更有效地适应各种环境和维持生存，但不能因此说，是神经系统指挥着整个身体。管理层只不过是协作系统的一个组成部分，犹如人类的神经系统（包括大脑）依存于身体，要通过对身体的其他部分所发挥的功能来体现其价值。管理层及管理者，从根本上说，要依存并服务于所在的特定企业或组织。鉴于协作系统原本可以自己管理自己，管理者要在其中获得组织人格，就必须也只能以他们对组织其他部分所发挥的功能即尽责的管理劳动来体现其存在的意义。

二、管理者的职责

（一）管理职责的性质与特征

管理职位担当者必须满足该职位的管理工作需要，充分地履行职责。所谓职责（responsibility），就是特定职位担当者应承担的责任。

巴纳德从道德角度来定义管理职责，认为管理职责是一种能够让个体自律地遵守道德准则的资质和能力。如果把个体内在化的道德称作行为的道德准则，那么一个人无论其内在的道德性如何都能够影响自身行为的品格，就是职责概念的内涵。举例来说，假如有两人在某一活动领域有着实质上相同的准则，其中一个人在当下不利情形下仍然遵守这个准则，而另一个人在同样或相似情形下不能遵守这个准则，那么就这个准则来讲，第一个人是负责任的，有承担责任的能力，而第二个人是不负责任的。责任，是使个体即使有强烈的欲望和冲动做某种有悖道德准则的行为，也能够对自己行为进行控制的一种遵守道德准则的力量。当个体抑制违反道德准则的行为、强化符合道德准则的行为的倾向越强烈且越稳定时，个体就越是处于负责任的状态。[①]

按照巴纳德的观点，管理职责具有如下五个特征：（1）蕴含复杂的道德准则；（2）需要有很强的承担责任的能力；（3）处于活动开展的状态；（4）需具备解决不同道德准则冲突的通用和特殊技能；（5）必须有为他人制定道德准则的能力。随着职位层级的上升，道德的复杂性越来越大，相应地，具备履行管理职责的能力的必要性也增大。特别是对于高层管理者，不仅要求其自身行为符合复杂的道德准则，而且要求其能为他人制定道德准则。在社会问题日趋严峻的背景下，对管理者管理职责的要求能往往更高。

（二）管理职责的内涵

不论处在什么类型的管理职位，管理者的职责都是引导有关成员去做事、做成事，而不是直接管人，也非自己做事，这是管理工作的基本特征。德鲁克在《管理的实践》一书中，把管理工作区分为三类：管理一个企业，管理管理者，以及管理员工和工作。其中第二类管理工作表明，管理者本身也需要被管理，明确其职责才能保证管理者不会凌驾于组织之上，能切实担负起使企业组织达成共同目标的职责。

[①]　切斯特·巴纳德. 经理人员的职能. 北京：机械工业出版社，2007.

进一步将关注点具体到每一个管理职位，那么，明确相关责任主体对什么负责（责任对象）和向谁负责（责任指向），就是衡量管理者履职尽责情况须考虑的两方面内容。

（1）责任对象，即责任主体尽责的对象是什么。理论上管理者必须作为对其所担负的职责切实尽责的责任主体，而这需要基于对责任对象的优先级的权衡。这不仅取决于组织道德在不同维度选择上的价值取向，也与企业所处的成长阶段及整个管理体系的规范化程度有关（详见第 8 章第 3 节）。华为公司的流程责任制，强调流程责任人要成为端对端流程的责任人，实现人与制度同步发展。在流程责任制下，员工具备责任意识，对事情负责而非对上级负责；能直面错误、承担责任。①

（2）责任指向，即向谁负责的问题。责任指向关乎管理者负责任的行为最终将为谁带来价值。责任意味着响应能力。根据权责对应原则，与权威来源是自上而下（权威下授论）还是自下而上（权威接受论）的观点（详见第 14 章）相对应，可以将责任指向区分为是对命令者的响应，还是对自己作为行动主体的响应。

传统观点认为，职责是对于被命令、被委任的事情（职责）的响应，而响应的对象是命令者、委任者，即位居上层的管理人员。评判下属人员是否负责任，就看他是否无批判地回应上级的命令，而执行这一命令便意味着个体要停止独立判断，无条件地服从。因为行为是服从命令的结果，所以通常就默认了这一判断：一项命令是否适当，执行者没有责任，执行者的责任主要在于其执行命令是否到位。

巴纳德指出，职责是行动者对自己的响应，也就是个体根据自己的意识、良知所进行的人格化的响应。因此，行为的责任主体不是命令者，而是执行者自身。② 这样的责任，就不再指向上级，而是指向个体所参与的活动事项及整个协作系统。巴纳德高度重视职责概念背后的组织观和社会观，主张从包括顾客在内的扩大了的组织关系上去理解权责，强调权限产生于职责的接受，并且在大多数领域里，职责比能授予的权限大得多。与权限来源于组织成员个体的接受相对应，职责大小既非客观的，也不是确定的。因此，在考虑职责的时候，势必要引入道德准则，要从价值判断的角度考量管理者负责任行为将为谁带来价值。

三、不同层次的管理职责

在有一定规模的企业或组织中，管理并不只由总经理一个人或者最高管理层一个层次负责，而是跨越和联结了多个层次的过程。不同层次的管理层相互依存、相互作用，共同构成一个完整的管理体系，支撑着企业或组织业务活动的有效开展。

（一）管理层的层次区分

组织是一个多层次嵌套的复杂系统，面临着封闭与开放的矛盾。詹姆斯·汤普森在

---

① 李慧群.华为的管理模式.深圳：海天出版社，2006.
② 饭野春树.巴纳德组织理论研究.北京：生活·读书·新知三联书店，2004.

《行动中的组织》一书中采纳社会学家塔尔科特·帕森斯的观点，将组织区分为三个层次：技术层、管理层和制度层。如图 5-1 左部所示，技术层位于组织的底部，负责执行将输入转换为输出的生产或运营功能，亦称为作业层；制度层位于组织的顶部，负责联系更大范围的环境，决定经营领域，确定组织边界，确保组织的合法性；位于这二者中间的是管理层，负责在相对开放的制度层和人为封闭的技术层之间建立连接。汤普森认为，组织虽然是自然和开放的系统，但朝着理性系统的方向在努力。管理层存在的意义就在于通过管理活动确保组织所开展的各项活动一致地导向预期目的。

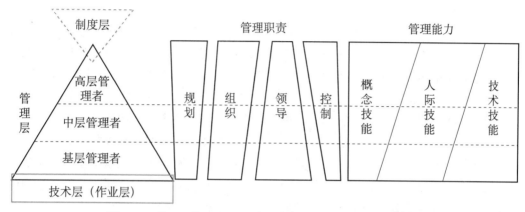

图 5-1　管理层的层次区分及其与管理职责和管理能力的组合

在有一定规模的组织中，管理是跨越和联结了多个层次的过程。面对组织所处的不确定性环境，管理层需要自上至下渐进地消除或吸收不确定性，使之朝相对确定性方向转化，以确保作业活动的高效率；同时，管理层又需要自下而上渐进地提供灵活性，以保证组织能适应环境变化。整体上看，管理层必须辩证地看待确定性和灵活性，通过设置不同层次的管理职位，以不同的方式处理确定性与灵活性之间的关系。

根据层次划分，管理层通常可区分为高层、中层和基层。在不同层次管理职位上任职的管理者，其管理职责的具体构成和所需的管理能力不尽相同。为确保有效履行管理职责，需要把各层次管理职位的任职要求与候选人能力结合起来，在事与人的综合考虑中，为不同层次的管理职位选择合适的任职者。

（二）不同层次的管理职责与管理能力

关于不同层次管理职责及管理能力的差异，中国先贤早有认识。延伸阅读 5-2 说明了将才与帅才是不同的管理层次上的管理者，正如韩信所言，"能领兵者，谓之将也；能将将者，谓之帅也"。将才是基层管理者，可以

延伸阅读 5-2　将才与帅才

过问十分具体、详细的事情，而帅才必须把精力放在与全局密切相关的总体决策上。

1. 基层管理者

处于管理层底部的基层管理者，主要职责是直接指挥和监督现场作业者，保证其有效地完成组织的各项作业任务，所以通常也称为执行层。基层管理者是现场或一线的主

管人员，需要区分自己与作业人员的职责。其工作理念是：重视管理工作，通过他人完成任务，而不是凡事亲力亲为。对于从一线作业人员晋升为管理者的人来说，要学会把大部分时间和精力用于管理工作，尤其是领导他人的工作，实现从管理自己到管理下属的转变。要以对下负责的态度，处理和满足技术层对确定性的要求，确保作业活动的高效率。因此，基层管理者应具有较强的技术技能，深入了解现场活动，以进行科学的作业管理；还需要具有较强的人际技能，通过与作业人员保持融洽的关系来处理好管理层与技术层之间潜存的冲突。

2. 中层管理者

在规模较大的组织中，中层管理者泛指处于高层管理者和基层管理者之间的一个或若干中间层次的管理者。中层管理者处于管理层的中层位置，起承上启下的作用，在决策层与执行层中间发挥桥梁作用。其主要职责是，正确领会高层管理者的意图与指示，创造性地结合自己部门的工作实际，有效领导各基层管理者开展工作。

拥有一批精明强干的中层管理者，是企业经营战略、各项计划和各个决策方案顺利实施的重要保证。中层管理者是企业中的一个特殊群体，工作职责和权限决定了其在企业中既不同于高层管理者又不同于一般员工的角色定位。从层级间人事关系看，中层管理者在面对上级时是指示、指令或命令的接受者和执行者，在面对下属时是企业形象的代表，受上级委托管理某一部门，与其他部门经理之间互相配合，完成任务。从企业决策来看，中层管理者在提供决策的事实前提（是什么）和价值前提（应当怎样）方面有重要作用。其不仅是情报的提供者和支持者，也是企业文化的传播者和建设者，承担着传递与监督信息和理念的职责。尤其是就决策的价值前提而言，企业文化反映企业的生存方式和经营习惯，企业文化的缔造者和总设计师是高层管理者，但是，企业文化要成为一种风气和传统，成为一种约定俗成的力量，则需要靠中层管理者的努力建设和传播。

在工作理念上，中层管理者一方面要贯彻落实高层管理者制定的重大决策，监督和协调基层管理者的工作；另一方面还要有大局意识，长远思考。中层管理者要在考虑长期目标与短期目标的关系的基础上，处理好部门任务完成中潜存的冲突，避免短期行为挤压长期需要；要重视其他部门的利益和企业整体利益，避免本位主义和隧道视野效应；要具有开阔的视野，积极探索未知的领域，为企业发展提供新思路。

3. 高层管理者

高层管理者位于管理层的顶层，需要对组织负全面责任。其职位包括董事长、首席执行官（CEO）、总裁、总经理及其副职等。高层管理者的职责主要是协调组织与外部的联系和决定组织的大政方针。最高层管理者通常称为决策层，负责除企业治理机构（股东会、董事会等）决议事项之外的决策。要说明的是，首席执行官虽然称谓上带有"执行"字眼，但实质是最高层次的经理人员，是企业的"一把手"，对企业整体经营负全责。对于高层管理者来说，至关重要的能力是在决策形成或制定中的概念技能。

"一把手"与"二把手"在工作导向上有重要差异。为界定高层管理者在实际管理工作中扮演的角色，亨利·明茨伯格提出了经理角色理论，认为该理论比管理过程理论更具有现实性。他通过观察高层管理者的工作发现，现实中的高层管理者往往需要同时解决整个问题，而不是对其各个部分与职能进行分割和规范。他认为，管理职能学派对管理活动要素的划分不能解决实际问题，因为履行职能只是高层管理者工作的模糊目标，现实中的高层管理者并不按某种系统化的方式从事规划、组织、领导和控制这些活动。相反，他们不固定地和突然地采取某些行动，而不管正在推动的究竟是哪项职能活动。在不同的情形下，高层管理者往往会扮演不同的角色。他认为，基于正式职位及其所拥有的职权，高层管理者的角色可分为三大类：人际关系方面的角色，区分为挂名首脑、领导者、联络者三种；信息传递方面的角色：区分为监听者、传播者、发言人三种；决策制定方面的角色：区分为企业家、故障排除者、资源分配者和谈判者四种（如图 5-2 所示）。而在这三大类角色中，CEO、总裁之间有不同的侧重点。① 在作为单位的代表、接收信息、以企业家精神推动创新和分配资源上，CEO、总裁通常共担职责；而对内事务主要由总裁负责，对外事务则主要由 CEO 负责。因此，高层管理者如果能够在分工合作中很好地发挥不同角色的作用，那么将能进行有效地规划、组织、领导和控制。

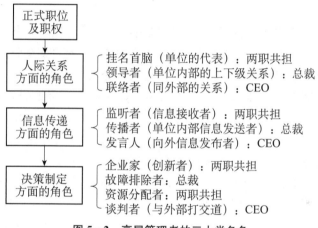

图 5-2 高层管理者的三大类角色

管理层的高层管理者、中层管理者和基层管理者，相互依存、相互作用，共同构成一个完整的管理体系，支撑着组织实现共同目标。延伸阅读 5-3 说明，高层管理者、中层管理者和基层管理者的行为目标、行为方式有所不

延伸阅读 5-3　王道管理

同，需要通过跨层沟通，构成一个有机整体，从而使整个管理层有效地履行管理职责。

第 2 节　管理者的任职要求

在性质上把管理者的工作界定为组织的一项职能，意味着管理职位必须服务于管理

① Hambrick D C, Cannella A A Jr. CEOs who have COOs: contingency analysis of an unexplored structural form. Strategic Management Journal，2004，25（10）.

职能。管理者正是因为拥有企业所有者总体上所缺乏的专门化知识和能力，才有存在的意义，从而被安置在正式组织中的某个职位上，成为管理职位担当者。管理工作的专门化职能的性质，从职能权威方面奠定了管理者影响力的合法性（正当性）基础。这表明，即便是那些并不拥有企业所有权的专职管理者，也能够依赖其职能权威而在履职中产生影响力，同时还暗含了对知识的尊重。与知识经济时代的要求相契合，管理者可以凭借其知识和能力，以不同于所有者及作业者的独特本领，为组织作出不可缺少的贡献。管理者的角色，不能由资本拥有者担任，也是对一线作业者角色的必要补充。为此，有志于或者已经担任管理职位的相关人员，需要培养并形成合理的知识和能力结构，提高自己的管理工作胜任力。

一、管理者的知识来源与知识结构

（一）知识的分类

所谓知识，是人类从各个途径中获得的经过提升总结与凝练的系统的认识。哲学家迈克尔·波兰尼根据知识能否被清晰地表述和有效地转移，把知识区分为两大类：（1）显性知识，指独立于认识者，能够被人类以一定的体系化的符号形式（如语言文字、图表、数学公式、手势语等）加以完整表述的知识，通常称为可编码知识；（2）隐性知识，指认识者自身虽然知道但难以言传的、隐含于过程和行动中的知识，亦称为默会知识。与显性知识可以被较容易地转移或获得不同，隐性知识往往是经验积累的结果，因而成为行动者（个人、企业）竞争优势的重要来源。

联合国经济合作与发展组织（OECD）从认识对象的角度将知识区分为四类：（1）事实知识（know-what），指对现有事物"是什么"进行观察、感知后通常以数据呈现的知识；（2）原理知识（know-why），指有关原理、原则或法则等涉及"为什么"的知识；（3）技能知识（know-how），指有关技巧、诀窍等涉及"如何做"的知识；（4）载体知识（know-who），指关于特定知识有"谁"（广义上包括"何人"或"何地"）知道的知识。一般而言，前两类知识是显性知识，后两类知识是隐性知识。

杨百寅认为，知识是人类从个人的熟悉、认知和精神探索过程以及情感作用那里得来的对现实事物的认识和领会。他区分了三种不同属性的知识：（1）感性知识，是建立在习惯、社会规范、传统的基础上，涉及个人在特定的情境中通过直接经验达到的对世界的体认。这种知识是个人通过直接参与而获得的，承载于头脑之中的对某个特定情境的认识，是一种零散的、杂多的、没有经过系统整理的隐含在人头脑中的感悟。感性知识意指"没有经验就没有知识"。（2）理性知识，即趋向理性思考的抽象概念及一系列相关概念。这种知识是人类通过跨越不同的情境将事物真实性反映在抽象概念上的编码化认识。（3）活性知识，指人类根据一定的价值观对周围事物所做出的一种情感体验或期望，它依附于某种实体的个人情感。这种知识以价值观、理想和愿景为基础，以情感、态度、动机、伦理等为表现形式，以追求自由为目的，是关乎事物重要性的认识。

杨百寅以硬币的正面、反面和边缘来比喻上述三种知识，并将其统一于知识整体理论中。感性知识和理性知识分别类比于硬币的正面和反面，较易获得关注；而活性知识类比于硬币边缘，常常容易被忽视。然而，这三种知识各自对应不同的学习领域——行为或实践领域、认知或技术领域、情感或批判领域，分别代表知识习得过程中指向对现实、理性和自由的三种诉求，它们既相互区别又动态关联，构成一个知识整体。[①]

（二）管理知识的基本特性

管理工作担当者必须做到知己知彼，既要了解自己所需拥有或补足的知识的类别及程度，也要清楚一同为所处协作系统贡献力量的各类参与者的知识状况。尤其是在劳动分工越来越精细的时代，整个社会的知识分散地掌握在每个人手中，一个人或一个组织所能获取的知识只是整个社会知识中的一小部分，没有哪个人或哪个组织能够掌握所有的知识而加以集中使用，所以，知道何人或何地有何种知识，是管理者识别所在协作系统中各种贡献的来源并实现不同力量的协调所必须具有的能力。

管理职能的核心是协调，有关协调的知识能否传递下去对于组织十分关键。在延伸阅读 5－4 中，亨利·明茨伯格以一则寓言说明了行动协调蕴含的隐性知识难以被认知与获得。

延伸阅读 5－4　蜈蚣的迷惑

不论是管理学者发展管理理论，还是管理者从事管理工作，都离不开实践。德鲁克认为，管理学是一种实用学科，管理者付诸实践的对象是管理学，管理的实践以知识和责任两者为基础。[②] 在实践中，管理者将管理学科知识转化为管理所需的信息，并在知识应用中产生成果。

唯物辩证法强调从生产力与生产关系相联系的两重性角度看待管理问题。实践出真知，体现了认识论坚持把实践提到第一的地位，在实践中消融主体与客体之间的二元对立。毛泽东在《实践论》中指出，"人的认识一点也不能离开实践"[③]，认识和实践的关系就是知和行的关系。"认识过程中两个阶段的特性，在低级阶段，认识表现为感性的，在高级阶段，认识表现为论理的，但任何阶段，都是统一的认识过程中的阶段。感性和理性二者的性质不同，但又不是互相分离的，它们在实践的基础上统一起来了。"[④]

以实践为基础来统一感性知识和理性知识，表明管理并不是纯粹的科学或者纯粹的艺术，而是一门类似于技艺的学问，需要在实际工作中不断精进。从管理是科学还是艺术的争论来看，关于"是什么"和"为什么"的知识，可以视为科学化管理知识，而关于"如何做"和"何人"或"何地"的知识，主要是艺术化管理知识。有学者将这两类知识的关系做如下比喻：知识的载体，恰似漂浮在大海里的一座冰山，已被人们认识的是科学化管理知识，但这只不过是冰山露出来的部分，即显性知识；无可比拟的大量的管理知识是艺术化管理知识，它还隐藏在水面以下，是隐性知识，等着人们去发现。管理知识体系的发展过程，正是艺术化管理知识与科学化管理知识不断互相转化的过程。艺术化管理知识是科学化管理知识的源泉，而艺术化管理知识需要不断地转化为科学化

① 屠兴勇. 知识整体理论：重组管理新基因. 西安交通大学学报（社会科学版），2011，31（4）.
② 彼得·德鲁克. 管理：任务、责任和实践. 北京：华夏出版社，2008.
③ 毛泽东. 实践论. 北京：人民出版社，1992：4.
④ 同③7.

管理知识，作为管理知识体系中规范的一部分，才能真正站得住脚。反过来，也只有对科学化管理知识进行艺术化的运用，才能形成有效的管理活动。①

明茨伯格从管理实践的角度把管理工作的属性界定为艺术、技艺②和科学三者的融合，管理者要努力培养与形成获取不同类型的知识并使其有机融合的独有技能。这种能力是管理者的竞争优势和核心能力。

美国营销顾问西蒙·斯涅克也强调不同类型知识的融合。他提出的黄金圈模型，以"剥洋葱"式结构展现"3W"（why、how 和 what）由里及表依序展开的过程：首先想清楚深层原因，即为什么一定要这么做；其次是如何做，规划出合理且可行的行动方案；最后是做什么，也即具体地落实规划。虽然工作的开展通常需要围绕以上"3W"，但是管理工作具有特殊性。管理工作的本质是带人做事，而非亲力亲为。因此，管理知识不仅包括"是什么""为什么""如何做"的知识，还包括"何人"或"何地"相关知识。进一步地，管理者尤其是高层管理者需要从道德层面发挥影响力，所以关乎事物重要性认识的活性知识，也成了必不可少的管理知识。

（三）管理知识对于管理者的重要性

管理是一门学科、一种功能、一项要完成的任务，管理者则是实践这门学科、执行这个功能并完成这项任务的职业人员。

管理作为一门学科，意味着管理者实践的是管理学知识，而非其他知识。基于对管理是一门独立而真正的学科的地位及属性的认识，德鲁克强调指出：管理人员付诸实践的是管理学而不是经济学，不是计量方法，不是行为科学。后面这些都是管理人员的工具。

管理学是管理者的工具。德鲁克认为：深入的认识、理解、安排优先顺序以及对一个领域的复杂性的感觉，同精确、漂亮雅观的数学模式是一样重要的——事实上更有用，甚至更为科学。它们反映着管理者世界的现实和他的任务的现实。管理学这种工具确有作出贡献的很大潜力，使管理学取得成就的可能性变为现实，是管理者的责任。为了做到这点，他必须了解管理学是什么以及它能够做什么，以使这些工具在应用中把重点放在管理任务上并指引它们为管理作出贡献。一个理解管理学但并不具备各种管理技巧和管理工具的最低能力的管理者，仍不失为一个有效的管理者——甚至可能是一流的管理者。而一个只知道管理技巧和管理手段但并不理解管理学基本原理的人则不是一个管理者，最多只能算是一个技术员。

二、管理能力的结构

（一）能力是技能和能级的组合

知识和能力是两个不同但有联系的概念。虽然知识多不一定能力强，但通常来说，

---

① 杨杜. 现代管理理论. 北京：经济管理出版社，2008：2-4.
② 技艺是指可独立于劳动过程和劳动者，并且可以在某一劳动过程之外习得的和在不同劳动者之间传授的技巧。比较而言，技巧偏感性，技艺偏理性；技艺包含于技巧中，又独立于技巧。

知识是能力的基础。能力包括技能和能级两部分。所谓技能，是指特定主体所习得的、已达到某种熟练程度的技巧。技能不是抽象存在的，而是与特定劳动者和具体劳动过程密不可分，是依附于特定主体的一种人格化的潜在能力。至于这种能力实际发挥的量级，则称为能量或能级。举例来说，一个人会炒菜，但是不一定下厨房做菜，这是有技能但能级不足的实例。知识表明了一个人懂不懂，技能体现了他会不会，而能级则体现为他做的程度。技能和能级分别代表能力的质的维度与量的维度，二者组合的结果表明主体能不能完成特定的任务。

知识与能力是两个不同的概念，但二者之间也有联系。一方面，知识积累是能力形成的基础，掌握知识的目的是发展能力。一个人对知识理解得越深刻，掌握得越牢固，就越有利于能力的发展和发挥。另一方面，能力是掌握知识和技能的必要路径，没有一定的认知能力（如感知能力、领会能力、思维能力等）就不能很好地掌握知识。知识与能力不可分割。

概言之，能力就是指特定主体顺利完成某一活动所必需的主观条件。能力总是和完成一定的活动相联系的，离开了具体活动既不能展现人的能力，也不能发展人的能力。管理能力就是特定主体从事管理活动所表现出的技能和能级。

管理者能在管理工作中发挥出多大的能级，从工具理性角度来看，取决于其所在组织对个体利益的满足程度。这一观点隐含"自利人"假设，主张个体把对组织的服务或贡献作为实现个人目标的手段或工具。而从道德理性角度来看，个体是把自身利益考量放在次要位置，以自律的负责任的行为发挥最大能级，促进组织进入和保持有管理的状态。

（二）管理能力的技能要求

无论是从工具理性还是道德理性的角度对企业或组织面临的问题做出响应，履行好管理职责，管理能力都必须包含三方面技能（见前文图 5-1 右部）。

（1）技术技能。技术技能指使用某一专业领域内有关的程序、技术、知识和方法完成组织任务的能力。例如，工程师、会计师、广告设计师、推销员等都掌握相应领域的技术技能，所以被称作专业技术人员。对于管理者来说，虽然不一定要成为精通某一领域技能的专家（因为他可以依靠有关专业技术人员来解决专门的技术问题），但还是需要了解并初步掌握与其所管理的专业领域相关的基本技能，否则将很难与专业技术人员进行有效的沟通，从而也就无法对所辖业务范围内的各项管理工作进行具体的指导。例如，医院的院长不能对医疗流程一窍不通，学校的校长也不能对教学工作一无所知，工厂的生产经理不能对生产工艺一头雾水。当然，对于不同层次的管理者，技术技能的要求不同。基层管理者的技术技能要求较高，而高层管理者只需要对技术技能有基本了解即可。

（2）人际技能。人际技能指与处理人际关系有关的技能，即理解、激励他人并与他人共事的能力，也包括领导能力，因为管理者必须学会同下属沟通并影响下属的行为。但人际技能的内涵比领导能力的内涵更广泛，因为管理者除了领导下属外，还要与上级和同级同事打交道，同时还要负责对外联络以获得各方的配合。可以说，人际技能对于高层、中层、基层管理者有效地开展管理工作都非常重要，因为各层次的管理者都必须在与组织内部各方和组织外部进行有效沟通的基础上，相互合作，完成共同目标。

（3）概念技能。概念技能指综观全局、认清为什么要做某事的能力，也就是洞察企业与环境因素间相互影响和相互作用的能力。具体地说，概念技能包括感知和发现环境中的机会与威胁的能力，理解事物的相互关联性并找出关键影响因素的能力，以及权衡不同方案的优劣和内在风险的能力，等等。任何管理者都会面临一些混乱而复杂的环境，只有认清各种因素之间的相互联系，才能抓住问题的实质，根据形势和问题作出正确的决策。不过，管理者所处的层次越高，其面临的问题就越复杂，也越无先例可循，从而对概念技能的要求也就越高。

总之，管理工作很繁杂，对不同层次管理者管理技能的要求会有所差异。一般而言，管理者都应该具备技术技能、人际技能、概念技能，只是在结构比例上有差异。如前文图 5-1 右部所示，基层管理者主要需要具备技术技能与人际技能；中层管理者需要同等的技术技能、人际技能和概念技能；而高层管理者尤其需要具备较强的概念技能。

小　结

1. 管理主体不能脱离管理客体独立存在和展现价值。管理者存在的意义，源于其所作出的贡献、所付出的劳动。鉴于协作系统原本可以自己管理自己，管理者要在其中获得组织人格，就必须也只能以他们对组织其他部分所发挥的功能即尽责的管理劳动来体现其存在的意义。

2. 职责是特定职位担当者应承当的责任。职责概念的内涵，是指一个人无论其内在的道德性如何都能够影响自身行为的品格，包括责任对象和责任指向两大方面。前者涉及对责任对象的优先级的权衡，后者与权威概念对应，可进一步区分为对命令者的响应还是对自己作为行动主体的响应。

3. 管理层既需要自上至下渐进地消除或吸收不确定性，使之朝相对确定性方向转化，以确保作业活动的高效率；又需要自下而上渐进地提供灵活性，以保证组织能适应环境变化。整体上看，管理层必须辩证地看待确定性和灵活性。

4. 管理职位担当者要具备合理的知识和能力结构，才能胜任管理工作。管理工作的专门化职能的性质，从职能权威方面奠定了管理者影响力的（正当性）基础。

5. 对于高层、中层和基层管理者，其管理职责的具体构成和所需的管理能力组合不尽相同。为确保有效履行管理职责，需要把各层次管理职位的任职要求与候选人能力结合起来，为不同层次的管理职位选择合适的任职者。

6. 从认识对象的角度可以将知识区分为四类，其中事实知识、原理知识是显性知识，可成为科学化管理知识，而技能知识、载体知识是隐性知识，主要是艺术化管理知识。

7. 管理工作被界定为艺术、技艺和科学三者的融合，管理者要努力培养与形成获取不同类型的知识并使其有机融合的独有技能。

8. 知识是能力的基础，能力就是指特定主体顺利完成某一活动所必需的主观条件。能力是技能和能级的组合。技能是指特定主体所习得的、已达到某种熟练程度的技巧，它是依附于特定主体的一种人格化的潜在能力，至于这种能力实际发挥的量级，则称为能量或能级。技能和能级的组合结果表明主体能不能完成特定的任务。

9. 管理职位担当者要履行好管理的责任，需要具备技术技能、人际技能、概念技能。管理者都应具备这三方面技能，只是在结构比例上有差异。基层管理者主要需要具备技术技能与人际技能；中层管理者需要同等的技术技能、人际技能和概念技能；而高层管理者尤其需要具备较强的概念技能。

思考与讨论

1. 既然原则上协作系统可以自己管理自己，企业为什么要配备专门的管理人员开展管理活动？

2. 管理者从个人人格转化为组织人格的条件是什么？在协作系统自己管理与被管理两种状态下，管理者所起的作用有什么异同？

3. 为什么说随着职位层级的上升，具备管理职责能力的必要性增大？请从制度层与管理层关系的角度具体说明。

4. 在以对人负责为重的企业中，管理者会偏好对上负责还是对下负责？在不同所有权类型的企业中，你认为这种偏好有差别吗？

5. 结合制度层、管理层和技术层的区分，你认为不同层次的管理者在对人还是对事为主的责任对象倾向上有区别吗？为什么？

6. 在责任指向上为什么需要区分责任主体是对命令者的响应还是对自己行为的响应？请结合你对协作系统性质的认识来阐述。

7. 有观点将广告、工程和研发工作的属性分别界定为偏向于艺术、技艺和科学，而管理工作的属性则既是科学又是艺术更是技艺。你赞同这一观点吗？为什么？它对你学习管理学有什么启发？

8. 有观点认为"能力越强，责任越大"的说法是强加给能者的一种约束，你赞同吗？为什么？

9. 对于从事实际管理工作的人来说，知识、技能与能力之间是如何关联与转化的？

10. 如果说人与事的结合是人员选择的基本原则，那么对于不同层次管理职位担当者来说，应该如何具体应用这一原则？对于不同的管理层，对人与事的偏重会有所变化吗？为什么？

11. 从管理活动开展的职能要素与整体过程来说，技术技能、人际技能、概念技能的不同组合如何影响管理工作的有效性？

12. 经理角色理论是以正式职位及职权为切入点，在考察人际关系方面行为的基础上识别出不同类型的角色，这是否意味着此理论仅对高层管理者适用？为什么？

13. 有企业提出"高层要有使命感，中层要有责任感，基层要有饥饿感"。你赞同这样的差异化要求吗？请说明你的理由。

14. 请结合引例中的经理人的五个层次，说明这五个层次行为倾向与不同管理层职责差异之间是否有关联。具体表现在哪里？

15. 你认为，能力的阶梯与职位的层次之间有联系吗？这种联系在什么情况下最强或者最弱？

《 第6章 》

中国式管理思维

学习目标

● 认识思想与思维的关系和管理思想的载体，理解管理者和管理研究者的思维方式对管理实践和管理理论发展的意义。

● 了解中西方思维方式的差异与趋同之处，领会其对管理思想及理论发展的影响。

● 理解突显中国特色的各种思维方式，并认识其典型特征。

通过本章的学习，你将掌握关联性思维、矛盾和阴阳思维、系统思维和辩证思维、权变思维和动态思维（重点），认识不同思维方式对管理理论发展的作用（难点）。深入理解党的二十大报告指出的"不断提高战略思维、历史思维、辩证思维、系统思维、创新思维、法治思维、底线思维能力"（思政主题）。

引 例

海尔运用唯物辩证法的三大基本规律于不确定性中创造确定性

对海尔来讲，不变的、永恒的规律，可以归结于唯物辩证法的三大基本规律——量变质变规律、对立统一规律、否定之否定规律。如何正确有效地运用唯物辩证法的三个基本规律来指导当下企业管理的具体工作呢？

（1）量变质变规律。如哲学家黑格尔所说的，质变是目的，量变是手段；目的决定手段，手段超越目的，进而再产生新的量变质变。海尔有量变质变的观念。创立初期，海尔物质条件很差，在市场上知名度很低，但海尔的战略非常坚定，不是为了做产品，而是要打造一个品牌。尽管那时还没有明确地提出名牌战略，可是海尔已经明确要做用户最喜欢的冰箱，让用户认识到海尔的产品物有所值。如果一开始没有要创品牌的目的，那就只有降价促销，也不可能有量变。有了创品牌的目的即质变，才可能产生在市场上受欢迎的量变。量变质变规律是永恒的，海尔在物联网时代仍在运用这一规律。比如，以链群为基本单元，看自己是否进入量变质变的循环。这首先要看链群是否已进入初级的量变质变。有的链群长期无起色，实因无明晰的思路，不知真正目的是什么，因此徘徊反复，不可能有量变。其次要看已进入初级量变质变的链群是否迅速升华到新的量变质变，这体现为自涌现、自裂变、自进化。最后是争取再产生新的链群，进入新一轮的量变质变过程。

（2）对立统一规律。事物自己运动（自进化）的动力来自事物内部的矛盾性。海尔的链群合约探索，很好地诠释了对立统一规律的自进化观念。企业和用户是一对矛盾，在传统企业里，这一对矛盾难以在大规模定制下做到统一。因为企业要想降低成本多赚钱，就要大规模制造，但用户要的是个性化定制；如果要满足用户的个性化需求，企业的利润就得不到保证。海尔的链群合约，是按照对立统一规律来设计的。链群组织原理的中心是用户体验，创单链群和体验链群都围绕用户体验的迭代来运转，实现了对立统一的动态平衡。同时，链群并不是静止的，而是根据用户体验不断迭代而动态优化的。真正的链群合约就必须也应该自进化出用户最佳体验迭代的价值，并且从创造新的体验价值到体验迭代价值的共创共享，再到每一个节点的价值最大化，形成一个可以循环的过程，结果产生指数级的增长。

（3）否定之否定规律。该规律可理解为矛盾发展周期性的规律。本质上来看，所有的矛盾都有周期性。矛盾运动的一个周期有三个阶段：肯定—否定—否定之否定。否定之否定就是新的肯定，它与上一个周期的肯定有本质的不同，但某些特征是相似的。海尔在某些矛盾周期的否定之否定阶段抓住了先机，现实的挑战在于如何将其普及。比如，制造体系就存在一个否定之否定的矛盾周期性。首先是小作坊生产即肯定阶段。小作坊生产是个性化定制的，比如一个服装作坊、制鞋作坊或者铁匠铺，都是个性化定制的生产方式。其次是大工业生产阶段即否定阶段，大规模制造方式构成了对定制方式的否定。大规模生产方式按规格批量生产，用户只能在规定的品类或尺码里挑选。虽然这一阶段没有个性化定制产品，但是产品更便宜。最后是物联网时代的个性化定制阶段，即否定之否定的新肯定阶段。物联网时代的定制是大规模定制，虽然与小作坊生产的定制相似，但是有本质的不同。海尔在全球范围内率先提出大规模定制，并主导制定了相关的国际标准，但现在要想实现真正的引领，就要在全球引领生态品牌的创造。

无论是管理者还是管理研究者，都需要养成良好的思维方式。思维是人脑对客观现实间接的、概括的反映。处于特定社会背景下的人，在认识和把握世界的过程中，会逐渐探索出某种相宜、习惯的思维方法并将其内化和固定下来，这样就形成了独特的思维方式。思维方式的不同，决定着人的思想具有深浅、宽窄与对错的差异。受不同文化传统的影响，中西方人的思维具有明显的差异，从而在管理实践及理论发展中形成了不同的特色。

第 1 节 管理思维、管理思想与管理理论

一、思想与思维的关系

思想是经思考得出的观点和看法。个体体会自身的感受、需求，然后经过思考得出思想。个体所想的内容就是思想，想的过程是思维，思考是思维的探索活动。思维是人类认识活动的最高形式，是思想和知识产生的驱动力量。"授人以鱼，不如授人以渔"体现了思维之于知识获取的重要性。知识是思考的结果，即"鱼"，那么思维就是获得"鱼"的过程，即"渔"。一个具有思维能力的人，需要知道如何思考及如何正确地思考。这是新时代应对知识快速更新换代和新问题层出不穷的要求。延伸阅读 6-1 说明了思维方式的培养有不同的模式，需要以扬弃的态度对待传统文化，取其精华、去其糟粕，鉴古启今。

延伸阅读 6-1
"贤人作风"与"智者气象"

二、管理思想的载体

科学管理的思想基础之一，就是把思考与行动区分开来，前者针对管理者，后者则针对基层员工。思考使得管理者更好地命令基层员工去做什么，并且蕴含一种激励，如果听命行事，员工就会获得更多的酬劳，基层员工因此被剥夺了思考的权利。

当前对自主管理的呼唤与实践，推动人们通过"干中学"淬炼思想、提升思考力。赋能的前提是赋权的观点在实业界和理论界重新获得关注。而且，赋权不是授权，而是还权，因为权力本来就属于员工。所以，赋权是还权于活动（事件或流程）的责任人，让其有责又有权，有充分的空间来提升和历练自己的思考与执行能力。

彼得·德鲁克指出，随着知识经济的到来，知识型员工越来越成为员工队伍的核心和企业竞争力的来源。但是，并不是有知识、有文化的人都是知识型员工，简单来说，只有那些在创造财富时"用脑多于用手"的人，才是知识型员工。思维素质、思考能力成为评判知识型员工的关键基准。在提出"学习型组织"概念时，彼得·圣吉强调：光靠一个人为组织学习，已经不再够用，高层想出办法，管理者、其他人服从命令的路子行不通了。未来真正出类拔萃的组织，将是那些探索出如何让各层次员工自觉学习、发挥出最大潜能的组织。为了实现自我超越，每个人要从识别和改变心智模式入手，使自己的思考和行动不受困于某种思维定式，每个人都应成为管理思想的载体。

三、从管理思想到管理理论

管理思维反映出特定管理主体认识和改造管理客体的力量，其结果是产生管理思

想，并由此直接或间接创造出管理理论。例如，霍桑实验说明，同样的情形，从不同的思维视角去分析和解读，会产生截然不同的管理思想和管理理论。再如，对于现场作业者是执行者还是自主人、决策者的观点，也反映出不同思维方式下所产生的管理思想和管理理论内核的差异。

思想是理论产生的基础。对思想的系统化表述，使得人们对事物的认识进一步转化为理论，以便于传播和指导行动。理论是对客观事物观察思考和总结提炼出来的体系化的思想认识，是对客观事物本质及其规律性的科学概括。理论是思想内容的体现，没有思想就没有理论，所以理论家必然是思想家。理论家是在各相关领域发现或者提出重大理论的人。现实中，不是所有的思想都能整理成体系化的认识。所以，思想向理论的跃升需要经过思想的体系化表述及科学化论证的过程。正因为如此，管理理论的构建与完善需要建立在管理思想不断凝练升华的基础上。在这个过程中，作为管理思想的载体的各层次员工都应作出贡献。

四、管理者的思维方式

从需要具备什么知识和能力，转变到如何让自己掌握所需的知识和能力，是管理者能力进入高阶状态的标志。要想胜任管理工作，需要在思维层面不断主动反思，努力提升自己的管理能力并提出具有原创性、独特性的新思想。从现实企业管理的成败得失来看，管理者的经验与能力虽然在相当程度上影响着管理工作的成效，但是更重要的在于管理者面对复杂多变的环境是否具有适应性的思维方式及其适应的程度和速度。

（一）思维方式的内涵与作用

管理活动的主客体都是能够主动展开思维活动的人。但个体思维能力的差异和应用场景的不同，导致工业革命中劳动分工的深化造成了"脑体分离"，管理者在脑力劳动上取得了绝对优势，成了社会上的精英阶层。但是，进入知识经济时代后，知识劳动者进入工人阶层，管理职位不再独享脑力劳动的权利。管理者要使自己区别于知识型员工，就不仅要在思维能力的量级上显示出高低有别，更重要的是要在思维的技巧、技能上具有差异性，形成自己独有的并且可灵活应用于多种场景的思维方式。

思维方式是指人们看待事物的角度和方法，它是主体认识客体的渠道，是实现知识更新的手段。具体业务操作者的思维方式可能滞留于"如何做"和"做什么"层面，而管理者却需要深入"为什么"、"何人"或"何地"等相对隐性的层面，以捕捉和理解管理世界及其内蕴的规则或规律。因此，管理者的思维方式要聚焦于探寻管理现象背后的成因，从"为什么"的立场来系统考虑并检验自己及组织"如何做"和"做什么"。

（二）观念对于思维方式的作用

"给人金钱是下策，给人能力是中策，给人观念是上策"的俗语，表明了管理者树立正确的观念并在组织成员中塑造共享的观念是极其重要的。所谓观念，是人们面对客观现实而产生的想法。观念上升到理性的高度就成了理念。正如习近平总书记指出的，"理念是行动的先导，一定的发展实践都是由一定的发展理念来引领的"①。

观念对思维方式具有定向作用，同时制约着思维活动结果的性质。观念对于思维方式的定向作用有以下特征：（1）引导性。观念为思维方式提供思想原则，引导人的思维活动，并且规定人的思维逻辑轨道。（2）规范性。已有的观念使思维方式具有选择性，对事物及其所传递出的信息具有同化作用，使分散多样的意识统一于某种收敛状态。（3）制约性。观念制约或决定着特定范围主体思维活动结果的性质。观念作为思维方式的一个基本要素，它的发展变化必然引起思维方式的发展变化。这意味着，观念的建立或塑造是推动思维方式变革的重要举措。

如实例 6 - 1 所示，海尔集团在适应互联网、物联网时代的组织转型中以"自以为非"方式重塑高层管理者与员工的关系，在"人人都是 CEO"的理念下创建了许多小微企业及其生态圈。在不断地战略转型中，海尔从传统时代的产品品牌演进到互联网时代的平台品牌，并迈向物联网时代的生态品牌。

实例 6 - 1

海尔集团的 "自以为非"

掌管海尔 30 多年来，张瑞敏践行"自以为非"的理念，不断颠覆自我、重塑自我。他否定传统的高高在上的 CEO 角色，鼓励员工人人都是 CEO，实现"我的价值我创造，我的增值我分享"。

在尊重员工人性、废除传统管理模式的变革中，海尔员工由执行者变身为"创客"（makers），张瑞敏本人则从管控者转为创业平台的设计师和赋能员工的支持者。张瑞敏致力于搭建创业平台，让每个员工都成为创业家，去创建一个又一个直面市场和用户的小微企业，实现人人都是 CEO。这样把员工从传统的听令者、执行者角色中解放出来，使每个员工都和他的用户价值连接起来，创造出海尔适应互联网时代而首创的"人单合一"双赢管理模式。2015 年 9 月，在"人单合一"双赢模式探索十周年之际，张瑞敏对"人单合一"模式进行了系统阐述。其中，"人"是员工，"单"是用户价值，"合一"就是把每个员工和用户价值结合起来，让员工在为用户创造价值的同时实现自身价值。之后，海尔"人单合一"管理模式又进一步演进，从之前注重用户与员工双赢升级为多方共创共赢。"人"从员工扩展到各种资源提供商；"单"则不仅仅是用户价值，更指向用户资源，因此是所有参与价值创造的利益相关者的共创共赢。

"人单合一"承载多方共创共赢的理念，旨在为所有人创造机会，最终实现整个生态系统的共赢。通过"人单合一"模式，海尔集团从一家封闭的科层制企业变成了一个开放的生态平台，颠覆了传统规模与范围理论，以用户不断迭代的需求，构建生生不息的生态服务系统，由此导向生态品牌各参与方的共创共赢。

---

① 习近平. 习近平谈治国理政：第二卷. 北京：外文出版社，2017：197.

第 2 节　类属性思维与关联性思维

人总是倾向于以分类的方式来看待世界。把人与其他动物区分开来，便产生了"人类"这一概念。"类"（category）是逻辑学中一个最基本的、最核心的、最普遍的范畴，指具有相同属性的事物的集合。"类"在中西方语境下具有截然不同的内涵，反映出中西方在底层思维逻辑上的显著区别。

一、中西方对类的判定方式

世间事物有各种性质，相互之间也有多种关系，性质和关系统称为属性。具有相同属性的事物往往汇集成类。例如，与"人们"用以泛指无共性的人群不同，"人类"是用以把人与其他动物种群相区别的一个称谓，体现出强烈的共性特征。形成类范畴，是人们表达和传播思想的客观需要。但是，中西方在类的判定方式上有很大的差异，详见延伸阅读 6 - 2。

延伸阅读 6 - 2　中西方在类的判定方式上的差异

西方人习惯于类属性思维（subordinate thinking），其结果形成的类范畴特指具有种属关系的事物的集合。"种"表示某特定种类，如黄种人，"属"表示不同的种类，如人类。种属关系是指一个概念（种）的全部外延与另一个概念（属）的部分外延之间重合的关系，例如，以"人类"为焦点范畴，包括黄种人（下位范畴）与人类之间的隶属关系，以及人类与动物（上位范畴）这一大类之间的统属关系。这种基于种属关系的类的判定方式，在西方逻辑学中被认为是合乎逻辑的。然而，类属性思维只是一种以实体为对象的狭义的、纵向的逻辑链思维，"种—类—簇"关系链条中的任意上下位范畴，都指向外延不同事物的共性特征。西方人通过对世间事物按种属关系进行分类，形成类别或范畴来深化对同类要素共性特征和本质的认识。

而中国人倾向于以事物间相关联、相类似的属性为出发点，借助意象、隐喻等展开合理想象，最后得出创新性的类的判定。中国人的思维是将两种或以上的事物依照一定的规则加以归类且连类的理性思维方式。这种基于非种属关系的类的判定方式，即关联性思维（correlative thinking），是一种独特的具有创造性的思维方式，注重针对异质性要素，在纵、横向的关联性思维中，形成图样类型或格局。中国人的思维除了以归类联系异质性要素之外，还以连类识别出同构体。例如，"牛吃草"和"猴子吃香蕉"，就是中国人通过"吃"的关系在空间维度上做出的功能归类。再如，把人类作为历史总体就是关联了过去、现在和未来的归类，而不是简单地作为不同种类的人的集合。由于关联性思维灵活多样和蕴含想象，西方逻辑学往往视之为非逻辑的。但是，中国的类范畴，作为认识事物抽象特质及本质的中介，为审异而致同设定了内在的秩序和规律，应该纳入广义的类别化思维逻辑体系。

二、思维焦点从实体转向关系和关系者

延伸阅读6-3中，大禹根据山川水情，疏导洪水归于河道，这种因势利导的治理策略就是关联性思维的结果。具体而言，水患与其他因素密切关联，基于治土、治山、治河整体的关联性思维，大禹形成了疏川导滞、全方位贯通的洪水治理策略，使社会由混乱无序变为井然有序，建立起新的秩序。这一例子说明了关联性思维的独有价值。

延伸阅读6-3

大禹治水过程中的关联性思维

三皇五帝时期，黄河洪水泛滥，鲧受命负责治水，垒高堤坝来封堵而未果，随后舜帝时期，鲧的儿子大禹又被举荐治水。

大禹接过任务后并没有急于开始治水，而是带着尺、绳等测量工具对中国的主要山脉、河流作了详细考察。在了解山脉与河流的基本情况之后，他结合父亲治水的经验与教训，逐步形成了自己的治水思想：治水先治土，治土先治山，山治好后再着手整治河流。

大禹将九州的土地与河流看作一个整体，认为河道该疏通的要疏通，土地该平整的要平整，并沿山疏通水道，使水能够顺利往下流，避免堵塞水路而引发崩溃决口。注意到黄河中段的龙门山口过于狭窄，难以通过汛期洪水，以及黄河泥沙淤积导致流水不通畅等情况，大禹改堵为疏，发动人力疏通河道，拓宽峡口，修筑水道把洪水导入农田。历经13年，治水大业终于完成，水患得以消除，并且变害为利。

治水的堵和疏体现了两种不同的思维方式，显示出思维底层逻辑的差别。

类属性思维秉持同质类别化逻辑，沿着"种—类—簇"纵向的种属关系链条，以上位范畴来统属下位范畴，被涵盖在内的集合成员都是性质相同的实体。而在关联性思维中，范畴之间并不是隶属或包含关系，它们只在一个表征特定系统类型、样式或图式的有机整体中平等并置，成为这个整体的一部分。功能相似而非性质相同，是把若干要素（包括同质和异质的）归类为一个系统整体的依据。这样，属于一个类别的集合成员就不一定是静态属性相同的实体，而是在系统内部功能形成中相互作用的关联者、关系者。中国"天人合一""万物一体"的思想正是基于从关系着眼的思维方式。

在现今时代，万物互联，关联性思维的重要性更加突显。以电信运营商为例，它在业务运营中积累的数据，不仅体量巨大，而且维度、角度和格式丰富多样，如何将大数据转化为有价值的信息，使数据资源能够"变现"为实际的收益？延伸阅读6-4说明了大数据应用中关联性思维的作用。

延伸阅读6-4

以关联性思维 "串起" 大数据

大数据就像散落的"珍珠"，只有将之艺术而又科学地"串起"来，才能展现其真

正的价值。而想要"串起"这些"珍珠"，就需要充分调动关联性思维。以电信运营商为例，关联性思维的作用至少有两个层面：第一个层面是从复杂的大数据中清晰地把握其价值关联点，并从不同类型和格式的数据中得出有价值的结论。大数据的应用不是简单的数据运算，人们也不可能设计出大数据应用的结果，但可以从多种角度展开大数据应用的关联性思考。例如，从电信运营商自身的角度，可以通过大数据补充完善对市场和客户的理解，纠正错误的认知并更加科学有效地制定策略；从客户的角度，可以通过大数据分析出当前电信运营商营销服务体系中的短板和不足；从价值模式扩展的角度，可以通过大数据关联出新的价值模式，而这些价值模式可超越电信运营商固有的领域，开创出新的市场空间。

关联性思维的第二个层面的作用是，促进相关人员对市场、技术、综合管理等多个线条产生跨界互动，打破"山头主义"。以一名都市白领的日常生活为例，从起床上班到下班回家，该用户会留下基站位置和基站切换路径等数据；其日常手机使用移动互联网的行为，会留下使用的时间规律和应用偏好等数据；每日的业务话单会留下消费能力、消费结构和消费倾向等数据。如果受制于实体性思维，坚持部门本位或"山头主义"的立场，那么就难免出现数据"孤岛"。例如，市场条线会由于缺少专业技术培养，对于交换系统、基站系统中有何种类型的大数据，以及这些数据应当如何提取和处理并不知晓；技术条线由于缺乏对市场的敏感，也无法知悉手头的大数据能够给市场和客户带来何种价值。倡导关联性思维，电信运营商内部各部门要树立起积极主动"走出去"和"请进来"的工作作风，促进不同业务部门、不同数据掌握者之间的交流互动，共同寻找契合点和价值点，促进电信运营商、电信市场乃至整个移动互联网市场的各类经营主体切实有效地实现数据资源的价值转化。

资料来源：改编自陈亮. 运营商的大数据应如何"变现"?. 通信世界，2015 (17).

如果说类属性思维是以同质要素为核心形成概念之间纵向关系的认识，那么关联性思维则是在一个统一的宇宙秩序之下，将所有相关联的同质和异质要素整合为一，从而化个别要素为融合在某整体中的部分，而这个部分本身又是一个有自己的关联要素的次级整体。这样，各个层级的要素都可以在其内外部被关联起来或者主动发起关联。因此，关系及其承载的要素即关系者，取代了实体，成为中国式思维所聚焦的对象。围绕实体和关系何者为第一性的争论长期存在，深化学习6-1介绍了西方社会科学领域长期以来一直存在的实体论与关系论之争。

深化学习 6-1 西方社会科学领域中的实体论与关系论之争

在管理学领域，对"组织"内涵的理解反映出中西方思维焦点的差异。延伸阅读6-5通过"组织"词源回溯与中西方对比，唤起人们对（管理）思维方式变迁中的得失加以反思与评判。在企业战略管理中，关联性思维也常被提到基本原则与方法论的高度得以重视，详见延伸阅读6-6。

延伸阅读 6-5　"组织"词源
不同语境下的对比及其展现的
管理思维方式的变迁

延伸阅读 6-6　战略管理
的关联思维原则

三、五行学说中的关联性思维

中国式思维主张，处于生成过程中的系统要素间的相互作用并不是单维度的，而是多维度的。中国的五行学说提出了"相生"和"相克"两种关系，其基本主张是，在由五元要素构成的系统中，邻位要素相生，隔位要素相克。这种关系认知，源自中国古代先民在日常生产和生活中的实践智慧。他们基于对客观世界的观察与认知得出了关于宇宙秩序的一种生成图式，就是外圈以圆环表示相生循环、内部以五星表示相克循环的五行系统，如图 6-1 所示。它不仅以意象描绘了世界的物质性和运动性，又凝练地展现了物质世界的运动是一个循环流转、周而复始的过程。

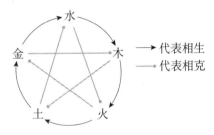

图 6-1　五行学说的系统运行原理

五行学说是中国古代先民创造性提出的朴素的系统论，反映了生命有机体在内部固有的相互支持、相互制约中不断演化发展的系统运行与变化规律。五行所代表的是具有不同功能属性的系统组成元素，是驱动事物运动的根本原因，是五个基本过程，而不是五种物质或材料。五行系统中的任何一行，都不能离开其他四行而独立存在。从关联性思维的角度看，五行要素是在相互作用中互相成就着彼此成为整体中的一部分。因此，以五行学说的整体观和动态观来看待系统组成元素及其作用，可以超越实体论的局限，将关系论用以阐明世间万物（大至一个宇宙，小至一个人体或一个事物）如何能够成为动态平衡的系统。贾利军等指出，一切生生不息的系统，就本质而言，都是一个五行系统。[①] 深化学习 6-2 从五行学说关于要素间生克关系并存的角度，阐释了企业境内外双循环中实现螺旋式发展的动态过程。

深化学习 6-2　企业境内外双循环中实现螺旋式发展的动态过程

---

① 贾利军，王宏，贺达豪. 极往知来：在时空穿越中谈谈管理学创新：基于中国文化视角. 清华管理评论，2023（4）.

第 3 节　矛盾和阴阳思维

实践观察和理论研究都显示，企业同世界上一切事物一样，都是在自身的矛盾运动中发展的。中国先贤将阴阳思维与五行学说结合起来提出阴阳五行学说，认为一切事物的发生、发展、变化都是阴和阳的对立统一、矛盾运动变化的结果。宋志平基于自身在中国建筑材料集团、中国医药集团等企业的实践总结说："把两个相反的观点放在脑海里，又不影响执行，是一种大智慧。"他强调要辩证地看待企业经营管理中的"十大矛盾"，包括经营与管理、目标导向与资源导向、专业化与多元化、内生式发展与外延式发展、量本利与价本利、竞与合、做大与做强、集权与分权、科学管理与人本管理、企业利润最大化与社会价值最大化。李占祥教授指出，随着经济全球化、互联网技术的迅猛发展，新形势引发出许多新的重大矛盾关系，包括企业与市场、人与自然、资本与知识、还原与整体、均衡与非均衡、绩效与防范、本土文化与外来文化。

一、与矛盾相关的概念

矛盾是任何客体或过程自身所具有的特性，不管这一特性是否为人们所认识。例如，早期光只是作为实体的粒子被认识。后来，量子理论提出者认为，光是量子，既具有粒子性（间断性）又具有波动性（非间断性）。这一认识更加贴近事物的本质，反映出间断性与非间断性的辩证矛盾（通常简称为"矛盾"），在既互相排斥又互相联系中形成了对立统一体。实践中，企业的一切活动包括经营活动和管理活动，也总是充满着矛盾，是一个矛盾运动过程。矛盾是一切事物发展的动力，也是企业成长的动力。[①]

矛盾可以区分为逻辑矛盾和辩证矛盾，前者是指人们在逻辑思维过程中对同一个论断既给予肯定又给予否定的自相矛盾现象，后者是指客观现实中事物所固有的对立面的统一关系。前者是由于主观认识错误或偏差而形成的，是思维者因违反了形式逻辑矛盾规律而犯的逻辑错误；后者则是客观事物所存在的固有的矛盾。管理活动中的矛盾属于辩证矛盾。中西方对于矛盾现象形成了多种不同的认识，详见深化学习 6-3。

> 深化学习 6-3　两难、二元性、矛盾和悖论等视角下有关矛盾现象的认识

总之，矛盾是普遍存在的，不但不同事物之间而且一个事物内部都存在既对立又统一的关系。客观上存在矛盾的事物，会在运行中显露出张力，让当事人感知到紧张。张力植根于企业或组织现实中出现并不断发展变化的种种矛盾之中，伴随组织的延续而交织在一起，具有跨越时空的不可消除性，因此必须正视对矛盾，学会与矛盾共处。

---

① 李占祥．李占祥自选集．北京：中国人民大学出版社，2007．

二、有关悖论的不同观点及其在管理中的应用

从认识论的角度说，与二元论持割裂的立场来看待原本存在相关性的事物不同，二元性观点正视事物内部的相关性，认为相互排斥的要素可以同时存在并且持续存在。在二元性认识基础上，悖论概念逐渐在学术界流行起来，用以刻画现实世界中"同时存在的相互关联的元素之间持续性的矛盾"① 这一具有普遍意义的特性。悖论是一种逻辑上的矛盾或自相矛盾的情况，是与矛盾相关的一个重要概念。

假设以 A、B 作为二元的符号。关于 A、B 的关系，目前有如下几种不同的观点：①无关，A、B 互不影响。这种观点深受二元论影响，在主观上把二元割裂开，视之为独立的、离散的变量。相应地，如果观察到不相容或冲突的存在，则往往将之归结为反常或异常现象，设法予以消除。这一认识不符合客观世界中事物在时空域中存在千丝万缕联系的现实。②两难，有 A 无 B。这是两个极端之间相互替代的情形，即非此即彼。由于一元的存在以另一元的消亡为前提，所以只能二选一，通过权衡做出取舍，此即裁决。③共存但互斥，A 强则 B 弱，或者 A 弱则 B 强。连续系统中往往有无数过渡性的中间状态，采取折中的解决之策可以避免极化。比如，企业管理中业务收益分配"六四开""四六开""五五开"的比例约定，就体现了利益上的某种折中解决之策，其背后蕴含零和博弈的假设。④共存且互补，A 强 B 也强，二元之间形成协同作用。双赢策略就强调二元之间可实现正和博弈，即亦此亦彼，其实质是消解了二元间潜存的矛盾。事实上，双输的局面即负和博弈经常出现于商界。

米格尔·库尼亚和斯图尔特·克莱格对各个观点进行了归纳和比较，如表 6-1 所示。可以看出，上述各种观点是截然不同的（观点③可能介于②与④之间，但表 6-1 中未做区分）。另外，矛盾是不能解决的，只会永续存在。矛盾持续性召唤着一种更具动态性的思维方式，如表 6-1 中列示的后两种观点。

表 6-1 有关悖论的不同观点

观点	悖论的核心	观点解释	悖论持续性的实质	体现该观点的管理举措
既不也不	无关： 权衡 × 协同 ×	否定相关性，包括权衡和协同在内	割裂： 孤立地对待所考察的变量，主张悖论不是常态	消除： 视不相容为反常或异常的现象，设法予以消除
非此即彼 （亚里士多德）	两难： 权衡 √ 协同 ×	强调权衡，否定协同	未决断： 矛盾是摇摆不定的表征，源于面对两难问题时未采用或没有完全采用正确的方法	裁决： 采用正确的方法加以解决

---

① Schad J，Lewis M W，Raisch S，et al. Paradox research in management science：looking back to move forward. Academy of Management Annals，2016，10（1）.

续表

观点	悖论的核心	观点解释	悖论持续性的实质	体现该观点的管理举措
亦此亦彼	互补： 权衡 × 协同 √	对立可以整合于和谐的二元性之中	平衡： 矛盾两面可以兼得，即便是某种折中	应对： 将对立视为可协同的，设法进行整合
正—反—合 （黑格尔）	辩证： 权衡 √→× 协同 ×→√	因时而异地对待，通过扬弃的方式将权衡搁置	超越： 正、反可通过更高层次的统合表达出来	统合： 悖论以周期性的形式存在，可以暂时搁置，直到统合的新方案暴露出局限性并触发新的循环
阴阳 （道家）	和合： 权衡 √→√ 协同 √→√	权衡与协同共存，为保持平衡，矛盾的一方必定需要另一方，阴阳互根	构成： 对立存在于永久的辩证过程中，相反相成	拥抱： 将矛盾视为事物固有的特征与变化的源泉，与矛盾长期共处

资料来源：Cunha M P，Clegg S. Persistence in paradox// Farjoun M，Smith W，Langley A，et al. Dualities，dialectics，and paradoxes in organizational life，2018.

三、关于矛盾的中国阴阳哲学

阴阳哲学在中国有着久远的历史，是中华传统文化中具有代表性的思辨方式之一。道家学说主张"万物负阴而抱阳，冲气以为和"。《易经·系辞上传》指出，"一阴一阳谓之道"。阴代表柔性的能量，阳代表刚性的能量，两种力量相结合形成了世间的万事万物。

利用哲学思想看待上述各种观点，二元关系可能并不是纯粹的某一种，而是多种情形的混合。中国传统哲学思想中的和合观念主张和而不同，使差异性的事物能够在相互融合中产生新事物。阴阳哲学摒弃单一维度和静态的思考，在多维度空间和时间进程中探寻万千变化、生生不息的宇宙本体。

如图 6-2 所示，由黑（阴）、白（阳）双鱼构成的太极图蕴含着博大精深的道理。图中的两条鱼，表示世间万事万物都包含相辅相成、无法分割的阴阳两面；中部的 S 形曲线，象征着阴与阳两分，双元都保有各自的独特性，即"和"；各条鱼的眼睛，表示阴中有阳、阳中有阴，即使是阴阳本身也不是一成不变的；最外圈的圆形，则意味着由分而

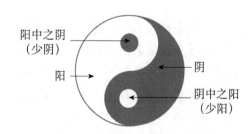

图 6-2　阴阳双鱼构成的太极图

合的系统是一个周流不息的整体，不但无所不包、无处不在，而且无始无终、生生不息，即太极。正如《易经·系辞上传》所说："易有太极，是生两仪，两仪生四象。"

总之，矛盾是悖论的核心和对立元素间张力的根源。在商界现实中，管理的自然属性与社会属性、资本与劳动、探索与利用等之间的关系，就好比阴与阳之间的关系。深化学习6-4说明，基于阴阳哲学思想，可以在二元关系上加深对事物矛盾特性的认识。

深化学习6-4 以阴阳哲学思想看待事物的矛盾特性

第4节 系统思维和辩证思维

根据唯物辩证法，矛盾本身是作为系统存在的，应对矛盾问题必须坚持系统思维。系统思维既传承了中华优秀传统文化的精髓，又融入了现代系统论、控制论和信息论等科学元素，是唯物辩证法的重要组成部分。

一、系统思维

（一）系统的要素、结构和功能

系统思维的理论基础是系统论。系统论把系统定义为一个由相互联系、相互作用的若干要素或部分结合在一起，具有特定功能，并达到同一目的的有机整体。每一个系统都由各种各样的要素构成。要使整个系统正常运转并发挥最大作用或处于最佳状态，必须将各要素置于系统结构和功能中统筹考虑，充分发挥各要素的作用。

结构是指系统构成要素相互联系、相互作用的方式，功能是指系统整体与外部环境相互联系时所表现出来的特性和能力。结构是从系统的内部关系规定系统的整体性质，功能则是从系统外部反映系统的整体性质。结构决定了功能。不过，一种功能可能来自多种不同的结构，这种异构同功的现象称为等效性。正因为存在结果的等效性，在不同情境下因地制宜地实施权变管理才有了理论依据。

（二）系统论与还原论、整体论的区别和联系

理解系统思维的内涵要从系统的特点入手。首先，系统具有整体性，是由相互影响、相互作用的各要素联系形成的有机整体。其次，系统具有结构性，系统的结构性强调从系统的结构角度去认识系统的功能，认识系统要素是按照怎样的结构模式联系在一起以及如何实现互动的。再次，系统具有层次性。系统内部各要素的排列组合不是杂乱无章的，而是具有层次性的有序结构。最后，系统具有开放性，系统要与外部环境进行物质、能量和信息的交换，从而实现自身的生存和发展。

系统思维是一种统合了局部与整体的新型思维方式。系统论与还原论、整体论的区别和联系如图6-3所示。还原论注重的是对要素（点）的分析，整体论注重的是总体，两者形成鲜明的对比。系统论兼顾这两极，既关注构成整体的要素，也关注要素间的关系，在点与线的综合考虑中形成一种"整—分—合"的思维，即基于整体的立场看待事

物，在要素分析的基础上统合为总体的系统。系统论是一种打开了"黑箱"的整体论，融合了还原论与整体论的思维优势，为区别于把事物内部视为"黑箱"的有机整体论，将它称为系统整体论。

图 6-3 不同思维方式的对比

（三）系统思维在企业管理中的应用

按照系统论的观点，企业管理也是一个系统，只有充分认识企业管理系统诸要素的内在联系，才能建立起结构与功能的对应关系，明确有效处理各种矛盾关系的原则和方向。特别是我国当前进入高质量发展阶段，企业内外呈现出的矛盾更加错综复杂，不同的矛盾往往相互交织，牵一发而动全身，因此更需要以系统思维来妥善地应对和处理矛盾。

系统论和矛盾论结合的基础在于，每一事物既是矛盾中的系统，又是系统中的矛盾。因此要以系统论来把握众多相互联系的矛盾或矛盾群，以矛盾论来把握矛盾双方或矛盾群的系统性质。[①] 乌杰在《系统辩证论》一文中指出，系统范畴同时具有辩证法范畴的一些基本特点，可以对运动、变化、发展等动态现象作出更有力的解释。特别是，系统内部差异的力和系统外部差异的力会形成合力，其结果是形成一种非线性运动的推动力。

李占祥教授从管理实践是充满矛盾的动态过程，矛盾是企业发展的动力的立场出发，指出企业管理存在着多元化的错综复杂的矛盾关系，只有善于观察和分析管理中的各种矛盾关系，运用正确的理论、原则和方法来处理和解决各种矛盾关系，才能调动各方面的积极因素，推动管理系统顺利运行和发展。他强调要从两个方面变革管理思维：从分析思维转向系统思维，从重视均衡转向更重视非均衡。

1. 管理思维从分析思维转向系统思维

基于上述理论主张，可以将人的思维具体区分为两类：

（1）分析思维。它以原子化、线性化和静态化思维为代表，注重分析方法，强调将整体分解为部分，在微观层面探查事物内部具有必然性的因果联系性。

（2）系统思维。这是以系统论为指导的一种思维方式，主要采用整体性、统一性的方法分析事物的整体与部分、部分与部分之间的关系，并从大局出发调整或改变系统内各部分的功能与作用。其基本特征是，以整体化、非线性化和动态化思维为代表，注重从部分到整体的综合方法，强调事物的不可还原性，即整体大于部分之和，并且摒弃因果关系决定论，强调非线性联系及结果的随机性和新奇性。诸如"智者见树更见林"

---

① 符坚. 论系统论和矛盾论的统一关系. 教学与管理，1996（3）.

"智者见于未萌"等，就体现了系统思维。

传统时代，管理者面对的环境变化较小或者可预见，习惯以分析思维来考虑和解决问题。辩证唯物主义认为，世界是普遍联系的，同时也是永恒发展的，这赋予我们在当下复杂多变的 VUCA 时代认识复杂世界的哲学智慧，是一种具有哲学特征的系统思维。

2. 管理思维从重视均衡转向更重视非均衡

依照唯物辩证法的主张，世界上的一切事物都包含着两个方面，这两个方面既相互对立，又相互统一。矛盾即对立统一，矛盾双方的对立和统一是始终不可分割的。世界上任何事物都是在自身的矛盾运动中发展、前进的。基于矛盾是一切事物发展的动力，也是企业发展的动力的推断，李占祥教授强调，矛盾理论应当作为我们认识和研究一切事物的根本方法。当代企业处于错综复杂的矛盾关系之中，因此，管理学的基本任务，就是从分析矛盾出发，从企业内部矛盾和企业同外部的矛盾关系去研究管理问题，提出正确处理和解决各种矛盾关系的理论、政策、制度和方法。矛盾管理理论就是应用矛盾动力学原理，观察和分析企业的矛盾运动，并研究解决矛盾的方法，用以指导实际工作，推动企业可持续发展。矛盾管理理论对于现代管理学的重大意义在于，它是传统管理职能理论的补充和发展，必将把管理学研究推向一个新阶段。在按管理职能理论开展管理实践时，管理者必须始终善于运用矛盾分析方法来观察和处理问题，把管理职能理论和矛盾管理理论紧密结合起来，以谋求企业整体优化、持续发展。[①]

二、辩证思维

（一）辩证法的思维特征

唯物辩证法认为，世界上任何事物都充满着矛盾，一切事物都是在自身的矛盾运动中发展的，没有矛盾就没有世界。辩证法是关于对立统一、斗争和运动、普遍联系和变化发展的哲学学说。辩证法的核心是斗争论（矛盾论）。辩证法是与形而上学相对立的一种世界观和方法论。辩证法的基本主张是：斗争与联合相联结。这也是辩证法作为方法论的基本思想。

一切对立物，只有在联系中，才能是统一的；一切否定，只有在联系中，才能引起再否定。正是两极对立的相互渗透和它们达到极端时的互相转化，推进了世间事物持续不断地发展变化。

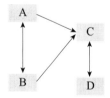

不同于矛盾概念，辩证法强调矛盾要素之间的不断推拉。也不同于二元论或二值性，辩证法关注统一性，以及对立面之间的相互定义而非独立发展。组织研究中的辩证法通常接近于黑格尔关于对立统一的正题、反题和合题的想法。辩证法意味着通过整合解决张力的持续过程（如图 6 - 4 所示）。在这种情况下，命题 A

图 6 - 4　辩证法的过程原理

---

①　李占祥. 矛盾管理学：企业可持续成长之路. 北京：经济管理出版社，2000；李占祥. 矛盾管理是管理学的理论基础. 经济理论与经济管理，1997（6）.

和命题 B 是矛盾的（分别是正题和反题），但可以通过把它们合并成一个组合元素（合题）来解决。然而，新的张力又会出现，因为所合成的新的命题 C 迟早会引发一个对立的命题 D，形成一种新的张力。辩证法的过程原理就

深化学习 6-5　辩证思维与常见的悖论思维的对比

是"正—反—合"之后又产生新的循环。深化学习 6-5 对比了辩证思维与常见的悖论思维。

（二）辩证唯物主义哲学智慧的当代意义

从思维模式上把握所考察对象的系统性和辩证性，避免片面或静止地看待企业或组织，是管理者贯彻落实辩证唯物主义的思想和工作方法的根本要求。

张瑞敏引用黑格尔的从正题到反题到合题的自我否定哲学来阐释观念上自我颠覆的意义。他指出，之前的工业革命的小作坊是正题。这个阶段的服装厂可以定制服装，但是没有规模，没有效益。所以，反题就是大规模生产。这一阶段生产效率提高，但是不能定制。而到了合题阶段，就是否定之否定，这一阶段实现了大规模定制，既有定制，又有大规模生产。物联网时代，万物互联，企业应该追求动态的平衡，而不是静态的平衡。①

《二程粹言》有言："有上则有下，有此则有彼。"习近平总书记 2016 年在提到着力增强发展的整体性协调性时引用这一古语强调说："要坚持'两点论'和'重点论'的统一，善于厘清主要矛盾和次要矛盾、矛盾的主要方面和次要方面，区分轻重缓急，在兼顾一般的同时紧紧抓住主要矛盾和矛盾的主要方面，以重点突破带动整体推进，在整体推进中实现重点突破。要遵循对立统一规律、质量互变规律、否定之否定规律，善于把握发展的普遍性和特殊性、渐进性和飞跃性、前进性和曲折性，坚持继承和创新相统一，既求真务实、稳扎稳打，又与时俱进、敢闯敢拼。"

习近平总书记多次强调，要完整、准确、全面贯彻新发展理念，必须坚持系统观念。特别是，要统筹国内国际两个大局，统筹"五位一体"总体布局和"四个全面"战略布局，加强前瞻性思考、全局性谋划、战略性布局、整体性推进。习近平总书记强调，"我们的事业越是向纵深发展，就越要不断增强辩证思维能力"②，各级干部"要学会运用辩证法，善于'弹钢琴'，处理好局部和全局、当前和长远、重点和非重点的关系，在权衡利弊中趋利避害、作出最为有利的战略抉择"③。习近平总书记从思想方法到工作方法的全面阐述，凸显了辩证唯物主义哲学智慧的当代意义。

①　张瑞敏：海尔希望成为第三次工业革命的范式．（2019-06-22）．https：//finance. sina. com. cn/hy/hyjz/2019-06-22/doc-ihytcitk6956274. shtml.

②　习近平．习近平关于协调推进"四个全面"战略布局论述摘编．北京：中央文献出版社，2015：87.

③　习近平．辩证唯物主义是中国共产党人的世界观和方法论．求是，2019（1）．

第 5 节　权变思维和动态思维

一、权变与时中

变与不变，是中西方管理学界面对多样的、变化的环境所探讨的共性问题。权变观主张，不存在一成不变、普遍适用的某种最佳的管理方式，管理活动应随着管理对象及其所处时间、空间的变化而变化。只有与特定管理情境相适应的管理，才是有效的管理。

美国管理学家玛丽·福莱特提出的动态管理思想，开创了权变管理理论的先河。她认为管理者要在关系思维下把握好情境法则（law of situation），人与人之间存在着各种各样的关系，人们应该深入情境发现它们。只要脱离了赋予它们意义和价值的情境，人与人之间就不存在任何合理的关系了。领导者有没有权威并不取决于个人的意旨，而是取决于工作情况的客观要求。指令源于工作，而不是工作源于指令，指令有效与否主要在于周围情境的需要。也就是让指令客观化，依情境需要来运用权威。当周围的变化和反应互相交织、不断出现时，领导者要按照情境需要下达指令，上下级之间并非服从关系，而是以职能合作为基础。

根据具体情境衡量轻重而变通处理，依情境办事，是中国传统哲学思想的一个重要主张。以孔子为代表的儒家思想家注意到事物在自发运动中往往朝着不平衡的方向发展的现象，拒绝片面化、极端化、绝对化，坚持以动态的、辩证的思维看待平衡及其相对性。在儒家思想中，中庸、中道、中和、中正、执中等都表述了一切行动或活动要合于"中"，既不太过，也无不及，能合宜、恰当、适度。而"时中"则进一步指明，行动是否合宜合理并非固定不变，而总是随着时间的改变而不断变化。孔子以"时中"概念表达的"中"，既是就特定情境而言的一种确定性的行为标准、形式、规则，又强调此标准会随着情境的改变而变得不确定。① 这种确定性与不确定性的相互交织，说明关于特定行为是否为"中"的判定要依赖于动态性的实践，是一种灵活的应变。"时"和"中"的结合，本质上意味着要根据时间、对象、环境、事物的不同，做到适时而变、适可而止。因此，孔子以"时中"所表达的中庸之道，本质上是一种权变、动态的观念，强调与时俱进，根据情境采取合宜的行为。

二、执经达权

（一）从权变观到经权观

权变观主张行为标准非固定、不确定，这使即时变通有了用武之地。但是，即时变

---

① 朱汉民. 中庸之道的思想演变与思维特征. 求索，2018（6）.

通并不意味着随意变通。为确保权变行为本身也合宜恰当，需要执经达权。

"经"体现的是常，即恒常之道，"权"体现的是变，即权宜变通。经与权是一对辩证关系，一方面以"经"强调对基本原则的坚守，另一方面又以"权"强调随着情境的变化做适当修正。两者结合就是以经为体，以权为用。把经置于体的位置上，意味着原则是第一位的，权不离经，变中不易。如果每一件事情都需要权变，就表明经存在问题。

经权观主张，经必须通过权变来实现其原则的地位，权必须在原则的指引下实现权变的动作。儒家经权观强调能够依据常道去权变且变而能通，即为中庸。可以说，经典儒家思想中的经权观强调经对权的限定性、制约性，其背后蕴含的假设是经与权具有统一性，所以能够执经达权。

现实中对变与不变关系的处理，在孰重孰轻、孰主孰次上具有可选择的空间。如何规范其选择，成为未决的问题。如实例 6 - 2 显示的，现实中为做到权中有不变之经，对制度执行中管理者的道德提出了极高要求。

实例 6 - 2

柳传志罚站与牛根生执行制度无任何借口

联想集团创始人柳传志曾订立了一个"开会迟到者要罚站"的制度，规定如果开会未请假而迟到就一定要罚站。第一次受到处罚的是柳传志的老领导，柳传志本人也曾有三次被罚站，其中一次是他因为和外商谈事而迟到了 15 分钟。员工认为，因企业的公事迟到不应该罚站，而在柳传志看来，制度执行不能有例外，也没有等级差异，领导不能因为事情多、理由多，就把自己排除在制度之外，凌驾于制度之上。

蒙牛集团董事长牛根生曾规定公司餐厅剩饭要罚款 50 元，而牛根生因工作需要常需招待客人，不可避免会剩饭，所以常受罚。牛根生认为，不能怕自己受罚而取消这个合理的规定。为了维护制度的严肃性，他必须带头执行。蒙牛还有另外一项规定，就是称呼职位要被视为"精神贿赂"，一经发现罚款 50 元。制度执行之初，由于下属对领导直呼其名有所顾忌，常常甘愿受罚。为此，牛根生把这项制度改为"共担罚金"，不仅犯错者受罚，"诱导"下属犯错误的领导也要受罚，从而使公司内称呼职位现象很快得到改变。

（二）从经权观到反经合道观

在经与权的关系上，汉儒注意到二者的对立性。《孟子·离娄上》"嫂溺，援之以手"篇列举了权变行为可能违背常礼的情形（详见延伸阅读 6 - 7）。

男女授受不亲之礼是一条规范男女日常交往的原则，即"经"，但是，救人一命（叔以手救出溺水的嫂子）却是仁者爱人的为善之举。现实情境下，有些行为虽然违背常礼，但仍合于义理，因此不宜一刀切地贬斥。

延伸阅读 6 - 7 嫂溺，援之以手

针对经权相悖情形，汉儒提出了"反经合道观"，认为违背常礼虽然"反经"，但此权变行为并非不合道理，所以应该从礼所最终指向的"仁道"的角度去权衡。《春秋公羊传·桓公十一年》提出："权者何？权者反于经，然后有善者也。"其意思是，行权可以反经，但又要对行权的后果加以严格限制，使之符合仁善之道，确保反经的权变不是盲目的、随意的行为。

总之，在变与不变的矛盾应对中，从权变观到经权观再到反经合道观，中国先贤对原则性与灵活性之间对立统一的辩证关系做了逐步深入的探讨。其基本主张是，以经为体，就是按标准办事，以权为用，就是按情境办事，在两者发生矛盾对立时，由"义"来整体把握和调控。行权之难，必须先明确"道"并适合"理"。

小 结

1. 思维是人类认识活动的最高形式，是产生思想和知识的驱动力量。在不同的思维方式下，会产生差异化的管理思想和管理理论。

2. 思维素质、思考能力成为评判知识型员工的关键基准。这种素质和能力遍布于组织上下，而不仅限于高层管理者。所以，每个人都要使自己的思考和行动不受困于某种思维定式。

3. 从实践来看，管理者的思维方式要聚焦于探寻管理现象背后的成因，从"为什么"的立场来系统考虑并检验自己及组织"如何做"和"做什么"。

4. 分类、归类是人们对所认识的事或物的抽象。西方人通过按种属关系对事物进行分类，形成类别或范畴来深化对同类要素共性特征和本质的认识。中国人注重针对异质性要素，在纵、横向的关联性思维中，形成图样类型或格局。这是一种基于非种属关系的类的判定方式，是一种独特的具有创造性的思维方式。

5. 五行学说是中国古人通过关联性思维而创造出的朴素的系统论，用于考察系统内部如何在五元要素既相生又相克的相互作用关系中不断演化发展、实现动态平衡的系统运行与变化规律。

6. 企业管理活动中充满着辩证矛盾。辩证矛盾是指事物客观存在的既相互排斥又相互依存、相互定义且可能相互否定的对立两极。张力是事物矛盾的外在表现，矛盾是对立元素间张力的根源，是一切事物发展的真正的动力和源泉。悖论用以刻画同时存在的相互关联的元素之间持续性的矛盾。关于悖论，有无关、两难、互补、辩证和和合等不同观点，后两种是更具动态性的思维方式。

7. 系统论突出了事物内部的各个要素相互作用的整体性。鉴于每一事物都既是矛盾中的系统，又是系统中的矛盾，需要以唯物辩证法来看待和处理多元化的错综复杂的矛盾关系。

8. 在变与不变之间的关系上，权变观主张行为要合宜恰当，不存在某种固定、确定的行为标准。中国儒家提出的"时中"契合了权变观，并且在探寻变中不变规则方面发展出了经权观和反经合道观。

思考与讨论

1. 现实管理中面临哪些辩证矛盾？试举例说明。

2. 关系论与实体论关于行动的认识有什么不同？中国五行学说如何体现了关系论思想？

3. 系统论与矛盾论的结合有什么好处？二者可以通过哪些方式结合起来？

4. 任正非在华为公司主张"灰度是常态，黑与白是哲学上的假设，所以，我们反对在公司管理上走极端，提倡系统思维"。你认为灰度思维与系统思维之间有什么联系？

5. 关于"不管黑猫白猫，捉住老鼠就是好猫"的观点，有人主张要超越猫的颜色区分，换维到"猫是干什么的"角度来看问题。试讨论这一主张体现了思维方式的哪些独特之处。

6. 你认为"升维思考，降维打击"的说法是否具有合理性？为什么？

7. 一家跨国企业进入美国市场时实行基于网络资源雇用优秀的当地员工的人力资源管理惯例。但在随后进入新兴市场时，这一惯例没能产生预期的效果，导致该公司将惯例更改为雇用优秀的当地员工这一更笼统的规定。这体现了什么管理思维？

8. 曾担任中国航天科工集团公司总经理的夏国洪主张要打破"人是活的，制度是死的"这一常规。他以导弹发射为例，说明"独立回路试验没成功通过，不得放行进行闭合回路试验"这一试验放行规则在通常情况下是正确的，但在遇到"因某一单项技术状态没有过关而使某型号独立回路试验多次通过不了，严重拖了型号的研制进度"这一特殊情况时，该公司决定先进行闭合回路试验，同时进行独立回路技术状态攻关。此举带来了该型号研制进度提前一年多的效果。你认为这体现了什么管理思维？

9. 任正非主张：要善于把我们自己成功的东西总结出来，再将这些管理哲学的理念，用西方的方法规范，使之标准化、基线化，有利于传播与掌握并善用之。试阐释这是一种什么管理思维方式。

10. 请结合第 I 篇的中外管理思想发展史讨论"渔"与"鱼"的关系，并说明中国式思维对管理理论发展有什么影响。

篇末案例 II - 1

升任公司总裁后的思考

郭宁被所在的生产机电产品的公司聘为总裁。在上任的前一天晚上，他辗转反侧，回忆起自己在该公司 20 多年的工作经历。

郭宁在大学时学的是工业管理专业，大学毕业后就到该公司工作，最初担任液压装配线的助理监督。他当时真不知道如何工作，因为他对液压装配所知甚少，在管理工作上也没有经验，几乎每天都手忙脚乱。可是他非常认真好学，一方面仔细参阅工作手册，学习有关的技术知识；另一方面向监督长虚心求教，渐渐摆脱了困境，胜任了工作。经过半年多时间的努力，他已有能力独担液压装配的监督长工作。可是，当时公司没有提升他为监督长，而是直接提升他为装配部经理，负责包括液压装配在内的 4 个装配线的管理工作。

在担任助理监督时，他主要关心的是每日的作业管理，工作技术性很强。而当他担任装配部经理时，他发现自己不能只关心当天的装配工作状况，还得做出此后数周乃至数月的规划，还要完成许多报告和参加许多会议，他没有多少时间去从事自己喜欢的技术工作。担任装配部经理不久，他发现原有的装配工作手册基本过时，因为公司安装了许多新的设备，引入了一些新的技术，于是他花了整整1年时间去修订工作手册，使之切合实际。在修订工作手册过程中，他发现要让装配工作与整个公司的生产作业协调起来是有很多讲究的。他还主动到几个工厂去调研，学到了许多新的工作方法，他把这些吸收到修订的工作手册中去。由于该公司的生产工艺频繁发生变化，工作手册也不得不经常修订，郭宁对此都完成得很出色。工作了几年后，郭宁不但学会了这些工作，还学会如何把这些工作交给助手去做，教他们如何做好，这样他可以腾出更多时间用于规划工作和帮助他的下属更好地工作，以及花更多的时间去参加会议、批阅报告和完成向上级的汇报工作。

担任装配部经理6年之后，正好该公司负责规划工作的副总裁辞职，郭宁便主动申请担任此职务。郭宁在6位应聘者中最优秀，被正式提升为规划工作副总裁。他自信拥有担任此职务的能力，但由于此高级职务工作的复杂性，他在刚接任时碰到了不少麻烦。例如，他感到很难预测1年之后的产品需求情况。可是一个新工厂的开工，乃至一个新产品的投入生产，一般都需要在数年前做好准备。而且，在新的岗位上他还要不断与市场营销、财务、人事、生产等部门之间进行协调，这些他过去都不熟悉。他在新岗位上越来越感到：越是职位上升，越难以仅仅按标准的工作程序去工作。他努力适应新环境新要求，做出了成绩，之后又被提升为负责生产工作的副总裁，而这一职位通常是由该公司资历最深的副总裁担任的。到了现在，郭宁又被提升为总裁。他知道，一个人走上公司最高主管职位之时，应该自信自己有处理可能出现的任何情况的才能，但他也明白自己尚未达到这样的水平。因此，他不禁为今后的工作而担忧。

资料来源：黄梦藩，赵苹，王凤彬. 管理概论. 台北：五南图书出版有限公司，1995：52-54.

启发思考题

1. 郭宁先后担任助理监督、装配部经理、规划工作副总裁、生产工作副总裁和总裁，这些职位的管理职责有何不同？体现了哪些变化趋势？请结合基层、中层、高层管理者的职能进行分析。

2. 你认为郭宁要成功地胜任公司总裁的工作，哪些管理技能是最重要的？你觉得他具有这些技能吗？请具体分析。

3. 如果你是郭宁，你认为担任公司总裁后，自己应该在哪些方面更加精进，才能使公司取得更好的绩效？

篇末案例 Ⅱ-2

站在时代风口的小米

2010年4月成立于北京的小米科技有限责任公司，创造了用互联网模式开发手机操作系统、发烧友参与开发改进的模式，在业界脱颖而出。小米手机的成功，让雷军成为"风口理论"的忠实信仰者。在"硝烟四起"且竞争压力与日俱增的手机行业,各大手机厂商都在寻找破局之路。信奉风口理论的雷军同小米联合创始人不断地进行头脑风暴:传统的 PC 互联网已然被移动互联网所取代,那么移动互联网又将被什么取代呢?现在实现了智能手机的互联互通,进一步地,如果所有设备、设施等都可以互联互通,又将是怎样一番景象?未来虽然模糊,但是小米创业团队一直保持着对未来的想象与憧憬。

没有人可以准确想象和规划未来,但万物互联的物联网(IoT)是下一个风口。就这样,雷军开始着手布局物联网。他和另一位联合创始人、生态链负责人刘德商议着去市场上抢公司、抢项目。

工业设计师出身的刘德,2010 年加入小米成为联合创始人之一。2013 年开始,刘德在小米内部组建了十几人的工程师团队,尝试着创建小米生态链。当时虽然物联网概念在技术领域不断发展和扩散,但在商业实践中的应用发展迟缓。小米果断地开启了对物联网的商业化探索之路。

雷军将互联网发展阶段划分为 PC 互联网阶段、移动互联网阶段和物联网阶段,并指出在每个阶段必会有成就万亿级大公司的机会。负责落地小米生态链投资战略的刘德事后回忆说:"我们运气好,因为第二年我们就赶上了智能硬件创业的一个井喷式的高潮,包括政府提倡大众创业、万众创新,我们正是赶上了这个时候。当时找生态链公司就很容易,因为创业者很多,大概这就是当时的契机。"刘德把自己的想法分享给生态链团队:大消费时代,所有传统产品都值得重新做一遍,都能做得品质更好。人们收入水平不断提高,尤其是追求个性、追求品质的年轻一代,推动了消费升级。人们对智能可穿戴设备、智能电器、智能家居、高品质生活用品,将表现出日益强烈的兴趣和购买欲。就这样,他们决定通过投资智能硬件企业,进行小米在物联网时代的新布局。

在工程师文化浓厚的小米,刘德带领工程师团队寻找和评估投资项目。他回忆说:"我们那时候没干过投资。工程师团队的优势在于对于产品、技术都是了解的,而且对小米也是了解的。"小米的生态链投资决策也极具工程师特色。刘德认为:与专业投资机构看数据不同,工程师是从产品端和技术端来看一个团队是否可靠,再通过跟团队沟通来评估团队对未来的判断是否可靠。专业投资机构通常仅提供财务资本,小米还会对生态链企业输出价值观和产品标准,与它们一起把产品做好,并提供渠道赋能、供应链赋能、融资支持等。此外,这些资深工程师经验丰富、资源通达,可以作为"资源接口"帮助生态链企业和小米平台实现高效的资源对接和价值共创。

工程师团队组建好后,就要开始寻找优秀创业企业进行投资。由于缺乏投资经验,团队决定从熟人圈入手,先尝试打造一些样板工程。小米将做手机的成功经验进行输出,很快吸引来老熟人和小米共创出具有很高性价比的智能硬件,包括张峰所领导的做移动电源的紫米,谢冠宏所创立的万魔,苏峻所创立的做空气净化器的智米,黄汪所领导的做小米手环的华米。奇迹般地,这些产品迅速成了"爆品"。以手环为例,当时市场上的手环功能多样但价格昂贵,且续航时间短,小米与华米共同研发的手环通过仅保留几个核心功能和延长续航时间,以 79 元的超低售价迅速俘获消费者,最终在一年内售出 1 400 万只,华米一跃成为全球第二大智能可穿戴设备公司。对于小米初期在离手机近的"周边"领域投资的好处，刘德在一次混沌 Mini 创业营分享会上说："一年如果能卖 6 000 万台手机，就一定能卖 1 000 万只耳机，一定能卖 2 000 万只移动电源。互联网销售的特点是流量生意，手机畅销给周边产品带来了巨大的红利。"

样板企业成功发挥了强大的示范引领作用，越来越多的企业加入小米生态链。刘德谈到业内甚至有这个说法："要硬件创业的话，你要想成功的不二法门，就是小米想不想投资你为生态链企业。"随着小米生态链的茁壮成长，找上门的创业企业越来越多。小米坚持参股不控股，以保持创业者的创业精神。参股促使小米和生态链企业的利益一致化，不控股可以让众多生态链创业者在自己专注的领域奋力奔跑，实现"竹林效应"。对此，刘德 2017 年初在一场内部分享课上解释说："新兴互联网公司像竹子，只要时间对，一夜春雨就能长起来；竹子的问题是生命周期短，但只要成为竹林便可以生生不息。小米就是要打造一片竹林，让竹子们在地下根系相连、互通有无。"

截至 2018 年 3 月，小米共投资或孵化了约百家生态链企业，其中包括华米、云米、石头科技等独角兽企业。当年，小米也成为全球最大的消费级物联网平台。朝着竹林般生态的发展方向，小米逐渐从一艘大船转变为一支既能单兵作战又能协同作战的有强大战斗力的舰队。

启发思考题

1. 小米组建工程师团队进行创业投资，有什么特点和利弊？

2. 小米生态链发展初期采取熟人圈和"周边"策略，追求"竹林效应"，这些做法体现了何种管理思维方式？

3. 你认为小米是一家什么样的企业？为什么？

管理情境

第7章

管理情境概述

学习目标

● 认识企业及其管理的两重性，理解双重目标企业的属性。

● 了解企业外部环境的基本构成，理解外部环境的不确定性、成长性、竞争性和合作性特征。

● 理解环境对象化对管理情境中行为主体的作用，能够从系统观角度识别管理者行动所受到的制约和自主行动的可能性。

通过本章的学习，你将掌握企业作为开放系统的性质和特定情境下的管理应对方式（重点），认识管理者发挥自主性的情境条件及所处系统的类型（难点）。理解马克思主义科学理论对企业及企业管理两重性的认识的启发与指导作用（思政主题）。

引　例

全球影像巨人柯达公司的衰败

美国伊士曼柯达公司（简称"柯达"）曾是世界上最大的影像产品及相关服务的生产和供应商之一，在影像拍摄、分享、输出和显示领域一度处于世界领先地位。其因胶卷印制出来的相片略偏黄色而获得"黄色巨人"称号。

这家在感光胶片行业位居世界第一的公司，事实上也是全世界第一个发明出数码相机的公司。作为1975年就发明了第一台数码相机的先行企业，柯达迟迟没有发力，直到1991年才推出130万像素的数码相机。公司高层并不看好这一新事物，认为与公司一直生产的光学影像相比，数码影像质量不够好、利润不够高（胶卷毛利率达80％），只能在民用市场销售，是不受影楼、广告公司等高端客户青睐的，所以没有下定决心进入这一市场。可出乎意料的是，数码相机的增长速度是几何级的，且民用主流数码相机很快就达到800万像素，世界上顶级影楼、广告公司开始纷纷使用数码相机。

　　错失了市场良机的柯达公司终于认识到前期的失策，于 2005 年 6 月任命了具有雷厉风行领导风格的彭安东担任首席执行官，以图能强有力地推动公司实现向数码业务的战略转型。就任时，彭安东总结说："在很多年以前，柯达就意识到数码影像对公司来说是一个巨大的发展机会，因此进行了大量的投资。但只是在不久之前，柯达才真正下大力气把这些已经积累起来的数码影像技术转化成商业化的产品。"

　　彭安东上任后曾着力重构柯达公司的业务组合。2006 年 8 月，柯达将一直未实现盈利的消费数码相机生产、储运及研发业务分拆给了新加坡的伟创力国际有限公司，自己仅保留系统设计、产品外观设计及观感等业务以及高级研发业务。此次分拆涉及全球 550 名柯达员工。2007 年 1 月柯达将医疗成像部门出售，同时收购了 5 家印刷公司。柯达公司在转型的 8 年里，除了 2007 年之外年年亏损，公司市值也从 1997 年的峰值约 310 亿美元降至 2012 年 1 月的 9 718 万美元。2012 年 1 月 19 日，柯达公司宣布在纽约申请破产保护。

　　在数码影像领域拥有卓越技术却无果而终的柯达公司，是因企业高层管理无方而失败的经典反例。商场如战场，没有常胜将军。企业以可持续发展为目标，需要管理者对企业所面临的内外部环境进行管理，敏锐洞察环境的变化，并妥善应对其所处的独特情境。

第 1 节　企业及其管理的两重性

　　管理活动是在具体、真实的情境中展开的，管理对象具有特定性，管理工作必须做到因地因时制宜。企业是一种特殊类型的组织，针对企业这类对象开展管理工作，必须要有针对性。对象适宜性，是管理工作适配管理情境的基本要求。

一、企业的概念及属性

（一）企业的概念

　　企业是以营利为目的而从事生产经营活动，向社会提供商品（产品或服务）的经济组织。现实中企业可以按照所有制形式区分为国有企业和集体企业（公有制企业）、民营企业、混合所有制企业，或者按照产权组织形式区分为个人独资企业、合伙企业、公司（包括有限责任公司和股份有限公司）。不管具体形式如何，概括而言，企业是人们共同劳动创造物质财富的场所，是劳动过程和价值形成过程相统一的商品生产经营者。

　　对于工业领域的企业（制造业企业）来说，与商品经济相联系，它具有如下四方面典型特征：（1）它是为社会消费而进行生产的生产单位，不是为自己消费而生产。它的产品必须通过交换进入社会消费领域。（2）它生产的产品遵循价值规律，通过市场实行等价交换。它是通过自己的生产经营获取盈利，自主经营、自负盈亏的经济组织。（3）它是拥有一定的生产经营资源并有内在联系的社会化生产的经济实体。它要按照自己生产经营的需要，自主地对资源进行合理的配置和使用。当代企业的生产经营资源除了包括人、财、物、技术等传统要素外，还包括数据或对其处理后的信息这类新型要素。（4）它要依法取得法人资格，享有法律规定的权利，同时履行法律规定的义务。它以自己独立支配的财产承担民事责任，同时能以自己的名义参加民事活动，取得民事权利，承担民事义务。以上四方面特征是由商品经济的一般属性所决定的，是所有商品生产经营者的共同特征。

（二）企业的两重性

企业既是社会生产的承担者，又是一定生产关系的体现者，是生产力和生产关系的结合体，是社会的一个基本单元。

企业的两重属性并不是分立的，而是既对立又统一的关系。马克思认为，在实行雇佣劳动制的资本主义生产方式下，生产力呈现出片面的和有障碍的发展，因为资本主义使主要生产力即人本身片面化、受到限制，从而不断地成为生产力发展的障碍。资本既具有无限度地提高生产力的趋势，又具有限制生产力发展的趋势。这是对立统一性的表现。生产方式作为社会形态的基础性要素，体现了生产力与生产关系的统一。

马克思指出，在资本主义生产方式下，资本不是一种物，而是一种以物为媒介的人和人之间的社会关系。① 资本作为人格化的生产条件，成了劳动的对立面。但是，辩证地看，资本主义生产方式在造成劳动异化的同时也创造了消除异化的手段，形成普遍的社会物质变换、全面的关系、多方面的需求以及全面的能力体系，从而为人的发展打下了物质基础，创造了生产力条件。与之对比，在共产主义生产方式下，生产力可以获得自由的、无阻碍的、不断进步的和全面的发展，社会生产力的发展表现为它自己不断超越自己的过程，生产力发展的唯一前提是超越出发点。党的二十届三中全会指出要"健全相关规则和政策，加快形成同新质生产力更相适应的生产关系，促进各类先进生产要素向发展新质生产力集聚，大幅提升全要素生产率"。

企业的两重性反映了生产力和生产关系的对立统一关系。它要求企业中的一切工作，既要发挥促进生产力极大发展的作用，又要确保生产力发展切实符合社会主义发展规律所要求的生产目的。在社会主义初级阶段，生产力不发达、商品经济不发达，这必然决定了中国道路的基本取向是现代化，根本任务是解放和发展社会生产力，以创造出实现每个人自由和全面发展的客观条件。与这一认识相对应，管理学研究与教育中要加深对生产关系适应生产力发展的普遍性、一般性的规律性认识。通过深入而全面地理解市场经济运行规律和社会主义发展规律，把市场经济优势和社会主义制度优势有机结合起来。

（三）双重目标企业

双重目标企业，顾名思义，是指既追求财务性或商业性目标，又承担社会性使命的企业，它是营利性组织与非营利组织混合的形态，是实业界将道德性考量落实到企业制度上的实践结果。

---

① 马克思. 资本论：第 1 卷. 北京：人民出版社，1975：834.

过去，工商企业作为营利性组织，与旨在解决社会问题的非营利组织是完全分离、彼此对立的。工商企业追求财务性或商业性目标，为投资者赚取利润，非营利组织则通过筹款获得资源，实现社会性使命，两者似乎是简单的二分。但是，现实中不少向善的工商企业尤其是国有企业，既具有营利性组织的特征，又呈现非营利组织的风格，是双重目标企业的典型代表。

企业以盈利为目标无可厚非，但是这样的目标是局部的、短期的，需要朝全局性、长期性和高质量发展方向努力。当前，全球范围很多企业不同程度地意识到了可持续发展的问题，从而开始更加积极地响应可持续发展的时代要求，而不只是一味追求利润目标。不少企业设立了各类可持续性项目，致力于减少碳排放、开发环保新产品、践行循环利用以减少浪费。例如，星巴克重新设计了冷饮类产品的杯盖，以避免使用吸管；瓶装水公司正寻找替代包装方案，以回应公众对塑料污染的强烈抵制；许多写字楼、动物园、商店和其他公众场所已经停止售卖瓶装水；有些城市通过立法禁止使用塑料吸管和一次性餐具。

近年来，越来越多的工商企业认识到自身行为会对员工、顾客、社区和大环境造成影响，认识到有必要为社会做更多的事情，负更大的责任。同时，许多非营利组织如慈善机构也正逐渐转变为社会企业，以实现自我"造血"，而不是依赖外部捐赠来维系生存。这样，同时追求双重目标，就成为管理者要担负的责任。这无疑是一个严峻的任务。双重目标企业面临着既要在财务上稳健运行，又要履行社会责任的双重压力，因此需要兼容两种完全不同的经营与管理思维。

在这种情形下，能否明确设定社会性与财务性双重目标和评价标准，就成为管理者是否具备矛盾管理思维和能力的重要表现。明确的目标能向员工传达什么是重要的，而评价标准能确定哪些行为是有效的，哪些行为是无效的。模糊的目标和不充分或不合适的评价标准会让组织陷入混乱。此外，在财务绩效和社会影响之间达到平衡可能很棘手。一般而言，组织的财务表现比较容易衡量，财务指标如销售额、收入增长和资产回报率，都是易于获取和被广泛接受的指标。而衡量组织的社会影响则更具挑战性，组织难以精确定义社会影响目标，难以获得相关的定量数据，因此通常需要开展更多的研究工作。因此，双重目标企业的管理者必须不断探索，找到设定社会影响目标和评价完成情况的有效方法，明确不同时空维度下的管理目标。党的二十届三中全会指出要"以国家标准提升引领传统产业优化升级，支持企业用数智技术、绿色技术改造提升传统产业。强化环保、安全等制度约束"。

二、企业管理的两重性

（一）企业管理两重性的内涵

与企业的属性相对应，企业管理也必然具有两重性。企业管理两重性是生产力与生产关系对立统一关系在管理活动中的体现。

马克思在《资本论》中分析资本主义企业管理时指出："凡是直接生产过程具有社会结合过程的形态，而不是表现为独立生产者的孤立劳动的地方，都必然会产生监督劳动和指挥劳动。不过它具有二重性。

"一方面，凡是有许多个人进行协作的劳动，过程的联系和统一都必然要表现在一个指挥的意志上，表现在各种与局部劳动无关而与工场全部活动有关的职能上，就象一个乐队要有一个指挥一样。这是一种生产劳动，是每一种结合的生产方式中必须进行的劳动。

"另一方面，——完全撇开商业部门不说，——凡是建立在作为直接生产者的劳动者和生产资料所有者之间的对立上的生产方式中，都必然会产生这种监督劳动。这种对立越严重，这种监督劳动所起的作用也就越大。"①

马克思对管理两重性的论述，表明企业管理既有同生产力、社会化大生产相联系的自然属性，又有同生产关系、社会制度相联系的社会属性。李占祥等指出，提出企业管理具有两重性，是马克思在人类历史上第一次科学地揭示管理实质时所作的伟大贡献。②

管理的自然属性，是与生产力相联系的管理的一般属性。在企业管理过程中，为有效实现目标，要对人财物等资源合理配置，对产供销及其他职能活动进行协调，以实现生产力的科学组织。这种组织生产力的管理功能，是由生产力引起的，反映了人同自然的关系，所以称为管理的自然属性。它只受生产力决定，而与生产关系、社会制度无关。在历史的发展过程中，管理的自然属性不随社会形态的变化而变化，因此具有一般性。

管理的社会属性，是与生产关系相联系的管理的特殊属性。在企业管理过程中，为维护生产资料所有者利益，需要调整人与人之间的利益分配，协调人与人之间的关系。这种调整生产关系的管理功能，反映的是生产关系与社会制度的性质，所以称为管理的社会属性。它是由生产关系和社会制度的性质所决定的。在历史的发展过程中，管理在不同社会形态下体现着统治阶层的意志。比如，资本主义企业管理是为了维护资本主义生产关系，是资本家榨取工人创造的剩余价值的一种手段；社会主义企业管理则是在维护社会主义生产关系的条件下，使工人的积极性、主动性和创造性充分发挥，实现社会主义生产目的的一种手段。两者有本质的区别，反映出管理的特殊属性。

管理的两重性是相互联系、相互制约的。管理的自然属性不可能脱离管理的社会属性孤立存在，它总是在一定的社会形式、社会生产关系条件下发挥作用；而管理的社会属性也不可能脱离管理的自然属性而存在，否则就成为没有内容的形式。因此，管理的两重性是相互联系的。同时，管理的两重性之间又是相互制约的。管理的自然属性要求具有一定的社会属性的生产方式与其相适应；而管理的社会属性也必然对管理的方法手段等产生影响或发挥制约作用。所以，管理的性质是由其自然属性和社会属性共同决定的。

（二）管理两重性的具体表现③

1. 自然属性

企业管理同生产力、社会化大生产相联系的自然属性，主要表现为合理组织生产力

① 马克思，恩格斯. 马克思恩格斯全集：第 25 卷. 北京：人民出版社，1974：431.
② 李占祥，杨先举. 现代企业管理学. 北京：中国人民大学出版社，1990：21-23.
③ 同②.

（指挥劳动）的管理职能。它是由共同劳动的社会化性质决定的，是进行社会化大生产和组织劳动协作过程的必要条件。马克思说："一切规模较大的直接社会劳动或共同劳动，都或多或少地需要指挥，以协调个人的活动，并执行生产总体的运动——不同于这一总体的独立器官的运动——所产生的各种一般职能。"①

合理组织生产力（包括同生产力相联系的人们在生产中的分工与协作）这一管理职能，在任何社会制度下都是需要的。科学技术的进步、生产力的发展、人们在生产中的分工和协作的深化具有继承性和连续性，因而直接同生产力及劳动分工与协作相关的、反映生产力水平和生产社会化程度的管理组织形式、方法和手段，也具有继承性和连续性，不仅不会因所有制的变更而消亡，而且还要继续发展下去。也就是说，现代化大生产所需要的企业管理，是统治阶层实现自己利益的一种工具，但是它并不具有专属于某个阶层或专利于某个阶层的属性。资本主义可以利用它来榨取更多剩余价值，社会主义也可以利用它来推动生产力的迅速发展，不断满足人民日益增长的美好生活需要。所以，任何社会制度下的企业管理，都具有这种同生产力、社会化大生产相联系的自然属性。

2. 社会属性

企业管理同生产关系、社会制度相联系的社会属性，主要表现为维护和发展生产关系（监督劳动）的管理职能，它是同生产关系直接联系的，是由共同劳动所采取的社会结合方式的性质所决定的，是维护社会生产关系和实现社会生产目的的重要手段。

在资本主义制度下，管理的监督劳动体现为剥削雇佣劳动的职能，具有阶级对抗性质。在社会主义制度下，监督劳动不再是剥削雇佣劳动，而是成为巩固和加强集体劳动、推动生产力发展的条件，为实现社会主义的生产目的服务。

（三）管理两重性的存在意义

马克思关于管理两重性的认识，虽然是在分析资本主义企业管理时揭示出来的，但同样适用于社会主义企业管理，它不但是我们正确认识资本主义企业管理的有力工具，也是研究我国社会主义企业管理的重要理论依据。

管理大师彼得·德鲁克在阐述管理热潮及其教训时也说明了管理及其两重性问题。他指出，管理是一种客观职能，取决于其任务；但管理又受一定社会的文化的影响，并从属于其价值观、传统和习惯。管理并不是脱离价值观而存在的。管理愈是能运用一个社会的价值观、传统和习惯，就愈能取得成就。他强调说，管理人员的第一位职责就是使他的机构完成其所以存在的使命和目标——不论它是商品或服务。但这还不够。每一个机构都是为社会而存在的，并且存在于社会之中。各种机构的管理人员也必须承担起自己的社会责任，必须深入思考他们所处社会的价值观、传统和习惯。这也正是管理两重性的存在意义。

针对管理热潮在美国的兴起并在全球产生影响，德鲁克思辨说：管理热潮一方面对社会和文化传统提出了疑问，另一方面又加强了这些传统。这看起来似乎是矛盾的。各

---

① 马克思，恩格斯. 马克思恩格斯全集：第 23 卷. 北京：人民出版社，1972：367.

个国家的管理当局和管理人员都必须认识到，他们面对着同样的一些任务，所以他们必然是互相类似的，但管理热潮也被用来加深其间的差异和选择不同的道路。① 因此，管理者必须认真把握好管理的两重性，从而管理好自己所在的企业。

第 2 节　企业外部环境的构成因素与特征

任何组织（包括企业）都是在一定环境中从事活动的，环境的特点及其变化必然会影响组织活动的方向、内容以及方式的选择。所谓环境，是指对组织及其管理活动直接或间接地产生影响的各种客观条件或因素的总和。依据管理活动发生在组织边界之内还是之外，可以将企业环境划分为内部环境与外部环境。本章主要介绍企业外部环境。

一、企业外部环境研究的必要性

企业外部环境是企业生存发展的土壤。企业外部环境既为企业活动提供必要的支撑，同时也制约着活动。企业经营所需的各种资源都需要从属于外部环境的原料市场、能源市场、资金市场、劳动力市场等去获取。离开外部环境中的这些市场，企业经营便会成为无源之水、无本之木。与此同时，企业利用上述各种资源生产出来的产品或服务，也要在外部市场进行销售。没有外部市场存在，企业就无法进行交换，无法从出售产品或服务中获得销售收入，以抵补生产经营过程中的各种消耗。离开了外部环境，企业就无法生存下去，更谈不上进一步发展了。

企业外部环境为企业生存和发展提供了条件，但同时也会限制企业的生存和发展。企业无论生产什么产品或提供什么服务，都只能根据外部环境能够提供的资源种类、数量和质量来决定其生产经营活动的具体内容和方向。鉴于企业的产品要通过外部市场交换才能实现价值，那么在生产之前和生产过程中，企业就必须考虑其产品能否被市场所接受和欢迎。

企业外部环境本身处在不断的变化之中。外部环境的种种变化，可能给企业带来积极和消极两种影响：积极影响是为企业的生存和发展提供新的机会，比如新资源的利用可以帮助企业开发新的产品；消极影响可能是对企业生存造成威胁，比如技术条件或消费者偏好的变化可能使企业现有的产品不再受欢迎。因此，企业要谋求持续的生存和发展，就必须及时地制定出对策和措施，以便一方面积极地利用外部环境变化所带来的有利机会，另一方面又能有效避开、化解环境变化所带来的威胁。

要想趋利避害，企业就必须认识外部环境。这也是企业管理者研究外部环境的必要性所在。外部环境研究不仅可以帮助企业管理者了解外部环境的现状，而且可以使其认识到外部环境的演变历程，从中发现外部环境变化的一般规律，从而在此基础上预测未来外部环境的变化趋势。

---

① 彼得·德鲁克. 管理：任务、责任和实践. 北京：华夏出版社，2008.

二、企业外部环境的构成因素

企业外部环境范围很广。企业为了节省人力和经费投入，一般会考虑外部环境中各种因素对企业活动的影响的直接性、间接性及程度的差别。企业通常不会紧密跟踪与研究那些远离企业活动领域、对企业只有低程度影响的外部环境因素，而会侧重于研究那些对企业活动影响较为直接且影响程度较高的因素。

对企业经营活动有直接且重要影响的因素，可能来源于不同的层面。鉴于影响是一种关系，涉及影响力量的来源与其所影响的对象，本章重点从受影响对象（企业）的角度，按照外部环境因素是对所有相关企业都产生影响还是仅对特定企业具有影响区分为一般环境因素和特殊环境因素。

（一）一般环境的构成因素

一般环境是企业所处的大环境，主要由政治、法律、社会、文化、经济、技术、自然等因素构成。因为这些因素对大环境中的所有相关企业都会产生影响，且这种影响通常不会因企业使命不同而有较大差异，所以统称为一般环境。

深化学习 7-1　企业一般环境的主要构成因素

深化学习 7-1 简要介绍了企业一般环境的主要构成因素。本书第 9 章将从对中国企业管理产生影响的主要力量来源的角度详细介绍本土的一般环境，这里仅做概要说明。

（二）特殊环境的构成因素

企业不仅存在于一般环境之中，而且作为具有特定使命和任务的机构，它又是在特殊领域内开展活动的。如果说一般环境对各类企业均会产生相似的影响，那么，外部环境中那些仅对某一企业产生特定性、个别性影响的因素的组合就称为特殊环境。因为与

深化学习 7-2　企业特殊环境的主要构成因素

特定企业的具体使命和任务密切相关，所以特殊环境通常也被称作该企业的任务环境。深化学习 7-2 简要介绍了特定企业所处的特殊环境的主要构成因素，如供应商、顾客、竞争对手、政府机构及特殊利益团体等。

三、外部环境特征的分析

企业面对其赖以生存和发展的外部环境，首先要做的便是分析外部环境的性质、特征和变化趋势，以便制定出正确合理的决策。下面主要从不同方面分析企业外部环境的特征。

（一）不确定性

外部环境的不确定性程度对企业经营有着重大影响。依据企业所处外部环境的复杂性（指外部环境构成因素的类别与数量）和动态性（指外部环境的变化速度及这种变化的可观察和可预见程度）这两项标准，可以将企业外部环境划分为四种不确定性情形。

（1）低不确定性的外部环境：复杂性和动态性都很低的外部环境。企业外部环境中的构成因素很少，而且这些因素不发生变化或仅发生缓慢的变化。在这种情形下，企业经营面临低不确定性。

（2）较低不确定性的外部环境：复杂性较高但动态性较低的外部环境。随着企业所处外部环境的构成因素增加，外部环境的不确定性程度会相应升高。大量的不同质因素的存在，使企业的经营管理工作复杂化。但外部环境各构成因素基本保持不变或变化缓慢，在这种情形下，企业经营面临较低不确定性。

（3）较高不确定性的外部环境：复杂性较低但动态性较高的外部环境。有些企业面临的外部环境复杂性并不高，但外部环境中某些因素经常变化且变化难以预见，从而使外部环境具有较高不确定性。

（4）高不确定性的外部环境：即复杂性和动态性都较高的外部环境。企业所处外部环境中有许多不同质的因素，这些因素经常发生较大的变化，且变化很难预测，在这种情形下，企业经营面临高不确定性，对企业管理者的挑战最大。

外部环境的不确定性，一方面要求管理者积极地适应外部环境，寻求和把握企业生存和发展的机会，避开可能的威胁；另一方面，企业也不能只是被动地适应外部环境，还必须主动地选择外部环境，改变甚至创造适合组织发展的外部环境。

（二）成长性

企业是在一定行业中从事特定产品生产经营活动的经济组织。产品生命周期是分析企业所在行业成长性的一种重要工具。产品生命周期，是指某一种产品从完成试制、投放市场开始，直到最后被市场淘汰而退出市场所经历的过程。有必要说明，这里说的产品生命周期不是指产品在使用中的生命周期，而是指产品在市场销售中所表现出来的生命周期。

按照产品在市场上销售的增长率情况，可以将产品生命周期区分为投入期、成长期、成熟期和衰退期四个阶段。深化学习 7 - 3 具体介绍了这四个阶段的特点。对提供特定类别产品的企业而言，其产品越是处于生命周期的后期阶段，企业的生存空间就越狭小，外部环境条件也就越不利。

深化学习 7 - 3 产品生命周期体现的外部环境成长性

（三）竞争性

行业环境的竞争性直接影响企业的获利能力。美国学者迈克尔·波特认为，影响行

深化学习 7-4　环境竞争性的"五力"构成

业竞争结构及竞争强度的主要因素包括行业内现有企业、潜在进入者、替代品生产商、供应商和顾客（产品购买者）这五种竞争力量。深化学习 7-4 具体阐明了"五力"的具体构成。

对于处在特定行业的某家企业，其外部环境的竞争性来自空间和时间两个维度。从空间维度看，外部环境竞争性的来源不仅包括当前正在提供与该企业产品或服务的功能相同或相近的同业者，也包括所处行业不同但产品或服务具有功能替代性的厂商（横向），还包括与本企业业务相关联的产业链上游和下游的厂商（纵向）。从时间维度看，外部环境竞争性的来源既包括现有的在位企业，也包括未来的潜在进入者。结合本章引例，柯达公司决策的关键表面上是其是否从生产传统相机转向投产数码相机，但其实更严峻的挑战来自随后出现的内置摄影功能的智能手机的冲击。因此，有关外部环境的竞争性的思考要兼具空间维度和时间维度，切不可从单一维度孤立地看待各股竞争力量的作用。

（四）合作性

企业与竞争对手、供应商和产品购买者之间的关系并不一定只是竞争、对立的，还可以是合作、互惠或双赢的。这意味着对于企业来说，在某一时期和条件下的竞争者，在不同时期和条件下也可能成为企业的合作者或者同盟。竞争关系与合作关系在现实中往往并存而且相互转化。比如，美国的福特汽车公司、德国的大众汽车公司、日本的日产汽车公司，它们一度视对方为竞争对手。然而，福特与大众已经联手在南美洲合作生产小轿车，日产也与福特联合在美国生产汽车。类似的实践显示出传统的纯粹竞争经济正在向合作经济或者竞合经济转变。所以，管理者不能孤立地分析外部环境的竞争性与合作性。

从企业经营的角度，可将合作区分为全面合作和就某事、某方面局部合作，战略合作与一般合作，以及直接合作与间接合作、长期合作与短期合作、现实合作与潜在合作等。合作可以是基于产权关系的，也可以是基于非产权关系的。而且，不仅企业与企业之间可以合作，企业与科研院校、政府部门等也可以在共同利益的驱动下开展合作。合作成功的重要条件是，合作各方应具有利害相关性和优劣势互补的特性。

当然，随着内外部环境条件的变化，企业与合作者的关系会出现复杂的变化。企业应该看到，合作者可能转变为竞争对手，而竞争对手也有可能变为合作者，本企业的合作者可能同时也是竞争对手的合作者。这些情况表明，企业对外部环境的合作性应该进行系统、全面和动态的研究。

四、外部环境的 VUCA 特征

VUCA 即易变性（volatile）、不确定性（uncertain）、复杂性（complex）、模糊性（ambiguous），读音为"乌卡"。这一概念最早在 20 世纪 90 年代被美军用来描述冷战结束后世界的易变、方向不定、多边关系复杂、互动结果模糊不清的状态。互联网泡沫破裂后，VUCA 被越来越多地应用于变幻莫测的商业环境。其具体含义如下：

V（易变性）：挑战本身及其维持的时长是未知且不稳定的。

U（不确定性）：变化的方向不具有可预见性，缺乏对意外的预期与对事情的理解和认识。

C（复杂性）：含有许多相互关联的因素、条件，要清晰识别它们之间的组合关系并非易事。

A（模糊性）：事态发展的结果模糊、不清晰，没有先例可循。

当代新科技的发展、新商业模式的出现有如海浪，一波未平、一波又至，从不同的源头汹涌而来，持续激荡。比如，共享单车刚出现时，市场竞争力强大，导致单车售卖店铺、修车小摊举步维艰。但红火一时后，共享单车陷入困境，一蹶不振。又如 2017年以来支付宝、微信支付迅猛发展，移动支付取代了小额现金支付，这对银行 ATM 机等自助设备的使用产生严重负面影响，还迫使不少银行关停部分营业网点。再如，方便面品牌销量急剧下滑，原因是受到了美团、饿了么等外卖平台的冲击。口香糖的销量锐减，未必是被漱口水、清口含片等产品取代，也可能是因为智能手机的使用减少了人们在超市收银台这个消费场景停留的时间。

跨界使越来越多行业的企业无从判定自己未来的竞争对手会来自哪里，这给企业带来了非常严峻的挑战。在各种因素交互影响的 VUCA 环境中，管理者强烈感知到外部环境的不可把握性提高，从而更难采取行动。管理者也不能贸然采取行动，那样很难成功。在对形势的变化和特定行动的结果知之甚少时，与其盲目下注，不如在结果变得明朗之前，先把重点放在减少风险暴露上。因此，应变时机的选择与采取什么应变行动同样重要。管理者需要对 VUCA 的外部环境有一个全方位的理解。

鉴于 VUCA 只描述了新时代的外部环境特征，而没有准确表现出身处困境的管理者对于变化的速度、冲突的困惑，也没有给出可资应对的思路和方案，创新领导力中心（CCL）提出要将 VUCA 升级为凸显骤然、爆裂意义的 RUPT（急速（rapid）、莫测（unpredictable）、充满矛盾（paradoxical）、相互缠结（tangled））。[①]这一表述蕴含的假设是：当环境"爆裂"时，如果企业的管理者及员工没能妥善应对，该企业及其关联者会面临被颠覆的风险；而应对之策，最基本的就是从万物交织的联系中找到某种万变不离其宗的律则。在万物互联的时代，事物间的交织联系错综复杂。为此，企业管理者需要从更高的维度，把外部环境视为一个动态变化的空间，从开放系统立场进行内外关联、交互影响的大系统管理。

第 3 节　管理情境与应对方式

外部环境通常被视为管理者不能控制的因素，但是从管理者能动性的角度看，在外

---

① 从 VUCA 到 RUPT，你的领导力升级了吗？. (2018 - 09 - 18). http：//www. sohu. com/a/254495257 _ 479780.

部环境转换为管理情境的过程中，管理者可以在一定程度上发挥主体能动性。实例 7-1 是在特定管理情境下发挥主观能动性应对问题的一个案例。

实例 7-1

建设中国充电网络

按照传统的思路，建设充电网络的模式是：征地建造充电站。这需要投入大量成本（买地成本、电力增容费用、雇专人值守费用），还要和地方政府及各地电力部门协商。此外，如果电动汽车普及率很低，则难以盈利。

而在互联网时代，芬尼克兹 CEO 宗毅认为建设充电网络就是要整合以前没能协同的资源，并产生新的价值。他设计出的新模式是：利用酒店现有停车场、电源和服务人员，只需要建造充电桩即可。那么，酒店为什么愿意提供免费充电服务呢？宗毅认为，对于酒店，免费充电服务相当于增值服务，同时具有广告宣传效应，例如，酒店（4 星级以上）每天每间房房费为 500～1 000 元，每晚提供充电的平均费用为 20～30 元，驾驶电动汽车出游的人会首选入住提供充电服务的酒店。

酒店发现充电桩可以吸引高端的特斯拉客户，于是开始自行购买充电桩，并影响整个行业，充电桩逐步成为酒店、饭店等服务场所标配。最重要的是，电动汽车免费充电开始深入人心，最终大大推动电动汽车行业的发展。这是宗毅建设中国充电网络的最终目的。于是，由民间自发建设充电网络，不需要国家投资的行动正式展开。

一、环境与情境的联系和区别

在对待管理者与其所处环境的关系上，存在两种片面倾向：一是管理万能论，没有关注环境的影响；二是环境决定论，没有认识到管理者有所为的方面。以橡树种植企业为例，潮湿的环境是橡树长成的必要条件，但这一条件并不能保证产生橡树产品，所以对于企业是必要非充分条件。橡树种植企业包括管理者在内的劳动者，是与环境条件共同起作用的联动因素。无论是管理万能论还是环境决定论，都是有失偏颇的。高效的管理者需要把自己与所处环境的关系建构为可管理的情境。

情境是特定主体周围的环境因素在具体场合的展现。与环境是指客观存在的条件不同，情境是相对于某个主体而言的。"情"指的是具体、直观的情形，"境"是指该情形中所蕴含的相互交织的因素及其相互之间的关系。对于同样的环境条件，不同的主体或者同一主体在不同的场合，往往会有不同的感知，所以情境是特定主体对其周遭环境所做的主观建构。如果说环境是纯粹的空间概念，那么情境就是特定主体加以对象化的环境。

例如，某个时期的统计数据显示，因车祸死亡的驾驶者中，女性的比例明显高于男性。有人认为，是女性驾驶技术有限导致了较高的死亡率，此类安全责任不由车辆制造商承担。但真正原因是，当时的安全带设计只参考了男性的体型，在发生车祸时难以给女性提供有效的保护。对于车辆制造商而言，车祸是外部环境因素，驾驶者的驾驶技术也是其不可控的。但是，对车祸造成死亡的情境进行新的认识之后，会发现安全带设计是企业可控制的内部因素，且该因素与车祸的交互作用构成了女性驾驶者的车祸死亡率高过男性驾驶者的车祸死亡率的充分条件。由此例可看出，管理主体对具体情境的不同建构，会触发或生成不同的管理对策。管理者需要明确识别外部环境因素导致某种结果发生的特定条件及作用机制，这样才能够采取正确的管理措施来应对。

二、特定情境下的管理行为

(一) 刺激—机体—反应模型

在关于环境影响的认识上，传统观点主张"刺激—反应"模型，没有将环境加以对象化，使之转化为主体可感知和主动应对的情境。这种客观的行为主义忽视了主体能动性。对其修正之后形成的"刺激—机体—反应"模型，主张具有能动性的机体，能够对周遭环境的状态及其产生的影响做出感知和判断，然后采取相应的行动。环境经过特定机体的对象化之后，被赋予独特的意义，这样机体所建构的刺激会诱发其采取某种对应的反应。具有目的性行为，会基于其对所处情境的认识而理性地选择特定行为的机体被称为行为主体 (actor/agent)。

管理者在应对其所面临的企业内外部环境时，也是行为主体。根据主体的反应是被动还是主动，是事前还是事后 (在环境影响事件发生之前或后)，以及是否考虑了行动结果或后果，可以区分出如下几种反应行为：

(1) 被动的回应 (reaction)。这是一种在环境因素产生了决定性影响后被动地做出的应激反应，旨在维持系统既有的状态。在这种应对方式下，外界因素成了既必要又充分的条件，因此所谓的反应是一种被决定的行为。

(2) 主动的响应 (response)。指基于对内外部情境因素的构成及其相互交织关系的认知而主动地采取某种行为，通过内外部因素的共同作用而产生某种结果。这虽然与前一种行为类似，也是事后的行为，但此时外部环境并不具有决定性的影响，而只是必要非充分条件。只有在内部因素与外部因素共同作用的条件下，才产生特定的结果。

(3) 自主的行动 (action)。环境中的任何变化既不是充分条件也不是必要条件，系统的行动是自发、自主的。系统内部因素状态的变化，就已经是导致系统行动的充分必要条件。这样的系统是高度自由的，有巨大的可选择空间，可以按照自身寻求的目标或目的来行动，即自治。实例7-2介绍的郭士纳重建IBM的实践表明，卓有成效的管理者会设法对制约他的情境加以管理，而不是完全被动地对现有 (未必合理的) 情境做出反应。具有主动制变、面向未来和转型变革特征的前摄行为 (proaction)，是行为主体发挥主观能动性的典型表现。

实例7-2　郭士纳对IBM的重建

（二）特定情境下的系统类型区分

沿着系统层次向上看，企业整体作为一个系统，处于环境这一大系统之中。沿着系统层次向下看，把所考察的对象调低一个层次，分析单位由企业整体下移至企业内部的组成单位，以它们作为企业系统内的分（子）系统。

根据系统自身是否拥有可选择空间以及哪一层次拥有可选择空间，可以识别出四种不同的系统类型：第一，整体和部分都没有选择的系统，完全由环境来决定其行为，这种被动的系统被比拟为"机械"。第二，整体有所选择但部分没有选择的系统，如人体这样只有一个大脑的活体系统，称为"有机体"。第三，整体和部分都可以有所选择的系统，如社会系统。第四，比社会系统更宏观的系统，如地球这样的巨型生态系统，其整体层面无目的、无选择，但部分往往是有意图、有选择的。社会系统就是这一范围更广的大系统中的一部分，与其共处或共生的其他组成部分也可能有自己的选择，或者可能没有选择（如自然系统）。所以生态系统中各个参与者之间的相互关系是非常复杂的。[①] 对企业组织来说，其外部的环境不仅包括其同一社会系统中的其他组成，也包括此社会系统之外的更远的、共生的有机体。

从系统层次嵌套的角度可以推论，生态系统虽然在性质上属于第四类的大系统，但包含了自身有目的的第二、三类或者无目的的第一类的分（子）系统。从历史演进的角度看，企业组织曾经被构建为机械，但伴随赋权理念的贯彻实施，越来越趋近社会系统，组织内部的分（子）系统在某种程度上拥有了自主选择的空间。

联系第 10 章有关中国公有制企业的改革进程，传统的国营企业属于第一类系统，由国家或政府从外部赋予其目的，是没有自主选择的、非主体的存在。由企业最高领导者独裁的科层制企业，属于第二类系统，整体是有意图、有选择的，但其组成部分只是落实其意图的工具，是被企业家（当权者）决定的。内部市场化运作的企业，以及实施民主或自主管理的企业，其组成部分是在不同程度上有自己意图的主体，所以比科层制企业复杂。而由多企业以松散耦合方式联结的生态系统，其整体意图虽然没有或很弱，但参与的企业都有基于自身的意图自主做出选择的空间，给每个企业带来一种高度不确定性的情境，那就是其各自的行动都不是充分条件，需要多方面联合作用才有可能构成充分条件。这使得很多管理者重新思考如何以不变应万变。这样，管理的关注点就从适应外部环境的变化转向探寻企业内部核心竞争力的种种来源。

小　结

1. 企业管理两重性是企业固有的两重属性（生产力与生产关系的对立统一关系）在管理活动上的体现。企业既是社会生产的承担者，又是一定生产关系的体现者，是生产力和生产关系的统一体。与此相对应，企业管理的自然属性是同生产力、社会化大生产相联系的，企业管理的社会属性是同生产关系、社会制度相联系的。

2. 企业外部环境是企业生存发展的土壤，指对特定企业及其管理活动直接或间接

---

①　罗素·艾柯夫. 艾柯夫管理思想精华集. 上海：上海三联书店，2007.

地产生影响的各种客观条件或因素的总和。管理工作必须针对企业所面临的特定的内外部环境因地制宜地开展，这是管理权变观的要求。

3. 企业的外部环境因素，可区分为对所有相关企业都产生影响的一般环境因素和对特定企业产生影响的特殊环境因素。一般环境是企业所处的大环境，主要由政治、法律、社会、文化、经济、技术、自然等因素构成，会对处在该环境中的所有相关企业都产生影响，且这种影响通常不会因企业使命不同而有较大差异。与之对照，特殊环境仅对某一企业产生特定性、个别性影响，所以也被称作该企业的任务环境。

4. 对于企业外部环境，可以从不确定性、成长性、竞争性和合作性等方面分析其特征。其中，不确定性程度可以依据复杂性和动态性两个标准来衡量；成长性通常由产品生命周期来反映，即通过某类产品在市场上销售的增长率情况来评判特定产品处于投入期、成长期、成熟期和衰退期的哪个阶段；竞争性和合作性主要是针对企业特殊环境来评判其所处行业中呈现的竞争或合作态势，以及各种力量对该企业抑制或支持的强度。

5. 当今环境呈现出易变性、不确定性、复杂性、模糊性的特征，概称为 VUCA。新时代需要管理者从更高的维度，把环境视为一个动态变化的空间，从开放系统立场进行内外关联、交互影响的大系统管理。

6. 与环境是指客观存在的条件不同，情境是特定主体加以对象化的环境。管理主体对具体情境的不同建构，会触发或生成不同的管理对策。

7. “刺激—机体—反应”模型主张，具有能动性的机体能够对其周遭的情境因素及其产生的影响做出感知和判断，然后采取相应的行动。根据主体的反应是被动还是主动，是事前还是事后，以及是否考虑了行动结果或后果，可以将反应行为区分为被动的回应、主动的响应和自主的行动。自主的行动是指行动主体有自主选择的空间，可以按照自身寻求的目标或目的来行动。

8. 从系统层次嵌套的角度看，可以根据系统自身是否拥有可选择空间以及哪一层次拥有可选择空间将其区分为四种类型：整体和部分都没有选择的系统，整体有所选择但部分没有选择的系统，整体和部分都可以有所选择的系统，整体层面无目的、无选择但部分有意图、有选择的系统。企业至少可以让内部分（子）系统拥有某种自主选择的自由。

思考与讨论

1. 从作为管理对象的企业的两重性推演出企业管理的两重性，这在何种程度上体现了主客体合一的理念？为什么？

2. 试从管理思维的角度说明企业管理的两重性为什么是矛盾的关系？管理两重性对于建立中国式管理有什么启示？

3. 双重目标企业与单一目标企业相比，其管理工作面临怎样的复杂性？处于这样的管理情境中，哪些管理行为是可行的？

4. 就直接影响而言，特定企业所面临的一般环境因素对其特殊环境中相关企业的影响是否可能大于对本企业的影响？特别是在这两者强度相差很大时，企业可否在环境研究中对此类一般环境因素忽略不计？为什么？

5. 请举例说明外部环境不确定性对企业经营活动和管理活动各自产生的影响，并说明二者之间的关联性。

6. 面对 VUCA 时代的环境挑战，你认为《易经》主张的"三易"原则对企业是否适用？为什么？在这样的时代，关联性思维会起到什么作用？

7. 任正非把华为的竞争对手称为"友商"，主张与友商共同发展，既是竞争对手，也是合作伙伴，共同创造良好的生存空间，共享价值链的利益。你认为，这种理念层面的主张能否及如何转化为公司的战略？

8. 试运用"刺激—机体—反应"模型说明华为公司导入集成产品开发（IPD）流程的企业行为有什么特征？其刺激因子是什么？其作出反应而采取的行动在该流程建设前后期有什么不同？

9. 柯达公司由盛而衰的过程显示该企业是什么类型的系统？为什么？

10. 张瑞敏认为：只有"无常"没有"恒常"，意味着所有的一切，都不是我能主宰的。请对比说明我能主宰和不能主宰两种情形的具体差异，并阐释其各自体现了什么系统类型。

第8章

企业管理的内部环境

学习目标

● 认识企业资源和能力的来源及其向核心竞争力的转化，理解资源基础观与复合基础观的基本主张及异同。

● 了解企业制度和文化的内涵与作用，能够从协作系统自己管理自己的角度理解"序参量"概念在企业中的应用，从原理上认识为什么管理层要为企业构建一个好的内部环境。

● 理解企业生命周期的概念，能够从动态角度看待企业成长过程中对不同管理方式的需要。

通过本章的学习，你将掌握企业作为生命有机体在竞争性环境中存续发展的核心能力来源（重点），理解企业克服无序、走向有序及更高层级有序的可能性和所受到的制约（难点）。立足企业整体理解和把握"练好企业内功"对于企业做强做优做大的意义（思政主题）。

引 例

任正非提出"灰度管理"的背景

任正非雷厉风行，容不得下属推诿扯皮。创立初期的华为，面临激烈的市场竞争，处在生死存亡的关头，这要求华为员工必须坚决执行命令，公司必须有坚强的核心领导力量。这个时候，任正非没有别的选择，必须坚决地往前推进，强调各级干部不能当老好人，要坚持明确的是非标准。他曾经用"裹挟"这个词来形容当时的状态和他本人的心态。他强调，通过群众运动，达到运动群众的目的，激活沉淀层。

在华为建立集成产品开发（IPD）流程的时候，任正非抽调了六七个相关部门负责人。他把这些干将从一线岗位上抽调出来，直接进入IPD项目小组，并告诉他们：你们的工作全部交给副手，如果 IPD 项目做不成，你们也就没有职位了。这可谓破釜沉舟，所有人都没有退路，只能拼命向前。《华为基本法》第十四条写道："在电子信息产业中，要么成为领先者，要么被淘汰，没有第三条路可走。"那个时候的华为，还没有"灰度"的概念。

后来，端对端的流程打通，流程的权威确立起来。任正非确信，今后华为不再需要依靠个人权威去推进，完全可以通过流程来推动。在这个节点上，任正非主张要放松管理，以发挥个体的自由意志。他希望各级干部不要急躁，"沿着正确的方向一点一点进，别折腾"，要唤醒全体员工的良知和良心，共同努力构建制度化的、IT 化的流程体系，实现乱中求治和治中求乱。

任正非在 2009 年全球市场工作会议上的演讲《寄语 2010：开放、妥协与灰度》，首次明确提出"灰度"的概念，反对为了变革而进行变革，并建议企业管理应适合国情。他主张"一个清晰方向，是在混沌中产生的，是从灰色中脱颖而出的，方向是随时间与空间而变的，并且常常变得不清楚。它既不是白色，也不是黑色。合理把握适当的灰度是影响各种因素发展的要素，并且在一段时间内是和谐的。这种和谐的过程称为妥协，这种和谐的结果称为灰度"。

随着灰度概念的传播，任正非被评价为"游走在黑与白之间一个灰度的人"。任正非在不少场合也自称是一个有灰度的人，认为黑白之间的灰度很难掌握，能拿捏好灰度才是好的领导。

资料来源：包政．浅谈华为"灰度领导力"．（2022－05－06）．https://t.qianzhan.com/daka/detail/220506-abfa95b0.html；吴春波．任正非的"灰度"管理思想从哪里来的？．（2022－05－30）．https://xueqiu.com/1268495438/221282922.

从空间维度的概念来看，组织内部环境是指特定企业法律意义（而非经济活动意义）上组织边界之内的条件或因素。无数实践表明，企业内部环境是企业历史上核心管理者的所思所为在历经时间磨砺后沉淀的结果，又会对企业在下一阶段的成长和管理行动产生影响。因此，需要引入时间维度来分析企业内部环境的历时性变迁，并识别管理者有所作为的可能性与所受到的限制。

许多企业都经历了一个成长过程，资源和能力不断积累丰富，企业制度和文化形成并不断完善，企业状态也随着生命周期各个阶段不断演化。任正非在华为公司提出并实践的"灰度管理"，是适应公司所处境况的变化的一种相对的管理原则。灰度代表了对动态变化把握的尺度。包政基于对华为创业历程的多年深度观察，指出在管理领域中没有绝对的原则，如果把"灰度理论"当作金科玉律，而不考虑企业在特定时空条件下的情境，遇到了什么麻烦，以及想达到什么目的，那肯定是要出问题的。随时间与空间而变，意味着管理对策的非绝对性，也意味着管理者具有发挥主观能动性的可能。

第 1 节　企业的资源与能力

世界一流企业的建成绝非一日之功，而要在一个相当长的发展过程中积累实力，在时代浪潮的冲击下形成并保有持续的竞争优势。党的二十届三中全会指出要"完善中国特色现代企业制度,弘扬企业家精神,支持和引导各类企业提高资源要素利用效率和经营管理水平、履行社会责任,加快建设更多世界一流企业"。在世界经济舞台上,一国的经济实力和国际竞争力往往集中体现在经营主体的核心竞争力上,只有拥有一批有全球竞争力的世界一流企业,才能在世界经济格局中占据优势地位。习近平总书记强调"练好企业内功,特别是要提高经营能力、管理水平"①,中国企业需要在建设世界一流企业征途中苦练内功,以强能力、硬本领铸就未来。

一、资源和能力的来源

企业不能孤立地看待外部环境的影响,必须结合自己的资源和能力状况来判别外部环境给本企业带来的机会和威胁。可以说,任何组织(包括企业在内)都是独特的资源和能力的结合体,这一结合体形成了管理工作的基础。

资源是指特定对象所拥有的物力、财力、人力等各种可资利用的要素的总称。以企业这一特定的组织为对象,资源就是指其生产经营过程中的投入。企业的一些资源是有形的、显性的,如现金、有价证券等财务资源,土地、厂房设备及原材料等实物资源,专利、商标和专有技术所有权等技术资源,以及劳动力资源等;另一些资源则是无形的、隐性的,如员工的知识和智慧、相互间的信任及协同工作的方法,企业在社会上的声誉及对外联系的特有方式等。企业所拥有的资源是其独特能力的基本来源。

能力指的是特定主体能够以可靠且令人满意的方式做出特定行为的本领。从来源来看,能力是在一组资源有机组合的基础上形成的。就像胶水把物质黏合在一起形成高强度的材料一样,企业通过各种有形资源与无形资源的不断融合形成与众不同的能力。从本质上说,能力是由质和量两部分构成的。前者是指特定主体已经具备但处于未使用状态的知识、经验等,称为技能。其内涵通俗来说就是指特定主体会不会做某事。在此基础上主体所能做到的能级,称为能量,就是对其所拥有技能的表现或发挥。一个主体当且仅当具有技能并且能够做到一定的能级时,才能称其具有能力。例如,柯达公司掌握了数码影像技术,而且水平相当高,但是一直没有真正地开展这项业务,其全球领先的技术只不过是一种潜在的能力,没有转化为企业经营能力。

二、资源和能力向核心竞争力的转化

(一)核心竞争力的内涵

各种能力中,能够为企业带来相对于竞争对手的持久优势的资源和能力称为核心能力,亦称核心竞争力(core competence)。根据企业拥有的资源、能力和核心竞争力的构成与水平,可以识别其所具有或潜存的优势和劣势。所谓优势,就是对企业生存发展有利的方面,它构成了企业的良性资产,即通常所称的核心竞争力;劣势则是对企业生

---

① 习近平. 习近平谈治国理政:第三卷. 北京:外文出版社,2020:268.

存发展产生不利影响的方面，它构成了企业的负担或债务，称为核心惰性。

一个企业拥有什么核心竞争力以及核心竞争力的强弱，将最终决定企业的成败。如果将企业比作一棵果树，那么企业的最终产品就是果实，最终服务是叶子，结合产品和服务的战略业务单元是树枝，核心产品是树干，它支撑了战略业务单元和最终产品，而支持核心产品的核心竞争力就是树根。有了强有力的树根，企业这棵果树才能够枝繁叶茂、硕果累累。

核心竞争力是日积月累形成的。企业一旦建立了自己的核心竞争力，不仅会使现有的业务经营产生超额利润，而且能使相关的或新创的业务获得延伸运用该能力所产生的溢出效益。因此，管理者在开展管理工作时，一个重要的落脚点是最大限度地培育、发展和运用企业的核心竞争力。有了特定的核心竞争力作为支撑，企业就可以以此为中心从已有业务领域中衍生出许多新技术和产品，从而为企业成功进入多个经营领域参与竞争并获得有利的竞争地位打下坚实的基础。

（二）核心竞争力的评判标准

1. 资源基础观

从企业间竞争的角度，评判某种资源和能力能否成为核心竞争力，评判标准如图8-1所示。

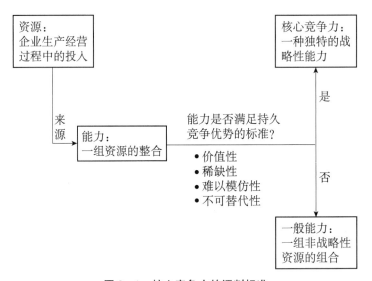

图 8-1　核心竞争力的评判标准

（1）价值性（value），即这种资源和能力是很重要、很宝贵的。拥有它，企业能在为顾客创造特定价值中为自身谋得利益。比如，索尼公司的微型化技术就使顾客受益无穷，同时也使企业获得了开发和把握电子产品各种潜在市场机会的可能，因而它是一个有极大价值的核心竞争力。

（2）稀缺性（rarity），即这种资源和能力是买不到的，只为少数企业所拥有。这通常是企业区别于其他企业的优势所在。

（3）难以模仿性（imitability），即这种资源和能力是难以模仿的。企业形成或拥有某种资源和能力后，在不易买到的情况下，竞争对手可能想通过仿制或学习来获得，这就要求企业必须建立起某种屏障，使自己独有的资源和能力无法被模仿。

（4）不可替代性（nonsubstitutability），即这种资源和能力是无法替代的。某种资源和能力如果能够被替代，则不可能给企业带来持久的竞争优势。

以上四个评判标准的组合就是 VRIN 框架，其中每个标准都是核心竞争力形成的必要条件。也就是说，某种资源和能力，如果从顾客的角度看不是有价值的和不可替代的，或者从竞争者的角度来看不是稀缺的且难以模仿的，它就不可能成为企业的核心竞争力。只有同时满足以上四个评判标准的资源和能力，才有可能生成企业的核心竞争力，使企业最终拥有超越竞争者的优势。

VRIN 框架体现了资源基础观（resource-based view）传统视角的基本主张。然而，这是就企业间关系呈现为以竞争为主的情境而论的。如果切换到企业间关系以合作为主或者竞合的情境，那么上述评判标准中的不可替代性就不是必要条件，而须更换为"组织性"（organization），即把相关资源和能力组合起来。杰恩·巴尼在 1995 年将 VRIN 框架修正为 VRIO 框架，主张以价值性、稀缺性、难以模仿性和组织性四个标准来评判企业是否拥有异质性的战略性资源。

对于企业而言，特定资源或能力通常很难独自形成竞争优势，所以必须借助组织过程，使之与其他资源或能力相结合，进而得到充分的开发利用。没有组织性，就难以建立可持续的竞争优势。基于此可以将特定企业拥有的资源归纳为四类，即除了人力资源、财务资源、实物资源，还有一类源于组织性的资源简称为组织资源。

2. 复合基础观

一般来说，与发达国家企业相比，新兴经济体企业仅拥有普通资源，在初级要素上有比较优势，而在高级要素上不具有比较优势。特别是其在技术、品牌、产品、资本、服务或智力等单个方面不具有优势，但这是就孤立的资源或能力来说的。在识别、利用和组合内外部普通资源的方式上，新兴经济体企业往往有独特之处。基于此观察，陆亚东等借鉴中国传统的阴阳和合思想提出了复合基础观（composition-based view）[①]，认为即便是自身缺乏核心竞争力的普通企业，也可以通过将那些原本独立或分离的不同资源或能力转变为特定资源或能力的复合体而产生一种独特的竞争优势。

所谓复合，是指企业通过对自身拥有或外部可购买的资源与能力进行整合并创造性地运用，提供具有复合功能特征的产品或服务，用复合竞争的手段获取、创造出更高的性价比和更快的顾客响应速度等独特的竞争优势或发展路径。复合中被组合在一起的资源能力要素，既包括企业自有的，也包括可在市场上公开购买的技术、专利、设备、专业性的服务等。这些内外部资源要素一旦被独特地组合起来，获得创造性整合利用，就可以使只拥有普通资源的企业形成更加符合市场需求的复合性竞争优势。

这样的复合并非不同资源或能力的简单累加，而是复杂的、多要素的协同。为此，要求企业能够对相互联系的资源、能力、服务或其他竞争优势来源进行创造性复合。具

---

① 陆亚东，孙金云，武亚军．"合"理论：基于东方文化背景的战略理论新范式．外国经济与管理，2015，37（6）．

体地，有三种复合形式：（1）作为载体的复合式提供，指企业为了最大化满足目标客户群的延伸式、复合式需求而提供的具有更多整合功能、特征的产品服务价值；（2）作为手段的复合式竞争，指企业采用组合式的竞争手段并将这些手段有效地整合在价值创造中，实现比竞争者更高的性价比；（3）作为动力的复合式能力，指企业能够协同整合来自其内部和外部现有有形或无形资源的独特能力。这样企业通过载体、手段和动力三个方面相互强化，形成与优势资源拥有者相抗衡的独特竞争优势，从而既能够与目标市场需求适配，同时又可以规避与具有独特核心竞争力的领先企业开展正面竞争。

总而言之，每个企业的资源和能力各不相同，获得竞争优势的途径具有多样性。可以说，企业的内部环境、外部环境和管理工作三者共同决定了企业总体绩效水平和生存发展能力。管理工作必须针对企业所面临的特定的内外部环境而开展。

第 2 节　企业的制度与文化

企业既有的制度和文化是构成企业管理情境的两种"软"要素，构成特定时期管理工作开展的背景条件。杨杜在不同规模企业的对比中发现，小企业在发展中可能靠个人能力、靠能人、靠机遇，中型和大型企业却不是这样，要靠组织、靠文化、靠制度。企业做到一定规模后，创业者的魄力、能力和目标要通过企业制度与文化明确并固化下来。①

一、制度和文化的内涵

所谓制度，是指由规则调节的秩序，广义上涵盖人类社会中的习惯、习俗、惯例等。狭义上，制度是指一个社会或者组织的游戏规则，是为规范有关人员之间的相互关系而人为设定的一些制约，具有有形性、刚性和强制性。组织文化，就其内核来定义，是指组织在长期实践中所形成的并且为组织成员所普遍认可和遵循的具有本组织特色的价值观念（我们关心什么）、信念（我们认为什么是真实的）和行为规范（我们如何做事），属于精神层面。相比于制度，文化是无形的，具有较强的柔性，更具有持续性。

企业建立制度的目的，就是通过订立成文的行为规范，明确组织成员应该遵循的规则，使利益相关者对企业所追求的目的、目标和所采取行为的结果有稳定的预期。而在一段时间内持续贯彻落实各方面相互配套的、体系化的制度的结果，便形成企业运作机制，深入组织成员内心，积淀为企业文化。

二、制度和文化的作用

理论上说，制度设计者"全知全能"和企业全体成员"同心同德"，是两种理想情

① 杨杜. 成长的逻辑. 北京：经济管理出版社，2014.

况，使得企业可以不依赖于管理活动而实现各方力量的协调。然而，根据管理人的有限理性（详见第 14 章），全知全能在现实中是不可能的，不论企业所有者还是管理者都很难设计出系统完备的制度来约束成员行为。在制度设计难以理想化的情况下，人们往往朝着企业成员同心同德的设想努力，在企业内部建设一种各方主动且全面合作的文化。企业文化建设的目的，从根本上说，就是为了补足制度的缺失和不适宜之处。

虽然单独来看，对企业的全知全能要求、对企业成员的同心同德要求，均是难以企及的，但是，通过制度与文化的互补和配合，二者可以相得益彰。如果一个企业能够以制度来约束成员"向恶"的行为，以文化来激发和引导成员"向善"的行为，那么，管理工作的任务便是使这一状态维持下去，确保和提高企业成员作出贡献的意愿，使所有利益相关者的行为指向实现共同目标。退一步说，如果企业既有的制度与文化不能有力地支撑利益相关者协调一致地实现共同目标，那么就需要管理者深度介入，有效履行其管理职能以使企业发展出一个可以使各方力量得到更好协调的新的状态。也就是说，协作系统自我管理不力的状态，产生了管理层进行补足的需要。这是管理层"有为"的情境。

然而，如老子《道德经》第十七章中所说："太上，不知有之；其次，亲而誉之；其次，畏之；其次，侮之。信不足焉，有不信焉。悠兮，其贵言。功成事遂，百姓皆谓：'我自然'。"意思是，一个管理者，最好的做法是别人不知道你的存在，或者是别人不在意你的存在。这表明，由管理层来补足协作系统的自我管理不力，只是一种短期举措；长远地看，仍然要让系统进入自我管理的状态。为所管理的企业建立起能作为长效机制发挥作用的制度与文化，体现了无为而治的理念。

制度与文化是企业建立起组织运作秩序的重要机制。管理的理想境界是既有自主又有规则，自主是遵守规则之下的自由，规则是可以满足充分自主的规矩。自主与规则之间是对立统一的矛盾关系，考验着管理者的经营管理能力。在企业成长和发展的过程中，没有任何制度和文化是万能的、无懈可击的，所以管理者一定要以目标为导向不断优化机制，在不断迭代中取得成功。

三、组织秩序的构建

（一）组织秩序构建的序参量

制度与文化，一刚一柔，相辅相成。现实中有些企业一方面力推创新型文化，另一方面却规定员工要事事向主管报告，这是制度与文化不相匹配的情形。在秩序构建过程中，需要将制度与文化匹配起来，以两者的互补性促进企业构建起有序运作的机制。

秩序反映了世间万事万物的存在方式和演化方式，意指存在的事物总有某种有规律的排列、次序。企业既有的制度和文化，通常是管理层任期内难以改变或者即使改变了也无法在短期内产生效果的因素，是慢变量，对于组织秩序的形成具有决定性作用。

根据协同学原理，一个远离平衡态的开放系统，在与外界有物质或能量交换的情况下，会通过内部协同而自发地实现时间、空间和功能上的有序性。有序度是从宏观层面表征系统的状态，相当于热力学中以熵和负熵来衡量物质的有序、无序程度。一个系统如果原来所处的稳定状态是无序的，发生系统状态的质变后进入新的稳定状态，这就意味着有序的产生和形成（这个过程称为熵减）。如果原来的稳定状态已经是一个有序状态，那么新的稳定状态就意味着更新的有序状态的出现，这就是系统的进化。原理上，系统的状态可以用一组变量来描绘，这些变量不但变化的方式不同，所起的作用也不同。根据随着时间推移而变化的速度是快还是慢，变量可区分为快变量和慢变量。前者变化快，存在的时间短，后者变化慢，存在的时间长。从作用来对比，当系统受到干扰而不稳定（随机涨落）时，快变量总是使系统重新回到稳定状态，慢变量则是在系统处于稳定和非稳定的临界区时起决定性作用，因此成为序参量。原因是，快变量在快速变化中可以使系统很快地到达相变点，但在这之后，因为其变化太频繁，与系统反应的节奏相比，快变量对系统的影响很微弱，所以系统总会重新回到稳定状态。协同学认为，快变量在系统从稳定走向非稳定的过程中作用不大，只有慢变量才能打破原有状态，因此成为对系统具有决定性意义的序参量。这样，寻找在状态质变临界点附近决定系统运动轨迹的慢变量，就是企业构建组织秩序的关键切入点。

序参量是各种变量中变化速度明显慢于其他变量的参量，它不仅表征系统宏观层面的有序度，而且作为一种总的规则对微观层面的子系统具有支配作用。举例来说，影响潮汐的慢变量是太阳和月球对地球的引力。正是太阳和月球潜移默化的影响，才有了潮起潮落。因此，序参量间接地影响和操纵着系统的微观行为，使各个子系统不得不服从所在系统的集体指令。

将协同学原理应用于企业，会发现企业制度和文化可以发挥序参量作用。为了在企业内部构建一个自组织的环境条件，使企业在无序或混序中自发涌现出某种秩序，需要把企业文化在企业制度中予以体现并逐层落实。一般地说，企业文化包括三个层次，即表层的物质文化、浅层的制度文化和深层的精神文化。企业的制度也区分为基本制度和其派生出的经营管理各项具体制度。以基本制度承接深层的精神文化，是把企业文化转化为企业成员行为规范的需要，使精神文化由虚变实，客观化为可见的、有形的制度文化，贯穿企业成员的日常行为，成为实体性的存在。制度和文化需要融合起来，并且通过各项具体制度来落实，交替或者互补地发挥序参量作用，在潜移默化的影响中，成为牵引整个企业从无序走向有序或者从原有秩序走向更高或更新的秩序的力量。

制度和文化作为组织秩序构建因素，可通过以下三种方式来发挥作用：（1）独立。当二者功能具有一致性时，让其各自作为特定时期起作用的因素，独立地完成一个完整的秩序构建任务。这里的关键是，判别和选择特定时期最适合企业的因素。（2）交替。即通过一系列步骤把秩序构建任务分成几个连续的部分，二者在不同的部分发挥作用，相互衔接起来，连贯地完成整个秩序构建任务。这要求对整个任务的进程进行解构，从核心价值观到基本制度，从物质文化到精神文化各个层次的落实，再到建设新的制度，然后又塑造出新的文化，如此交替上升。（3）互补。两个因素都作为整体的一部分，共同配合完成每一个秩序构建任务。这需要二者在每个环节都参与进来，其中某个主导因素起支配作用。

（二）组织秩序构建的举措

将制度和文化作为秩序构建的承载者，必须确保这些要素被置于关键慢变量的位置并得到重视，在质变过程中加以调用，使其发挥序参量的作用。为此，企业必须有坚持长期主义观念的管理者作为秩序构建的总设计师，在企业创立之际或重大变革计划启动伊始就构想一个使命愿景，以之统领企业在各个时期的制度与文化建设工作，以便为组织秩序构建的各类及各期参与者指明系统质变后所期望趋近的最终理想状态，以及不同阶段发展变革的总体大方向，从而使不同任期的管理层在共同打造和维系组织秩序上具有连续性。

道德性表征企业生命的高度，决定着组织秩序构建的方向。前述关于企业是功利型管理还是道义型管理的介绍表明，企业创立之际的价值取向，将引领其制度与文化建设的大方向。从保持制度和文化作用一致性的角度来看，秩序建构者必须首先是创造组织道德的管理者，担负着为企业后续运作铺垫好决策价值前提的重任，确保慢变量切实具有序参量的功能。

通常来说，企业的基本制度是由创始人及作为治理结构的制度层来确立的，并且正式写入公司章程。企业基本制度是企业的基本法，用以规定企业所有者、经营管理人员、普通员工各自的权利、义务和相互关系，确定其财产的所有关系和分配方式，制约企业活动的范围和性质，是涉及企业所有层次并塑造企业运作方式的根本性制度。企业制度的确立往往不仅是为了满足合法合规的要求，更是承载着企业核心价值观这一"灵魂"。在延伸阅读 8 - 1 中，《华为基本法》在公司内外部塑造了各类利益相关者共享的价值观，是一个在企业制度建设中将创业者个人信念（企业家文化）升级为企业文化的范例。

延伸阅读 8 - 1

《华为基本法》 中陈述的公司宗旨[①]

《华为基本法》第一条："华为的追求是在电子信息领域实现顾客的梦想，并依靠点点滴滴、锲而不舍的艰苦追求，使我们成为世界级领先企业。为了使华为成为世界一流的设备供应商，我们将永不进入信息服务业。通过无依赖的市场压力传递，使内部机制永远处于激活状态。"这一开宗明义的陈述，明确了公司宗旨中最核心的三个问题：愿景（成为世界领先级企业）、使命（实现顾客的梦想）和战略定位（干什么和不干什么）。

华为的追求和有所取舍的定位，承载着其创始人对"以客户为中心"价值观的信念与坚持。任正非在《华为基本法》正式公布之前的草稿中，对"永不进入信息服务业"的申明，均未做任何修改。它明确地向各界传递这一行为规范：华为坚持有所为、有所不为，通过专注于做通信设备、不进入客户所在的信息服务业的规定，形成永不与客户争夺生意的产业链分工合作框架。这样既稳定了华为与客户的关系，同时也和竞争对手有了本质的区分。

---

① 杨杜．成长的逻辑．北京：经济管理出版社，2014.

中国管理界秉持"万物一体"，倡导并努力让企业各利益相关者齐心协力，促使企业能够贯彻道义。这种道德义理的践行，必须体现在企业的制度与文化建设中。

巴纳德在提出协作系统观时认识到，在协作中，可见的事物是由不可见的事物推动的。从"无"中产生的精神，塑造着人们及其所在系统的目的、宗旨。所以，让参与系统活动的人保持道德意识，创造组织道德，是高层管理者的核心职能。巴纳德把这一职能概括为"为他人制定道德准则"。

组织道德是企业作为协作系统的一个独特的创造物，套用社会或个人的道德观作为特定企业的道德准则并不合适。每个企业都有独有的个性特质。特定企业所具有的道德，绝不是某种普遍的社会道德或者某些个人的道德准则的简单反映，而是在社会中动态产生和培育的。无论是从社会道德还是个人道德中衍生出的一般性道德标准，对于企业来说，最多都只有间接的启发意义，甚至在特定情境中还可能是无关紧要或功能失调的。组织道德往往是多维度的，它深深地根植于过去，而且面向未来。随着道德观的扩展，组织道德必然会变得更加复杂，所包含的冲突也必然会更多更深，所要求的能力也会更高。因此，企业高层管理者必须有坚定的个人信念（这不是关于管理者要从事某项工作的义务的信念，而是他本人认为的为了组织利益而从事某项工作是正确的这样一种信念）。如果没有个人信念作为基础，管理者将难以履行组织道德创造的职能。鉴于此，高层管理者需要具备把个人道德准则和组织道德准则同化的能力。通过这种能力，把自己的信念传达给企业的各利益相关者，使有意愿向企业贡献力量的利益相关者产生"坚持这样做"的愿望，把做好工作作为自我目标，而不仅仅是履职中的义务。这样就实现了企业文化从表层向深层的转变。

如延伸阅读8-1，华为永不与客户争夺生意的承诺，不仅是一种由公司领导人提出并得到广大员工认同的价值观，也是规范公司上下行为的制度。围绕"以客户为中心"展开企业制度与文化建设，使两者保持同调性、一致性，帮助华为内外各利益相关者参与价值共创。华为的客户、员工甚至竞争对手可以从其明示且在行动中落实的制度和文化来考虑是否及如何与其一起"游戏"，比如，潜在员工考虑是否加入华为；客户考虑是否与华为合作以及如何合作；同行友商考虑是否同其竞争以及如何竞争。

当然，企业的有序状态也并非一成不变。比如，华为在达成世界一流设备供应商的目标后，把基本制度中规定的愿景更新为"构建万物互联的智能世界"，这意味着华为必然要改变业务领域的设定，进入信息服务业。华为实际上也已经在云、管、端、芯片领域成为居于领先地位的企业。这意味着华为进入了一种新的、更高层次的有序状态。华为把所服务行业中的超大型、大型企业客户之外的一般客户划为商业市场，为适应这一市场的独特经营环境，将企业发展的价值观从一直以来坚持的"以客户为中心"升级为"以客户＋伙伴为中心"。围绕更新后的价值观，华为强调开拓商业市场将不仅仅依靠自有队伍，而是要努力把外界海量的业务伙伴联合起来，通过全方位支持业务伙伴自主拓展商业客户的制度设计，打造一支具备灵活机动能力的团队来更好地捕捉那些分布非常广泛且随时可能出现的零散商机。这样调整组织秩序构建的逻辑，无疑打破了既有的稳定状态，将一场新的质变引入华为的组织进化轨迹。

相关理论和实践显示，在组织内外部因素扰动产生的随机涨落中，推动系统向新的状态转变的决定性因素是序参量，它不仅在宏观层面展现了系统整体的有序度，还指示和支配着内外相关的各子系统、各部分该如何行动。通过企业制度与文化的相辅相成，华为打造出一个自发驱动组织秩序构建和更新的管理情境。其历经的多次质变过程表明，企业文化应当成为企业制度的指导思想和灵魂，企业制度则成为企业文化表达和固化的结果。制度与文化相互配合，可以有力地简化和优化企业的管理工作，使系统联合各利益相关者朝着所期望的发展方向协同行动。

第 3 节　企业生命周期

阶段是考察事物发展变化过程所必须确立的一个基本概念。就像人在成长过程中会经历婴幼儿、少年、青年、中年、老年阶段一样，企业在发展中也会经历不同阶段。企业在不同阶段会产生不同的认识和行为表现。这说明，企业所处的阶段是一个反映时间维度的管理情境，与空间维度的各类管理情境共同影响着企业的经营与管理，必须在管理中加以考虑。

一、企业功能分类及组合

把企业视作具有生、老、病、死等阶段的有机体，是研究企业动态变化规律的常见思路。前述有序度的概念，可用来从宏观层面刻画系统状态所发生的变化，如从无序到有序、从低级有序向高级有序的发展（进化）以及从有序到无序的衰老（退化）等运动的方向与过程，但是比较抽象、粗略。相比而言，生命周期理论更为细致，从功能组合角度对各个阶段的特征进行了具体分析。

如图 8-2 所示，按照时间性和有效性两个维度，可以区分出 P、A、E、I 四类功能。具体功能介绍如下：P 是执行功能，该功能所起的作用是使组织机能化，所得结果为短期的效果；A 是行政管理功能，其作用是使组织体系化、规范化，实现短期的效率；E 是创新功能，作用是使组织超前化，实现长期的效果；I 是人际关系整合功能，作用是使组织有机化，实现长期的效率。

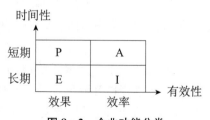

图 8-2　企业功能分类

上述四类功能之间蕴含着冲突，但企业要维持内部固有的平衡，需要将潜存冲突的各项功能作为矛盾统一体来看待。就 A 与 I 的关系来说，两者都着眼于效率，但 A 相对机械、规范，而 I 比较灵活、有弹性。二者是有矛盾的，但未必互斥，因为其差异只

延伸阅读 8-2 老板为什么录用他？

体现在时间性维度上。而 E 与 A 的冲突则更显著，因为其差异同时体现在时间性与有效性两个维度上。延伸阅读 8-2 说明，会计人员要了解管理层是怎么想的。管理层需要的是信息，而不是数据。让会计成为有参考意义的信息源，是会计部门具有创新功能（E）的表现。

一般来说，企业往往要以建设性冲突的方式将不同功能的活动组合在一个部门或子系统内部。比如，顾客界面系统往往由 PE 功能组合的营销与由 PA 功能组合的销售两类活动组成，其中，营销要决定以何种价格来销售一种产品，通过哪些渠道分销，怎样促销，因此所起的是计划、定位的作用；而销售所起的是产出、实施的作用，涉及计划的执行，并且提供目标市场表现情况的信息，以便于据此制定出新的营销策略。再如，制造系统由 PA 功能组合的生产活动和由 PE 功能组合的工程技术活动组成；财务资源系统由 PA 功能组合或 AE 功能组合的会计活动与由 PE 功能组合的财务管理活动组成；人力资源系统由 PA 功能组合的人事管理活动与由 PE 功能组合或 EI 功能组合的人才发展活动组成；等等。不同子系统内部具有各异的功能组合，它们进一步组合为企业整体组织后，便在系统层面产生多种不同的功能组合。

二、企业生命周期的阶段划分

伊查克·爱迪思在《企业生命周期》一书中提到，存有冲突的功能组合在一起时，往往易出现长期的 E 被短期的 A 所抑制甚至驱逐的现象，所以会出现创新功能由强变弱，即大 E 衰减为小 e 的变化。所以，需要划分企业生命周期的不同阶段来看待特定功能组合的适宜性（见图 8-3）。按照功能组合的不同，可将企业生命周期划分为孕育期（paEi）、婴儿期（Paei）、学步期（PaEi）、青春期（PAei）、盛年期（PAEi）、稳定期（PAeI）、贵族期（pAeI）、官僚化早期（pA_I）、官僚期（_A__）、死亡期（____），呈现先升后降的钟形曲线，以稳定期为发展的巅峰。巅峰之前是发展时期，执行功能（P）很强，之后转入衰老时期，按部就班的行政管理功能（A）占上风，表明稳定期后出现了转折，企业关注点转向手段而非目的。比如，企业在学步期的功能组合是 PaEi，其中 P、E 表示执行功能和创新功能强大，a、i 表示行政管理功能和人际关系整合功能处于较弱的状态，企业在这一阶段的行为表现是既有激情又热衷于销售和扩张，管理不注重制度规范，人际关系也较弱。

进行相邻阶段的比较，可以发现转入下一个成长阶段的功能变化与突破点。比如，企业在婴儿期看重的是执行功能，把孕育期开发的产品导入市场进行销售（Pe），而到了学步期则转向创新性地进行市场营销（PE）。孕育期的创新功能体现在产品上，学步期的创新功能则体现在通过对市场的理解与把握来求生存，企业往往先对某一项目感兴趣，很快又转向另一项目。它只是对各种机会作出反应，而不是定位明确地去开发利用自己所创造的未来的机会。企业在学步期的行为特征表现为，企业是被机会所驱使，而不是驾驭机会；是试图榨干机会，而不是为机会做出规划；是对环境作出反应，而不是

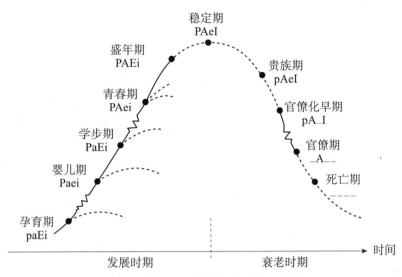

图 8 - 3　企业生命周期不同阶段的功能组合

根据需要规划环境。总之，在学步期，企业对环境的管理应对方式是一种反应，其行为是被动的，而不是主动且有预见性的。

盛年期与孕育期、学步期一样，都具有很强的创新功能（E）。不同之处是，孕育期、学步期都是在行政管理功能（a）较弱的情况下实现创新的，而盛年期达成了较完美的功能组合（PAEi），它表现为既有创新精神，又能执行计划，运作体系规范且有一定的团队精神。如图 8 - 3 所示，盛年期是企业进入成熟期的标志，稳定期是巅峰，之后就开始步入作为衰老前奏的贵族期，而后经过官僚化时期最终走向死亡。这样一条先升后降的曲线代表了企业的一次生命周期。当然，企业作为人造有机体，可以不断地开启第二次、第三次生命周期，从而能够长盛不衰。企业存续的关键是，要在盛年期后及时地更替生命周期，以便在稳定期之后就转换到一条新的成长轨迹。

三、企业生命周期的演化规律

时间、规模会影响企业的功能组合和行为方式，但是，不能将其视为引起企业发展或衰老的必然的、决定性的因素，否则就会陷入宿命论的泥潭。了解企业生命周期不同阶段的演化规律，有助于理性地管理企业的发展轨迹，采取措施调控其进程。

进入婴儿期的企业，其特征是围绕人员来组织，而不是围绕工作本身进行组织。没有组织系统图和工作说明书，也谈不上建立工资管理制度。这一阶段的企业就像是一个和睦的家庭，每个人都自觉地去完成需要做的工作，执行功能（P）很强大。布置任务要看员工的时间安排，而不一定是根据他们的能力。几乎没有对工作表现进行评估鉴定的制度，彼此非常清楚做了哪些工作，所以不需要正规的经营管理制度。这种情况对于婴儿期的企业而言是正常的，是常规性问题；对于学步期的企业来说，可能是过渡性问题；但是，这种情况如果还延续到下一个阶段即青春期，就属于病态性问题了。进入青春期的企业，必须强化行政管理功能（A），从依靠领导者个人权威转向依靠制度理性权威。而到盛年期，企业就需要通过授权激发创新功能，不让创新功能（E）因为过强的行政管理功能（A）而下降。

在盛年期，企业的创新功能（E）与行政管理功能（A）通常合一。在两强的较量中，往往是 A 胜出，E 被挤出。为此，就需要把 E 从 A 中分离出来。

爱迪思指出，盛年期是授权的恰当时机，授权是通过激发创新精神来延缓老化的积极措施。授权的时机很重要，过早授权可能使企业产生失控的风险，因为良好的控制体系和清晰的企业使命会因之丧失，所以在学步期授权可能是危险的。对比之下，在盛年期最适合开始授权，因为这时企业成员对自己所做的事情已经很清楚了，对自己的作为也有了一定的控制力，同时还有一定的制度约束来保证授权者能够正确地实现目标。

企业在盛年期通过授权，交由具有创新精神的人来管理相对独立的部门（如子公司）。这是大型成熟的企业避免进入稳定期后因过度行政管理（官僚化）而抑制创新精神的积极举措。这样以制度化的方式实现稳定性与创新性的并行不悖，可以延缓或阻滞企业的衰老进程，甚至开启全新的生命周期。

总之，企业生命周期理论主张企业具有自身的生命周期，其演化经历多个阶段。识别出企业随着时间而演化的动态发展轨迹，判明企业在特定阶段所具有的各项功能的强弱及不同组合，有助于管理者针对企业在特定阶段面临的瓶颈采取措施以克服下一阶段发展的制约因素，如学步期企业在行政管理功能上的不足是其迈向下一阶段的障碍，稳定期企业的创新功能弱化是企业开始衰老的先兆。以这样的规律性认识看待企业演化的过程，管理者才能因时制宜地对企业进行权变管理。这也是管理者发挥主观能动性来积极应对成长过程的"宿命"，主动地影响企业"生命的长度"的理性之举。

小　结

1. 对管理者及管理活动而言，组织内部环境既是一种制约，也是一种促进。管理者应该主动应对的企业内部管理环境包括资源与能力、制度与文化、企业生命周期等。

2. 资源指的是特定对象所拥有的物力、财力、人力等各种可资利用的要素的总称，能力是指特定主体能够以可靠且令人满意的方式做出特定行为的本领。能力是在一组资源有机组合的基础上形成的。

3. 某种资源和能力能否成为核心竞争力的评判标准，有不同角度的认识。以发达国家企业为对象的体现资源基础观的 VRIN 框架强调资源的价值性、稀缺性、难以模仿性和不可替代性；与之略有不同，VRIO 框架更注重以合作为主或者竞合的情境，因此主张把"不可替代性"更换为"组织性"。而以新兴经济体企业为对象，复合基础观主张即便是自身缺乏核心竞争力的普通企业，也可以通过对自身拥有或外部可购买的资源与能力进行整合并创造性地运用，提供具有复合功能特征的产品或服务，用复合竞争的手段获取、创造出更高的性价比和更快的顾客响应速度等独特的竞争优势或发展路径。

4. 企业既有的制度和文化是构成企业管理情境的两种"软"要素，二者都潜在地具有"序参量"性质，可能成为组织秩序构建的机制。在判明二者是否具有功能上的一致性、连贯性和互补性的前提下，企业可以让它们以或者独立或者交替或者互补的方式发挥作用。而当这些潜在机制不足以支撑协作系统自己管理自己时，管理层就需要深度介入予以补足。不过，管理层的"有为"并非企业构建组织秩序的最优策略，"无为而治"才是理想的。

5. 企业作为人造的有机体，也会经历不同阶段，但同时还有可能开启第二次、第三次的生命周期，从而能够经久不衰。认识企业所处的生命周期阶段，并且把握其演进的时机，是管理者以主观能动性积极应对企业成长过程"宿命"的体现。

思考与讨论

1. 组织内部环境在何种情况下成为管理的对象？你认为，有哪些因素是管理者可以有所为的？为什么？

2. 如果超越法律意义上的企业边界来考虑组织性，你认为资源基础观与复合基础观是否有可能交叉融通？为什么？

3. 你认为中国企业在追赶与赶超过程中是否应当以复合策略作为其发展路径中的一个必要选择？为什么？

4. 俗话说，一方水土养育一方人，一方人造就一方文化。你认为企业历史领导人的作为与企业形成特定的组织秩序之间有什么关系？

5. 有观点认为，资源是会枯竭的，唯有文化生生不息。你怎么看待企业资源与文化的关系？

6. 有观点认为，企业建立早期要辨明的是先有制度、后有文化，还是先有文化、后有制度，但到了后期往往是制度与文化交互上升、共同演化。你认同这一观点吗？为什么？

7. 补短板和扬优势两项举措之间是什么关系？在企业发展不同阶段各有何侧重？为什么？

8. 依照短期的效率或效果、长期的效率或效果四种情况区分 P、A、E、I 四类功能，通过其存在与否及其强弱来划分企业生命周期的不同阶段，你认为这种认识是否及如何体现了系统整体论的观点？理由是什么？

9. 企业生命周期中发展时期与衰老时期的有序度有什么不同？跨阶段飞跃中存在什么内在联系？

10. 从时间维度的情境视角来看，真实的过去和可能的未来，都会对特定企业现在的状态和行为产生影响吗？为什么？

11. 华为公司将价值观从"以客户为中心"调整为"以客户＋伙伴为中心"，与企业所处的生命周期阶段有关联吗？为什么？

12. 任正非在被问及未来对华为最大的冲击是什么时，回答说："是我，是我们的成功，是我们的自以为是，我们自豪，我们自傲，我们自闭。"试讨论这一回答蕴含的理论与管理启示。

第9章

企业管理的一般环境

学习目标

● 了解经济循环与管理的关系，理解社会生产关系变迁对管理观的影响。

● 认识工业时代和数字经济时代，技术演进对企业及管理工作的影响。

● 理解管理与文化的关系，厘清文化差异对管理模式的影响。

● 领会法律制度环境对管理活动的约束，理解管理活动须在法律制度允许的范围内开展。

通过本章的学习，你将掌握中国企业所处的本土环境特征及其对管理活动的影响（重点），了解企业的管理活动如何根据具体情境因时因地展开（难点）。深入思考中华民族伟大复兴战略全局和世界百年未有之大变局对企业管理的影响（思政主题）。

引 例

海尔的国际并购与"沙拉"文化

海尔的"人单合一"模式就好比沙拉酱，把各种并购的公司融合到了一起，但要保留各公司的国家文化，就像混合到各种食材里的沙拉酱一样。

——张瑞敏

2009年，海尔斥资5 248万美元收购了新西兰高端白色家电制造商斐雪派克电器20%的股权。2011年，海尔以100亿日元（约1.3亿美元）的价格收购了三洋在日本的洗衣机和冰箱业务，以及在印度尼西亚、马来西亚、菲律宾和越南的洗衣机、冰箱和其他电器业务。2012年，海尔以9.27亿新西兰元（合7.66亿美元）收购了斐雪派克电器100%的所有权。2016年，海尔以56亿美元收购了通用电气家电。然而，不同国家有不同的文化，如何将世界各国这些具有不同文化背景的公司形成一股合力？海尔创造出一种"沙拉"文化，通过海尔的"人单合一"管理模式（比喻成"沙拉酱"），让不同文化（比喻成"沙拉中丰富多样的食材"）的人都有机会成为创业家，都有机会发挥潜在价值成为"自主人"。

2014 年，通用电气宣布伊莱克斯将以 33 亿美元的价格收购通用电气家电，但是出于反垄断，美国监管机构在 2015 年阻止了该项交易。2016 年 1 月 18 日，海尔与通用电气宣布在工业互联网、医疗保健和先进制造等领域开展合作。此外，海尔持股 41% 的青岛海尔收购通用电气家电，这是通用电气为了转型为数字化工业公司而做的决定。通用电气家电总部位于美国肯塔基州路易斯维尔，致力于为中高端客户提供冰箱、冰柜、烹饪用具、洗碗机、洗衣机、干衣机、空调、水过滤系统和热水器，经验丰富。它拥有约 12 000 名员工（美国员工占 96%），在美国设有 9 家工厂，在北美市场拥有广泛的自有物流和分销网络。

海尔完成对通用电气家电的收购后，并未向其派驻任何高管，而是由青岛海尔、通用电气家电的高管团队和两名独立董事组成的董事会指导企业的战略和运作。董事会下设四个委员会分别负责战略、道德及合规、薪酬和审计工作，并负责找出全球运营中的采购、研发和供应链的协同机会。当通用电气家电的一位高管问张瑞敏对领导其有何计划时，张瑞敏回答说："我不是你们的领导。海尔虽然收购了通用电气家电，但海尔只是通用电气家电的股东。海尔和通用电气家电只有一位领导，那就是用户。"

通用电气家电 2017 年的表现为过去十年中最佳，收入增幅远高于行业平均增长率，利润增长率达到两位数。2018 年上半年美国家电市场整体负增长，但通用电气家电实现了两位数的增长，不仅在美国家电行业创造了逆势上扬的奇迹，更重要的是为全球大企业探索出一条物联网转型之路。通用电气家电也被《消费电子》评选为"2018 年美国家电十大影响力品牌之首"。

资料来源：Moss K R，Dai N H. Haier：incubating entrepreneurs in a Chinese giant. Harvard Business School Case，2018.

管理的艺术性决定了它需要扎根于管理情境之中才能产生效果，而不能盲目照搬或复制，因而管理模式、制度与方法在具体的实践过程中需要考虑诸多情境要素。海尔的国际并购既坚持了"人单合一"模式的普适性，又兼顾了不同国家的社会文化与制度背景，通过"沙拉"文化实现了国际化与本土化、规律性与情境性的有机融合，取得了良好的并购成效。在各种管理情境中，经济、技术、法律制度和文化是基本的宏观要素，保持对情境的敏感性并勇于改变固有思维方式，创造性地将普遍性的管理知识与管理情境相融合，是提升管理有效性进而实现企业可持续发展的重要保障。

第 1 节　管理的经济和技术环境

一、企业的再生产过程与经济系统

通过交换而进出企业的是流动的资源，这种流动要么是企业对资源的消费，要么是对消费所得产品或服务的分配，要么是产品和服务本身的生产。社会生产和再生产过程包括生产、流通（交换）、分配和消费四个环节。正是在这些环节之间既对立又统一的结合中，形成了特定的生产方式。

企业是社会再生产过程的的物质实体，是再生产过程微观考察的具体对象。按照马克思的观点，再生产过程包括四个环节，其中生产决定分配、交换和消费，分配、交换和消费反作用于生产。毫无疑问，作为社会主义市场经济下微观层面的经济主体，企业的再生产亦是一个包括生产、流通（交换）、分配、消费四个环节的过程，这些环节在相互联系、相互制约中实现微观经济活动的有序运行。

一般地，就制造业企业而言，在其再生产过程的四个环节中，生产占据决定地位。为了进行生产，企业必须输入生产要素，同时又必须输出商品，即必须进行买和卖，进行交换，这就是流通，流通的实质就是从交换总体上看的交换。流通同商品生产是紧密联系的，只有流通畅通，生产才能顺利进行。商品售出、收回资金以后，必须安排积累和消费，补偿生产要素的消耗，依法缴纳税金、费用、利润，这就是分配。企业用分配后的各项资金，再去购买生产资料和生活资料，以满足再生产和扩大再生产的生产消费和生活消费，这就是消费。总之，企业再生产过程的生产、流通（交换）、分配、消费四个环节，紧密联系、相互依存，周而复始地进行着，形成企业的经济循环，构成企业的经济系统。[①]

深化学习 9 - 1 微观经济系统的活动构成和要素分析框架

深化学习 9 - 1 具体说明了微观层面经济系统的活动构成和相应的要素分析的主要维度及内容。从微观和宏观连接的角度看，可以把某一经济系统的活动与其他经济系统的活动联系起来，在跨边界的交互中形成更大的活动系统，以此提高特定经济系统活动的开放性和组织的灵活性。特别是对于公有制企业来说，跨边界协调中蕴含的组织性，为运行于社会主义市场经济环境中的微观经济主体带来了与众不同的制度优势。

二、社会生产关系的变迁及其对管理的影响

马克思认为，一个社会的生产方式既包括生产力又包括生产关系，而广义的生产关系是由生产资料的所有制形式和劳动产品的分配形式构成的，二者共同决定劳动过程即物质生产过程中人（劳动者）与人（所有者）之间的权力-支配关系。马克思在《政治经济学批判》（序言）中明确指出，"社会的物质生产力发展到一定阶段，便同它们一直在其中运动的现存生产关系或财产关系……发生矛盾"[②]，也就是说，生产的组织方式在不同社会发展阶段是不同的。

企业从来就是生产力和生产关系的统一体。从两者作为辩证统一的矛盾体来看，生

① 李占祥，杨先举. 现代企业管理学. 北京：中国人民大学出版社，1990.

② 马克思，恩格斯. 马克思恩格斯全集：第31卷. 北京：人民出版社，1998：前言9.

产力和生产关系分别赋予管理工作以指挥劳动和监督劳动的两重性，这就是管理的自然属性和社会属性。企业管理工作是人们在一定的生产关系下将生产力诸要素结合成为现实生产力和提高生产力水平的一个强有力的促进手段，是社会生产力发展的必不可少的条件。

与一定的生产关系相呼应，在市场经济条件下主要有两种管理观：一是把利润最大化作为管理的唯一主题、准绳、最高宗旨和核心价值观的管理观；二是把企业可持续成长作为管理的主题、准绳、最高宗旨和核心价值观的管理观。这两种管理观的差异，主要是由于立场不同而产生的，它们分别体现了资本所有者（非劳动者）的立场和企业经营者及一般员工（劳动者）的立场。在企业管理的历史演变中，前者属于资本所有者和经营者相统一的古典的传统管理观。而在现代化的中国式企业管理中，企业经营者及一般员工的利益和命运应该是同企业可持续成长息息相关的。[①]

经济体制改革是我国经济环境中最重要、影响最深远的变革之一。以历史的眼光来看，在商品匮乏、供不应求的时代，企业再生产过程的中心环节是进行商品生产。相应地，企业管理工作的关注点是企业内部，目标是提高劳动生产率。在我国改革开放之前，企业的生产资料统一分配，居民的生活用品是配额（凭票）供应。在供不应求的时代，生产必然是再生产过程的中心环节，也是价值创造的核心环节。

伴随着市场供求关系的改变，流通的重要性日益提升，尤其是对依靠规模化生产销售保有成本优势的企业来说，需求端顾客主导的倾向在不断加大。渐渐地，企业管理工作所关注的焦点开始由内转向外，以适应外部环境为目标，呈现机会驱动的经营型管理。把握社会需求的总体规模与结构及其变化的动向，成为管理工作新的关注点。中国在从计划经济向"公有制基础上的有计划的商品经济"转型过程中，1979—1993 年实行以价格双轨制为代表的渐进式增量改革，生产资料作为商品进入市场流通环节后分为两部分。其中，属于计划调拨或计划统一分配的生产资料，由国家统一定价，继续实行指令性计划价格，而计划内生产但允许企业自销的一定比例及超产部分的生产资料则放开价格，实行市场调节价。这是同种商品国家统一定价和市场调节价并存的价格管理制度，也在粮食收购环节实施。计划调节和市场调节两种运行机制的并行，促使我国企业管理从传统的单纯生产型管理转向生产经营型管理。"两眼盯在市场上，功夫下在管理上"成为这一时期国有企业管理转型的写照。

就特定产业领域来说，随着越来越多的企业进入，企业管理的关注点逐渐从满足顾客的需求转移到争夺顾客，市场竞争愈演愈烈。企业中的事情不再是单方面由所有者或体现其意志的代理人来决定，而是需要更多的参与者从多个角度去了解和把握市场的动向，包括顾客需求的变化与竞争者的行动，然后再进行决策。这样，生产与销售之间甚至更多职能间的协调，就成为管理的突出任务。综合管理者在企业中层管理层中出现，推进了日常管理与战略管理的分层，多业务企业孕育出不同业务条线或板块的"领头羊"，集团化管理成为大中型企业管理演进的新趋向。具有战略管理能力的经理人进入高层管理层，与之相应，权利分配成为企业中重要的生产关系。自 1993 年建立现代企

---

① 李占祥. 李占祥自选集. 北京：中国人民大学出版社，2007：375.

业制度以来，公司制、股份制改革进程的加速，催生了规模日益庞大、地位越来越突出的企业家群体。与此同时，对国有企业高管实行"限薪令"，标志着公平与效率的平衡成为和谐社会建设的一个风向标。在做好做大财富"蛋糕"的同时分好"蛋糕"，以维护社会公平正义和实现共同富裕。杰出的战略、卓越的执行，再加上优秀的文化，成了卓越企业的重要因素。

从工业时代以机器为代表的新技术的应用来看，机器在相当程度上承载着特定人类社会的生产关系属性。正如马克思所说，"纺纱机是纺棉花的机器，只有在一定的关系下，它才成为资本"①。这里的关系并非抽象意义上的人与人之间的关系，而是具体的关系，即工人和资本家之间的关系。在《资本论》第一卷第十三章"机器和大工业"中，马克思指出："大工业把巨大的自然力和自然科学并入生产过程，必然大大提高劳动生产率。"② 但是，在资本增值逻辑驱使下，"机器不是使工人摆脱劳动，而是使工人的劳动毫无内容"③。从本质上说，机器的应用使"死机构独立于工人而存在，工人被当做活的附属物并入死机构"④。工人由劳动的主体变为了机器的附庸。

在机器大工业发展初期，人们没有充足的经历和时间"学会把机器和机器的资本主义应用区别开来"⑤，只是简单地把机器等同于机器的社会应用，从而把失业和贫困归因于机器，工人阶层用破坏机器、举行大罢工等方式来反抗机器，而资本家则通过机器的改进、发明，使"机器成了镇压工人反抗资本专制的周期性暴动和罢工等等的强有力的武器"⑥。这样，就出现了"机器排挤工人→工人因贫困而破坏机器→资本家改良机器→机器再次排挤工人"的无限循环。

马克思主义实践观不是对机器作抽象的考察，而是将机器带来的生产力发展置于一定的生产关系和社会制度中作具体的考察，不仅看到技术进步的积极作用，而且研究在资本主义制度条件下生产力发展成果应用的复杂后果。明确将机器本身与机器的应用方式区别开来认识，体现了马克思主义实践观的辩证观点：一方面，机器取代手工劳动，机器体系促使工厂手工业向大工业转变，这是社会生产力进步的表现；另一方面，机器的资本主义应用使机器具有了资本的属性，成为生产者（工人）的异己力量，使工人要么被排挤，要么劳动内容片面化。工人在生产中被迫服从于机器运转的需要，丧失了劳动者的独立性、主体性，成为机器的附属，这是机器的资本主义应用的负面结果。与此同时，马克思也指出，现代工业总是通过技术革新"使工人的职能和劳动过程的社会结合不断地随着生产的技术基础发生变革"⑦，从而为实现人的全面发展创造条件。当社会彻底摆脱资本增值逻辑对机器应用的约束，恢复其"社会本性"并成为人自由全面发展的因素时，人类可以借由技术进步实现社会进步。

---

① 马克思，恩格斯．马克思恩格斯选集：第1卷．北京：人民出版社，2012：340.
② 马克思．资本论：第1卷．北京：人民出版社，2004：444.
③ 同②487.
④ 同②486.
⑤ 同②493.
⑥ 同②501.
⑦ 马克思．资本论（纪念版）：第1卷．北京：人民出版社，2018：560.

机器作为劳动手段，是人的本质力量的外化。在当今生命科学高度发达和人工智能（AI）日新月异的时代，生命的形态和"人"的概念已大为拓展，除了碳基生命的人类外，还有硅基生命的机器人、元宇宙中的数字人等。因此，从生产力与生产关系两重性角度出发，辩证地看待构成企业这一协作系统的力量来源，深化对"人"的概念所蕴含的人机关系及其复杂性的认识，就具有更为重要的意义。我们不能抽象地泛论一项新技术的利弊和静态共性，而应该将人与机器都视为能动的对象性存在，将其置于具体的、生动的实践活动过程中，全面且辩证地看待机器发展与人的发展之间的关系。

三、新技术环境及其对企业管理的影响

实例 9-1 说明了数字技术赋能美的全方位运营的新实践。信息技术的发展全面而深刻地影响企业经营管理各方面工作。

实例 9-1 数字技术赋能美的的数字化运营，为美的创造新的价值

习近平总书记 2023 年 9 月在黑龙江主持召开新时代推动东北全面振兴座谈会时强调要"积极培育新能源、新材料、先进制造、电子信息等战略性新兴产业，积极培育未来产业，加快形成新质生产力，增强发展新动能"[①]。传统生产力条件下的经济增长主要依靠大量的资源投入，依靠高度消耗的资源能源。新质生产力中的"新"，指的是新技术、新模式、新产业、新领域、新动能，"质"包含物质、质量、本质、品质等方面，"新质"意味着突破传统的经济增长方式，以高效能、高质量为基本要求，以数字化、网络化、智能化为基本特征，依靠创新驱动推进现有生产力跃升至新水平。新质生产力有别于传统生产力，是现有生产力的极大跃升，而其实现的关键在于创新，尤其是朝着技术含量高、知识密度大的新产业和新领域方向持续推进技术创新。

党的二十届三中全会明确指出，科技是中国式现代化的基础性、战略性支撑；加快适应信息技术迅猛发展新形势；健全因地制宜发展新质生产力体制机制，健全促进实体经济和数字经济深度融合制度。这为包括企业在内的各类组织的管理者如何应对技术环境的变化指明了方向。

技术环境对管理活动的影响是深远的。面对信息技术迅猛发展的新形势，管理者需要不断更新管理理念和方法，充分利用信息技术提高管理效率，促进实体经济与数字经济的深度融合，提升对技术环境的适应能力，从而实现组织的持续发展和竞争力提升。

（一）数字时代新技术环境带来的机遇与挑战

1. 工作方式的视角

花旗集团的研究表明，预计人工智能将危及美国 47％ 的劳动力岗位和经济合作与发展组织（OECD）国家 57％ 的劳动力岗位，将影响亚洲新兴经济体印度 69％ 的劳动力岗位及中国 77％ 的劳动力岗位。而按照世界银行的报告，在数字时代，每新增 10 000

---

① 牢牢把握东北的重要使命 奋力谱写东北全面振兴新篇章. 人民日报，2023-09-10 (1).

名新顾客，只需要新增 2 台服务器。这说明，人工智能的快速发展与广泛应用引发了其对劳动力的替代危机。

数字技术的出现及应用将会导致人们在全新的工作场景下开展工作，我们称之为"数字化工作方式"。人工智能与机器人的运用、人机协作等，都显示出数字化工作方式具有与传统工作方式完全不同的特征。数字化工具如 Zoom、Teams 等的普及使得员工可以在任何地方工作。这不仅为员工办公提供了更大的灵活性，也要求他们具备自我管理的能力。此外，简单重复的任务如数据输入、基础分析等，都可能被自动化工具或 AI 替代。员工需要将注意力从简单任务转移到更高层次的分析、决策和创造性工作上。

2. 人力资源管理的视角

数字技术也为企业人力资源管理带来了一系列的变革和新的挑战。在最初的招聘环节，传统的投简历、面试已经转变为在线申请、AI 筛选简历、远程视频面试等。许多企业使用算法来初步筛选合适的候选人，从而加速招聘进程。一些人力资源行政任务如工资计算、假期跟踪等也逐渐自动化，HR 可以专注于更加战略性的工作。传统有效的考评系统是关键绩效指标（KPI）系统，该系统关注效率、流程与指标之间的关系。在这一静态绩效考评系统的基础上，又发展出一套新的考评系统，即目标与关键结果（OKR）系统，该系统关注创新和及时有效的沟通，使目标与关键结果之间有了动态关联。但是，在数字时代，企业始终处于高度变化且不确定的环境中，与传统更多关注员工过去的绩效相比，企业现在对员工未来绩效管理的需求会更加强烈。

不仅如此，强个体的崛起导致个体在组织间的流动率迅速提高。高人才流动率要求企业的人力资源部门在进行动态管理的同时，也要关注如何留住人才，以及如何让人才高效发挥价值的挑战性问题。

3. 商业模式的视角

数字时代的来临对企业的商业模式和价值创造产生了颠覆性的影响。在数字技术的支持下，商业要素的流动性与连通性不断增强，新型企业、意见领袖、兴趣社群、生态平台以及合作伙伴等各式各样的商业活动主体，通过提供、整合、利用商业资源等多种方式，创造出智慧零售、社区电商、共享出行等各种新商业模式。

同时，这些新的商业模式通过数字技术极大地推动了消费方式的多样化与消费体验的个性化，塑造了需求与消费方式均带有数字化特征的数字化顾客。数字化顾客更关注在整个商业活动过程中自身的个性化体验（如参与产品/服务的研发、定制专属产品/服务、与品牌方互动改变相互之间的认知、与其他顾客分享与交流心得等）。

4. 价值创造的视角

数字时代，企业的价值创造也发生了如下变化：（1）数字技术打通了产业和场景的可连接性，扩大了产业生态圈，企业成为产业生态圈中的一个节点，企业因连接供应和需求而产生价值。（2）数字化工具尤其是社交媒体和 CRM 系统，使得企业可以与顾客建立并维护长期关系。这导致企业管理不再仅注重短期的和过去的价值，而是更注重长期的和未来的价值，意味着持续经营假设需要贯穿价值创造全过程。（3）数据变成了新的"石油"，成为重要的价值来源。所有企业都需要通过收集和分析顾客数据来精准定位顾客群体。此外，数据和技术也可以直接帮助企业开发新的产品、服务和市场，从而创造新的收入来源。同时，海量数据的存在，对企业的信息挖掘与判断也提出了更高的要求。（4）在数字时代，人成为价值创造的核心，企业的价值核算如何从以经济活动为核心转向以人的价值为核心，是一个根本性挑战。

与由企业主导创造的顾客交易价值不同，数字化顾客的体验价值必须在数字技术赋能下，由顾客和产品生产者、服务者、企业及其合作伙伴等商业活动主体（参与者）之间的一系列复杂互动所创造。在数字时代，企业无法单纯依靠自身能力完成顾客价值的创造，而是需要联合顾客、相关的外部合作伙伴等来共创顾客价值。

（二）新技术环境下企业管理的新实践

技术的迅速演进不仅为企业带来了挑战，同时也为企业创造了更多的机会，促进了企业管理的创新与发展。

在工业时代，企业发展符合线性逻辑，企业边界与产业边界清晰，规模与效率直接相关。在这一时代背景下，作为分工理论实践样板的福特制，帮助制造业企业提升了产品产量，缩短了工人的工作时间。而诞生于日本的丰田制，在保留福特制大规模生产优势的同时，还赋予员工一定的自主权，因此可以更好地保障产品质量。这种精益生产的思想，成为全球制造业企业效仿之道。福特制和丰田制虽然存在诸多差异，但明显的共同点是它们都为制造业企业提供了降低成本、提高效率的有效方法，推动了制造业企业的大规模成长。

随着新一轮科技与产业革命正在全球开展，以人工智能、区块链、云计算、大数据等为代表的数字技术正向经济和社会的各个领域全面渗透。当前，各国已进入以万物互联、数据驱动、智能主导为主要特征的数字时代，这也使得企业赖以生存的技术环境发生了巨大变化。数字化生存规则已大不同于工业时代。其中核心的改变是：效率不再来自分工而是来自协同；影响组织绩效的关键因素由内部转移到外部，企业边界和产业边界均被打破并融合；企业处在不确定性之中，技术变革导致企业需要跨界与连接才能获得成长空间；增长也不再是线性的，而是非连续性的；各利益相关者构建出生态网络，彼此共生共创。这一系列的变化使得企业需要更加关注其生存发展的新技术环境，从而更有效地应对随之而来的机遇与挑战。

为适应新技术环境，企业应该在管理工作中展开新的实践，识别与把握数字化机遇，解读与应对数字化挑战。这些新实践主要表现在如下方面：

（1）开展数字化转型，结合数字技术创造并获取顾客价值。企业可以通过数字化提升自身效率，甚至颠覆原有的行业逻辑，获得指数级增长。因此，数字化转型是数字时代企业发展的核心手段，而数字化转型的方向则是结合数字技术创造与获取顾客价值。数字时代的顾客价值在传统交易价值的基础上，还包括了更重要的体验价值。体验价值产生于顾客参与的交互商业活动，能被顾客明显地感知到。应用数字技术一方面能够使企业降低搜索潜在顾客的成本并更精准地定位有价值的顾客；另一方面能够加强顾客与企业之间的互动，优化顾客的价值感知及体验。

（2）从零和博弈到价值共生。数字时代顾客价值的交互要求，使得企业很难凭一己之力完成顾客价值从创造到获取的全部工作。因此，企业需要突破工业时代零和博弈的思维，与所有的利益相关者合作共生。数字时代的商业逻辑从"求赢"的竞争逻辑转变为"寻找生长空间"的共生逻辑，两者的差异在于：前者以企业为中心，考虑如何战胜竞争对手，而后者以顾客为中心，寻求与顾客、价值共创者的更广阔的共生成长空间。新兴的互联网企业获得增长的商业模式，是以不断构建与顾客的互动为核心，以连接与共生为基本特征，而企业的组织运行模式也是为了匹配这种商业模式而设立的，寻求共生态成为企业管理的核心，而由此诞生的网络结构和动态组织形式则成为基本工作形态。因此，企业需要借助数字技术，与业务伙伴、产业伙伴共同拓展数字化商业活动的边界，通过构建数字化业务模式、数字化组织模式和数字化企业间协作模式，颠覆原有的商业活动与商业活动管理系统，从而实现与利益相关者的价值共生。

（3）利用数字技术降低试错成本，发挥人的想象力。那些可以被量化、衡量进而程序化的工作，由机器与人工智能来执行可能要比人类劳动更高效。人工智能可以通过模拟的方式代替人类经历失败，进而降低人类发挥想象力的试错成本。在研发过程中，数字技术能够通过构建虚拟模型对产品的质量以及性能进行仿真测试，从而大幅提升研发的速度和准确性。企业应当更好地利用数字技术完成重复性的、低创造性的任务，将人才从烦琐的日常事务中解放出来，更好地发挥他们的想象力及主观能动性，进而实现高质量的创新，实现长期价值的创造与获取。

第 2 节　管理的法律制度环境

党的二十届三中全会明确指出，法治和高水平社会主义市场经济体制是中国式现代化的两大重要保障。因此，企业及其管理者在生产经营各个环节必须知法、懂法、守法，确保企业在合法合规的基础上实现可持续发展。

制度理论（institutional theory）认为，组织和个体的生存、发展和繁荣均离不开合法性（legitimacy）。为了获得合法性，组织和个体必须遵从制度的要求。所谓制度，是指人为设定的游戏规则①，或规章、规范以及认知体系所形成的制约②。正是因为有了制度，社会才能趋于稳定，社会行为才能产生意义。制度分为正式制度和非正式制度，前者主要包括法律、法规和政策等，后者包括文化、道德、公序良俗和约定俗成的行为准则等。制度主要通过三种压力，即强制性压力、规范性压力、认知性压力，来影响和塑造组织与个体的行为。制度压力的后果是组织和个体的趋同，即同构。③

基于制度理论，企业的生产经营和管理活动必须遵守所在地的制度要求。企业及其管理者都须在制度的约束下有限理性地追求利益。本节按照企业管理活动的不同领域，包括设立、人力资源管理、财务管理、运营等，介绍中国企业经营管理实践须遵守的法

①　North D C. Institutions，institutional change and economic performance. Cambridge：Cambridge University Press，1990.

②　Scott W R. Institutions and organizations. California：Sage Publications，1995.

③　DiMaggio P J，Powell W W. The iron cage revisited：institutional isomorphism and collective rationality in organizational fields. American Sociological Review，1983，48（2）.

律法规以及可能面临的潜在的法律风险。与企业所面临的自然风险、商业风险不同，法律风险具有一定的确定性。这种确定性体现在，法律风险必定是由企业的违法违规行为导致的，企业一旦违反了法律法规或侵犯了他人的合法权利，就需要承担相应的法律责任。企业承担的行政责任主要包括责令停产停业、吊销营业执照等；承担的民事责任一般表现为民事赔偿责任、违约责任、侵权责任等；刑事责任主要由企业的法定代表人或直接责任人承担。违反法律法规不仅给企业造成直接的经济损失，更会对企业的商誉、品牌声誉造成长远的不利影响。

一、企业设立中的法律风险及相关法律要求

（一）股东出资相关问题

《中华人民共和国公司法》第四十九条规定："股东应当按期足额缴纳公司章程规定的各自所认缴的出资额。股东以货币出资的，应当将货币出资足额存入有限责任公司在银行开设的账户；以非货币财产出资的，应当依法办理其财产权的转移手续。股东未按期足额缴纳出资的，除应当向公司足额缴纳外，还应当对给公司造成的损失承担赔偿责任。"综上所述，公司股东的出资瑕疵责任主要包括以下三方面：第一，股东如存在出资瑕疵，则应直接对公司承担违约责任，公司在设立后可以要求瑕疵出资股东履行出资义务；第二，因为公司设立时，已足额履行出资义务的设立人股东对公司承担资本充实责任，并对因公司股东出资瑕疵所造成的损失承担连带损害赔偿责任，因此瑕疵出资股东同样对其他股东承担违约责任，已足额履行出资义务的设立人股东在承担连带损害赔偿责任后可以向瑕疵出资股东追偿；第三，因股东出资瑕疵导致公司债权人债权受损的，债权人可以直接向瑕疵出资股东主张权利，在这种情况下在出资瑕疵的范围内股东对公司债权人负直接责任。实例 9-2 展示了一个追偿权纠纷案。

实例 9-2　唐某、江西萍钢实业股份有限公司追偿权纠纷案

（二）股权结构问题

企业的股权结构是企业决策权归属的决定因素。有限责任公司股东会以及股份有限公司股东会作为公司经营管理的最高决策机构，不仅要选举或任免董事会、监事会以及公司高级管理人员，还要批准企业的经营决策和股东的利益分配等重大事项。公司股东会，是指由全体股东组成，决定公司经营管理重大事项的机构。它是公司最高权力机构，其他机构都由它产生并对它负责。股份有限公司股东会职权与有限责任公司股东会职权在形式上基本相同。

股权结构包括两层含义。第一层含义是指股权的集中程度，即各股东的持股比例，有以下三种表现形式：（1）股权高度集中，即存在绝对的大股东，也就是绝对控股股东，绝对控股股东一般拥有企业 50% 以上的股份，对公司拥有绝对控制权；（2）股权高度分散，即企业没有绝对的大股东，单个股东所持股份的比例均在 10% 以下；（3）企业没有绝

对的大股东，但拥有控股权相对较大的控股股东，所持股份比例为 10%～50%。

在股权高度集中的情况下，绝对控股意味着绝对控股股东对企业经营管理有较大的决策权。这种集中的决策权可以提高企业的决策效率，避免股东会久议不决而无法通过有效决议，导致企业决策机制失灵。但同时，绝对控股使企业管理层完全处于绝对控股股东的控制之下，无法发挥企业管理层限制企业实际控制人滥用股东权利的情况，企业管理层的创造性可能被抑制。同样地，在股权高度集中的情况下，其他中小股东实际上丧失了投票权，无力监督也无法监督。此时，绝对控股股东可能将私人利益置于企业利益之上，可能以牺牲企业利益为代价为自身攫取更多利益。进而损害企业及其他股东的合法权益。延伸阅读 9-1 给出了一些通过法律约束绝对控股股东谋取私利的情况。

延伸阅读 9-1　股东会或者股东大会、董事会决议不成立的几种情况

在企业没有绝对的大股东，但拥有控股权相对较大的控股股东时，企业的经营状况与控股股东的利益紧密相连，持股比例相对较大的控股股东、企业管理层能够很好地掌控企业的经营。由于这些持股比例相对较大的控股股东所持股比例未占到绝对多数，其他股东有足够的力量来监督并制止其滥用权利，从而达到控股股东、普通股东、企业管理者之间的权利平衡，并且这种平衡状态并不是一种僵硬的平衡，而是一种活性的、不断向前的平衡状态。三方之间相互促进、相互监督，可以保障各方都能最好地行使权利，保障企业能够以最好的经营状态飞速发展。但在实际情况中，任何股权结构都并非绝对合理且优于其他结构，每个企业都有最适合自身经营状况的股权结构，甚至同一个企业在不同的发展阶段会需要不同的股权结构。

股权结构的第二层含义是指股权结构还包含股东的身份问题。在我国，股东的类型有国有股东（国有资产管理委员会出资）、法人股东（法人出资）以及自然人股东等。股权的分类包括员工持股、企业高管持股等。讨论企业股东身份的意义在于不同类型的股东所追求的利益经常存在差异，其决策方式、程序也不尽相同，甚至在一些情况下还有可能相互冲突。这可能影响企业的管理决策和生产经营，因此企业在设计股权结构时应当加以考虑。

二、企业人力资源管理中的法律风险及相关法律要求

（一）董事、监事及高级管理人员

人力资源是企业最重要的资源之一。优秀的企业高级管理人员在企业中举足轻重。企业高级管理人员，一般是指企业的总经理、副总经理、财务负责人，以及上市公司董事会秘书和公司章程中规定的其他人员。在企业正常经营的情况下，企业高管负责企业的日常行政管理及经营等工作，同时也拥有来自董事会或公司章程所规定的一些特定权力。一些企业为强化企业高级管理人员的权力，会给予其部分股权，也会授予部分高级管理人员执行董事的特权。但是，高级管理人员的权力应当是有限度的，为避免企业受个别股东、投资人过度的干预与影响，同时为了规范企业高级管理人员责任，我国法律对企业高级管理人员任职资

格作出了一些具体的限制，见延伸阅读 9-2。其意义在于：一是警诫相关人员不得采取相应的行为；二是规定存在特定情况的人员不应当被列入公司可信任的高级管理人员名单。

延伸阅读 9-2　对企业高管任职资格的一些具体限制

《公司法》第一百八十条规定，董事、监事、高级管理人员对公司负有忠实义务，应当采取措施避免自身利益与公司利益冲突，不得利用职权牟取不正当利益。董事、监事、高级管理人员对公司负有勤勉义务，执行职务应当为公司的最大利益尽到管理者通常应有的合理注意。公司的控股股东、实际控制人不担任公司董事但实际执行公司事务的，适用前两款规定。《公司法》第一百八十一条明确董事、监事、高级管理人员不得有下列行为：（1）侵占公司财产、挪用公司资金；（2）将公司资金以其个人名义或者以其他个人名义开立账户存储；（3）利用职权贿赂或者收受其他非法收入；（4）接受他人与公司交易的佣金归为己有；（5）擅自披露公司秘密；（6）违反对公司忠实义务的其他行为。董事、监事、高级管理人员违反上述规定所得的收入应当归公司所有，给公司造成损失的，应当承担赔偿责任。

（二）普通员工

董事、监事、高级管理人员对于企业举足轻重，企业普通员工也是不可或缺的重要人力资源。企业人力资源管理中的法律风险管理不应局限于针对董事、监事、高级管理人员，而且由于董事、监事、高级管理人员的人数较少，相应的规定也较为全面，因此企业人力资源管理中潜在的法律问题更多地体现在对大多数普通员工的管理上。以下以劳动合同的签订为例，简要探讨企业在普通员工的人力资源管理中可能面临的法律风险。

我国法律规定劳动合同制度，除为了确定双方的劳动关系外，也为了明确劳动合同双方当事人的权利和义务。根据《中华人民共和国劳动合同法》，订立劳动合同，应当遵循合法、公平、平等自愿、协商一致、诚实信用的原则，不得因合同双方存在雇佣关系而违反原则，签订合同后双方应当积极履行合同约定内容。

劳动合同一般分为固定期限劳动合同、无固定期限劳动合同和以完成一定工作任务为期限的劳动合同。固定期限劳动合同，是指用人单位与劳动者约定合同终止时间的劳动合同。无固定期限劳动合同，是指用人单位与劳动者约定无确定终止时间的劳动合同。以完成一定工作任务为期限的劳动合同，是指用人单位与劳动者约定以某项工作的完成为合同期限的劳动合同。具体订立哪种劳动合同由用人单位与劳动者协商决定。延伸阅读 9-3 介绍了无固定期限劳动合同的适用情况、劳动合同应当具备的条款、《劳动合同法》有关试用期的规定以及企业制定内部劳动人事制度的合规流程。

延伸阅读 9-3　《劳动合同法》的相关规定

三、企业财务管理中的法律风险及相关法律要求

企业的财务管理制度应当做到使企业资本权属明确、各主体的权限及责任明确、财

务活动符合法律规定和公司章程规定。企业在制定财务制度时，将草案提交职工或职工代表大会审议，或者充分听取职工、相关组织意见，并将所得意见落到实处。为避免企业财务管理受到企业内部相关决策人员的影响，企业应当建立财务决策回避制度，即在进行与企业利益有冲突的财务决策事项时，利益相关者应当回避。除此之外，企业也应当建立财务风险管理制度，明确投资人、企业高级管理人员及其他相关人员的权利和责任。企业应当建立财务预算管理制度，以实现企业利益最大化为最终目标，对初始资金的筹集、资金流转、成本投入、收益处分、重组清算等各项财务活动实施全面管理。

企业会计作为企业财务部门的重要管理活动，涉及直接记录企业的实际经营现状、资金流转等具体情况。企业必须依照《中华人民共和国会计法》设置会计账簿，并依法开展会计工作，同时保证会计账簿的真实性与完整性。企业相关负责人特别是企业会计部门负责人和企业会计人员，对本企业的会计工作及会计资料的真实性与完整性负责。

我国法律对企业的会计制度规定已较为完善，但由于一般企业财务部门的构成可能不健全，如不设审计职位，所以可能存在法律风险。

（一）职务侵占、挪用资金

延伸阅读 9-4
《中华人民共和国刑法》中关于非法挪用资金的处罚条款

企业财务管理涉及企业的资金安全问题，不规范的会计行为会给企业带来极大的隐患与风险，危及企业的资金安全。其中企业资金安全最直接的风险是职务侵占、挪用资金所带来的风险，严重者甚至触犯《刑法》，相关规定见延伸阅读 9-4。

在多数企业的日常经营中，职务侵占或挪用资金的手段和方式多种多样。例如，企业一线的工作人员利用工作便利，截留现金货款私自使用，并且长期拖欠不入账，更有甚者携带大量截留款潜逃国外。又比如，企业部分项目负责人或工作人员以回扣、业务支出、餐饮支出等为由，虚报大额资金并将其占为己有。还有一些工作人员私账公报，将个人消费计入公款报销。再比如，财务会计人员监守自盗，利用其专业知识及职务便利，制作虚假账簿，危及企业资金安全。企业的资金之所以能被轻易地侵占或挪用，是因为企业的财务管理制度存在漏洞。如果企业允许员工在工作时经手现金，工作人员就可以要求客户直接将货款汇入其个人银行账户或直接向客户收取现金。如果财务岗位设置不当，一人身兼数职，则可能为制作虚假账务提供便利。除了制度不完善，还有一部分原因是财务管理人员不尽职，疏于管理。例如，企业财务负责人往往只负责审核、签批资金，只看财务报表，只听取财务人员的汇报，对企业整体财务状况并未作深入了解。实例 9-3 展示了职务侵占罪的案例。

实例 9-3　宋某等职务侵占案

（二）虚假出资、抽逃出资

虚假出资、抽逃出资，是指公司发起人、股东违反《公司法》的规定未交付货币、实物或者未转移财产权，或者在公司成立后又抽逃其出资，数额巨大、后果严重或者有其他严重情节的行为。

虚假出资一般分为实际未出资、高价出资、需要办理产权转移手续的非货币资产未按法律规定的时间要求将产权变更登记到被投资企业等多种类型。抽逃出资，包括抽走货币资金和抽走非货币性资产两种形式，手段更是多种多样。根据虚假出资或抽逃出资的数额大小，对相关人员处以不同比例的罚款，严重者甚至会被判处刑拘，相关条例见延伸阅读 9-5，典型案例可参考实例 9-4。

延伸阅读 9-5　关于虚假出资、抽逃出资的相关法律条款

实例 9-4　郑某虚假出资案

（三）不当分配、非法清算

企业作为营利性法人，直接价值体现为企业获取利润的能力，而我国法律规定，利润所得应在缴纳税款、留存公积金后才可进行分配。在实际操作中许多企业违反法律法规及其他有关规定，随意分配甚至侵占截留企业所获利润，未将应列入企业账簿的资产列入企业账簿，而是通过私存私放的方式进行截留，形成各式各样的"小金库"。

"小金库"内的资金不一定只是截留的利润，也可能包含一些不合法收入，实践中多为私自截留的职工应得工资，虚构营业支出、虚增经营成本套取的现金，通过截留款项后高息存贷款所得的息差，违法或违规获得的收入，非法收受的回扣等。"小金库"的出现不仅涉及企业家的职务侵占行为，更违法了国家税收法律法规，减少了国家税收收入。因此，严厉打击"小金库"、规范企业的财务管理活动是企业管理的重中之重。

不当分配，一般是指企业不依照《公司法》及其他法律法规分配企业的利润所得。在通常情况下，企业应当首先依法向国家缴纳所得税，税后的剩余利润为可供分配利润。可供分配利润在提取法定公积金后向投资者分配利润。任何违背利润分配程序的分配均为不当分配，须承担相应的法律责任。企业违反规定进行利润分配，在弥补企业亏损和提取法定公积金之前向股东分配利润的，股东必须将违反规定分配的利润退还。并且，依据《公司法》第二十三条，公司股东滥用公司法人独立地位和股东有限责任，逃避债务，严重损害公司债权人利益的，应当对公司债务承担连带责任。

企业在解散事由出现后应当依法进行清算，不进行清算或违反法律规定进行清算的，企业及非法清算的行为人和相关负责人员需要承担相应的法律责任。企业的非法清

算主要体现为，当存在需要进行清算的情况时，不依照法律规定进行清算，而且企图通过非法清算的方式规避部分债务，或是使部分债务无法得以实现，损害相应债权人的利益。一般表现为企业未经法定程序私自进行清算，在非法清算期间提供虚假资产评估报告、企业资产负债表、资产清单以隐匿企业财产，且清算也不通过公告的方式通知企业的债权人，在未清偿债务前分配企业的资产，甚至是清算组成员徇私舞弊，在非法清算期间非法侵占企业的财产。相关规定见延伸阅读9-6。

延伸阅读9-6 关于公司不清算和清算瑕疵的责任的相关规定

四、企业运营中的法律风险及相关法律要求

（一）企业决策违规

企业决策违规大多表现在两个方面：一是企业决策内容违规，即企业所作出的决策的内容违反法律、法规的规定或者违反企业自身的规章制度；二是企业决策程序违规，即决策的程序违反法律规定或者企业内部的规章制度。

延伸阅读9-7 关于企业决策内容违规的相关法律条款

企业在经营时应当尽量避免所作决策中含有法律禁止的内容，详见延伸阅读9-7中列举的条例。即使企业经营行为涉及的各方均默认此次违规交易，企业仍然可能招致来自市场监督管理部门、税务部门等国家机关的追问乃至处罚。

企业决策程序违规是完全可以避免的。我国法律法规较多，一些中小型企业甚至一些大型企业可能不完全了解法律法规的相关要求，因此需要专业的律师、会计师等提供专项服务，以规避企业因为不了解法律法规而导致利益受损。

（二）企业垄断

垄断行为一般被理解为一种市场独占的行为，其目的在于通过提高企业的市场占比来影响产品的生产成本、销售价格。企业在实现垄断后，往往通过提高销售价格的方式获得高额利润。企业垄断导致市场竞争减弱，削弱了企业发展技术的动力，降低了企业对于提高生产效率、扩大生产规模的积极性。为了完善宏观调控，健全统一、开放、竞争、有序的市场体系，保护市场中各企业的公平竞争，提高市场经济的运行效率，维护消费者权益和社会公共利益，促进我国社会主义市场经济的安全健康发展，我国法律对经济活动中的垄断行为进行了预防和制止。我国法律在对经营者的合法经营活动进行保护的同时，也对其经营行为实施监管和调控，以维护消费者的合法权益，同时促进市场中的技术进步。因此，具有市场支配地位的经营者，不得滥用市场支配地位，进行排除、限制竞争。延伸阅读9-8列举了几种垄断行为及相关法律条款。

延伸阅读9-8 常见的垄断行为及相关法律条款

（三）不正当竞争

根据《中华人民共和国反不正当竞争法》，不正当竞争行为"是指经营者在生产经营活动中，违反本法规定，扰乱市场竞争秩序，损害其他经营者或者消费者的合法权益的行为"。这里所提及的经营者，是指从事商品生产、经营生产或者提供服务的自然人、法人和非法人组织。不正当竞争行为一般分为以下几类。

（1）商业混淆行为。商业混淆行为一般是指经营者将自己的商品和服务进行特定化包装，并且希望该特定化包装能够让人误认为其所提供的商品和服务为他人所提供的商品和服务，或该商品和服务与他人之间存在一定的联系。

（2）商业贿赂行为。商业贿赂行为一般是指经营者在经营活动中采用财物或者其他手段贿赂与交易相关的人员或企业，以谋求不正当的交易机会或者竞争优势。

（3）商业虚假宣传。商业虚假宣传一般是指经营者对其所提供的商品和服务的具体内容做虚假陈述，且该虚假陈述足以引起交易相关人员的误解，影响交易相关人员对于商品和服务的选择。商业虚假宣传应当被定义为欺骗、误导消费者的行为，我国法律明确规定，经营者不得通过组织虚假交易等方式，帮助其他经营者进行虚假或者引人误解的商业宣传。

（4）侵犯商业秘密。在市场交易中，商业秘密一般是指不为公众所知悉的，具有一定的商业价值并且权利人对其采取了一定的保密措施的技术信息、经营信息等商业信息。我国法律保护企业的商业秘密，侵犯企业商业秘密的行为被视为一种不正当竞争行为。

（5）互联网领域不正当竞争行为。互联网领域的不正当竞争行为是指经营者利用互联网中的技术手段，干扰或者影响其他经营者对外提供的网络商品和服务的正常运行，并导致相关用户、交易相对人对商品和服务的选择受到不公平的影响。

经营者实施上述不正当竞争行为，并给其他经营者或相关人员造成损害的，应当依法承担相应的法律责任。有关企业不正当竞争行为的具体法律界定情况，以及相关的处罚规定可以参考延伸阅读 9-9。

延伸阅读 9-9　有关企业不正当竞争行为的情况及处罚规定

第 3 节　管理的文化环境

一、文化与管理的关系

管理学作为一门现代科学，往往以自然科学的标准不断提升其标准化与精确化程度。以普适性为标准的自然科学没有区域性的文化特色，但在实践活动中，管理有着明显的国家、民族、区域、人群等不同的情境特色。究其原因，自然科学的对象没有文化属性，而管理活动明显具有文化属性。① 管理是一门以实践为导向的应用科学，忽视管理的文化属性，片面追求管理的科学化未必能够解决现实的管理问题，甚至会降低管理学的实践效力。

美国学者丹尼尔·雷恩曾指出，管理需要扎根于文化土壤并在历史中寻找智慧。雷恩认为，目前的各类管理教育，讲授定量方法、函数方法和行为方法等各类精确化的科学方法，"多种智力输入虽然可能具有刺激作用，但也往往给学生留下了一幅关于管理的支离破碎的画面，并主观臆断地假定学生有能力将那些不同的理念融会贯通"。因此，只有基于厚重历史的文化考察，才能提供一种加快整合的理论框架。由此，他提出了一个著名观点：管理是文化的产物。历史是普遍性的经验，它比任何个体的经验都要丰富、广泛和可靠，"管理思想并不是从文化的真空中发展出来的，管理者会发现，他们的工作受到已有文化的影响"。② 也就是说，人们的管理思想和管理理论是在各种不同文化的基础上形成的，管理知识体系和管理体制的完善也是根据文化的变化而演变的。此外，就管理实践而言，资源的配置和利用方式同样随文化的变化而改变。所以，文化深深影响甚至在某种程度上决定着管理理论和管理模式的产生与选择。

对于管理与文化的关系，可以从以下三个方面去理解：

（1）管理本身就是一种文化。德鲁克认为，管理不仅是一门科学，还是一种文化，它有自己的价值观、信仰、工具和语言。首先，管理是一种社会职能，隐藏在价值、习俗、信念和传统，以及政府和企业制度之中。也就是说，管理受文化的制约，管理本身即是文化。其次，文化是管理的背景，管理之所以成为一种文化现象，一个很重要的原因，就是在管理中发挥主要作用的，作为管理主体和客体的都是人。而人的各种行为，无不受到特定时空所具有的文化背景的影响，均体现出一定的文化背景。最后，管理存在路径依赖现象，文化中的习俗、习惯与观念等约束着管理思想的形成与演化。在经济学家道格拉斯·诺斯看来，今天的选择受历史因素的影响。管理的制度变迁是由三个因素共同决定的，即正式规则、非正式规则和实施机制。正式规则是由人们正式建立的各种制度安排，包括政治规则、经济规则和契约等。非正式规则是人们在长期的社会生活中逐步形成的习惯习俗、伦理道德、文化传统、价值观念以及意识形态等，是对人的行为的不成文的限制。

（2）管理是文化的产物，但文化本身并不等于管理。也就是说，在管理与文化的关系方面，文化并无完全的决定作用。管理尽管是人类的有意识的活动，但管理学所遵循的必须是某种普适性，而文化并不具备这种普适性，这又是人文科学和社会科学的区别根源。社会科学追求普适性，人文科学追求特殊性，所以，人文科学很少以普适性的定律或原理的形式呈现，即使有所谓的定理、定律和原理，也往往是一种概率性的统计结果而已。研究管理的目的在于，找出管理活动中的普遍性规律或趋势，尤其是寻找其中的因果关系、相关关系和概率分布，以求对同类问题做出有效的同类解释，进而采取有

---

① 刘文瑞. 管理与文化的关系探讨. 管理学报，2007（1）.
② 丹尼尔·雷恩. 管理思想史. 北京：中国人民大学出版社，2009：4.

效的同类行为。① 这种对普适性的追求使以区域性和特殊性为特征的文化很难对管理产生整体上的决定作用，由此才出现各种区域性的管理知识，这也是比较管理学产生的根由之一。也就是说，文化无论对管理产生多么大的影响，都不可能等同于管理本身。

（3）文化直接影响管理。文化虽然不可能等同于管理本身，但可以直接作用于管理，即对管理产生直接影响。根据刘文瑞的研究，文化在价值定位、惯习支配、优先选择、思维方式四个方面对管理产生重要影响。①任何管理理论都需要进行价值定位，而不可能完全做到价值中立。任何学者在建构理论的同时都受到特定思维方式的影响，这种由特定文化共同体约定的思维会赋予其理论以某种价值定向。泰勒的科学管理和韦伯的官僚组织的价值中立，实际上也没有完全消除价值预设，而是将价值定位为效率优先。②文化影响管理模式的选择。管理者所面临的主要问题，是在价值冲突中进行优先选择，而文化则是优先选择的首要考虑因素。③管理模式的选择受惯习支配。在绝大多数管理情境中，人的行为模式类似于条件反射的"刺激—反应"模式。经理人员的行为模式与其说受管理理论支配，不如说受习俗和习惯支配，而这种习惯的形成则与文化密不可分。文化影响着人的学习、记忆和行为，并通过文化的积淀形成习惯，建立起不成文的甚至潜意识的规则体系。④管理思维方式等管理哲学范畴受到文化的影响。人类不同于动物的地方，在于意识对行为的支配作用，不同的文化体系具有迥异的思维观念，进而影响管理的思维模式和方式、方法。

总之，不同国家具有不同的文化特色，管理是文化建构的产物，文化是影响管理路径和管理方式的最重要权变因素之一，不同的国家往往基于各种特定文化体系和地方性知识形成不同的管理模式。比较管理学的要义就是解释不同国家的不同文化对管理模式形成产生的影响及其作用机理。比较管理学虽然以文化特殊性为研究起点，但并不否定管理的普适性意义。比较管理学主张主客体交互影响下管理学的语境化，即在一定现有变量范围内尤其是文化差异中寻找相对普适性的规律。

二、Z 理论：日美企业管理比较

以国家文化价值观差异为基础，对不同国家之间的企业管理模式与组织形式进行比较研究的经典理论框架是日裔美籍管理学家威廉·大内的 Z 理论。第二次世界大战后，日本生产率的增长曾经是美国的 4 倍，20 世纪 70 年代，日本经济更是取得突飞猛进的发展，涌现出很多优秀的日本企业，如松下、索尼、丰田等，在全球市场上给美国企业带来巨大挑战。由此，日本企业的管理思想开始被诸多美国企业和管理学者关注，日本文化及其管理模式逐渐成为世界课题。

威廉·大内从 1973 年开始研究日本企业管理，经过调查比较日美两国企业管理的经验，于 1981 年出版《Z 理论——美国企业界怎样迎接日本的挑战》一书。大内选择了日美两国的一些典型企业进行研究，这些企业都在本国及对方国家中设有子公司或工厂，采取不同类型的管理方式。他的研究表明，日本企业的经营管理方式一般较美国的

---

① 刘文瑞 . 管理与文化的关系探讨 . 管理学报，2007（1）.

效率更高，这与 20 世纪 70 年代以来日本经济的蓬勃发展趋势完全一致。该书中提出一个著名观点：工业危机的根源在于管理不善，日本生产率的增长之所以能大大超过美国，重要原因在于两国的企业管理方式不同；美国企业应该结合本国的特点，学习日本企业管理方式并形成自己的管理方式。他把这种管理方式归结为 Z 型管理方式，并对这种方式进行了理论上的提炼和概括，称为"Z 理论"。Z 理论具有丰富的组织与管理内涵，其中对日美文化差异所造成的管理模式差异进行比较分析的结论见深化学习 9-2。

 深化学习 9-2 Z 理论中关于日美文化差异所造成的管理模式差异

大内从对日美企业的不同文化背景、价值观念和管理模式的剖析入手，批判了美国企业重视技术而忽视人性问题的弊端，提出了生产率与信任、微妙性、亲密性密切相关的重要命题，主张重视工作过程中人的社会联系和情感需要，强调企业价值目标的一致性以及企业管理中的社会文化因素。

三、文化特质与管理模式

Z 理论的最大特色是将文化价值观因素导入企业管理模式的比较分析之中，强调社会文化对企业组织的影响并以此建构本土特色的企业人际关系管理模式。

文化价值观是企业管理的核心，例如，日本企业建设以和、忠、勤为主要内涵的独树一帜的人本企业文化，强调团队意识和集体精神。在此文化价值观影响下，日本形成了独具特色的三大人事管理制度：终身雇佣制、年功序列制和企业工会。与美国企业大多采取提高工薪、晋升职务等功利主义激励方式不同，日本企业人事制度具有鲜明的文化特色，即以家族式的亲情关系激发员工的工作欲望与创造性。这使得企业不仅是获利的机器，也是人类谋求精神满足、完善人生的场所。但是，这种美好的文化追求在现实的经济困难中难以长期持续，日本企业的人事制度使企业失去了一些应对危机的重要管理工具，企业经营者不能根据企业的需要来调整和解雇员工。20 世纪 80 年代以后，日本企业增长速度明显下降，企业不得不采用"减量经营"的方针，如裁减人员、让员工临时休假、减招新职工、裁掉亏损部门、转卖多余不动产、降低管理人员工资等。与高速增长相适应的年功序列制和职务等级制也逐渐难以帮助企业走出经营困境，日本管理模式逐渐式微。

2010 年，中国 GDP 超过日本，成为仅次于美国的世界第二大经济体。2023 年，中国在《财富》世界 500 强中占据 142 个席位，并涌现了中石油、国家电网、华为、腾讯、海尔等行业领先的世界级企业，中国企业的管理模式创新也逐渐引起世界顶级商学院、知名企业的研究关注和学习推广。继日本管理模式之后，中国管理模式开始登上世界舞台。Z 理论提供了从文化情境建构管理模式的一个典范，而中国文化与西方文化具有鲜明的异质性，两者在世界观、价值观、方法论与思维方面迥然不同，中国文化蕴含着新时代重塑管理学的无穷力量。中华传统文化的特质是和合精神，即异质性的元素和谐共生并相互补充、渗透与转化的精神理念，"万物并育而不相害，道并行而不相悖"（《中庸》），是一种与主客二分、二元对立思维迥然不同的哲学观念和价值系统。在中国经济蓬勃发展的大好形势下，在以中国式现代化全面推进中华民族伟大复兴的时代背景下，以马克思主义为指导，立足中华优秀传统文化，扎根中国企业管理实践，建构中国自主的管理学知识体系，推动中国管理模式登上世界舞台的中央，是一项重大的时代课题。

小　结

1. 企业是社会主义市场经济下微观层面的经济主体，企业的再生产亦是一个包括生产、流通（交换）、分配、消费四个环节的过程，这些环节在相互联系、相互制约中实现微观经济活动的有序运行。

2. 企业是生产力和生产关系的统一体。企业管理工作是人们在一定的生产关系下将生产力诸要素结合成为现实生产力和提高生产力水平的一个强有力的促进手段，是社会生产力发展的必不可少的条件。

3. 新质生产力突破了传统的经济增长方式，以高效能、高质量为基本要求，以数字化、网络化、智能化为基本特征。形成新质生产力的关键在于创新，尤其是朝着技术含量高、知识密度大的新产业和新领域方向持续推进技术创新。

4. 数字经济与人工智能技术的发展不仅改变了员工的工作方式，也对企业的人力资源管理、商业模式和价值创造产生了影响。

5. 在市场经济条件下主要有两种管理观：一种是把利润最大化作为管理的唯一主题、准绳、最高宗旨和核心价值观的管理观；另一种是把企业可持续成长作为管理的主题、准绳、最高宗旨和核心价值观的管理观，认为企业经营者及一般员工的利益和命运应该是同企业可持续成长息息相关的。

6. 在资本增值逻辑驱使下，工人由劳动的主体变为了机器的附庸。当社会彻底摆脱资本增值逻辑对机器应用的约束，恢复其"社会本性"并成为人自由全面发展的因素时，人类可以借由技术进步实现社会进步。

7. 制度分为正式制度和非正式制度，前者主要包括法律、法规和政策等，后者包括文化、道德、公序良俗和约定俗成的行为准则等。制度通过强制性压力、规范性压力、认知性压力影响和塑造组织与个体的行为。

8. 企业在设立、人力资源管理、财务管理、运营中都会遇到各种各样的法律问题，企业的生产经营和管理活动必须遵守所在地的制度和法律要求。

9. 管理是一门以实践为导向的应用科学，忽视管理的文化属性，片面追求管理的科学化未必能够解决现实的管理问题，甚至会降低管理学的实践效力。

10. 不同国家具有不同的文化特色，而管理是文化建构的产物，不同的国家往往基于各种特定文化体系和地方性知识形成不同的管理模式。

思考与讨论

1. 技术与管理的关系是怎样的？技术更新如何影响管理方式？

2. 数字时代管理实践的变革有哪些主要特征？

3. 如何理解制度？制度对管理的影响方式有哪些？

4. 企业与制度环境的关系是怎样的？企业只能被动接受制度的影响吗？

5. 企业管理过程中会遇到哪些常见的法律问题？

6. 为什么说管理是文化的产物？

7. 日本管理模式与美国管理模式有何差异？Z理论对于发展中国管理模式有什么启发？

8. 中西方企业管理的一般情境有何异同？

9. 结合引例，分析海尔跨国并购成功的关键要素是什么，海尔的"沙拉文化"是如何将管理的普遍性与情境化结合起来的。

第 10 章

中国企业管理的独特对象

学习目标

● 了解什么是公有制企业，公有制企业的类型有哪些，公有制企业的经营权如何配置及变化。

● 掌握国有企业的发展现状、体制探索过程与改革历程，辩证看待国有企业的效率问题。

● 认识国有企业的制度优势，了解举国体制中国有企业的战略作用。

通过本章的学习，你将认识建立和发展公有制企业的意义（重点），学习国有企业如何发挥集中力量办大事的制度优势（难点）。深入理解党的二十大报告所指出的"推动国有资本和国有企业做强做优做大，提升企业核心竞争力"的意义与要求（思政主题）。

引 例

招商局的百年沉浮

100多年前，招商局在追求民族独立的时代浪潮中诞生，拉响了中国民族工商业崛起的第一声汽笛，揭开了中国近现代化建设的大幕。招商局从洋务运动中走来，是中国近现代化的重要开启者，为中华民族"站起来"进行了艰辛探索。招商局在改革开放中崛起，是发展市场经济的先行者，在"富起来"的过程中参与推动了许多重大变革。招商局向实现中华民族伟大复兴的梦想迈进，努力成为社会主义现代化建设的新标兵，将在"强起来"的过程中发挥积极的作用。

招商局在百年中几乎经历了所有可能的所有制形式，如官督商办、全部商办、收归国有、有限公司、国营企业，最终在1978年改革开放的春风下，作为改革开放的领军企业，开启崭新的篇章。今天的招商局集团是我国驻港大型企业集团，香港四大中资企业之一，总部设在香港，是中央直接管理的国有重要骨干企业。2023 年，招商局集团经营效益稳中向好：实现营业收入 9 238 亿元，利润总额为 2 268 亿元，同比增长3.4%；集团总资产为 13.6 万亿元，同比增长 8.9%。就金融机构资产规模而言，排第二位的中信集团总资产约为 10.8 万亿元，紧随其后的华润集团总资产为 2.6 万亿元，仅是招商局集团的零头。

我国迈入改革开放时期后，正是招商局集团身先士卒，以敢为天下先的精神，突破制度桎梏，创新机制，将蛇口打造成为我国改革开放的排头兵。蛇口曾经只是个人口稀少的小渔村，如今已经成为世界重要的集散中心和中转口岸。招商局是中国最早的民族企业，某种意义上来说也是我国最早的国有企业，晚清的轮船招商局背负的是振兴民族工业的历史使命，改革开放初期的招商局肩负着引领改革之风、开拓创新之路的国家使命。从招商局的百年发展历程中，我们不难看到，在国有企业改革中，重要的是企业经营遵循市场化方向，机制灵活，在治理结构、选用人才、资源配置、创新转型等方面敢于突破。

资料来源：罗虎. 中国特色现代国有企业制度创新研究：兼论中国"国企模式"的形成、内涵和发展. 北京：社会科学文献出版社，2016.

以招商局集团为代表的本土企业，其存在的意义是什么？新中国成立至今，它们经历了哪些改革？它们是如何在中国特色社会主义基本经济制度下发挥主导性和引领性作用的？本章首先从公有制企业的性质与功能入手，介绍我国社会主义市场经济体制的所有制制度。然后聚焦公有制企业的代表——国有企业，介绍其发展现状、体制探索和改革历程。最后讨论国有企业在新型举国体制下"集中力量办大事"的制度优势。

第 1 节　公有制企业的性质与功能

社会制度和社会的经济组织、体系总是按照客观规律而发展，是不以人的意志为转移的。但我们必须对客观环境和内部条件有比较准确的认识并掌握它。[1] 公有制为主体、多种所有制经济共同发展作为社会主义基本经济制度，是中国特色社会主义制度的重要支柱。而管理作为一门科学，既有同生产力、社会化大生产相联系的自然属性，又具有同生产关系、社会制度相联系的社会属性，这种管理的两重性同样适用于社会主义公有制企业管理。

一、公有制企业及其必要性

公有制是一种相对于私有制的经济制度，在这种制度下生产资料归国家和集体所有，不进行排他性占有。公有主体只能作为不可分割的产权所有者整体性地存在，而不

---

[1]　徐之河，徐建中. 中国公有制企业管理发展史（1927—1965）. 上海：上海社会科学院出版社，1992.

容许把公有产权以任何形式分解为个人产权。按照马克思、恩格斯的理论，"随着无产阶级的胜利，无产阶级本身以及制约着它的对立面——私有制都趋于消灭"①。在无产阶级革命胜利以后，只有消灭生产资料私有制，才能消灭制约或剥削无产阶级的对立面。因此，通过各种路径建立公有制企业，是对马克思主义的具体实践。

在以私有制为基础和主体的市场经济国家及西方经济学理论的视野中，国有企业或公共企业都是政府所有的企业，其主要目的是提供公共品，例如，在医疗保健、公共交通、公共绿地等具有非排他性和正外部性的领域，并不存在所谓的公有制企业。基于这一观点，一些学者认为，国有企业需要从一般竞争性领域退出，只在提供公共品的行业存在和发展。

而在社会主义国家，公有制企业是全体人民或部分集体人员所有的企业，由人民授权政府进行管理，但并非政府所有。因此，一些学者认为，发展、壮大国有企业是社会主义基本经济制度的必然要求。公有制企业，特别是作为公有制经济的重要组成部分的国有企业，不仅在国民经济中肩负着发挥主导作用的使命，而且肩负着在质和量上都保持主体地位的使命。国有企业如果不断退缩，到达一定的临界条件后，不仅无法发挥主导作用，而且也会丧失其在公有制经济中的主体地位，社会主义基本经济制度就会不复存在。因此，只要目的是发展、壮大国有企业，不管是适当收缩战线的"国退民进"，还是适当扩大战线的"国进民退"，都符合社会主义市场经济的制度要求和发展方向。②

随着生产力发展、社会化程度提高，公有制企业必将在所有制结构不断优化的过程中得到强化。这将保证中国经济基础的坚实，从而保证在重大制度和安排上是国家意志支配资本，保证我国社会主义制度的性质，保证人民当家作主，坚持以人民为中心。这是中国与西方社会的根本性差异。③

二、公有制企业的类型

在我国，公有制企业包括全民所有制企业（国营企业或国有企业）、集体所有制企业（农村集体企业或乡镇集体企业）以及混合所有制企业。

全民所有制企业，是指国务院或地方人民政府分别代表国家履行出资人职责，利用全体人民共同所有的资源要素从事生产经营活动的企业。国有企业是作为我国社会主义制度的经济基础而存在的，反映了社会主义制度的本质属性，是政府干预经济和参与经济的手段。④ 国有企业是社会主义经济的重要支柱，是国民经济的主导力量。新中国成立之初，社会生产力低下，经济基础十分薄弱，做大做强国有企业是新中国迅速实现工业化，尤其是实现重工业化的必由之路。

集体所有制企业，是指集体成员通过合作与联合等方式，利用集体所有的资源要素从事生产经营活动的企业。⑤ 集体企业是社会主义公有制经济的重要组织形式。新中国

① 马克思，恩格斯．马克思恩格斯全集：第 2 卷．北京：人民出版社，1957：44.
② 王中保．企业公有性、效率与经济发展：马克思主义宏观经济学的微观基础．北京：经济科学出版社，2018.
③ 杨春学，杨新铭．所有制适度结构：理论分析、推断与经验事实．中国社会科学，2020（4）.
④ 黄速建，余菁．国有企业的性质、目标与社会责任．中国工业经济，2006（2）.
⑤ 高鸣，芦千文．中国农村集体经济：70 年发展历程与启示．中国农村经济，2019（10）.

成立后，经过社会主义改造，集体经济成为中国农村经济的主要组成部分。

混合所有制企业，是指在产权结构上既有国家所有或集体所有的公有制成分，又有其他非公有制成分（如产权归中国公民私人所有或外商所有）的企业。具体来看，混合所有制企业可以分为三大类：国有股份与非公有股份共同组成的企业、集体股份与非公有股份共同组成的企业，以及国有股份与集体股份共同组成的企业。[1] 在前两种混合所有制企业中，非公有股份在一定条件下可以是企业员工所持股份，也可以是外资所持股份。混合所有制企业是我国混合所有制经济的微观实现形式，即混合所有制经济在企业层面呈现出国有资本、集体资本和非公有资本交叉持股、相互融合的所有制形态。

三、公有制企业的经营权之变：从"两权合一"到"两权分离"

在新中国建设初期，我国实行的是社会主义计划经济体制。这一时期，我国公有制企业的建立，在理论上天然地体现着社会主义生产关系，反映了社会主义制度的本质特征。国家不是为解决市场失效、外部性等而干预和调控经济，因此，公有制企业的所有权和经营权都属于国家或集体，企业实际上是国家行政机构的附属物，国家行政机构是企业运转的第一推动者。

由于所有权和经营权都属于国家，全民所有制企业最初被称为国营企业。在这种运转机制下，企业处于被动地位，缺乏经营自主权。企业是遵照指令性计划行事的产品生产者，其投入和产出的决定权掌握在国家行政机构手中，企业的生产要素是国家行政机构按纵向分配办法分配的，企业生产的产品由国家行政机构统一调拨或包销，财政上实行统收统支。[2] 因此，工业领域的企业常被称为"工厂制企业"，商业企业也只是作为"商店"存在，它们都只是执行者，缺乏经营自主权。

1984 年，为了适应社会化大生产的需要，国有企业开始实行厂长负责制。1988 年，我国颁布了《中华人民共和国全民所有制工业企业法》（以下简称《工业企业法》），从法律上确立了全民所有制工业企业是依法自主经营、自负盈亏、独立核算的社会主义商品生产和经营单位。中国共产党在企业中的基层组织对党和国家的方针、政策在本企业的贯彻执行情况进行监督。企业通过职工代表大会和其他形式实行民主管理。《工业企业法》的颁布，明确了全民所有制企业在行使经营权所形成的法律关系中依法享有权利、承担义务。在商品经济条件下，国家不直接经营企业，而是把企业经营权赋予该企业。作为市场主体，企业要为消费者提供所需的使用价值，并遵循公平竞争的原则进行交换。

1992 年，我国确立了社会主义市场经济体制改革目标。公有制企业的附属地位得到改变，公有制企业逐步转变为商品生产者和经营者，在市场竞争中谋求自己的生存和发展。党的二十届三中全会明确指出"高水平社会主义市场经济体制是中国式现代化的重要保障"，强调要"总结和运用改革开放以来特别是新时代全面深化改革的宝贵经验"，在此基础上进一步全面深化改革，从产权制度、市场准入制度等方面进一步完善市场经济基础制度。

---

① 黄速建. 中国国有企业混合所有制改革研究. 经济管理，2014，36（7）.
② 李占祥，杨先举. 现代企业管理学. 北京：中国人民大学出版社，1990：39.

第 2 节　国有企业的发展与改革历程

中国国有企业有着特殊的发展与改革历程。国有企业作为生产资料公有制的基本社会生产组织形式，不仅在生产关系方面扮演了极其重要的角色，更重要的是还承担了社会生产力配置和发展的重要任务。[①] 2016 年 10 月 10 日习近平总书记在全国国有企业党的建设工作会议上的讲话中指出，要"坚持有利于国有资产保值增值、有利于提高国有经济竞争力、有利于放大国有资本功能的方针，推动国有企业深化改革、提高经营管理水平，加强国有资产监管，坚定不移把国有企业做强做优做大"。

一、国有企业的发展现状

新中国成立以来，我国的国有企业得到了长足的发展。根据国有经济研究智库发布的《国有企业在构建新发展格局中的作用研究报告》，2012 年以来，我国国有企业数量不断增加。2012—2019 年，全国国有企业数量从 14.7 万户增加到 21.7 万户，增长了47.6%；国有资产总额从 89.5 万亿元增加到 233.9 万亿元（占国内社会总资产的14.1%）。2023 年《财富》世界 500 强中，中国有 142 家企业上榜，其中国有企业有 97家，占比近 70%。

从行业分布来看，中国的国有企业与民营企业之间已经形成既有分工合作又有竞争、相辅相成的相对稳定格局。中央管理企业主要分布于金融、能源（电网电力、石油和天然气开采）、邮政、电信、航运、汽车、石化、有色金属、军工等领域；地方国有企业主要集中于城市公用事业、市政工程、高速公路、钢铁、煤炭、矿业、冶金等领域。民营企业在轻工业、一般制造业、建筑、交通运输、仓储、住宿和餐饮、租赁和商务服务等领域占绝对优势，并且在重化工业、基础设施、公用事业等领域也有所发展。即使在国有资本比较集中、关系国民经济命脉的重要行业和关键领域，如钢铁、有色金属、化工、建材、建筑、机械制造领域，也可以看到作为龙头企业的国有企业在产业群集聚中，与民营企业既竞争又融合的发展态势。[②]

面对数量庞大的国有企业，根据其功能定位进行分类改革、分类发展、分类考核、分类监管，是管理好国有企业的基础，是政府分类施策，尤其是有针对性地推进国有企业改革、发展和监管的基本依据。2015 年，由国务院国资委、财政部、国家发展改革委联合印发的《关于国有企业功能界定与分类的指导意见》，立足国有资本战略定位和发展目标，结合不同国有企业在经济社会发展中的作用、现状和需要，根据主营业务和核心业务范围，将国有企业界定为商业类国有企业和公益类国有企业。

商业类国有企业以增强国有经济活力、放大国有资本功能、实现国有资产保值增值

---

① 张晖明. 中国国有企业改革的逻辑. 太原：山西经济出版社，1998.
② 杨春学，杨新铭. 所有制适度结构：理论分析、推断与经验事实. 中国社会科学，2020（4）.

为主要目标，按照市场化要求实行商业化运作，依法独立自主开展生产经营活动，实现优胜劣汰、有序进退。其中，主业处于关系国家安全、国民经济命脉的重要行业和关键领域，主要承担重大专项任务的商业类国有企业，要以保障国家安全和国民经济运行为目标，重点发展前瞻性、战略性产业，实现经济效益、社会效益与安全效益的有机统一。

公益类国有企业以保障民生、服务社会、提供公共品和服务为主要目标，必要的产品或服务的价格可以由政府调控；要积极引入市场机制，不断提高公共服务的效率和能力。公益类国有企业提供公共品和服务以保障城市运行，包括城市供水供气、公交、市政建设等领域的国有企业。

党的二十届三中全会指出，要"进一步明晰不同类型国有企业功能定位，完善主责主业管理，明确国有资本重点投资领域和方向。推动国有资本向关系国家安全、国民经济命脉的重要行业和关键领域集中，向关系国计民生的公共服务、应急能力、公益性领域等集中，向前瞻性战略性新兴产业集中"。

二、国有企业的体制探索

20世纪末，国内学者对社会主义计划经济体制和工业管理模式的弊端进行了批判性反思和探讨。在今天看来，这些反思也不可避免地受到时代背景的局限。王曙光[1]认为，只有把国有企业制度的演变放在中国工业化与赶超战略以及社会主义现代化的高度来考量，才能对国有企业的制度探索之路有比较全面的认识。他将改革开放前的工业管理体制和国有企业制度演变划分为以下四个阶段。

（1）初步奠基时期（1949—1957年）。我国社会主义计划经济体制和工业管理体制初创，国有工业占据主要地位，奠定了集中式的工业管理体制与国有企业制度的基础。这种工业管理体制和国有企业制度对社会主义工业化的迅猛推进、对新中国成立初期市场的稳定和经济的恢复发展起到了历史性作用。然而，这种体制的主要缺陷是国有企业经营自主权的缺失和激励体系的缺失，国有企业成为国家计划的附属物和执行国家计划的工具。这一弊端引发了当时决策者对社会主义经济成分、农业与工业关系、中央与地方关系等的反思。

（2）权力下放时期（1958—1960年）。国家开始对工业管理体制和国有企业制度进行调整，提出了带有辩证性思维的"中央工业和地方工业同时并举、大型企业和中小型企业同时并举"的发展路线。大量中央管理企业和管理权限下放到地方。这一时期出现了一些优秀的管理制度，例如，鞍钢集团的"两参一改三结合"，提升了国有企业的规范性和效率。然而，由于存在急于推进工业化并赶超发达国家的强烈愿望，改革操之过急，权力过度下放，导致工业管理出现一定混乱。加之地方政府管理工业的经验与能力不足，很多工业管理制度难以落实，企业生产效率比较低下。国民经济出现严重失衡，连续出现财政赤字，赤字金额不断攀升。

（3）权力上收时期（1961—1965年）。1960年9月，中央批转了国家计委党组《关

---

①　王曙光．中国工业管理和国有企业制度：传统体制的形成与演进逻辑．经济研究参考，2020（2）．

于 1961 年国民经济计划控制数字的报告》，首次正式提出"调整、巩固、充实、提高"的八字方针。1961 年 1 月，党的八届九中全会提出缩小基本建设规模、调整发展速度。在八字方针的指引下，中央决定对工业管理体制进行调整，强调全国要上下一盘棋，实行高度的集中统一，以克服前一时期国有企业生产的分散无序局面。整个经济管理体制就又回到了中央高度计划和高度集中的大一统体制。

（4）调整和探索时期（1966—1976 年）。这一时期，我国对工业管理体制和计划经济体制进行了若干探索，主要经历了"三五"计划和"四五"计划两个阶段。从工业管理体制调整的角度来说，1970 年左右又开始了一场以向地方下放权力为中心内容的工业管理体制的大变动。中央各部在 1970 年下放绝大部分直属企业和事业单位给地方，只有极少数的大型或骨干企业由中央和地方共同领导、以中央为主，其余则大规模下放。"三五"计划和"四五"计划这一时期，以三线建设为代表的工业布局的调整、经济管理权限的下放和经济管理体制的探索、国家产业结构的调整以及国家科技实力的提升等，都具有重大的历史意义，对于改变中国的工业布局，推进石油、电子、煤炭等基础工业的发展，对于发展"五小"企业，对于推进中国的农田水利建设和农业机械化，等等，都起到了重要的作用。但是这一时期由于复杂的国内外政治状况，经济发展的质量和企业管理的效率受到较大的负面影响。

1949—1976 年，对传统体制的反思、变革和探索不断进行。在改革开放 40 多年后的今天，我们可以更加全面地审视这一传统体制的内在优势、历史价值和深层问题。从历史视角来看，传统体制是我国社会主义制度发展所必然经历的阶段。传统体制也必然发生深刻的变革，这就是动态的、辩证的历史观。我们不仅仅要看到传统工业管理体制和社会主义公有制企业自身存在的局限，更要看到这种传统体制在中国工业化进程中的历史价值和体制优势。[1]

三、国有企业的改革历程：从"工厂制"变为"公司制"

新中国成立后一直到改革开放前，国有企业的所有权和经营权都属于国家，企业实际上是国家行政机构的附属物，国家行政机构是企业运转的第一推动者。在这种运转机制下，企业处于被动地位，缺乏经营自主权。企业不过是遵照指令性计划行事的产品生产者。[2]

我国国有企业的改革是从 1978 年底开始的。从国有企业改革是对国有企业内部、外部关系做出革命性变革这一角度着眼，国有企业改革的过程可划分为四个阶段。[3]

第一阶段（1978 年底—1984 年 9 月）。1978 年从"放权让利"起步的经济体制改革，改变了国有企业的附属地位，使其成为自主经营、自负盈亏、独立核算的社会主义商品生产者和经营者，在市场竞争中谋求自己的生存和发展。这一阶段主要是以改革政府与企业关系为主。

① 王曙光. 中国工业管理和国有企业制度：传统体制的形成与演进逻辑. 经济研究参考，2020（2）.
② 李占祥，杨先举. 现代企业管理学. 北京：中国人民大学出版社，1990：39.
③ 黄速建，胡叶琳. 国有企业改革 40 年：范式与基本逻辑. 南京大学学报（哲学·人文科学·社会科学），2019，56（2）.

第二阶段（1984 年 10 月—1993 年 10 月）。1984 年，为了适应社会化大生产的需要，国有企业开始实行领导体制改革，由党委领导下的厂长负责制转变为厂长（经理）负责制。企业通过职工代表大会和其他形式，实行民主管理。《工业企业法》的颁布，明确了全民所有制企业在行使经营权所形成的法律关系中依法享有权利、承担义务。在商品经济条件下，国家不直接经营企业，而是把企业经营权赋予企业。作为市场主体，企业要为消费者提供所需的使用价值，并且遵循公平竞争的原则进行交换。这一阶段主要是以改革政府（作为国有企业的所有者）与企业的关系、企业与员工的关系以及企业与市场的关系为主。

第三阶段（1993 年 11 月—2013 年 10 月）。1993 年 11 月，建立"产权清晰、权责明确、政企分开、管理科学"的现代企业制度，成为我国社会主义市场经济体制下国有企业改革的目标。这一时期注重将企业改制与加强企业内部管理相结合，改变了体制改革初期曾出现的"以改代管"现象。国务院国资委时任副主任邵宁在解释如何促进国有企业"管理更加严格，更加科学化"时指出，"大企业是靠完善的制度化体系运行的。与国外大型跨国公司相比，中国大企业的制度化建设有很大差距，需要进行大量的制度建设工作。"[①]

第四阶段（2013 年 11 月至今）。2013 年党的十八届三中全会通过的《中共中央关于全面深化改革若干重大问题的决定》强调完善国有资产管理体制，从"管人、管事、管资产"转变为"管资本为主"，加强国有资产监管，改革国有资本授权经营体制，组建若干国有资本运营公司，支持有条件的国有企业改组为国有资本投资公司。随着国有企业的性质由工厂制企业转为公司制企业，以及政府简政放权和职能转变的加速，国有企业政企关系逐步由之前的"政府办企业，企业办社会"，转变为"企业办企业，政府办社会"。这一阶段主要是深化改革、全面推进，通过发展混合所有制企业和分类改革推进国有企业各种关系改革。

四、国企改革的最新动态

党的十八大以来，深化国企改革持续深入推进。2020 年 6 月 13 日，国务院国资委印发《关于开展对标世界一流管理提升行动的通知》，对国有重点企业开展对标提升行动作出部署安排。该通知提出，到 2022 年，国有重点企业管理理念、管理文化更加先进，管理制度、管理流程更加完善，管理方法、管理手段更加有效，管理基础不断夯实，创新成果不断涌现，基本形成系统完备、科学规范、运行高效的中国特色现代国有企业管理体系，企业总体管理能力明显增强，部分国有重点企业管理达到或接近世界一流水平。为实现这一目标，国务院国资委提出，要综合分析世界一流企业的优秀实践，深入查找企业管理的薄弱环节，持续加强企业管理的制度体系、组织体系、责任体系、执行体系、评价体系等建设，全面提升管理能力和水平。

2020 年 6 月 30 日，习近平总书记主持召开中央全面深化改革委员会第十四次会议，审议通过《国企改革三年行动方案（2020—2022 年)》，该方案包含八个方面：一

---

① 邵宁. 国有企业与国有资产管理体制改革. 新华文摘，2010（6）.

是要完善中国特色现代企业制度，坚持"两个一以贯之"①，形成科学有效的公司治理机制；二是推进国有资本布局优化和结构调整，聚焦主责主业，发展实体经济，推动高质量发展，提升国有资本配置效率；三是积极稳妥推进混合所有制改革，促进各类所有制企业取长补短、共同发展；四是要激发国有企业的活力，健全市场化经营机制，加大正向激励力度，也由此提高效率；五是形成以管资本为主的国有资产监管体制，着力从监管理念、监管重点、监管方式、监管导向等多方位实现转变，进一步提高国资监管的系统性、针对性、有效性；六是推动国有企业公平参与市场竞争，强化国有企业的市场主体地位，营造公开、公平、公正的市场环境；七是推动一系列国企改革专项行动落实落地；八是加强国有企业党的领导党的建设，推动党建工作与企业的生产经营深度融合。党的二十大报告强调指出，要深化国资国企改革，加快国有经济布局优化和结构调整，推动国有资本和国有企业做强做优做大，提升企业核心竞争力。

合规管理也是国企改革的最新重点。2022 年 10 月 1 日，国务院国资委制定公布的《中央企业合规管理办法》正式生效施行。这是国务院国资委成立以来首部针对中央级国有企业（即中央企业）合规管理制定的部门规章，以国务院国有资产监督管理委员会令第 42 号发布，第一次将企业合规管理上升到法律法规的高度。作为合规管理的首部部门规章，《中央企业合规管理办法》中有如下要点：（1）明确将党的领导贯彻国有企业合规管理工作全过程。（2）设立首席合规官由总法律顾问兼任，对企业主要负责人负责。国资委相关领导更是明确指出，首席合规官作为关键人物，将全面参与企业重大决策，确保管理职责到位。（3）进一步明确合规管理"三道防线"及其相应职责，实质上进一步明确了业务及职能部门、合规管理部门和监督部门的合规管理职责。（4）强化合规审查这个关键环节。一方面，再次强调合规管理部门要切实担负起规章制度、经济合同、重大决策合规审查及"三项审核"的职责；另一方面，从程序上应当将合规审查作为必经程序嵌入经营管理流程。（5）以"全面＋专项"构建合规管理基本制度，继续倡导中央企业将合规要求嵌入经营管理各领域各环节，贯穿决策、执行、监督全过程，构建分级分类的合规管理制度体系。

第 3 节　国有企业的效率之辩与制度优势

积力之所举，则无不胜也；众智之所为，则无不成也。集中力量办大事是中国特色社会主义制度的显著优势。第 8 章关于企业核心竞争力来源的资源基础观中，"组织性"用以替代传统资源基础观 VRIN 框架中的"不可替代

延伸阅读 10-1　中国国有企业的组织资本

性"。延伸阅读 10-1 从经济主体和经济体两个层面阐明了组织资本何以成为中国国有企业的独特优势。

----

① "两个一以贯之"：坚持党对国有企业的领导是重大政治原则，必须一以贯之；建立现代企业制度是国有企业改革的方向，也必须一以贯之。

一、国有企业的效率之辩

关于国有企业体制的理论探索一直无法摆脱社会主义与资本主义之间的意识形态争论，这导致西方学者和以西方为主导的国际管理研究难以就国有企业的潜在价值进行深入探究。在过去几十年，大量学术著作对国有企业和民营企业的绩效进行了比较研究。这些研究的普遍结论是国有企业的效率和盈利能力通常低于民营企业。这一观点的论据是，国有企业受行政管理而非经济约束，政府干预和政治任务会阻碍企业发展。国有企业的管理者只是履行其行政职责，缺乏监督和市场驱动的激励机制。因此，这些研究断定，随着时间的推移，国有企业会逐渐失去创新性和竞争力。

基于上述观点，改革开放以来，尽管我国国企改革发展已取得巨大成就，但诸如"国企低效论""国企垄断论""国进民退论""国企制度西化论"等批评观点不断涌现。这些观点假定国家将国有企业作为实现国家政策目标的工具，无论其在中国特色社会主义发展和中国奇迹的诞生中发挥了多么举足轻重的作用，在部分经济学者眼中，这都是国有企业垄断和国家政策支持的结果。[①]

然而，这些观点仅仅将企业的效率局限于微观经济效率（利润），忽略了国家层面的制度效率。就单个企业而言，遵循市场规则，追求利润最大化，尚无可厚非，还能引导社会资源更有效配置。但就一国的社会整体而言，严格按照市场规则行事，必然会把一部分弱势群体的需求排除于市场之外。结果便是社会的两极分化，既不利于社会稳定与发展，也不符合全体人民共享发展成果、逐步实现共同富裕的价值追求。这类问题不可能由完全基于私有产权的市场来解决，这就是国有企业存在的自然基础。[②]

国有企业在产权性质上是由国家代表的全体人民所有，因此国有企业的壮大就是人民权利和国家实力的增强。2016 年习近平总书记在全国国有企业改革座谈会上强调，国有企业是壮大国家综合实力、保障人民共同利益的重要力量，必须理直气壮做强做优做大，不断增强活力、影响力、抗风险能力，实现国有资产保值增值。要坚定不移深化国有企业改革，着力创新体制机制，加快建立现代企业制度，发挥国有企业各类人才积极性、主动性、创造性，激发各类要素活力。要按照创新、协调、绿色、开放、共享的发展理念的要求，推进结构调整、创新发展、布局优化，使国有企业在供给侧结构性改革中发挥带动作用。要加强监管，坚决防止国有资产流失。[③] 党的二十届三中全会强调，要"建立国有企业履行战略使命评价制度，完善国有企业分类考核评价体系，开展国有经济增加值核算"。国有企业的性质决定了其总体上不仅要有盈利的能力，自负盈亏，而且要作为国家队在全球舞台上表现出中国特色社会主义经济制度形态强大的现实生产力和持续竞争优势。

---

① 罗虎. 中国特色现代国有企业制度创新研究：兼论中国"国企模式"的形成、内涵和发展. 北京：社会科学文献出版社，2016.

② 杨春学，杨新铭. 所有制适度结构：理论分析、推断与经验事实. 中国社会科学，2020（4）.

③ 习近平：理直气壮做强做优做大国有企业.（2016－07－04）. https：//news. 12371. cn/2016/07/04/ARTI1467637517453397. shtml？from＝groupmessage.

在当前逆全球化的背景下，我国某些至关重要的核心技术领域正在遭遇被封锁的巨大挑战。在应对"卡脖子"问题上，国有企业特别是中央企业应该强化使命担当，以使命引领未来、以创新驱动发展，加速自身转型为创新型国有企业的进程。与民营企业相比，在适应现代知识型经济的要求上，国有企业凭借其所具有的组织优势，如没有短期利润压力、风险规避要求较少、具备规划长期目标的能力，更有实力、更有条件去实现核心技术创新的突破，也有义务成为创新先锋队，在关乎国计民生的关键产业及供应链中的关键环节实现国产替代和科技自强自立。此外，国有企业对于增加社会收益的外部性的重视，使其有义务承担对民营企业的知识溢出和技术转让的社会责任，帮助民营企业从事创新活动，并从事民营企业没有能力和不愿意从事的迎接社会及全球挑战的社会创新，携手共建创新力强国。① 实例 10 - 1 展现了一家国有企业在激光技术突破与领跑方面作出的贡献。

实例 10 - 1　锐科激光公司 15 年"追光"之路

二、新型举国体制的制度优势

新中国成立初期，为了实现经济发展，迅速摆脱积贫积弱的局面，中国共产党以政治动员为主要形式，整合各方面资源，初步形成了集中力量办大事的传统举国体制模式。这种模式依靠行政手段发布指令，在当时基础薄弱、人才短缺的制度条件下，能够通过政府行政动员和集中计划调配完成重大战略任务。然而，尽管中央多次制定政策，调整"收权"和"放权"的比重，但权力收放的主体仍是各级政府，企业活力无从发挥，积极性和创造性被严重束缚。②

举国体制是一种特殊的资源配置与组织方式，由政府统筹调配全国资源力量，达成相应目标任务。习近平总书记在党的二十大报告中强调要"完善党中央对科技工作统一领导的体制，健全新型举国体制"。党的二十届三中全会进一步明确要"健全新型举国体制，提升国家创新体系整体效能"。新型举国体制是对原有举国体制的继承与创新，其核心任务是关键核心技术攻关，其目标定位是在若干重要领域形成竞争优势、赢得战略主动。新型举国体制更适合投入巨大、技术难度高，市场主体单独难以攻克的重大的、国家战略性的、基础性的科学技术问题和经济发展项目。③

由于关键核心技术和共性技术的研发具有投入大、周期长、见效慢等特点，并且具有很大的偶然性与不确定性，一般民营企业不愿进入该领域，也难以取得突破。国有企业既是独立的市场主体，又有集中力量办大事的资源和体制机制优势，因此相比民营企

①　贾根良. 国有企业的新使命：核心技术创新的先锋队. 中国人民大学学报，2023，37（2）.

②　林盼. 新型举国体制如何落地：打造以国企为主导的创新平台. 华东理工大学学报（社会科学版），2021，36（4）.

③　黄群慧. 新发展格局的理论逻辑、战略内涵与政策体系：基于经济现代化的视角. 经济研究，2021，56（4）.

业等其他主体更有条件也有必要成为国家战略科技力量的重要支撑。①大型国有企业可以将高强度的研发支出、更长时间的战略性投资、创新性资源政府采购和其他以需求为基础的措施相结合，构建由广大民营企业参与的创新网络，在解决我国核心技术"卡脖子"问题和构建新型举国体制中发挥独特的和不可替代的作用。

事实上，历史上许多重大原始创新和突破性创新都是在国家力量和举国体制的推动下产生的。长期以来，国有企业特别是中央企业，一直是我国突破关键核心技术、破解"卡脖子"问题的主力军，是我国科技创新的中坚力量。近年来，我国涌现的一批举世瞩目的重大科技创新成果，如特高压输电、北斗卫星导航系统、国产大飞机 C919、高速铁路、第三代核电站等都是以国有企业为主完成的。国有企业还在载人航天、探月工程、量子科学、深海探测、超级计算等诸多领域取得了一批领先性成果。这些重大成就的取得，为新发展阶段国有企业推动科技高水平自立自强提供了宝贵经验。

国有企业尤其是中央企业能够创造中国奇迹，主要源于如下三方面制度优势②：

（1）中央企业具有资金、技术、设备、人才等雄厚的物质基础保障，拥有一大批共性技术研发机构等创新平台，具有整合和协同上下游、关联创新主体的创新网络和产业生态，是中国科研投入、科研产出和产品开发平台的重要载体。

（2）中央企业是大规模战略性市场的重要掌握者，在军工、电网电力、石油石化、交通运输、电信、煤炭等关系国家安全、国民经济命脉和国计民生的重要行业及关键领域占据主导地位。

（3）中央企业通常是上述战略性领域中掌握底层技术和关键集成技术的主体，或者是引领产业市场机会拓展方向的最终用户，因而在产业链中居于核心地位，能够对产业链上其他企业开展的技术攻关进行必要的牵引，有效联结产业管理部门、地方政府、产业链上下游相关配套企业、科研院所等各类创新主体，共同推动前沿技术突破。

总之，大型国有企业不仅可以在我国创新驱动发展战略中充分发挥创新先锋的作用，还可以作为国家创新意志的政策工具发挥更大的作用。实例 10-2 以国家电网为例，说明了政策如何为建立以本土企业为主导的创新体系创造条件。

实例 10-2　国家电网主导的创新体系构建

───── 小　结 ─────

1. 在公有制下，生产资料归国家和集体所有，公有制企业能够确保在重大制度和安排上是国家意志支配资本，保证我国社会主义制度的性质。

2. 公有制企业包括全民所有制企业（国营企业或国有企业）、集体所有制企业（农村集体企业或乡镇集体企业）以及混合所有制企业三种类型。其中，国有企业是社会主义经济的重要支柱，是国民经济的主导力量。

3. 公有制企业经历了从"两权合一"到"两权分离"的经营权之变。"两权合一"

---

① 李政 . 国有企业推进高水平科技自立自强的作用与机制路径 . 科学学与科学技术管理，2023，44（1）.
② 中国社会科学院工业经济研究所课题组 . 产业链链长的理论内涵及其功能实现 . 中国工业经济，2022（7）.

是指公有制企业的所有权和经营权都属于国家或集体，而"两权分离"是指公有制企业的所有权仍然属于国家或集体，但经营权在企业手中，实现企业的自主经营、自负盈亏。

4. 国有企业作为生产资料公有制的基本社会生产组织形式，不仅在生产关系方面扮演了极其重要的角色，还承担了社会生产力配置和发展的重要任务。国有企业主要涉足有关国家经济命脉的重要行业和关键领域，如能源、军工、金融、公共事业等领域。

5. 国有企业可以分为商业类国有企业和公益类国有企业。商业类国有企业以增强国有经济活力、放大国有资本功能、实现国有资产保值增值为主要目标，而公益类国有企业以保障民生、服务社会、提供公共品和服务为主要目标。

6. 新中国成立后到改革开放前，国有企业的体制建设经历了一系列的辩证探索过程。从历史视角来看，这一探索过程尽管有其弊端和局限，但在中国工业化进程中的历史价值不容忽视。

7. 改革开放后，国有企业经历了多个改革阶段，改革的主线是提升国有企业的自主经营能力和市场竞争能力，减少政府过度干预，强化企业内部管理，将国有企业从"工厂制"变为"公司制"。

8. 对于国有企业的效率，不能仅采用西方所关注的微观经济效率，而要看到国有在引导社会资源配置、维护社会稳定与发展、推动共同富裕实现方面更广泛的社会价值和制度效率。

9. 国有企业特别是中央企业，一直是我国突破关键核心技术、破解"卡脖子"问题的主力军，是我国科技创新的中坚力量，能够发挥集中力量办大事的制度优势，在新型举国体制中扮演战略性角色。

思考与讨论

1. 为什么说公有制企业是社会主义市场经济中不可或缺的一部分？谈谈其存在的合理性与必要性。

2. 混合所有制企业的优势有哪些？

3. 什么是"两权分离"？为什么要实施"两权分离"？

4. 为什么要将国有企业划分为商业类国有企业和公益类国有企业？划分依据是什么？两种类型的国有企业的主要目标各是什么？

5. 商业类国有企业需要承担社会责任吗？为什么？

6. 新中国成立初期为什么要对国有企业实行集权化管理？后来为什么又要放权？

7. 谈谈改革开放前国有企业体制建设过程的特征。

8. 改革开放后，国有企业改革经历了哪些阶段？

9. 国有企业从"工厂制"到"公司制"有什么变化？

10. 有人说国有企业的效率不如民营企业，为什么国有企业仍然能够蓬勃发展？

11. 如何理解"举国体制"？新型举国体制与传统举国体制有何不同？

12. 国有企业如何在新型举国体制中发挥集中力量办大事的制度优势？

中粮集团以 "忠良文化" 建设助推战略转型

中粮集团有限公司是中央直接管理的国有重要骨干企业之一，是国内最大的农产品加工和食品生产国有企业。从20世纪90年代初开始，中粮集团原有的政策性业务逐步被竞争性业务所取代，由一家单一的外贸公司逐步转型成为以产业化经营为主的公司。这一转型过程的实现，与中粮集团一直致力于打造"忠、良"兼备的职业经理人队伍密不可分。

"忠良文化"要求中粮的各级经理人及一般员工要做到又忠又良。其中，"忠"强调职业道德和精神修养；"良"则指专业能力，即如何把企业经营好，创造出更大的财富。归结起来，就是"高境界做人，专业化做事"。中粮集团有意把管理者称为"经理人"，并提出"党员经理人"的新式称谓，以加快使领导干部转化为更为市场化的职业经理人。

"忠良文化"的鲜明特征，可以概括为职业化、人性化和战略化。首先，中粮集团强调建立在市场化基础之上的职业经理人精神，力倡管理者摒弃计划经济体制下的"官本位"意识，树立市场化的思维方式。其次，中粮集团把人置于企业工作的最重要位置，强调战略的起点是客户而非财物，管理的起点是员工而非制度、流程，投资的起点是股东而非项目。中粮集团强调好的企业文化应该是发自经理人和员工内心的一种态度，而不是一种强加给人的外在的规范和准则；它能够把人性中有尊严、向上的、社会性的东西激发出来。更重要的是，中粮集团致力于把"忠良文化"建设成为企业战略转型的强大助推器。中粮集团以使命和企业精神、放牛娃文化、阳光文化、团队文化、协同文化和双高文化承载"忠"，以文化创新、文化反思承载"良"。中粮集团在确立打造"全产业链粮油食品企业"的新目标和新的发展模式后，又在既有的深厚文化底蕴基础之上强化了客户至上、创新和协同等内涵，为建设新型企业提供源源不断的精神动力。

中粮集团建设"忠良文化"的过程贯彻了如下三个原则：一是，从"心"做起。中粮集团强调经理人和员工是企业文化建设的主体。企业文化建设既要从企业战略出发，服务战略落地，又要深入分析、理解经理人和员工的心理需求与心理特点，激发经理人和员工的自我驱动力。既要以理服人，又要以情动人、将心比心、以心贴心。没有了"心"，企业文化也就失去了"魂"。二是，从"头"做起。中高层经理人不仅仅是企业文化的布道者，更是企业文化的示范者和推动者，甚至是企业文化的人格化代表。中高层经理人的言传很必要，身教更重要。"忠良文化"能在短短几年时间内取得成绩，与中高层经理人的率先垂范和大力推动分不开。集团董事长常常以普通一员的身份积极参与重要文化活动，带头践行新的文化理念，以自己的一言一行感染周围人。三是，从小处做起。企业文化既要从"大处着眼"，突出战略导向性和引领性，又要从"小处着手"，从企业的日常活动和身边小事抓起，让文化看似无影无踪，却又无处不在，变灌输为自然渗透。积极正向的"忠良文化"，成为中粮企业管理工作的灵魂。

资料来源：改编自中粮集团有限公司党组．"忠良文化"：中粮战略转型的强大助推器．企业文明，2010（3）．

启发思考题

1. 你认为，对管理者的不同称谓，如干部、经理人、党员经理人等，体现了国有企业的管理情境发生了什么变化？

2. 中粮集团在"忠良文化"建设过程中可能面临哪些矛盾？其处理矛盾的方式可能有什么特点？

3. "忠良文化"对于中粮集团打造"全产业链粮油食品企业"的战略转型起到了什么作用？具体表现是什么？

4. 请结合本案例讨论，一个企业塑造出某种特定的企业文化，受到哪些内外部因素的影响，一个任期内的最高管理者可以在企业文化建设中发挥什么作用。

5. 中粮集团的企业文化建设如何与宏观层面因素相关联？这种关联是否也存在于民营企业中？为什么？

篇末案例Ⅲ-2

中国电子科技集团有限公司 "1+3" 权责体系的构建与实施

中国电子科技集团有限公司（简称"中国电科"）成立于 2002 年，主要从事国家重要军民用大型电子信息系统的工程建设，是国内唯一覆盖电子信息技术全领域的大型科技集团公司。中国电科以建立产权清晰、权责明确、政企分开、管理科学的现代企业制度为改革发展方向，自 2015 年 5 月起围绕现代企业制度建设的关键点——决策体制进行组织改革，逐步形成"1+3"权责体系。

1. 权责体系构建与实施背景

中国电科作为中央直接管理的国有重要骨干企业，采用国家、国务院国资委（出资人）及党组、董事会、经理层等构成的多主体管理模式。这种中国特色管理模式有别于西方传统意义的现代企业管理模式。如何理顺党组、董事会、经理层的权责，实现多元管理主体在企业决策过程中的协同，是中国电科制度建设的关键点。

作为大型集团公司，提升重大事项决策质量也是发展的重要议题。与"船小好掉头"的小企业不同，大型集团公司的经营战略、投资决策等重大事项方案决策过程更为复杂。在现行决策体制下，党委（党组）会和董事会、总办会的决策方式、决策权限有所不同。如何充分发挥这些主体各自的优势，提升公司重大事项决策的质量和效率，是中国电科面临的改革难题。

2. 权责体系构建过程

基于上述背景，中国电科进行了"1+3"权责体系改革，其中"1"为制度体系中的公司章程，"3"为党组工作规则、董事会工作规则、总经理工作规则，如图Ⅲ-1所示。

"1+3"权责体系构建过程主要包含以下六个步骤：

（1）确定职责范围，明晰党组、董事会、经理层的职责边界。规定公司党组在决策过程中发挥把方向、管大局、保落实的作用；董事会发挥管战略、议大事、防风险的作用，侧重科学决策；经理层执行党组和董事会的决策，侧重于组织实施。

（2）明确权责边界，确定权责体系构成单元和运作机制。按照权责发生制原则进一

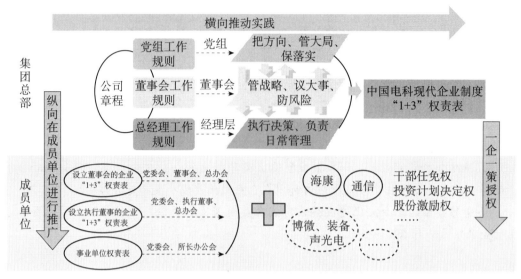

图Ⅲ-1 中国电科的"1+3"权责体系

步明确权责边界。具体准则包括：①权责统一性，强调管理主体权力和责任不可分割；②权责独立性，强调管理主体间权责不交叉；③权责唯一性，强调在同一决策事项内虽多个主体可以行使提议权和审议权，但只有唯一主体可以实施决策权；④动态调整性，强调在组织发展中随着环境变化对于权责表的动态调整。在明确职责范围和边界后，进一步确定权责体系中的构成单元和运作机制，包括细分管理主体，明确权责关系实施的重点领域、决策的关键环节、决策的流程和授权权限等。

（3）穷举决策事项，形成"1+3"权责表。在明晰了改革发展框架后通过穷举决策事项，系统梳理基本管理制度，明确体系改革制度细则。在穷举决策事项后，还通过动态演示的方式在权责体系中模拟运行分析，最终建立形成涵盖300余个基本管理制度的上位、中位、下位制度体系，由此正式生成"1+3"权责表。

（4）局部实践—反馈—修正。通过以上三个步骤，改革方案基本确立，随后采用了局部改革先行的推广思路，在集团总部先开展改革实践，通过"局部实践—反馈—修正"试验模式，不断完善改革方案。在为期三年的改革实践中，集团总部的风险防控能力和重大决策经营能力显著提高，权责界限和决策程序更加规范，为权责体系后续在全系统推广奠定了基础。

（5）系统推广。根据成员单位不同决策类型，推动集团全面构建决策体系。中国电科下属单位的类型、层级和产权高度多样化，既包括传统的科研院所，也包括海康威视这类市值千亿元的上市公司，还包括股权多元的合资公司和多层级的参股控股小型企业。针对不同类型的成员单位，中国电科设计了三种不同权责表参考模板，在全系统进行推广。对于成熟度较高的二级子公司，集团总部实施专项授权，作为纵向建设权责体系的有效补充。专项授权方案采用"一企一策"方式，根据成员单位实际情况确定，由董事会进行决策。

（6）完善督办决策机制。在决策体制改革的同时，中国电科同步完善了督办决策机制，建立了决策事项调度和管控制度。强调督进度与督实效并重，对未按期完成目标的查明原因，强化协调，有效提升了决策执行的工作效率。并且，充分利用信息化、大数据等现代技术，逐步建立"三重一大"决策和运行监管信息系统，确保对集团各类决策会议的决策事项进行有效监督。

资料来源：中国企业联合会管理现代化工作委员会．全国企业管理现代化创新成果 2020：第 26 届．北京：企业管理出版社，2020.

启发思考题

1. 中国电科改革后的多元治理主体间决策协同有什么特征？是否存在多头领导问题，如何规避？

2. 如何理解"各司其职、各负其责、协调运转、有效制衡"的中国特色现代企业制度权责体系的内涵？请具体说明这些特征在中国电科权责体系改革中的表现。

3. 在改革推行过程中，中国电科采取了哪些措施确保改革的成效？为什么采用从局部到整体的改革思路？在局部改革中，为什么不选择集团成员单位做试点？

篇末案例Ⅲ-3

奇虎公司打造可持续竞争优势之路

由周鸿祎创立于 2005 年 9 月的北京奇虎科技有限公司，是一家拥有"360"系列多个种类产品（包括 360 杀毒所代表的免费网络安全平台和 360 安全大脑等业务）的互联网和安全服务提供商，简称为"奇虎360"。

创立之初，面对互联网市场环境的动态竞争和竞争对手企业的外向业务扩张，奇虎360 力倡互联网免费安全，陆续推出 360 安全卫士、360 杀毒软件、360 手机卫士、360安全浏览器等安全产品，由此积累了大量的 PC 端个人用户，一跃成为中国最大的互联网安全公司之一。流量是奇虎 360 的核心优势，可以把大规模用户流量导入所指的方向，而百度的核心价值也是流量，所以两家公司一直在争夺互联网流量入口。

2011 年 3 月，奇虎 360 在美国上市，成为 2011 年中国企业在美国最成功的 IPO 交易之一。公司财报显示，截至 2011 年第三季度，360 产品和服务的月活跃用户达到4.42 亿，产品渗透率达到 95%。2012 年 5 月，奇虎 360 联合华为、海尔、诺基亚等推出 360 特供手机，内嵌 360 安全卫士、360 手机桌面、360 手机浏览器、360 保险箱等，通过终端低价抢占移动互联网入口，凭借一大批忠实用户群体开拓了在线广告、游戏、互联网增值业务等盈利来源，在维护已有资源特质的同时获得了经济价值。截至 2012年 12 月，奇虎 360 企业版覆盖企业数达到 42 万家，终端数超过 1 000 万。

随着公司实力的进一步壮大，奇虎 360 又投入资源向智能手机市场进军，于 2015年发布奇酷手机，内嵌 360 主机操作系统 OS、360 手机商城、360 手机导航、360 手机安全卫士等平台产品，与各平台业务遥相呼应，通过环环相扣的动态导入过程，形成短期竞争优势，并进一步将其转化为长期的可持续竞争优势。2013 年，奇虎 360 全年收入 6.71 亿美元、净利润 2.26 亿美元，分别同比增长 104% 和 132.4%。2014 年 8 月，奇虎 360 获中国互联网协会颁发的纪念中国全功能接入互联网 20 年突出贡献企业奖；2017 年 12 月，360 搜索获得中国计算机学会颁发的特别贡献奖。图Ⅲ-2 总结了其各种产品之间的关联及形成公司独有竞争优势的过程。

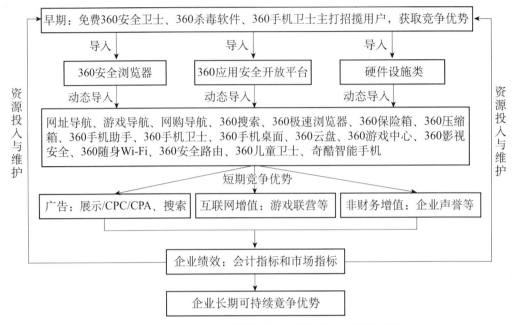

图Ⅲ-2　奇虎360打造可持续竞争优势的动态循环过程

通过十余年深耕安全行业，从杀木马到保护系统，再到清理真正的恶意软件，奇虎360独创性地推行免费使用策略，为广大网民提供安全保护，迅速地在国内互联网安全市场积累了庞大的用户群体，为后续发展奠定了重要资源基础。如果说用户规模是奇虎360的一大核心优势，那么这个优势不仅仅是使用免费策略的结果，还因为奇虎360创业团队相比对手企业更注重用户需求，更愿意通过良好的服务来赢得用户。奇虎360高层不断对员工强调这样一个理念："你真正做的产品是给用户提供服务的，哪怕是第一版最简单的版本，也要把提供给用户的核心功能做出来，这是这个产品的意义。你现在做的最小可行产品的目的是验证你的假设，产品不一定要给用户使用，有可能是一个调查问卷。……你开始把最小可行产品变成真的、给用户提供服务的产品第一版，就必须保留最核心的功能，只服务最小范围的人群，只做最低代价的开发。"周鸿祎对微创新的定义是："你的产品可以不完美，但是只要能击中用户心里最痛的那个点，把一个问题解决好，有时就能四两拨千斤，这种单点突破就叫'微创新'。"他还把互联网微创新的规律总结为两点：第一，从小处着眼，贴近用户需求心理；第二，快速出击，不断试错。

奇虎360在做一个项目的时候要求开发人员考虑以下问题：①我们看到了一个用户的需求后会思考用户是这样觉得的吗？有这个需求吗？②这个问题解决以后，用户会在乎吗？他会使用吗？③我们解决方案当中有没有局限和缺点？用户能不能接受？④有没有可能找不到我们的用户？⑤用户会用我们的产品吗？或者用我们竞品的产品或其他品牌的产品？⑥我们有能力做出这个解决方案吗？怎么做？⑦在这些问题没有得到解决的时候，我们怎么把这个产品做出来？这些问题帮助奇虎360以真正好的产品来赢得一大批忠实用户。奇虎360的竞争优势来源于如下方面：

（1）资源价值性。奇虎拥有规模巨大的用户群体，而且可在多业务关联中把用户流量导入所指的方向。奇虎 360 以 360 安全卫士起家后，凭借着个人终端 PC 安全的用户积累，发展了搜索引擎广告、游戏、金融等互联网业务。到上市前夕，奇虎 360 的用户规模已经相当大，仅次于腾讯 QQ 客户端。在用户增长率不断提升的同时，市场份额和企业声誉也在迅速提升。到 2013 年 9 月，奇虎 360 的 PC 客户端用户渗透率为 94％，360 手机卫士用户渗透率为 70％，360 安全浏览器用户数达 3.42 亿，渗透率为 69％。2015 年，奇虎 360 在互联网安全市场占有率排名第一，全渠道应用分发市场份额占20％，仅次于百度、腾讯。2014 年，奇虎 360 在中国主要上市互联网公司中市值排名第八。根据 Wind 2015 年公布的数据，奇虎 360 在中国互联网网站活跃用户数排名第六，互联网信息服务收入百强中排名第五。另据统计，2018 年 11 月至 2019 年 11 月，360 搜索引擎的国内市场份额为 2.8％，位居第五，如表Ⅲ-1 所示。

表Ⅲ-1　2019 年中国搜索引擎市场份额

搜索引擎	百度	搜狗	神马	必应	360	谷歌
市场份额	63.40％	20.45％	7.42％	2.95％	2.80％	2.74％

（2）资源稀缺性。首先，对比行业参与者的资源持有程度，奇虎 360 以安全产品为市场切入点，推出其首创的免费安全产品如 360 安全卫士、360 安全桌面等，而当时同行业较有影响力的参与者如瑞星、金山、江民均为铁桶式收费模式，因此奇虎 360 在用户资源获取上拥有优势。其次，从公司自身资源投入与维护程度看，奇虎 360 大力研发永久免费 360 杀毒客户端，并获得中国唯一得到四个权威认证的大满贯成就，构建了中国规模最大的互联网安全基础架构。再从资源流通壁垒看，奇虎 360 通过免费安全产品，将海量用户导入其他前端产品，实现免费增值商业模式，同时与合作伙伴共建开放的互联网生态系统，重金扶持开发者和厂商的加盟，借鉴苹果 App Store 模式建立丰富的 API 接口，向开发者提供应用和完善的技术支持，而这对于其他缺乏足够资金支持的竞争对手来说则难以做到，因为这需要构建一个完善健全的平台系统。

（3）资源难以模仿性。奇虎 360 有着独有的历史背景，成立时专攻恶意流氓软件插件的卸载，赢得许多用户的忠实拥护。这一历史是其他企业所不具备的。奇虎 360 在中国互联网巨头忽视的市场重拳出击，以互联网思维出牌，创立 6 年后即成功上市，是仅次于腾讯 QQ 的第二大客户端软件提供商，成为新晋的互联网企业。这些对用户体验、企业声誉等无形资源的影响具有高度的复杂性和因果模糊性。从法律限制来看，随着国家对网络信息安全工作的高度重视，以及用户维权意识的逐步提升，互联网产业的整体竞争格局不完全明朗，尤其是互联网安全企业的竞争存在很大混乱性。响应这一环境变化，奇虎 360 在与腾讯、百度、阿里巴巴、金山等大量诉讼争端中高举反垄断旗帜，通过"3B"大战、"3Q"大战以及与小米对决等诉讼案件，提高用户对信息安全的维权意识。凭借以用户优先、尊重用户知情权和选择权等核心价值观与诉讼经验，奇虎 360 构建起了复杂的社会网络。

（4）向互联网生态体系演进。奇虎 360 领导层意识到，竞争的无序化最终会导致广大用户的利益受损，还会使用户对国内互联网安全企业失去信心。奇虎 360 在前期以

"斗士"形象杀入互联网红海时倡导"微创新"价值理念，认为用户体验的创新是决定互联网应用能否受欢迎的关键因素。公司上下以"用户至上"为价值观，坚持不做"私家花园"，而是将用户引至花园之外的荒漠，通过向个人用户提供免费、优质的互联网及移动安全产品和服务积累一大批忠实用户，在此基础上拓展互联网广告及服务、互联网增值服务、智能硬件业务等一系列商业化业务，最终构建起以守护安全为使命、以核心技术为驱动、以产品体系为载体、以商业化业务为保障的互联网生态体系。

具体说来，在行业层面，奇虎360基于互联网市场崇尚自由的理念，首创免费安全产品，以之颠覆行业规则，重新定义了互联网市场的利益格局。在企业层面，奇虎360推行小团队化运作，组成若干100～300人的小事业部或者小公司，让每个小团队在人事、薪酬、产品发展方向、市场推广等方面拥有完全自主的调度能力，每个小团队负责人都能像一个创业公司的CEO那样带领自己的小团队到市场上独立去闯。通过激发公司内部创业精神，快速适应了互联网市场的发展变化。

基于对全球及中国资本市场环境的种种考虑，奇虎360于2018年2月在国内A股市场重新上市。立志"助推国内安全生态进一步完善"的奇虎360，一方面着力确保原有互联网安全服务及各项主营业务的有序开展，另一方面依靠技术创新推出了"360安全大脑"这一全球最大的分布式智能安全系统，以期构建大安全时代的整体防御战略体系。当前，随着全社会、全行业数字化程度的深化和"大安全"时代的加速到来，奇虎360以"数字时代的网络安全运营商"身份，致力于实现"不断创造黑科技，做全方位守护者"的愿景。

资料来源：刘静雅. 互联网企业可持续竞争优势获取路径研究：以奇虎360为例，管理案例研究与评论，2016 (2).

启发思考题

1. 试识别互联网安全行业的环境构成与特征。
2. 奇虎360打造可持续竞争优势的过程，更适合采用何种理论框架来解释？

篇末案例Ⅲ-4

海尔 "人单合一" 管理模式导入日本三洋公司的改良之举

2011年，海尔宣布收购三洋电机株式会社（简称"三洋"）在日本和东南亚部分地区的白色家电业务。此项收购规模极大、复杂程度极高，具有"海洋项目"（即海尔收购三洋白色家电业务并重建整个亚太市场）的战略意义，但受"三洋员工原有待遇都不变"的交易协议约束，并购整合难度大。然而，曾连续8年亏损的日本三洋白色家电业务，被海尔并购8个月后便止亏，2012年年底，整个海尔亚洲实现了500亿日元的销售目标，同比大幅增长30%。这一经营绩效的取得，被归因于作为海尔亚洲地区总部的海尔亚洲国际株式会社于2012年1月成立，就在新公司导入的"人单合一"模式。

20世纪90年代至今，日本处于第四次经济转型过程，制造业推行"雁行模式"，即从依靠国内组装加工和大量出口，转为国内设计研发、国外组装加工出口。尽管制造业模式发生变化，但日本工业生产仍处于工业时代情境下。① 三洋在被松下电器公司收购后不久就成为该集团旗下子公司，在"雁行模式"下实行典型的日式（J型）管理模式，因此跨文化整合是难题也是决定性因素。海尔管理层毅然决定快速导入"人单合一"管理模式，"首先是因为市场没有给我们喘息和调整的机会；其次是海尔日本多年的制度和文化融合经验告诉我们当时已具备导入的条件"。

"海洋项目"的渊源，始于 2002 年海尔与三洋的渠道资源合作。这两家具有竞合关系的家电企业，在 2007 年合资建立了从事家用电冰箱开发的海尔三洋株式会社。合资公司刚成立时，原三洋员工很不安，甚至有 30% 的员工在私下考虑离职。他们担心：海尔会不会大规模换人？海尔文化和日本企业文化是否有冲突？2002 年被派驻日本的杜镜国被任命为合资公司的社长，他以"尊重日本文化，再融入海尔文化"为突破口，让日方员工安心工作。三洋一直以来实行的等级森严体制源自日本传统的"和、信、诚"观念②，重视集体力量，忽略个体的作用③，强调和谐的人际关系，员工对组织忠诚，组织对社会负责，并由这些观念衍生出相应的各种管理制度，如上下协商的决策制度（禀议制）、论资排辈、终身雇佣制、年功序列制等等。如何实现海尔"人单合一"模式在三洋的落地，成为海尔进军日本面对的主要难题。

以海尔三洋株式会社研发部门的薪资发放制度改变为例：起初，三洋研发人员认为做好研发工作就是尽职，市场业绩取决于销售，研发与销售和市场隔离。这种以企业为中心的观念与海尔以用户为中心的观念存在巨大差别，使用户付薪制度难以推行。如何引导合资公司员工接受海尔集团力推的薪酬给付和绩效挂钩的方式？原三洋研发人员的薪酬分为固定工资和奖金两部分。杜镜国从员工奖金发放入手，要求奖金发放不再按照过去平均分配的原则而是按照对项目的贡献度，通过不同贡献度产生的不同的市场效果和市场价值来衡量贡献度。这种薪酬奖励方式的提出，起初并不被日本员工接受。杜镜国坚持认为，给员工发奖金是应该的，但员工奖金需要与市场目标绩效挂钩。之后半年时间里，他组织员工讨论为什么海尔要将薪酬奖励与市场绩效挂钩，为什么要评出不同贡献度来发奖金，为什么奖励方式要变成按照贡献度和市场效果来发放。经过长达半年的充分讨论，日本员工的观念逐渐转变为海尔所贯彻的以用户为中心的观念，并区分了各个项目的贡献度大小，每个项目组中也对个人贡献度和承担责任大小进行了区分。最终，海尔三洋转变为根据市场效果和个人分配系数来确定研发人员的奖金额度。这一转变过程中，原三洋研发员工意识到，研发工作需要以用户为中心才能体现研发人员的价值，满足用户的需求才可以获得相应的薪酬。

取得市场效果之后，如何在团队与个人之间分配奖金，也遇到了日本文化的"墙壁"。注重集体主义的原三洋员工普遍认为，市场效果是团队共同努力的结果，要发奖金，必须全员平均。然而，责任不同，贡献不同，努力程度不同，杜镜国坚持不在奖金分配中实行平均主义。于是，一场关于考核体系、评价体系、打破面子、分出等级的奖

---

① 董小君.日本经济转型的经验与借鉴意义.行政管理改革，2013（11）.

② 谭一夫.日本式管理.北京：西苑出版社，2000；巴斯克.日本的管理艺术.广西：广西民族出版社，1984.

③ 鲍宗豪.决策文化论.上海：上海三联书店，1997.

励方式改革由此展开。① 经过广泛的沟通、讨论，奖金终于按照区分个体贡献的方式发放下去了。

海尔还在合资公司中推进了雇佣制度变革。海尔文化中，起用有活力的年轻人非常重要，但在日本传统的年功序列制下，论资排辈的惯例形成了对年轻人职位升迁的阻碍。杜镜国认识到，如果这一矛盾不解决，老员工和新员工都可能会对公司有意见，构成企业经营和发展的障碍。他结合中日文化改进员工升迁制度，让 45 岁以下的人做公司管理，即部长级，45 岁以上的担当部长，不主持工作，但有部长的级别，并且将绩效与岗位级别挂钩，谁能达成事先承诺的有竞争力的目标，谁就能获得升迁。他还推出了一项新制度——退休人员再雇佣制度。这让大家感到虽然没有了当部长的机会，但在这个公司工作仍然受到尊敬，退休以后只要承担相同的目标和责任，仍然可以继续工作，拿到和原先一样的工资，甚至还可以得到额外的奖金。

日本消费者对于本土品牌一向忠诚，海尔自 2002 年初成立海尔日本销售株式会社负责在日本市场销售海尔品牌产品，但始终没有大的突破。杜镜国于 2010 年 6 月开始兼任公司总裁。他认为年功序列制、终身雇佣制是日本企业最顽固、最传统的东西，想用海尔的文化来挑战这一"顽石"。事实证明，"人单合一"对企业的经营发展更有奇效，因为至当年年底推行了半年，海尔日本销售株式会社的业绩就上涨了近 30%。

"人单合一"模式在海尔日本的推行，体现的是一种加以改良后基于正向激励的模式的落地实践。具体做法是：先用一个过渡版的"人单合一"模式试水——员工基本工资不变，工资以上的薪酬奖励视业绩情况上下浮动。原三洋员工的薪酬是 12 个月工资加上相当于 4 个月工资的奖金，如果按照领导指示完成工作就可拿到 16 个月工资。海尔对这一制度进行改革：如果员工确定能为用户创造价值并最终创造出这些价值，员工就不止能获得 4 个月奖金，而是 5 个月、8 个月甚至 12 个月的奖金；但如果确定的目标未完成，则连 4 个月的奖金也无法获得。杜镜国回忆说："最初试点的 8 名日方员工中，有 5 个人签了合约，半年之后，没签约的员工发现签约的同事工资上涨了一大截，就跑来要求签约。"

2012 年海尔全面接管三洋白色家电业务后，业务整合涉及的三洋旗下企业共有 9 家，其中在日本的企业包括生产家用和商用洗衣机的三洋 AQUA 株式会社等。AQUA 原是三洋旗下的一个洗衣机品牌，其产品定位于满足注重生活品质的中高端家庭用户的需求。并购整合中，海尔将 AQUA 改造成为一个涵盖冰箱、洗衣机和其他白色家电等 60 多种型号产品的综合子品牌。杜镜国在负责管理部门的副总裁王颖民的主抓下，将目标、评价、报酬和员工斗志紧密结合，拟定出原三洋员工可接受的"人单合一"合同。这样将三洋原有的管理制度和目标体系与海尔"人单合一"制度进行了有效的对接以后，到了原三洋员工手里的"人单合一"合同已经是他们能接受的。比如，作为冰箱企划资深专家的日方员工伊势户明子表达了她对薪酬激励方式的期待："让个人通过出色业绩得到很多报酬的想法，也许我们日本人要理解还是需要时间的。因为我们总认为，要靠着大家的力量来完成个人力量无法完成的事情，所以成果也表现到整体上来，

① 孙春艳. 海尔亚洲造：海尔是如何激活三洋这条大鱼的？. 中外管理，2013（4）.

而不再分到个人。"

开发适应日本的"人单合一"模式，尽管承载了许许多多的变通和跨文化融合，但"人单合一"模式的核心没有变。杜镜国回忆说，"人单合一"双赢机制能在新成立的海尔亚洲顺利推进，也是海尔日本经营体制多年推进、经验积累的必然结果。从 2002 年起，海尔日本经历了人事制度的改革、升迁制度的改革、工资体系的改革、评价体系的改革，在此基础上明确了目标，才做到了"人单合一"。由于顺应了日本国情进行"人单合一"模式的差异化复制，三洋白色家电业务在并入海尔后不到一年就停止了亏损，并开始盈利。张瑞敏认为："这其中的关键是我们推行了'人单合一'双赢模式，它说明海尔模式具有时代性和国际性的特点。"①

启发思考题

1. 海尔集团将"人单合一"管理模式向日本三洋跨境渗透的过程有什么特点？

2. 你认为海尔在将"人单合一"管理模式导入三洋白色家电业务过程中针对当地情境进行改良有什么样的必要性与作用？

3. 试运用关联性思维来分析这些改良策略如何构成一个体系，使海尔在日本的海外子公司实现了转型变革。

---

① 引自海尔集团首席执行官张瑞敏在西班牙 IESE 商学院和瑞士洛桑 IMD 商学院题为"没有成功的企业，只有时代的企业"的演讲。

第 IV 篇

管理过程

第 11 章

管理过程总括

学习目标

- 了解管理职能实现中各类管理活动的构成要素及它们之间的关系。
- 理解管理过程学派与管理职能学派的重要区别。
- 了解管理职能构成的层次结构。

通过本章的学习，你将深入理解系统观在管理工作中的应用，深化对管理系统概念实质的理解（重点），并且认识系统结构与功能之间关系的各种形态，从等效性原理角度领会权变管理的底层逻辑与理论依据（难点）。思考如何用普遍联系的、全面系统的、发展变化的观点观察管理活动，把握管理工作存于万变之中的不变法则（思政主题）。

引 例

联想的管理三要素

联想集团创始人柳传志是"改革开放 40 年百名杰出民营企业家"之一。面对外界对联想成功背后因素的猜测，将复盘作为联想重要方法论的柳传志总结说，联想的核心竞争力在于它有一个坚实的管理基础——管理三要素，即"建班子"、"定战略"和"带队伍"。自 1998 年提出后，经过各个时期的考验，管理三要素沉淀为联想管理体系的重要组成部分和核心内容，广为人知。

管理三要素中最关键的一条就是"建班子"。柳传志多次说过："没有一个意志统一、有战斗力的班子，什么定战略、什么带队伍，什么都做不出来。无论在什么情况下，班子的团结永远是企业发展的首要条件。"他认为，一个企业到了一定规模，没有一个领导班子，而只靠"一把手"一个人的领导，是不行的。领导班子的建设，考验着"一把手"本人是否将企业的利益放在第一位。他力倡以"建班子"来确保企业有一个坚强的意志和统一的领导核心。通过选拔德才兼备的管理者组成领导班子，班子内部形成纵向和横向分工，倡导"有话直说"和"有话好好说"，以群策群力的方式实现理性决策和高效执行，可以对"一把手"形成制约，提升领导层威信。而有威信、有激情的领导班子，可以一层层地激励企业员工，使核心竞争力不断增强。"建班子"的核心理念，就是要让最高层领导建立起事业心，把联想的事业当成自己的事业来做，并通过规则和文化，使高层领导团结、高效地工作。领导班子犹如企业的大脑，关系到企业的生死存亡，是企业核心竞争力的内核，起着聚集力量、运筹帷幄的作用。

"建班子"是"定战略"和"带队伍"的先决条件。有了领导班子，紧接着需要通过"定战略"正确决策，通过"带队伍"有力执行，实现企业的稳健发展。

"定战略"的主要内容是如何建立远、中、近期的战略目标，并分步执行。而制定战略包括五个步骤：确定长远目标；决定大致分几个阶段；当前最近的目标是什么；选什么路线去达到目标；行进中要不要考虑调整方向。

特别是1997年，柳传志将联想优质资产（联想电脑、联想科技等）和无形资产注入联想集团上市公司后，确定了联想的长远目标，并把大目标分三步走。柳传志要求领导班子在制定战略时，不仅要考虑长远的愿景，而且要把执行的具体步骤想清楚，即寻找实现战略目标的战略路线。最后，目标的调整也很重要，要谨慎地调整目标，以稳为主，稳中求快。这些做法后来细化为制定战略的"七步法"，即描绘愿景、明确战略、制定策略、分解战术、确定领军人物、调整组织架构和考核激励。这并不是一个简单的按部就班进行的过程，也不能过分强调某一环节的作用，而是需要在制定战略过程中充分务虚，系统思考，协调推进。企业的发展目标、方向和政策等重大问题都要形成战略，由领导班子来制定，由全企业共同努力去实现。

确定了战略以后，需要带领强有力的队伍去执行。"带队伍"的关键是做好三件事：第一，充分调动员工积极性，激励员工；第二，提高员工能力；第三，使员工队伍有序、协调、效率高。为此，联想采取的主要措施有五项：一是建立合适的组织架构，落实岗位责任制；二是制定令行禁止的严格的规章制度；三是采用充分调动积极性、发挥创造力的激励方式；四是加强企业文化建设，增强公司凝聚力；五是加强内部培训，培养骨干队伍和领军人物。

文化建设是"带队伍"中不可或缺的一部分。联想提倡"发动机文化"，高层领导是大发动机，部门经理是小发动机，大发动机带动小发动机，增强小发动机的自主性、责任感和成就感。"带队伍"的核心，就是不断地培养适合企业发展的人才，共同把企业做强做大，利用精神和物质激励方式带动员工奋勇前行，并利用组织架构和规章制度有序地管理、选拔和培养人才。同时，联想提倡"三心"：基层的责任心、中层的上进心、核心领导层的事业心。

柳传志认为，管理三要素之间是不可分割的。"建班子"保证了联想有一个坚强的、意志统一的领导核心；"定战略"是指如何贯彻指导思想建立远、中、近期的战略目标，并制定可操作的战术步骤，分步执行；"带队伍"是指如何通过规章制度、企业文化、激励方式，有效地调动员工的积极性，保证战略的实施。

纵观联想集团公司发展史，1984—1994年为企业初创阶段；1994—2004年是业务开拓阶段，联想成了中国PC市场第一名；2004—2008年是全球化发展阶段，通过并购

IBM 个人电脑业务，联想成为全球领先的 PC 厂商；2009 年至今，联想正向新愿景挺进。在发展的各个阶段，联想成员围绕着集团核心层，在领导班子带领下，共同努力增强集团企业的综合竞争力，打造实现基业长青的支撑力量和长效机制。然而，身处环境复杂多变的 IT 行业，联想的班子是否高效、战略是否合理、队伍是否强大，也在不断经受着考验。

在管理活动中，把若干职能要素统合成为一个体系化的管理系统，离不开要素间的结构。只关注构成的要素，不关注使它们关联起来的结构，势必难以形成一个有机的整体。根据系统论的等效性原理，异构可以同功，所以，不能简单地以"规划→组织→领导→控制"这样的线性结构，将现实中丰富多样的企业管理活动看成是一个模式的。联想所贯彻的"建班子、定战略、带队伍"，虽然不同于传统的线性结构，但同样是行之有效的管理。有效的管理，是因地制宜的权变的管理。

第 1 节　管理职能的分与合

一、管理活动的构成要素

管理活动作为服务于协作系统的一项职能活动，其发挥作用过程中所要开展的一系列活动的组合，就构成了管理者的职能，通常称之为管理职能。这里，"职能"一词指的就是某特定类别的工作活动或行为。

法约尔在《工业管理与一般管理》中指出，管理活动与技术活动、商业活动、财务活动、安全活动、会计活动一起构成企业总体的经营，作为其中的一个部分还可以细分为一些具体的活动要素。这些活动要素中最为基本的就是规划、组织、领导和控制。

企业整体的有效运行离不开管理活动，企业也不可能离开企业这个有机体而独立存在。进一步地，规划、组织、领导和控制等活动要素，也必然不能够离开管理系统而独立存在。所以，规划、组织、领导和控制等不能视为独立的管理职能，而是管理系统的组成部分，是管理职能整体发挥作用中极其必要的构成要素。但是，必要性并不等同于充分性。也就是说，任何一个活动要素，如果仅仅独自发挥作用，都不足以确保管理工作的有效性。各项管理活动必须服从于管理系统发挥整体功能。

二、构成要素之间的关系

（一）细节性复杂还是动态性复杂

管理职能不仅在构成要素上具有多面向或多维度的特征，而且活动过程也往往并非简单加和的关系。从系统论角度看，一个系统之所以是复杂的，不仅在于其构成要素的多少，更在于这些要素之间的关系是否非线性。前者表征了一个系统是否细节性复杂，后者则决定这个系统是否动态性复杂。

　　还原论思维注重细节性复杂，一般将系统各部分割裂开来研究。但是，正如彼得·圣吉所列举的，把一头大象切成两半，并不会得到两头小象。如果你的目标是理解大象这个系统是如何运转的，那么将大象切块并研究每一块的性质，是达不到目的的，因为将大象切成两半这一举动本身，切断了大象密不可分的各个部分之间的联系，将一个良好运作的系统变成两个无法运转的部分。将事物分割开来，无论分割得多细，研究得多深，都有可能无法辨识系统层面的特性，甚至会破坏系统本身。系统整体所展现的特征，是不能通过单独研究系统中任何部分而获得的。

　　要素间相互作用的方式，是系统思考的核心内容。在动态性复杂的系统中，一组要素相互联系，产生多重反馈，就会自发地创造出新秩序。"蝴蝶效应"常被用来阐释这一现象：亚马逊雨林里的一只蝴蝶扇动了一下翅膀，将引发美国的一场龙卷风。这一难以预测的结果，有其产生的系统内在机理。那就是，蝴蝶扇动翅膀造成空气运动，影响了本地的大气运动格局，由于全球大气系统的相互联系，经过一段时间的一系列复杂作用，可能引发全球天气系统的变化，从而造成某处的龙卷风。正是系统内部联系的复杂性、微妙性、多变性和不稳定性，使得结果难以预料。①

　　从动态性复杂的角度看，因果互动、循环往复是系统运作的基本方式。《老子·道德经·第四十章》中指出，"反者道之动，弱者道之用"，意思就是，"道"的运作规律是循环往复，表现形式是微妙、柔弱的。系统各个构成要素之间存在着微妙的相互作用，彼此连接的结果往往表现为整体大于部分之和。

（二）要素间关系的线性与非线性

　　要素间的相互连接即关系，而非要素，是过程思考的核心。非线性意味着两方面：一是数量上，相关要素之间不是简单地成比例（正比或反比）关系，不是直线而是曲线、曲面或不确定的关系；二是性质上，要素并非单方向的运动，而是因与果互换，不断循环，互相影响。例如，是先有鸡还是先有蛋的难题，其实是把因与果割裂开来线性思考的产物。其实，鸡与蛋之间是一个互为因果的动态作用关系——鸡越多，生的蛋就越多；而蛋越多，孵出来的鸡也就越多，如此循环不已、周而复始。它表明，因果并不是绝对的，而是相对的、互动的。

　　既有的管理学教科书倾向于主张规划工作先于组织工作，但应该看到，这是一个高度简单化、线性化的呈现，可能远离复杂、多样的管理现实。本章引例中联想集团的"建班子"（组织）在前、"定战略"（规划）在后的管理体系，反映出在公司治理制度不健全时期建立一个能够集思广益的高层管理组织对于公司形成正确战略具有突出的重要意义。在延伸阅读 11-1 中，《从优秀到卓越》的作者吉姆·柯林斯基于实践观察对管理过程做出的批判性思考与西方主流观点不一致。选择合适的人并加以激励是组织与领导工作，而确定前进的方向是规划工作，这两个要素孰先

延伸阅读 11-1　孰先孰后？

---

　　① 邱邵良. 如何系统思考. 北京：机械工业出版社，2018.

孰后，是一直以来困扰着管理职能学派的线性序列问题。置于管理过程整体的框架中思考，不难发现，不同的企业或者同一企业在不同的时期，为适应特定的管理情境，往往需要构建不同的管理体系。

所谓过程，是表征特定事物随着时间推移而发生变化的一系列事件的组合。现实中管理过程纷繁多样，难以简单地全部归结为线性类型。从系统论的角度看待过程，需要关注构成要素、组合关系和总体样式。管理活动职能要素构成及其权重的调整、其相互关系顺序的重构和组合总体样式（如线状及多线并行、环状及多环连接等）的重塑，都会使过程类型表现出丰富的多样性。简单地把管理过程解构为各个独立的职能，会陷入"只见树木，不见森林"的境地。管理过程类型的多样性，使得现实中的管理活动可以不拘泥于某种既定做法、既有模式，而可以在适合所处情境的管理创新及权宜制变中，取得等效性结果。

三、从管理职能学派到管理过程学派

管理作为一个整体系统，各个活动要素的交互作用，是决定管理工作有效性水平的关键。图 11-1 左图与右图的对比表明，把规划、组织、领导和控制作为独立的职能还是整体的部分，具有重大的实质性差异。要素间的简单加和，至多只能实现"1+1=2"，而难以取得"1+1>2"的协同效应。从管理是工作活动过程的视角来看，规划、组织、领导和控制等活动本质上是管理职能整体发挥作用的构成要素，彼此之间往往以非线性方式相互作用，从而形成一个有机整体。

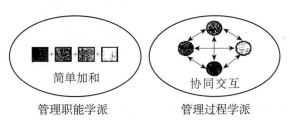

图 11-1　对管理系统构成要素间关系的不同认识

不同于原子观、静态观和线性观，管理体系的认识与研究需要秉持整体观、动态观和辩证观。这些新思维方式凝聚了中华优秀传统文化中的管理思想精华，需要在超越管理职能学派、形成管理过程学派的理论构建与发展中加以发扬光大。只有采用这样的思维方式对管理各项职能要素以"整—分—合"方式进行动态组合，才能使管理职能活性化、管理理论中国化。

第 2 节　系统观与管理体系构建

一、管理系统的定义

按照系统论的观点，企业是一个多方参与力量协作的系统，企业管理也是一个系

统。系统是指由诸多相互联系、相互作用的要素构成并与外部环境相互影响的具有特定结构和功能的有机整体。延伸阅读11-2形象地展现了管理工作何以是一个系统。

延伸阅读 11-2

汉朝丞相丙吉 "问牛"

丞相丙吉有一天在都城内走，遇到了两个打架的人。他没有出面处理打架的事情，而是绕道走了。

走了不远，碰上有人赶牛，这头牛气喘吁吁。丙吉于是停下来问赶牛人："老乡，你赶牛走了几里路？"

随从很奇怪，就问丞相：为什么不管人的事，而关心牛，难道牛比人更重要吗？

丙吉说人打架的事情，我也看见了，但那是都城将军的事情，他会处理好的，如果他处理不好，我就撤他的职，这也是考验他是否称职的机会。

但正值春天，天气尚未炎热到酷暑难耐、大汗淋漓的地步。牛不停地喘气，可能是生了病，会影响农事，也可能是天气异常，可能有灾害。农业是天下的根本，农事受到影响，秋天就会歉收。事关天下的收成、百姓的饥饱，这自当是我的职责，所以我才过问牛之事。

直观来看，人之死伤和牛之喘气，似乎前者更为重要。但是，丙吉没有受到思维局限，而是把问题看得更深、更远。由牛联想到农事，由春天关联到秋天的收成，在空间和时间维度上都显示了作为丞相应有的系统思维能力。而且，把百姓斗殴之事交给专人处理，他作为丞相只负责考察他们的政绩功过，这体现了丙吉在依靠管理系统行事。组织管理者需要具备建立和运作整个管理系统的能力，而非事必躬亲、大包大揽。从系统观出发，管理者需要能够整体地、联系地观察、分析和解决管理问题。

所谓管理系统，就是由相互联系、相互作用的若干要素和子系统，按照管理的整体功能和目标结合而成，并在特定的管理情境下发挥作用的有机整体。从内部构造来看，若干活动要素按照一定的相互作用方式，联结成为一个有机的管理职能体系；从对外作用来看，这个体系要与管理情境相适应，才能发挥出应有的功能。

正如李占祥教授指出的，只有管理系统优化，才能有高水平的管理和高效益。而要使企业管理系统优化，必须研究和解决好企业管理结构合理化的三个问题：管理系统的要素分类；管理系统结构的核心；管理系统结构的方式。基于此，他强调必须创建具有中国特色的企业管理系统的结构模式，通过研究分析企业管理系统诸要素的内在联系，来确定正确处理各种矛盾关系的原则和方向。[①]

二、管理工作的体系构建

党的十九届五中全会将坚持系统观念明确为必须遵循的重要原则之一，中央经济工

---

① 李占祥.李占祥自选集.北京：中国人民大学出版社，2007：18，21.

作会议再次强调要坚持系统观念。把系统观念应用于企业管理中，需要确保管理工作的开展具有系统整体性，即各项管理活动都必须围绕企业整体目标的实现而有序地发挥各自特定的功能。从管理系统体系化构建的需要出发，我们要全面考察管理活动过程中的各个基本要素有哪些，相互之间是什么关系，它们都指向什么，又都依赖于什么，其关系为什么是非线性的。

在管理学科发展中，法约尔从工业企业管理中提炼出来的一般管理理论，启发了对管理活动要素的深入探究，但是其中原本蕴含的管理过程系统性思想被还原论学者所遗弃，被保留下来的仅仅是各项活动的构成，而不是过程体系。所以，他阐发的管理过程原理沦为管理理论丛林中的操作性学派主张，即认为各项职能是彼此独立的，相互之间只是逻辑上的先后顺序关系，通常按照先规划、继而组织、然后领导、最后控制的顺序发生，这实际上是管理职能学派。然而，从不断持续进行的实际管理过程来看，在规划制定后付诸实施的组织、领导或者控制过程之中，有时可能边执行边要求对原规划作某种修改、调整，有时还可能需要启用应变的备用计划或者编制全新的计划，这样，某一活动进行中就可能穿插其他活动。控制的结果，也不单单是对问题的解决，还往往涉及对责任者的奖惩，因此控制与激励实际上亦是结合在一起的。

如本章引例所示，管理工作过程中各项管理活动并不是严格分割开来进行的，它们更多是有机融合成一体的，形成各职能活动相互交叉、不断反馈和循环的过程，所以需要从管理过程整体角度来考察。

鉴于管理职能在企业这一协作系统中发挥作用的方式是多样的，但各项职能活动未必按照管理职能学派主张的各自独立且依照某种固定顺序按部就班地进行，而是同时具有构成和关系上的复杂性，所以需要把管理工作作为整体系统进行研究。本书立足于关系-过程观，把整个管理过程作为管理理论学科研究对象，从管理体系角度将管理职能发挥中所需进行的各项活动视为管理系统的有机组成部分，相应地称其为活动要素或职能要素。

三、管理职能构成的层次结构

层次性是系统的一个典型特征。对于管理系统而言，除了规划、组织、领导和控制四个基本职能之外，经常被提及的还有创新、决策以及协调等，如图 11-2 所示。关于其相互之间的关系，概言之，在创新、决策的支持下，卓有成效地开展规划、组织、领导和控制等活动，以达成协调的目的。决策和创新是管理体系中的基础活动，也被称为支持性职能要素。只有这些类别或层次的管理活动有机连接为一个整体，管理系统才能成为企业这一力量协作系统所需要的器官。关于各类管理活动之间的关系，补充说明如下几点。

（1）不同业务领域在管理职能内容上有所差别。虽然管理工作和作业工作是两类性质不同的工作，但管理工作通常需要紧密地联系作业工作。由于不同企业、不同部门的具体业务领域各不相同，其管理工作也就表现出不同的特点。例如，同为规划工作，营销部门做的是产品定价、推销方式、销售渠道等的计划安排，人事部门做的是人员招

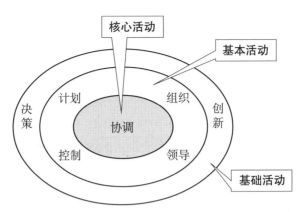

图 11 - 2　管理职能构成的层次结构

募、培训、晋升等的计划安排，财务部门做的则是筹资规划和收支预算，它们在目标和实现途径上都表现出较大的差异。当然，在不同的组织层次上，管理工作与作业工作联系的密切程度是不一样的。一般来说，低层次的管理工作与作业工作联系得较为紧密，而高层次的管理工作与作业工作的联系相对较少。

（2）不同组织层次在管理职能工作重点上存在差别。一般来说，不同的管理层次在不同管理工作上花费的时间比重不一样。高层管理人员在组织工作和控制工作这两项职能要素上花费的时间要比基层管理人员多，而基层管理人员在领导工作上花费的时间则要比高层管理人员多。即使就同一职能要素来说，不同层次管理者所从事的具体管理工作的内涵也并不完全相同。例如，就规划工作而言，高层管理人员关心的是组织整体的长期战略规划，基层管理人员则更侧重于短期、局部性的作业计划。

（3）对管理系统如何更好发挥其职能作用的认识不断深化。关于规划、组织、领导和控制这四个要素，早在 21 世纪初管理界就将其作为必不可少的职能要素予以重视。随着管理理论研究的深化和客观环境对管理工作要求的变化，人们对其他的管理职能活动有了进一步的认识。这表现在：一方面人们对于上述各项基本职能活动所涵盖的内容和所使用的方法加深了理解；另一方面，人们在此基础上又提出了一些新的管理活动，或者更准确地说，是从原有四项基本活动中分离出新的职能要素，其中特别值得一提的是决策和创新这两个更具基础性的职能要素。

决策从 20 世纪 50 年代开始受到人们的重视。管理学者如赫伯特·西蒙特别强调指出，管理就是决策，决策贯穿于管理过程的始终。因为无论规划、组织、领导还是控制，其工作过程归根结底都是由决策的制定和决策的执行两大部分活动所组成的。比如，确定组织的使命目标，制定各种战略规划和战术方案等，都需要在两个以上可供选择的方案中决定选取哪一个，这便是规划工作中的决策问题；组织机构的设置，部门划分方式的选择，集权分权关系的处理，以及各职位人员的选配等，都是组织工作中的决策问题；而人员配备后如何加以引导和激励，管理者需要采用何种领导方式，以及选用何种沟通渠道和网络等，都属于领导工作中的决策问题；控制标准的制定，活动执行情况的检查和检查时点的选择，是否存在偏差、偏差性质的确认以及所应采取的纠正措施等，都属于控制工作中的决策问题。管理实际上是由一系列的决策连贯起来组成的，因此在相当程度上可以说管理就是决策。正因为管理各项职能要素的开展都离不开决策，决策渗透于管理职能开展的所有活动要素中，所以管理者在某种程度上也被视作决策者。

管理界对于创新的重视，始于 20 世纪 60 年代。因为当时市场正面临急剧的变化，竞争日益激烈，许多企业感到不进行创新就难以生存下去，所以有不少管理学者主张将创新看成管理的一项新职能。所谓创新，就是使组织的作业工作和管理工作不断地有所革新、有所改进。创新与旨在使组织按照既定方向及轨迹持续运行的"维持"之间常常会有矛盾。有效的管理工作，就是要在适度的维持与适度的创新之间取得平衡。对管理方案推陈出新的需要，使管理创新成为确保管理决策过程中有多个高质量的备选方案的前提和基础。

（4）对协调的重要性的强调。协调在管理工作中一直备受重视，有人甚至将其与四个基本职能要素并列。然而，把协调看作管理的核心，似乎更确切。因为归根到底，管理工作就是设计和保持一种环境，使身处其中的人能够在组织内协调地开展工作，从而能有效地完成组织目标。可以说，管理工作中每一项活动要素的开展，都是为了更好地促进协调。有了协调，组织可以达到个体单独行动所不能达到的良好效果，即"1+1>2"的协同效果。所以，协调是管理活动的核心，其他各项活动要素都指向这一核心。从这一意义上说，企业之所以需要专门的管理层开展管理活动，就是为了能够有意识地协调好各方面活动，确保企业整体运作呈现协作系统应有的状态。

四、管理系统的功能实现与演化

管理活动要素经由一定的结构化联系而结合成管理系统，这个系统在具体管理情境中发挥某种功能。结构是从系统的内部规定系统的整体性质，而功能则是从系统的外部展现系统的整体性质。结构和功能是相对独立的。举例来说，使用 3 根火柴，把它们拼成字母 A、H 和 N 的形状，这代表了其结构的差异。在环境因素的扰动下，这三种结构形态会产生不同功能，例如，A 形的稳定性最好，类似于三角形结构。系统的结构在相当程度上决定着系统的功能性质、水平和范围，而功能又会在环境影响下出现变异，反过来又影响结构，引起结构的变化，甚至突破原有结构的束缚。

通常，结构与功能之间的关系有三种形态[①]：

（1）一构一功，即同构同功。有什么系统结构，就会表现出特定的某种功能。

（2）一构多功。一种结构同时具有几种不同的功能（或隐性或显性）。如果其中某种功能消失了，其他功能依然存在，那么该系统的功能性就继续存在，只是其作用发生了变化。

（3）异构同功。结构不同，但有相同的功能，说明结构与功能之间不具有一一对应性。这说明，功能与结构具有相对的独立性，并且往往互为因果。

传统的管理职能学派，只看到四个职能要素线性组合结构的既定功能，没有重视适

---

① 乌杰．系统辩证论．北京：人民出版社，1997：141-142.

应不同情境需要的不同结构类型的管理过程体系，也未注意到结构与功能之间的相互作用和共同演化，没有动态地看待管理系统的发展变化。

事实上，在外部环境作用下，结构与功能的共同演化可以形成不同的结果：（1）进化，即系统变得越来越有效，或者被有意识地优化。（2）退化、劣化，指系统的有效性逐渐下降。不论是哪种方向的演化，都发生了变异。而系统会产生一种力量把系统拉回到稳定的状态，进入某个新的秩序。这样，整个系统就在有破有立、有变异又有稳定的矛盾运动中保持动态的平衡。这无疑是一个不断迭代、循环往复的过程，往往不能简单地从线性的角度来看待。而且，伴随着管理系统的演化，企业整体状态也跟着改变。所以，管理创新对于整个企业的发展至关重要。

小　结

1. 管理过程离不开要素，但不是要素的简单加和。规划、组织、领导和控制是管理职能整体发挥作用极其必要的构成要素，但这些活动要素不是独立的管理职能，而是管理系统的组成部分。

2. 还原论思维注重细节性复杂，关注系统构成要素的多少；但从动态性复杂的角度看，因果互动、循环往复才是系统运作的基本方式。要摒弃原子观、静态观和线性观，从整体观、动态观和辩证观视角认识企业管理活动过程。

3. 管理系统是由相互联系、相互作用的若干要素和子系统，按照管理的整体功能和目标结合而成，并在特定的管理情境下发挥作用的有机整体。其内部构造是一个多要素相互作用所形成的体系，其对外作用就是该体系在特定管理情境中所发挥的功能。

4. 把管理系统整体发挥的作用作为服务于企业的一项职能，那么管理层所开展的各项活动就必须视为管理系统的有机组成部分，因此称之为活动要素或职能要素。

5. 管理系统具有层次性的特征：处于中心或核心位置的是协调，它代表管理的目的；实现此目的的直接手段是规划、组织、领导和控制四项基本活动，称之为基本职能要素；这些活动的开展需要创新、决策等更具基础性的活动要素的支持，所以称之为支持性职能要素。这些要素往往以非线性的方式相互作用，形成一个有机整体。

6. 过程是表征特定事物随着时间推移而发生变化的一系列事件的组合。管理活动过程不能简单地全部归结为线性类型。以系统观看待过程，需要关注构成要素、组合关系和总体样式，后者可以表现为线状及多线并行、环状及多环连接等。过程类型的多样性，使得现实中的管理活动可以权宜制变、创新变革，以取得等效性结果。

思考与讨论

1. 把规划、组织、领导和控制视为独立的管理职能，体现了什么思维方式？

2. 不少企业花费巨资购买高端顾问公司的咨询方案进行管理体系重构，你认为这样的创新变革会产生什么结果？

3. 以你之见，法约尔将管理活动与技术、商业、财务活动等并置，是说明管理本身就是一个系统，还是整个企业才是一个系统呢？在这两种不同观点下，如果指明管理是在对外作用中发挥功能，那么这个"外"究竟指的是什么？相应地，其管理情境又指的是什么（是企业还是外部环境）？

4. 孔茨在阐述"管理理论丛林"时，把西方流行的管理职能学派称为"operational approach"。你认为其含义是"经营学派"还是"可操作性学派"？

5. 有观点认为，将管理过程学派与管理职能学派相区别纯属文字游戏。你如何看待这一观点？

6. 以圈层结构来描绘管理职能的层次性，有什么利弊？

7. 试结合你自己的认识，说明线状及多线并行、环状及多环连接等不同样式的管理活动过程有什么特点。你能否以图式来形象表示其中某些样式？

8. 请结合引例，讨论联想的管理三要素与管理职能学派理论主张之间有什么关系。推广之，你认为理论与实践之间的关系应该是怎么样的，其差距可以如何解释或补足？

第 12 章

管理的基本活动要素（上）

学习目标

- 理解规划、组织的含义及其作为管理过程基本活动要素的意义。
- 认识规划和组织工作开展的必要性及作用。
- 了解规划和组织设计工作的内容与形式。
- 了解规划和组织工作的过程与方法。

通过本章的学习，你将理解规划和组织工作之间的交互作用（重点），领会将思考与行动相统一的战略的形成过程及组织保障（难点）。从概念内涵入手，深入思考规划、组织等为什么是管理活动要素而不是独立的管理职能，以加深对系统观念是具有基础性的思想和工作方法的认识（思政主题）。

引 例

A 公司能争取到项目吗?

一家大型技术产品公司在业务结构调整中，将下属的制造和装配印刷电路板的两个电子厂剥离出售。这两个工厂都经营电子产品业务，分别位于市区和该市郊区。在经营房产中介中挣得一笔钱的安宇，购得了位于市区的工厂，将其注册为安宇电子有限公司（简称"A 公司"）。安宇虽然想在实业上做长线投资，但对制造业既无经验也兴趣不大，所以就保留了原工厂管理队伍，并聘任原厂长唐康为公司总经理，本人担任董事长。

得益于前期电子行业的兴旺发展，两个工厂易主时经营业绩都不错，A 公司年销售额达 6 000 万元，员工有 550 人，盈利稍好于其兄弟厂（简称"B 公司"）。唐康在向安宇做就职报告时说，这一好业绩归功于本厂对员工实行严密控制的能力。在原隶属于技术产品公司时，工厂就有详细的组织结构图和职务说明书，对每个部门和员工的工作进行细密的专业化分工，并规定明确的职责范围。总体上，员工对工作感到满意，但有个别管理人员提出了扩大工作自主权的要求。唐康对新老板强烈建议保持既有的管理方式，且信心满满地说，如果不是市场需求量巨大，竞争对手根本就不可能生存下来。安宇认同唐康的意见，并且在公司大会上明确表态今后一切决策都全权交给总经理唐康。

由于业务相近，且都毗邻电子城，这两家电子厂在易主后更是经常地为争取同一项目而彼此竞争。

当时的情况是，伴随电子行业微型化步伐的加快，市场对晶体管的需求直线下降，取而代之的是集成电路。集成电路的生产过程是高度保密的，而这两家电子厂以往所生产的印刷电路板主要是与晶体管相配套的。意识到未来的潜在威胁，它们都开始拼命寻找新的顾客。该市的一家大型复印机厂想为其新试制的复印机中的存储器寻找一个电路板协作厂。因为在地理位置上都很靠近这家复印机厂，两家公司都想以具有竞争力的出价获得该协作生产项目。A 公司以较低的出价取得了试生产 100 件样品的机会，但很快得知 B 公司也得到了同样的机会。复印机厂告诉所有的协作厂家：速度是关键，因为其老总已对外承诺将在新年前制造出一台新型复印机。这使复印机厂的设计师大为紧张，只能向所有的协作企业施加压力，使之在复印机最终设计完成之前就开始试生产样品。这就意味着，各家最多只能用两周的时间试生产出样品，否则，就会拖延整个复印机的生产进度。

7 月 11 日，A 公司接到了复印机厂的存储器设计图。总经理唐康立即给采购部门送了份备忘录，要求其提前购买好所需的元器件。同时，他将图纸交给产品设计部门，要求其准备制造图纸。方法设计部门则被告知开始着手方法设计，安排好装配顺序供生产部门参考。唐康还给其他部门负责人发了书面通知，提示时间是这项工作的关键因素，并表明他希望每个人都能像过去那样高效率地完成任务。

刚开始几天，各部门间没有什么接触，它们都在以各自的进度工作。当然，各部门也遇到了一些问题，例如，采购部门对于这项工作的期限要求不够重视，而忙于完成其他任务。唐康在安排企业内部工作的同时，继续同复印机厂保持密切的联系，他每周至少给复印机厂打两次电话，一方面想让复印机厂了解本公司的工作进度，另一方面也想从复印机厂那里获得设计改进的新信息。

7 月 15 日，唐康得知技术部门的工艺开发进度落后的消息后，大为不满。更糟的是，由于采购部门没有买齐所有的元器件，方法设计部门只好建议在短缺一个元器件的情况下先把产品装配起来，待购得短缺的元器件后再安装上去。成品装配工作于 7 月 21 日开始，这时与计划进度相比已经推迟了好几天。次日，唐康视察工厂时发现最终成品装配完毕。当天傍晚，唐康接到了复印机厂设计部门负责人打来的电话。这位负责人告诉唐康，他在 7 月 20 日接到 B 公司总经理罗奇的电话，说工人发现了存储器接线板设计上的一个错误，他们已经在试生产的样品中予以更正。这位设计负责人解释说，他本人核查后也确认原设计确有错误，因此要求 A 公司按新的设计蓝图予以改正，并且他还坚持 A 公司要在原定的 7 月 26 日这天交货。

新的设计蓝图送来以后，唐康立刻叫来生产主管探讨更改方案，结果发现没有其他办法，只能拆开组装好的装配件并卸掉接线板的一些焊点。鉴于短缺的元器件还未运到，唐康吩咐生产主管7月25日上午先增派人手修改错误，争取在第二天完成这项工作。7月26日傍晚，修改工作已经完成，短缺的元器件才运到厂里。7月27日早上，生产主管发现要将短缺的元器件安装上去，还得拆开成品。唐康听后大发雷霆。他问方法设计工程师能否解决这个问题。生产主管和方法设计工程师对于如何插入这个元器件没能达成一致意见，唐康只好下令再次拆开所有成品。唐康同时命令装运部门准备好纸板箱，等待7月29日下午装运。7月29日，唐康在亲自检验了一件样品，发现它能正常运行之后，放弃了最终检验的要求，命令有关部门将已完工的50件试生产样品运往复印机厂。8月2日，A公司又运出了余下的50件样品。结果，复印机厂检测出A公司生产的100件存储器中有10件质量不合格，要求紧急返修不合格品。

A公司在面临客户端产品设计蓝图和元器件供应不确定的任务环境下开展管理活动，竭力满足客户"速度是关键"的要求，力图获得新品组件的生产协作合同。该公司定位于规模化生产电子产品的代工企业，这是一种专业化经营的战略规划。同时，它把成本领先作为业务竞争战略，并匹配以职能分工明确、权力高度集中且正规化运作的组织结构，总经理对内实行集权式领导，对外密切联系发包企业，严格控制进度，但是在环境适应性上表现不良，导致因赶进度而出现产品质量问题。整个管理体系处于对环境扰动应对无力的状态，能否最终获得合同前景不明。从反馈循环的角度看，A公司需要反思并调整其管理体系，以便能更好地发挥管理职能，实现服务于企业存续发展的目标。

第11章关于管理过程各项活动是密切关联的并且与管理情境相适配的观点，强调了管理系统的整体性和动态性。管理过程是由一连串的活动序列组成的，这些活动组合起来发挥实现管理目标的功能。本章及第13章将聚焦于管理的各项基本活动要素，包括规划、组织、领导、控制等。围绕这些活动要素，首先简要介绍该项管理工作是什么（含义）和为什么要做（必要性或作用），然后重点阐述做什么（活动内容、结果）和怎么做（活动过程、方法）。鉴于管理过程是一个系统，虽然以要素解构的方式进行介绍，但需要置于整体框架中以"整—分—合"逻辑来理解它们是整个管理过程的构成要素。另需说明，这些基本活动要素与作为支持性职能要素的创新、决策是不可割裂的。以规划工作为例，不论是正式还是非正式计划，其关于目标和实现途径的确定都是以决策为核心来展开的。计划的制订离不开决策，决策是计划的先期工作，计划则是决策的逻辑延续。其他的管理活动，包括设计什么样的组织结构、以什么方式进行领导、何时采用何类的控制，都离不开管理创新方案的提出和决定，所以，创新和决策或显或隐地体现在这些基本管理活动中。

第 1 节　规　划

对工商企业来说，规划工作本质上是经营和管理方面决策方案的制订和细化的过程。企业在开展具体的经营管理活动之前，需要对其宗旨、远景目标和战略方案以及支持它们的具体目标和战术方案等做出规划，以便把企业在特定时期内要完成的任务分解落实到各部门、各环节甚至各个岗位。规划工作常常被作为一个管理过程的起始。

一、规划的含义

人们在行动之前要对未来作系统化的谋划和安排，企业这一组织也不例外。规划就是关于组织未来的蓝图，是对组织在未来一段时间内的目标和实现目标途径的谋划与安排。管理者开展规划工作，就是指通过做计划这一特定的管理行为，为组织规划好在未来一段时间内所要实现的目标以及实现这些目标的途径。这些目标和途径，既包括战略性的，也包括战术性的。

规划有工作活动和工作结果两种含义。从工作活动来看，规划工作指的是对各种组织目标的分析、制定和调整以及对组织实现这些目标的各种可行方案的设计等一系列相关联的行为、行动或活动。从工作结果来看，上述规划工作的结果，就形成包括组织使命和目标的说明以及战略、政策、预算等计划方案。规划一般更具宏观性、全局性和指引性。

二、规划的作用

任何组织，无论其使命是什么，也无论规模大小，都需要规划。《礼记·中庸》强调"凡事豫则立，不豫则废"。《孙子兵法》指出"谋定而后动，知止而有得"，即不打无准备之仗，方能立于不败之地。规划的意义在于，让组织提前做好各方面安排，有备无患。具体置于管理过程之中，规划工作的作用体现在以下四个方面：

（1）为组织稳定发展提供保证。规划工作使人们就组织的目标、当前的现状以及由现状过渡到目标状态的途径作出事先的安排，由此明确组织的发展方向，使各方能够事先做好应变或行动的准备。规划促进了组织对所需资源作出全面、周全的安排，从而使有关方面明确何时需要提供何等质量和数量的何种资源，这样就能够未雨绸缪做好组织资源的筹措和供应，有条不紊。

（2）明确组织成员的活动安排和部署。组织的活动通常是由数量众多的成员在不同的时间、空间里进行的。为了使不同成员在不同时空进行的活动能够相互支持、彼此协调，需要明确各部门成员在不同时间应从事的各项活动任务和方式，促进组织内部工作的有序分工和协作配合。

（3）为有效动员和激励组织成员提供依据。组织有效地开展目标活动需要各方参与者各就各位并且全力以赴。规划为组织成员提供了明确的指示和指导，有利于调动其积极性、主动性，使其自觉地为组织目标活动的落地做出努力，在为实现组织目标作出贡献的同时使自己的需要也得到满足。

（4）为检查、考核和控制组织活动奠定基础。不同组织成员由于素质和能力的不同，对组织任务和要求的理解也可能不同；组织在不同环节的活动能力可能并不是平衡的、衔接的；组织整体以及组织的各个部分在活动中所面对的环境特点与事先预计的也可能不完全吻合。这些原因就使组织各部分的实际活动与目标及环境的要求不完全相符。规划工作为及时地对照标准检查实际活动情况提供了客观的依据，从而也就为及时地纠正偏差或调整计划奠定了基础。

三、规划的内容

图 12-1 概要显示了企业总体规划的基本内容及负责该项决策的管理层分工情况。

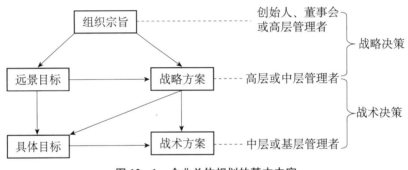

图 12-1　企业总体规划的基本内容

（一）组织宗旨

任何组织都有其宗旨。宗旨规定了组织生存的目的和使命，这种目的和使命反映社会对该组织的基本要求，映射该组织存在的意义。对于旨在为社会提供有经济价值的产品或服务而开展经营活动的企业组织来说，有关宗旨的决策主要包括两方面：

（1）经营理念。经营理念，亦称经营哲学，它为企业的经营活动规定了价值观、信念和指导原则。比如，企业在经营过程中是否持"利润唯上"观念，还是要兼顾社会责任；应该遵循什么原则来处理义与利的关系；等等。企业经营理念的确定，一方面取决于企业创始人的意图，另一方面也与整个社会的商业伦理有关。

（2）使命或经营范围。即规定这家企业究竟从事的是什么事业，经营业务的范围有多大。一般而言，在企业创立之初，或者在内外条件变化使企业有必要改变或拓宽经营领域时，合理界定企业使命具有重要的意义。确定企业的使命或经营范围，并不是简单地说明企业是做什么的，而是应当明确规定企业应该做什么和不应该做什么，并需要尽可能在使命说明书中明确阐述。例如，一家中型企业将它的使命表述为：我们的业务是在世界范围内向非家用空调市场提供空调系统的部件和维修服务。从中可以看出，这家企业并不供应空调系统，也不介入家用空调市场。任何一个企业，无论是其所拥有的资源还是利用资源的能力，都是有限度的，只有有所不为，才可能有所为。因此，需要综合考虑各产业领域的潜力与前景，尤其是顾客需求变化产生的市场容量和市场结构的变化，以及在有关领域中成功经营所需要的条件和关键成功要素与企业自身拥有的资源及实力状况的匹配程度等各方面因素，以确定企业的使命或经营范围。

（二）组织的远景目标和战略方案

远景目标指明企业的经营方向，是企业活动要实现或达到的目的。远景目标应该描述一个企业及其经营活动的主要方面在未来一段较长时间（通常为 5 年或更长时间）内所要达到的状态。好的远景目标至少能经受住两种检验：一是适用性检验，二是可行性检验。适用性是指远景目标能满足企业的主要支持者包括顾客、股东、员工及其他利益相关者的需要。可行性则指远景目标是企业有能力实现的，或者说是在合理的战略方案下能够实现的。为此，企业需要在提出远景目标的同时制订出实现该目标的合理的战略方案。

所谓战略，是指企业为实现其宗旨和远景目标而确定的组织行动方向和资源配置纲要。合理的战略应能够使组织获得有利的竞争优势，并能够使这些优势在一定时期内保持下去。因此，战略方案的制订通常需要包括如下内容：企业准备进入或发展、撤出以及维持现状的产品或市场领域各有哪些；存在于这些经营领域间的协同作用主要表现在哪里，企业的核心竞争力是什么；各经营领域具有哪些竞争优势并需采用什么竞争策略；为形成和保持所设定的竞争地位，企业应该如何妥善配置有限的资源，使其发挥出最大的效力；等等。总而言之，战略方案涉及所有可能影响组织总体和长期发展方向的有关事项。决策者需要用一系列综合分析和归纳提炼的方法来制订战略方案。深化学习 12－1 说明了计划型和手艺型企业战略工作的差异。

深化学习 12－1 计划型和手艺型企业战略工作

（三）组织的具体目标和战术方案

具体目标是对远景目标的更精细化的甚至是量化的描述。具体目标需要根据组织的远景目标和战略方案来制定，这样企业就形成了由多层次目标构成的目标网络或目标体系。举例来说，某企业的远景目标是"成为全国成本低产量高的自行车制造商"，依此订立的战略方案为："下一个 5 年，企业要集中资源在各方面经营活动中全面提高效率，同时建立新的零售网络去销售低成本的自行车。"基于此，该企业规定了各部门的具体目标，如生产部门的具体目标是"将每部自行车的生产成本降低 12 元，将生产能力提高到年产 10 000 部自行车"，销售部门的具体目标是"至少有 500 个新零售商销售低成本自行车，并进行有力的广告宣传"，行政管理部门的具体目标是"将人事成本削减10％"，等等。为了实现这些具体目标，各部门相应制订了战术方案，如生产部门的战术方案是"要添置 8 台制造自行车车架的新机器，安装 2 条新的自行车装配线，设计新的电子计算机存货控制系统"，销售部门的战术方案是"要减少各地现有的销售力量，将销售队伍集中到争取甲、乙、丙、丁、戊五大低价自行车零售商为本企业推销低成本的自行车"，行政管理部门的战术方案是"要从降低成本出发，减少 5 个内部联系人，进一步更多地利用外部的雇佣经纪人来搞好广告宣传和补充办事人员"，等等。

与战略是总体、长期的规划不同，战术往往是局部、短期的安排。企业必须在战略指导下围绕所要实现的目标制订指导各方面行动的切实可行的、具体明确的战术计划，否则，战略就只是纸上谈兵。比如，企业的新产品战略需要通过产品研发或改进以及市场导入的战术计划来实现；改进产品质量的战略可以转化为技术改造、员工培训等战术计划；一个要发展特殊领域技能的战略可能涉及企业兼并或联合以及重金聘请所需人才等多方面的战术计划。

在战略与战术的关系上，战术应该是对战略的支持和体现。因此，战术的制定必须服从和服务于战略实施的需要。战术所具有的工具性或手段性，决定了任何战术都不可能脱离战略来制定。更明确地说，战术往往是从既定的战略中演绎出来的。如果说战略的制定是一个分析归纳过程，需要广泛收集企业内外的各方面情况，提出企业生存发展的基本问题，并根据对问题的理解来对可选择的方案进行检验和完善，然后制定合适的战略；那么，依据战略来制定战术则更多的是一个推理演绎过程，也就是从所需得到的结果出发，确定必要的步骤、日程安排和涉及的费用。战术制定过程的演绎性，实际上与战术作为落实战略和目标的工具的特有性质相联系。

四、规划的表现形式

规划的结果，是形成了正式程度不同、详尽程度不同及可复用性不同的计划。

（一）非正式计划与正式计划

现实中，有些计划是以明文正式规定下来的，而有些计划则可能仅存于某些人的脑海中。规划根据工作结果是否以书面文件的形式呈现，可区分为非正式计划与正式计划。

在非正式计划中，一般没有书面文件，但是这并不意味着没有制定出行动的目标和方案。没有正式计划，并不简单地等同于无规划。许多小企业中就存在大量的非正式计划，是由企业所有者兼管理者的一个或几个人认真地思考企业想要达到什么目标以及怎么实现目标后所形成的，只是确定和了解这种计划的人可能不多。非正式计划的缺陷是，不容易在组织中进行交流和扩散，内容也往往比较粗略且缺乏连续性。所以，在规模比较大、管理工作较规范的组织中，经常需要编制正式计划。

与非正式计划仅限于决策阶段对组织的目标和实现目标的途径作总括性的策划不同，正式计划的制订则是一个包括环境分析、目标确定、方案选择以及计划文件编制等一系列工作步骤的完整的过程。该过程的结果往往是形成一套计划书。计划书要详细、明确地明文规定组织的目标是什么，实现这些目标需要什么样的全局战略，并开发出一个全面的分阶段、分层次的计划体系，以综合和协调不同时期和不同部门的活动。

（二）具体计划与指向性计划

根据计划内容的详尽程度可以区分为具体计划与指向性计划。例如，一位经理想使企业的销售额在未来 12 个月内增长 20%。为此，他制定出特定的工作程序、预算分配方案，以及与实现该销售目标有关的各项活动的日程进度表，这就是具体计划。

与具体计划不同，指向性计划只规定一些一般性的方针。它指出行动的重点，但并不限定在具体的目标上，也不规定特定的行动方案。例如，一个旨在增加利润的具体计划，可能要明确规定在未来的 6 个月内，成本要降低 4%，销售额要增加 6%；而指向性计划也许只提出未来的 6 个月内计划使利润增加 5%～10%。

直观地看，似乎具体计划比指向性计划更可取，因为它有明确规定的目标，不存在模棱两可和容易引起误解之处。然而，具体计划也不是没有缺陷的，因为它要求的明确性和可预见性条件在现实中并不一定都能够满足。当组织面临的环境不确定性很高，需要保持适当的灵活性以应对意料之外的变化时，仅对行动提供较宽松指导的指向性计划就更有效。企业需要权衡指向性计划的灵活性优点和具体计划的明确性优点，并根据具体情况考虑选择哪一种更合适。

（三）单一用途计划与常用计划

根据计划内容的可复用性，可区分为单一用途计划与常用计划。

（1）单一用途计划。指那些只能用来指导未来某一次行动的具体计划。1984 年，美国电话电报公司决定将自己分解成 8 个独立的公司，为此它制订了一项名为"剥离计划"的行动方案。这就是单一用途计划。单一用途计划尽管有时也可能套用某种既定的格式，但只要计划的内容仅用来指导一次性的行动，就是单一用途的。其表现形式包括工作方案、项目和预算。工作方案是针对某一特定行动而制订的综合性计划，指明该行动的具体步骤，各步骤的任务和执行方法，完成这些任务的先后顺序、时间进度和资源安排等。项目是针对特定课题而制订的专一性更强的计划，它通常是工作方案中的一个组成部分。预算是一种数字化的规划，它是以数字来表示预期结果的一种特殊规划形式，不局限于财务预算。

（2）常用计划。指可以在多次行动中重复使用的计划，包括政策、程序、规则等。政策是组织对成员作出决策或处理问题所应遵循的行动方针的一般规定。政策不要求采取行动，而是用来指导决策和行动。政策与战略虽经常混同使用，但两者是有明显区别的：战略给出了组织决策和行动的方向、目标和资源分配方案，政策则指导组织成员如何决策和行动。程序是用来指导行动的一系列工作步骤，规定一系列相互关联的工作活动开展的先后次序。规则是在具体场合和具体情况下允许或不允许采取某种特定行动的规定，它指明程序中的每一步骤执行时所应遵循的原则和规章。规则与政策的区别在于，前者不留有任何的灵活处理空间，后者则保持一定的自由度。所以，规则对人的行为具有最强的约束力。

政策、程序、规则制定出来后，要责令有关人员遵照执行，以保持其应有的权威性。但是，现实情况是不断变化的，任何计划在执行中都有可能出现过时或不适应新情况的问题，所以，适时的修正又是必要的。相应地，企业在制订常用计划时，必须规定这些计划所适用的范围及需要修正的具体条件，以妥善处理计划的灵活性和稳定性的关系。

五、规划工作的过程与方法

(一) 规划工作的基本过程

战略管理领域奠基者肯尼斯·安德鲁斯把企业战略的形成界定为企业高层经理负责的一个有意识的、深思熟虑的思维过程，是战略制定者对企业面临的特定情境进行洞察和综合性构思的结果。战略情境关注的是企业在所处的内外部环境中，自身具有什么优势 (strength) 和劣势 (weakness)，外部面临哪些机会 (opportunity) 和威胁 (threat)。处于特定情境中的企业将要做什么，就是战略的内容，它是战略规划工作的产物。战略管理包括战略内容从规划到落地的整个流程。经典的战略管理过程，通常是一个由战略制定、战略选择到战略执行再到执行结果反馈的过程。

SWOT 分析是战略管理常用的核心环节。SWOT 分析的目的，是识别企业有哪些独特能力来应对和驾驭环境中的成功关键因素，制订出与内外部条件相适配的备选战略方案。这一环节旨在确定战略规划工作的事实前提，使规划者明确外部条件允许企业可以做什么和企业自身条件支撑其能够做什么，由此便框定了可供该企业选择的战略方案。然后，在一个完整的战略规划过程中，还需要结合企业管理理念和社会责任，对这些备选方案进行战略评估与选择，再将所选定的战略加以细化和执行。

从综合性构思的角度来看，战略制定工作不仅要识别外部环境中企业面临的机会 (O) 和威胁 (T) 以及企业自身的优势 (S) 和劣势 (W)，而且要考虑企业关键决策者在理念上想要做什么的愿望 (want) 以及在社会责任上应当做什么 (should) 的法律要求及伦理道德。前两者适配是战略决策的事实前提，已经被提炼为 SWOT 框架而广泛纳入战略管理，后两者强调以目标及结果作为战略评估与选择的约束条件，涉及战略决策的价值前提，但很少被纳入战略管理过程给予应有的重视。

参考安德鲁斯的观点，同时考虑决策的事实前提和价值前提，战略规划工作不能仅仅依靠 SWOT 分析，还要关联企业的使命、愿景和价值观，这样才能做出兼具价值理性和工具理性的战略选择。企业是一个人造的有机体，关于使命、愿景和核心价值观的考量，将构成决策的价值前提并与事实前提结合在一起，即统合为"2S2W+OT"的整合性分析框架 (如图 12-2 所示)，决定企业所做出的战略规划具有哪些个性化内容。

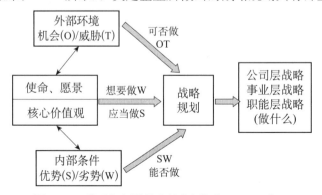

图 12-2　战略规划的整合性分析框架：2S2W+OT

（二）规划工作的方法分类

对应于特定的管理目标和情境，规划工作的方法可以区分为如下三种不同类型①：

1. 事后反应式规划

事后反应式规划通常是在战略方案不明朗的情况下，从组织的基层单位开始，自下而上地形成战术导向型的计划。具体过程是，由基层业务单元独自识别出本单元的劣势和所面对的威胁，通过工作方案或项目来揭示其产生的原因，并采取措施消除劣势和减小威胁所产生的影响。然后，管辖这些业务单元的部门统一确定和分派这些项目的次序。最后，估算出可供使用的资源数量，按照确定好的次序在项目清单上从高到低挑选项目，直至预估资源分配完毕。这组被挑选出来的项目，就成为该部门的行动计划。这样将独立制订的计划往上层汇聚的方法，就像是决策者在电视机前通过遥控器切换频道来选定想要看的节目。这类规划的着眼点是企业的生存。管理层会尽力形成一个满意的规划，在已发生的变化威胁到企业时，通过提高事后反应能力来清除此威胁，使企业能够存活下去。

2. 事前预防式规划

事前预防式规划是管理层注重提高自己的事前预测能力，采取防范措施来应对所预见到的变化。它表现为自上而下的战略导向型计划。具体过程是，从企业高层开始对未来做出一个或者多个预测，并分析其蕴含的机会与威胁，然后制定出一个尽可能优化的组织整体战略，以之作为"白皮书"在企业内部从上往下传递。然后，各层级、各部门根据自己面临的特定情境条件，将组织层面的预测与目标调整和细化为本单元的战略与战术计划。其着眼点是通过事前规划，使组织能够利用变化带来的机会稳定地获得量的扩张，即成长。

3. 互动式规划

艾柯夫认为，未来的环境可能是一种"无知"的状态，如政治、自然灾害或者技术突破，是不能预见的。对于"无知"的变化，企业无疑不可能直接准备好应对的方案，但是可以通过打造自己的能力来间接地进行准备。一个理想的系统，必须具备确保和提升企业灵活适应力的学习能力。鉴于事后反应式规划往往建立在错误的假设基础上，事前预防式规划建立在错误的预测基础上，他强调有智慧的管理者要通过组织内外部以及上下层的互动式规划来获得对未来的把控。例如，面对全球气候无常、极端天气变化频发的大挑战，有能力者不能仅限于遇到天气忽冷忽热时会添衣或减衣（事后反应），也不满足于安装具有制冷和制热双功能的设备以便需要时打开冷气或暖气（事前预防），而是要积极主动地激发各类参与者采取"碳中和"这类共同行动来形成全球气候治理新格局。目前企业界兴起的生态化转型之所以备受重视，就在于它蕴含了命运共同体的理念，倡导共栖、共生于一个生态系统的各方参与者积极地交互，共同处理所处系统的短期和长期变化。其目标不是成长，而是发展，尤其是协同

---

① 罗素·艾柯夫. 艾柯夫管理思想精华集. 上海：上海三联书店，2007：124.

的发展。当一家企业以提高自己的能力与愿望来满足其利益相关者的能力与愿望的时候，它就在互动中获得了发展。

互动式规划旨在尽力设计一个理想状态的规划，促进相关参与者的交互，让将来比当前可做到的最好还更好，持续地实现组织发展的目标。规划的重点是如何提高组织的适应与学习能力，以控制或者影响未来将发生的变化或变化结果，并对自己不能控制的变化做出快速而有效的反应，从而减少对预测的需要。其暗含的假设是，威胁和机会都是由组织自身的所作所为和环境对组织的所作所为而产生的，关键是要看清当前行动所产生的长远影响，通过规划工作让企业准备好将来能自主掌控可控因素并且不为不可控因素所困扰的能力。

（三）保持规划灵活性的方法

规划的目的并不是消除变化，而是有备无患。因此，规划工作本身并不一定导致灵活性的降低。为了让规划能够适应形势的变化，管理者应该选择正确的规划方式，使组织活动既具有良好的计划性又保持必要的灵活性。为此，除了上述的互动式规划之外，企业还可采用如下的规划方法：

1. 提供多套备选计划

规划是基于所设定的一些前提条件来对组织活动作出安排，为此需要对未来可能发生的变化做出预测。然而，由于环境变化的非连续性，很难做到准确预测，但又不能因此放弃规划。在这种情形下，为了应对未来可能突发的偶然事件，可以事先设定好若干前提条件，并根据这些设定的多套前提条件拟定相应的行动方案。比如，如果预料到有可能出现价格上涨或下跌，或者发生地震，以及其他一些重要的政治、经济事件，那么企业有必要准备好应急计划，在制订某一套具体计划时还同时制订备选计划，并规定在什么情况下启用备选计划。例如，阿波罗计划在登月飞行全程有 13 次可调节校正的机会。一旦出现故障，就可以采取其他方案。这 13 个方案保障了规划的灵活性。

2. 采取定期滚动的规划方法

传统的规划方法是将计划制订与计划执行区分为两个环节，计划制订之后才是计划执行，执行结束后再进行新一轮的计划制订。其弊端是，为期较长的计划，在执行过程中可能出现对变化了的情况的不适应。为此，可以采取"近期细致、远期粗略"的方式，在计划执行期内以一个相对固定的时间间隔来修订未来计划，每次修订都保持同样时长的计划周期。图 12-3 是以五年为计划周期、每年滚动一次的规划方法，其每年度订立的新计划都保持原有五年的计划期限长度。在每个年度的修订中，一方面保持长期计划应有的远瞻性，另一方面还将短期计划对近期行动的规范作用以及计划执行中的过程控制等成分糅合到定期滚动的计划中。其好处是，把近期计划内容的具体明确性与远期计划内容的方向指导性结合起来，有利于避免传统方法中存在的计划与执行相脱节以及前后计划在内容上差异过大的问题。

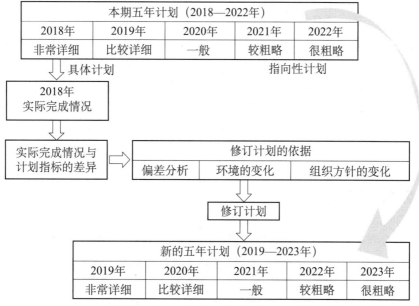

图 12-3　定期滚动的规划方法示例

第 2 节　组　织

组织是管理活动过程的第二个职能要素。无论一个企业或其他类型机构的最终使命是什么，为了有效地实现组织的目标，都需要把总体任务分配给各个成员、各个部门去承担，建立起它们之间相互分工而又相互协作的关系，这种关系形成了一个框架或结构。管理者开展组织工作的目的，就是着眼于在其所服务的组织中建立这样一个能产生有效的分工和协作关系的结构，并为这样的组织结构配备合适的工作人员。

一、组织的含义

"组织"这一概念有多种含义，具体可以从组织工作对象、组织工作本身和组织工作结果三个角度来加以理解。

（1）作为组织工作对象的组织（organizations）。与管理工作是将各类组织作为基本对象的定义一致，组织工作也可以针对各种不同类型的组织。这样就有了对企业的组织、对事业单位的组织、对政府机关的组织等各种不同的组织工作。尽管组织工作的具体对象存在差别，但是它们所体现的原理和方法或多或少地具有相似性、共通性，因此常常会针对各种类型的组织而不局限于企业这一特定类型的组织来介绍管理者所要进行的组织工作。

（2）作为组织工作本身的组织（organizing）。这里指管理者所开展的把相关力量组织起来的活动过程。组织工作最重要的内容之一，就是进行组织结构的设计与再设计，前者通常称作"组织设计"，后者则称为"组织变革"。

（3）作为组织工作结果的组织（organization）。管理者在组织中开展组织工作的结果是形成了一种体现分工和协作关系的框架，这种框架通常称作"组织结构"或"组织形式"，有时简称"组织"。组织工作及其结果是本节所要介绍的重点内容。

结合延伸阅读 6-5 中关于"组织"词源的回溯与对比，我们可以通过添加修饰语来对此概念的多重内涵做出更明确的界定。如此一来，便有了"组织机构""组织工作""组织过程""组织结构""组织形态"等词组，以之避免使用过度简洁的"组织"一词带来含义模糊的问题。

二、组织工作的作用

由多人集合起来的集体，必须是有组织的（organized）整体，否则就是一盘散沙。《周易·系辞上》有言，"二人同心，其利断金"；《吕氏春秋》有言，"万人操弓，共射一招，招无不中"；《淮南子·主术训》有言，"乘众人之智，则无不任也；用众人之力，则无不胜也"。毛泽东在中共中央招待陕甘宁边区劳动英雄大会上做了题为《组织起来》的讲话，明确号召，"无论叫什么名称，无论每一单位的人数是几个人的，几十个人的，几百个人的"，都要"把群众的力量组织成为一支劳动大军"。[①] 这些都体现了组织变分散的力量为集中的力量的重要作用。

组织可以是自发形成的，如灾害过后的灾民自救行为，也可能是事先有意识策划和安排的结果。在各类劳动集体中形成其工作分工与协作关系的策划和安排的过程，称作"组织设计"。而特定时期设计出来的组织，可能要在运行一段时间后进行再设计或重组变革，并采取有效的变革管理措施使之顺利地过渡到一种新的状态。

组织设计与再设计工作意义非同一般。"三个和尚没水吃"和"三个臭皮匠，胜过诸葛亮"流传甚广。那么，是什么导致了这两种截然不同的组合效果呢？或者说，为什么可能出现"整体大于各部分的总和"的情况，也可能出现劳动集体中参与的要素越多，整体的力量反而越小的情况？其根本原因是，要素组合在一起的特定方式（即结构）不同，造成了要素间配合或协同关系的迥然差异。组织工作做得好，可以形成整体力量的汇聚和放大效应。否则，不但容易出现"一盘散沙"，甚至可能造成力量相互抵消的"窝里斗"局面。鉴于此，组织工作的重要性在各类组织中都得到了普遍认同。

三、组织设计的内容

组织设计，概括地说，就是对组织开展工作、实现目标所必需的各种资源进行安排，以便在适当的时间、适当的地点把工作所需的各方面力量有效地组合到一起的管理活动过程。组织设计工作的直接结果是形成一种有组织的状态，其表现就是某种特定形式的组织结构、组织模式。组织设计工作的主要内容包括如下方面。

---

① 毛泽东．毛泽东选集：第3卷．北京：人民出版社，1991：931-932.

（一）职位分析与设计

1. 相关概念

职位设计是组织设计中微观层面的工作，是人员选配的依据。所谓职务，是指组织内具有相同或相似工作内容的若干职位的集合。例如，一个经营多元化业务的企业通常设有若干事业部，某个事业部都配置一位总经理（部长级职位），这些职位的集合就构成事业部总经理这一职务。而这些职位之上，就是公司分管业务经营的副总经理（公司级职位）。各个职位应承担的工作任务，就是其职能。

为确保职能的履行，企业需要依据职与能适配、责与权对等的原则为特定职位选配合适的人，并明确其职责权限。首先，在人（任职者）与事（工作任务）的关系上，原则上要把因事设职与因人设职相结合，让每个职务都必须由一定数量的、符合任职能力要求的人担任，并确保所规定的工作任务得以顺利完成。需要做到"事事有人做"和"人尽其用"，并且能够在职位上体验到工作满足感并获得能力发展。其次，在责与权的关系上，保持二者对等是基本原则。所谓职责，是指职位上应尽的责任，它规定任职者必须承担的工作范围、工作任务和应负的责任。所谓职权，是指特定职位所固有的发布命令和希望命令得到执行的一种权力。

在一定规模的组织中，并不是所有的管理职位都属于同一层级。从组织最高管理层出发，途经各个管理层级，延伸到基层的上下贯通的纵向关系路线，称为组织层级链（scalar chain），亦称为指挥链或命令链。它界定了谁向谁报告工作，帮助组织成员明确遇到问题时向谁请示和工作结果逐级对谁负责这类问题。各级管理者作为组织层级链中的一环，需要被授予一定程度的自主权以便履行职责。而管理者在协调下辖的工作时，对其完成任务的期待或义务就是其职责。层级原则指明不同层级的职责范围是不同的，层级越高，职责越大，所以，对每个职位，需要从"职、责、权、能"匹配的角度来全面考量和设计。

2. 职位设计方案

职位设计是组织设计的基础工作，指将若干工作任务组合起来构成一项完整的职务。就具体某一职位来说，有如下三种设计方案：

（1）职务专业化。即劳动分工，将工作划分为细小的部分，由每个职位单独承担其中某一部分的活动。工作专业化的好处是，有利于提高员工工作的熟练程度，减少因工作变换而浪费的时间，便于使用专用设备，降低员工培训要求，以及明确企业招聘对象的来源范围和降低生产的劳动成本等。其缺点是，会造成工作之间的协调成本上升，并使员工的积极性受到影响。

（2）职位扩大化。它是把同一级别的若干活动合并，扩大该职位的工作范围，以降低员工工作的单调性和枯燥感，并利于员工发展多种技能。

（3）职位丰富化。即从纵向充实和丰富工作内容，提高员工对工作的自主性和责任心，使其体悟工作的内在意义、挑战性和获得成就感。

3. 职位设计的任务与结果

职位设计不应该单方面地考虑工作任务的要求，而应当兼顾人员选配、培训以及激励的问题。职位设计的基本任务，就是在对整个组织的目标活动进行逐级分解的基础上，确定组织内各项作业和管理活动开展所需设置的具体职位的类别与数量，以及每个职位所拥有的职责权限和任职人员所应具备的素质。职位设计结果体现为职务说明书。它以文字的形式来规定某类职位的工作内容、职责和职权，与组织中其他职位或部门的关系，以及该职位担当者所必须具备的任职条件，如基本素质、学历、工作经验、技术知识、处理问题的能力等。

（二）部门划分和层次设计

1. 部门划分

这是指根据各个职位所从事工作的性质、内容及职位间的相互联系，采取一定的部门化方式或者依照一定的部门化基准，将各个职位组合成部门这一作业或管理单位。这些部门又可以按一定的方式组合成更高层级的更大的部门，形成不同层次部门的嵌套结构。

部门划分需要考虑职责范围、决策权限。围绕某一专门技能而把工作专业化的若干职位组合在一起，所组建的工作单位称为职能（functional）部门；职责范围扩大到包含不同职能且伴有决策权授放的若干职位组合所形成的是自我包容的、相对独立的业务单元，通称为事业部（divisions）。一般地，规模较小的企业往往按照专业化原则把同类技能的职位组合在一起，如销售部门是职能专业化的销售岗位的组合，该部门的职能是开展各类产品的销售。如果企业经营的产品种类较多，可以把每一类产品的各种职能组合在一起设立事业部，这是部门化方式的变更。其结果是，企业中层管理职位的工作内容，从单一职能扩大到同时包含该类产品的研发、生产、销售等。这样组建的职能多样化的部门，其负责人职务的工作内容就比销售经理的工作内容扩大了。同时，企业还往往把该类产品的业务协调与竞争战略的决策权授予事业部负责人，使其职位丰富化。相比销售经理，事业部负责人被称为总经理，因为该职位在得到授权的同时需要对业务的经营结果负责，所以是责、权、能都得到强化了的职位。当然，部门化便于企业从高层往下进行决策权分散化，除了依据产品类别外，还可以依据地区、销售渠道或顾客类别等来分设相应的事业部。事业部部门化所依据的基准可能因企业而异。

2. 管理层次与管理幅度

（1）管理层次。所谓管理层次，是指企业在最高层管理人员到基层作业人员之间设置的管理职位的层级数。当企业规模非常有限时，一个管理者可以直接管理每一位作业人员的活动，这时就只存在一个管理层次；而当规模扩大导致管理工作量超出一个人所能承担的范围时，为了保证组织的正常运转，管理者就必须委托他人来分担一部分管理工作，这使管理层次增加到两个。随着规模的进一步扩大，受托者又不得不进而委托其他人来分担自己的工作，依此类推，就形成了管理层次制（hierarchy）结构，亦称为科层制。

（2）管理幅度。所谓管理幅度（span of control），亦称管理跨度或管理宽度，是指一个管理者有效领导的直接下属的数量。在组织规模既定的情况下，管理层次与管理幅度之间呈反比例的关系。管理幅度越大，管理层次就越少；管理幅度越小，管理层次就越多，但管理层次并不能随意减少。

有效管理幅度的大小受到管理者本身的素质及被管理者的工作内容、能力、工作环境与工作条件等诸多因素的影响，每个企业及其中的每一个管理者都必须根据自身的情况来确定适当的管理幅度，在此基础上再确定组织的管理层次数目。管理幅度过大，会造成指导监督不力，使组织陷入失控状态；管理幅度过小，又会造成管理者配备增多，管理效率降低。

一般地，每个组织及组织中的每一个管理者都必须根据自身的情况来确定适当的管理幅度，在此基础上再确定组织的管理层次。依据管理层次的多少，组织结构形态表现为高耸型或扁平型。相对而言，一个组织的管理层次越少，它就越倾向于扁平型，而管理层次越多则越倾向于高耸型。高耸型组织结构的弊端是，层次多带来管理费用上升，沟通的难度和复杂性加大，活动控制的难度也加大。

（三）结构形成

通过组织内空间结构的设计，各构成部分（职位、部门、层次）联结成一个有机的整体，使各方面的行动协调配合起来，形成组织结构。

1. 组织结构的基本构件

明茨伯格认为，无论何种类型的组织结构，都包含五个基本构件。尽管受环境、技术及其他因素的影响，不同组织这五个构件的规模和重要性可能有所不同，但它们发挥的功能是基本相似的。

（1）作业核心层。亦称企业的技术核心层，由从事基本价值创造活动的人员或部门构成。它执行作业或运作子系统的功能，处于组织的基层（称为"现场"或"一线"）。在工商企业中，实际负责生产产品和服务等产出物的技术核心层，往往是指研发、生产制造和销售等部门。

（2）支持服务。指为作业现场提供技术支持和运营辅助的部门。在制造业企业中，如工程师、信息技术专家、法律顾问、会计人员，以及负责市场研究、员工培训和发展等的人员，就属于二线人员。这些专业或职业人员负责审视所在领域，探寻其中的问题、机会和发展动向，以此促进作业核心层的创新。

（3）职能参谋。即管理支持部门，负责保持整个组织的顺畅运行以及包括物力、人力在内的资源、知识和能力的维护与提升。他们不是直接参与生产或服务过程及下达命令指挥，而是通过自己的活动帮助组织提高运作的效率和效果。与支持服务归属于作业辅助的类别不同，职能参谋属于管理辅助的类别。

（4）直线中层。负责指导和协调组织的作业活动，是把作业核心层和战略高层连接起来的一个独特的管理子系统。在传统的组织中，中层管理者负责诸如执行规章条例以及沿着层级链上下传递信息等，但在授权程度高的组织中，中层管理者也可以是决策者。

（5）战略高层。处于组织的高层或中高层，负责为整个组织或主要的事业部门提供方向、战略、目标和政策。

在现实组织中，上述五个构件是相互交织在一起的。将这五个构件组合在一起，便构成一个类似"盘腿打坐者"的组织结构（如图 12 - 4 所示）。作业核心层和支持服务实际上构成企业的作业组织，而战略高层、直线中层和职能参谋则构成企业的管理组织。

图 12 - 4   组织结构的基本构件

2. 构件间整合的手段

组织设计工作不仅要确定承担各类不同任务的构件，还要将这些构件整合起来形成特定构型的结构。明茨伯格归纳出五种整合手段（如图 12 - 5 所示）。

（1）通过直接接触的相互调整。下级工作人员之间通过直接的接触和沟通来主动调整各自的行动，以取得彼此的协调配合。例如，两人同划一条船，可以通过手势、面部表情和简单的语言沟通，密切配合把船划得更远。

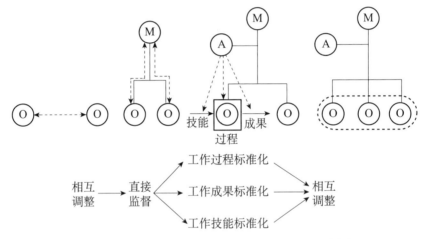

O代表业务人员或部门；M代表直线管理者；A代表参谋人员或部门

图 12 - 5   组织整合手段

（2）通过组织层级链的直接监督。沿着层级链自上而下进行直接监督，是组织实现整合和协调的常用手段。

（3）通过程序规则的工作过程标准化。例如，汽车装配线生产就是通过工作过程标准化来达到上下左右各工种作业的协调配合，使有关人员有条不紊地开展工作，以保证各种类型装配活动的协调进行。

（4）通过教育培训的工作技能标准化。如果工作过程和产出成果都无法预先规定出合适的标准，这时就只能通过控制工作人员的技能素质来确保工作协调进行。工作技能标准化实际上是对工作过程标准化的一种内化和替代，是组织实现整合和控制的一个间接机制。

（5）通过计划安排的工作成果标准化。适用于工作成果可以清晰规定和明确衡量的情形。例如，对于产品事业部，可以其经营所实现的利润指标来进行工作成果标准化。

3. 组织结构图

组织结构设计的结果通常体现为组织结构图，亦称组织图或组织机构系统图。它一般是以树形图的形式简洁明了地展示组织内的机构构成及主要职权关系。绘图时常以"方框"来表示职位或部门，方框的垂直排列位置说明该职位或部门在组织层级中的位置，而连接上下两方框的"直线"则体现这两个职位或部门之间的隶属和权力关系。具体图式，将在后文结合组织结构形式来展现。

组织结构的特征可以从如下方面来衡量：（1）复杂性。指组织内的部门数量或者活动频率，通常从三个维度进行测量：一是横向复杂性，指组织内每一层次中的部门数量或者专业职位的数量；二是纵向复杂性，指组织层次的数量，不同层次对应不同的知识和技能水平；三是空间复杂性，指组织的部门和人员在地理上的分散程度。（2）集权化程度。指有权作出决策的层次的高低。如果决策集中在高层，那么组织就是集权化的；如果决策授予较低的组织层次，那么组织就是分权化的。（3）正规化。指用以规定组织中的行为与活动的书面文件的数量。这些文件包括工作程序、职务说明、规章条例和政策手册等。正规化程度高的组织，称为行政机构式结构。（4）职业化程度。它是员工接受的正规训练程度和工作经历方面的衡量指标，反映任职者在工作中应遵循的职业行为规范与其职业素养和职业技能相匹配的程度。（5）职权层级明晰度。职权层级高度明晰强调沿着层级链行使直接监督的职权，责成组织内每个下属仅向一个上级主管直接汇报工作，是对统一指挥原则的坚持。它利于避免政出多门、命令不统一，但相对比较僵化，影响反应及时性。舍弃单一链条的命令服从关系，比如双重职权关系的矩阵制组织结构和在多向沟通中相互调整的网络结构，更为有机灵活。

（四）流程设计与贯通

1. 分工导向的流程设计

流程是指一组将输入转化为输出的相互关联和相互作用的活动。流程设计就是对这组活动进行时间结构上的安排，使它们以特定的时序关系（串联、并联、反馈等）有序地进行，从而产生特定的输出结果。

传统组织设计强调工作的专业化分工，不仅作业活动要进行分工，管理活动也要实行分工，通过分工提高各方面工作的质量和效率。专业化分工导致组织中任何一项任务的开展常常需要一系列职位和部门的配合。其后果是，任务的处理周期很长，影响流程所服务对象的体验与满足感。基于对专业化分工过细所产生问题的认识，现代组织设计中出现了机构职能综合化、业务流程"端对端"的改革趋势。

职能参谋机构设置中，将职能相似程度高、相互关联较强的工作合并在一起，由综合部来负责多项职能管理工作，这有利于实现相关业务的归口统一管理。削弱分工、强调流程贯通的做法，也体现在直线制的业务组织中。例如，以事业部制组织结构取代职能型组织结构，就标志着企业中间管理层由过去强调专业职能分工转变为将特定事业领域内的生产经营过程集中在一个相对封闭的单位内完成，增强单位内部的协调性。在纵向职权线上依照经营业务专业分工设立职能部门的基础上叠加负责特定类别产品或项目的横向协调的品类或项目经理，由其抽调相关的专业职能人员组成项目团队，这样的矩阵制组织结构设计也在一定程度上贯通了业务流程。但这些都是以增设管理职位为前提的，会使组织运作复杂性增大，并增加管理费用。这最终导致上级主管疲于协调、"文山会海"不断升级，不能根本改变整个流程效率低下、顾客满意度低、对市场变化反应迟缓等问题。

2. 流程一体化整合

20世纪90年代出现的业务流程再造（BPR），不是着眼于对分工后的各项工作强化协调，而是从根本上废除分工，对业务流程进行彻底的改造。业务流程再造概念最初是由两位有丰富企业咨询经验和计算机技术背景的美国学者迈克尔·哈默和詹姆斯·钱皮提出的，后来在世界范围迅速传播开来，引起了企业组织设计和运作方式的根本改变。他们认为，现代企业面临顾客日益挑剔、竞争日益激烈、环境变化日益频繁这三股力量的冲击，必须彻底改变传统的工作组织方式，从更好满足内部和外部顾客需求出发，将流程涉及的一系列跨职能、跨边界的活动集成和整合起来，以首尾相连的、完整连贯的一体性流程来取代以往的各部门割裂的、片段黏合式的破碎性流程。实例12-1说明了IBM下属信用公司进行的融资业务流程再造。

实例 12-1

IBM下属信用公司的融资业务流程再造

IBM下属信用公司是一家为顾客提供购买IBM电脑、软件及服务所需贷款的信用分支机构。最初在融资业务流程上采取的是专业化分工的组织方式：当IBM地方销售员打电话要求提供融资时，首先会有14个经办员负责将他们的要求记录在一张申请单上；接着，这些融资申请单被送到楼上的信用部，由其审该顾客的信用状况；然后，信用部会将审查结果写在融资申请单上交至商务部，由该部门负责订立融资契约条款；之后，申请书被转到估价部，由其估算应向顾客收取的贷款利率；最后，所有的材料连同融资申请单一并转交给文书组，形成正式信贷文件后签发给地方销售员。一般情况下，整个流程平均需要6天时间，有时还可能拖至两个星期。这样耗时长久的融资申请过程很容易使地方销售员在竞争中失去即将到手的生意。进行业务流程再造以后，公司撤换了信用审核员、估价员、契约专家及文书组等专职人员或部门，而代之以一个通才的"专案员"负责每笔融资交易的整个过程，结果使流程总处理时间缩短至4个小时，从而带来了公司融资业务量上百倍的增长。

所谓业务流程再造，指的就是利用现代信息技术手段，对业务流程做根本的重新思考和彻底的重新设计，以取得质量、成本和业务处理周期等绩效指标的显著改善的一种企业再造活动。再造的实质是打破分工，将协调注入业务流程设计，实现一体化整合。此概念包含四方面关键内涵：（1）显著，即着眼于使企业绩效获得大幅度的改善，而不是微小的进步；（2）根本，即要抛弃原有的一切，从零开始，追根溯源，进行彻底的改革，而不是对现有状况的改良；（3）流程，指重组改革针对的是一系列相互关联的业务工作活动所形成的过程或流程，而不是支离破碎、彼此孤立的单项工作活动及承担这些活动的部门或单位；（4）重新设计，指通过业务流程的重组、重建或者再造，使业务工作方式产生飞跃性变化，从而达到大幅度提高绩效的目的。

3. 再造后的组织形态

从流程一体化整合的角度构建了组织基本业务单元后，企业整体结构也将随"再造"改革的深化而逐渐从以往的纵向金字塔型结构转变为一种横向的水平型结构。在这种新的结构中，企业内部部门之间、职能之间、专业之间的界限被打破，企业与供应商、顾客等外部单位间也建立起广泛而密切的联系、合作甚至联盟，从而使企业内外呈现出低分化程度的无边界组织形态。而且，再造后的企业往往授予跨职能、跨组织边界的团队以高强度的自主决策、自我管理的权利，并且随着这种管理权限向基层授放（称为"还权"），管理层的队伍得到大幅压缩，企业也趋于扁平化。

在文化价值观方面，管理者不再将员工视为"车轮上的轮齿"，而视为"工作的伙伴"，也不再将外部的供应商、顾客乃至同业制造商视为"竞争的对手"，而是看作"商业的伙伴"。信任、互动、合作成为新型组织运作的主旋律。企业流程再造的倡议者相信，以面向顾客需要为出发点，围绕工作流程而不是部门职能来构建水平型组织，将给面临迅速多变环境的企业提供一种前所未有的、灵活适应变化的敏捷性、创新性和组织学习能力。

（五）职权设计

职权设计就是规定某一管理职位所拥有的作出决策、发布命令和希望命令得到执行并进行奖惩的权力。职权与组织内的一定职位相关，而与担任该职位的人无关，所以它通常亦被称作制度权或法定权力。责权对等是组织设计中必须遵循的基本原则。只有职权而无责任，或者责任小于职权，会导致组织中出现权力滥用和无人负责现象的并存局面；相反，只有责任没有职权或权限太小，则会使工作者的积极性和能动性受到严重束缚。所以，组织设计既要明确每一部门或职务的职责范围，又要赋予其完成职责所必需的权力，使职权和职责两者保持一致。

1. 直线与参谋

直线与参谋是两类不同的职权关系。直线关系本质上是指挥和命令的关系，直线人员所拥有的是一种决策和行动的权力；对比而言，参谋关系则是一种服务和协助的关系，授予参谋人员的只是思考、筹划和建议的权力。正确处理直线与参谋的关系，充分发挥参谋人员的合理作用，是组织设计和运作中有效地发挥各方面力量协同作用的一项重要内容。

组织中设立行使专门职能的参谋，是为了更好地推进工作技能、过程或成果的标准化，提升组织管理的专业化和正规化水平。它可以促进组织内各部门工作的整合，但也带来了组织运作的复杂性。对职能参谋赋予什么样的职权，成为职能制与直线参谋制的关键区别，深化学习 12 - 2 列举了常见的几种参谋职权。

深化学习 12 - 2　参谋职权的常见类别

总体上说，设置作为直线主管助手的参谋职务，不仅有利于适应复杂管理活动对多种专业知识的要求，同时也能够保证直线系统的统一指挥。然而，在实践中经常出现直线与参谋的矛盾冲突：要么保持了命令的统一性，但参谋作用不能充分发挥；要么参谋作用发挥失当，破坏了统一指挥的原则。所以，一些小规模的企业，在各层级主管人员能力都较强的情况下，可以不设置参谋部门，而以近似于直线制结构的简单形式来运作，以降低管理复杂性。

2. 集权与分权

（1）组织中职权的分布。职权在整个组织中的分布可以是集中化的，也可以是分散化的。所谓集权，是指决策权在很大程度上向处于较高管理层次的职位集中的组织状态和组织过程。所谓分权，是指决策权在很大程度上分散到组织内处于较低管理层次的职位的组织状态和组织过程。

在现实中，既不存在绝对的集权，也不存在绝对的分权。正确地处理集权与分权关系对于组织的生存和发展至关重要。从国内企业实际情况来看，普遍地存在一种过度集权的倾向。过度集权会带来一系列弊端，主要表现在：①降低决策的质量和速度。在规模相对比较大的组织中，高层管理者距离生产作业活动现场较远，如果管理权力过于集中，现场发生的问题需要经过层层请示汇报后由高层管理者作出决策，那么不仅难以保证决策应有的准确性，而且时效性也会受到影响。②降低组织的适应能力。过度集权的组织，可能使各个部门失去自我适应和自我调整的能力，从而削弱组织整体的应变能力。③高层管理者可能陷入日常管理事务，难以集中精力处理企业发展中的重大问题。④降低组织成员的工作热情，妨碍对后备管理队伍的培养。管理权力的过度集中，不仅会挫伤下层管理人员和作业人员的工作主动性与创造性，而且也使他们丧失了在实践中锻炼和提高自己能力的机会，从而可能对组织的长远发展造成不利的影响。

（2）分权的标志。考察一个组织集权或分权的程度，根本的标志是要看该组织中各项决策权限的分配是集中的还是分散的。具体地，判断组织集权或分权程度的主要标志有：①所涉及决策的数目和类型。组织中低层管理者可以自主决定的事项数目越多，组织分权程度就越高。同时，低层管理者所作的决策重要性越大，影响范围越广，组织的分权程度也越高。趋于将较多和较大的决策权集中到高层的组织是集权化的，而只将少量重大问题的决策权集中到高层的组织则是相对分权化的。②整个决策过程的集中程度。组织中如果有不同的部门参与决策信息的收集，或者决策方案的拟定和评价工作与决策方案的选择工作是相对分离的，则这种组织中的决策权限是相对分散的。而如果所有这些决策步骤都由某管理者一人负责，则组织的决策就较为集权。在决定付诸执行之前，如果必须报请上级批准，那么分权程度就低。而且，需请示的人越多且其所处层次越高，分权程度就越低。③下属决策受控制的程度。管理者如果对下属的活动进行高度的监督和控制，则分权程度比较低。如果组织制定出许多细致的政策、程序、规则来对成员的决策行为施加影响，则分权程度也较低。反之，如果约束成员行为的规章制度较少，或者规章制度内容较粗略，给予成员的自由度比较大，则组织的分权程度较高。

（3）分权的实现途径。分权可以通过两种途径来实现：一是改变组织设计中对管理权限的制度分配；二是促成管理者在工作中充分授权。前者是对组织中职权关系的一种再设计，是在组织变革过程中实现的；后者则是在组织运行中，通过各层管理者的权力委让行为，系统地将决策权授予中下层管理者，使他们切切实实地拥有组织制度所规定的权力。深化学习12-3指出了授权的必要性与科学合

深化学习 12-3 授权的必要性和过程

理的授权过程。

四、企业组织结构的几种典型形式

从理论上说，企业组织结构的形式可以有无数种。在现实组织中，应用广泛并占主导地位的组织结构主要有直线制、职能制、直线参谋制、事业部制、矩阵制、企业集团组织形式以及网络型、平台型、生态型等。这些组织结构形式没有绝对的优劣之分。不同环境中的企业或同一企业中不同单元的管理者，都可根据实际情况选用某种或某些最适合的组织形式，以有效地调配企业内外部资源。

（一）企业内部的组织结构形式

企业对内部活动的组织可以采取直线制、直线参谋制、事业部制、矩阵制等结构形式。深化学习 12-4 具体说明了这些组织结构形式的特征、优缺点及适用条件。

深化学习 12-4　企业内部常见的组织结构形式

现实中有很多企业的组织结构并不是单一的某种形式。尤其在高度复杂的经营环境中，企业往往使用混合型结构，将各种组织形式的特点综合起来，以更灵活地适应环境。

常用的一种混合型结构，就是将职能制和事业部制结合起来。当一家公司成长为大公司并拥有多个产品或市场时，通常需要重组形成某种自我包容的单位，即事业部。但是，自我包容并不是强调全面，而是主要纳入对该产品或市场的经营具有重要性的职能，那些相对稳定不变化且要求规模经济和纵深专业化的职能则集中在总部，作为各事业部共用的服务。例如，星巴克有大量的地区事业部，但是其市场营销、法律、供应链管理等职能是集中在总部的。

（二）企业间组织的主要结构形式

现代企业的经营已经超越了企业内部边界的范围，开始在企业与企业之间结成比较密切的长期联系。这种跨边界的联系使得市场竞争的主体不再是单体企业，而是具有广泛、多样的参与者的大型开放系统。特别是在万物互联的时代，企业选择、吸引和连接一系列利益相关者（包括顾客、供应商和第三方伙伴等异质性行动主体）并使它们共同参与价值创造过程的能力，强烈地影响着特定企业的发展前景及其所处生态系统的命运。企业依靠内部资源和能力单打独斗的组织形式，正在被注重企业间合作的新型组织形式所取代。单体企业在转变为集团控股型、网络型企业之后，进一步朝着平台型组织、生态型组织转变。

1. 集团控股型组织结构

控股型组织结构，是在非相关领域开展多元化经营的企业（集团化企业）所常用的一种组织结构形式。由于经营业务之间非相关或弱相关，大公司通常不对这些业务经营单位进行直接的管理和控制，而代之以持股控制。这样，大公司便成为一个持股公司，受其持股的单位不但对具体业务有自主经营权，而且保留独立的法人地位。这样的多法人单位的联合体，就称为企业集团。

企业集团的形成是建立在企业间资本参与关系的基础上的。由于资本参与关系的存在，一个企业（通常是大公司）就对另一企业持有股权。这种股权持有可以是绝对控股（持股比例大于50%）、相对控股（持股比例不足50%但可对另一企业的经营决策产生实质性的影响）和一般参股（持股比例很低且对另一企业的活动没有实质性的影响）。基于这种持股关系，对那些企业单位持有股权的大公司便成了母公司，被母公司控制和影响的各企业单位则成为子公司（指被绝对或相对控股的企业）或关联公司（指仅被一般参股的企业）。而且，子公司作为一个独立的法人，也可能设立其下属的孙公司，这样便形成了一个多层级的股权链条。子公司、关联公司和母公司（亦称为集团公司）一起构成了以母公司为核心的企业集团。集团内部基于股权关系链条，就形成一种纵向结构，如图12-6（a）所示。同时，企业集团还具有横向结构，如图12-6（b）所示。其中，母公司（亦称为集团公司）处于集团核心层，子公司及其属下的孙公司等则构成集团紧密层，而以一般参股关系连接的关联公司则构成集团半紧密层。所有这些通过资本参与关系连接的单位，与无参股关系的各类合作单位（通常称为集团协作层），共同构成一个相对完整的企业集团。集团整体并不具有法人资格，而只是一种高级的经济联合体。

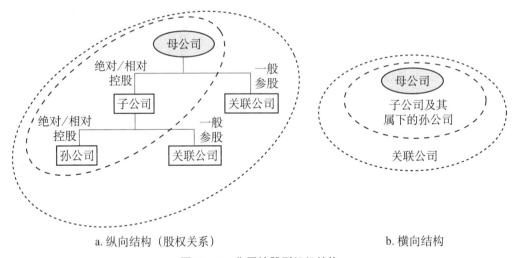

a. 纵向结构（股权关系）　　　　　　　　　　b. 横向结构

图 12-6　集团控股型组织结构

需要说明，虽然也存在"链条"，但母公司与它所持股的企业单位不是上下级的行政管理关系，而是出资人对被出资企业的产权管理关系。母公司作为大股东，对持股单位进行产权管理的主要手段是：母公司凭借所持有的股权向子公司派遣产权代表和董事、监事，通过这些人员在子公司股东会、董事会、监事会中发挥积极作用从而影响子公司的经营决策。

2. 网络型组织结构

网络型组织结构是利用现代信息技术建立和发展起来的一种新型组织结构。现代信息技术加强了企业与外界的联系，利用这一有利条件，企业可以重新考虑自身的组织边界，不断缩小内部生产经营活动的范围，相应地扩大与外部单位之间的分工协作范围。这就产生了一种基于契约关系的新型组织结构形式，即网络型组织结构。

网络型组织结构是一种只有很精干的中心单位，以契约关系的建立和维持为基础，依靠外部单位进行制造、销售或开展其他重要业务经营活动的组织结构形式，如图 12-7 所示。这一结构中的两个或两个以上的单位之间没有正式的资本所有关系和行政隶属关系，通过相对松散的契约关系，以一种互惠互利、相互协作、相互信任和支持的机制来进行密切的合作。卡西欧是世界著名的制造手表和袖珍型计算器的公司，它一直只负责设计、营销和装配，在生产设施和销售渠道方面很少投资。IBM 20 世纪 80 年代初在不到一年时间内成功开发 PC，依靠的是微软公司为其提供软件，英特尔公司为其提供机芯。网络型组织结构使企业可以利用社会现有资源使自己快速发展壮大，因而成为目前国际上流行的一种新的组织结构。

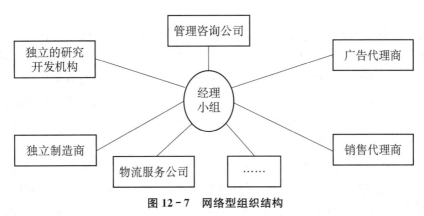

图 12-7　网络型组织结构

网络型组织结构不仅是小型组织的一种可行选择，也是大型企业在联结集团松散的单位时通常采用的组织结构形式。采用网络型组织结构的组织，所做的就是创设一个业务合作的关系网络，与独立制造商、销售代理商及其他机构达成长期合作协议，使它们按照契约要求执行相应的生产经营功能。由于网络型组织的大部分活动都是外包的，因此，公司的管理机构就只是一个精干的经理班子，负责监管公司内部开展的活动，同时协调和控制与外部合作机构之间的关系。

3. 平台型组织结构

（1）平台的概念及类别。平台（platform）一词的基本含义是连接各方。这一概念实际应用于多种不同的情境中。比如，火车站内设立的站台或月台，具有方便旅客上下列车的功能，是实体形态的平台。类似地，机场为各个航班提供起降服务的地面服务离港系统，使得各航空公司和来往乘客等不同"边"的客户群体建立连接，这也体现了平台的概念。再者，苹果 iPhone 智能手机借助其独创的平台 App Store，使其手机用户可自行安装游戏、导航等第三方服务商提供的程序，并通过移动通信网络来接入互联网。可以看出，各种平台的概念都内含一个将各边用户群体连接起来的组织原则或连接机制。

从当前的商业应用来看，平台这一概念经历了产品平台到平台企业再到平台生态系统的发展过程。苹果公司基于数字技术开发的多款智能电子装置，以颠覆性创新方式影响了移动电话（iPhone）、音乐（iPod）、软件（App Store）、出版（iPad）等行业，是产品平台耳熟能详的例子。与产品平台主要从技术角度讨论产品开发和生产的创新方式不同，平台经济意义上的平台企业侧重围绕双边（需方、供方）或多边市场（需方、供方以及第三方）来讨论电子商务平台的运营方式，关注直接和间接网络效应的实现。一个网络平台连接的人越多，对于网络中的每个人来说，这个网络的价值就越大，所以连接关系中存在着网络效应。直接网络效应，也称同边网络效应，是指（从需方来说）某种产品对于一名用户的价值取决于使用该产品的其他用户的数量，或者（从供方来说）一个商家对于用户的吸引力取决于提供该产品的其他商家的数量。而如果平台对于某一边成员的价值取决于其他边有多少成员参与其中，那么这种网络效应就是间接网络效应，也即跨边网络效应。平台经济注重分析在消费者与商家关系中，某一边群体成员数量的增长如何吸引其他边群体的更多成员进入这个平台。这种作用通常称为"注意力经济"。

组织领域的平台概念，主要侧重于平台的赋能作用，而不仅仅是连接作用，所以常以"后电商平台"之名来与电商平台相区分。平台型组织被认为是携带各种资源和能力并能够进行灵活重组，以快速、弹性适应多变市场需求的一种新型组织形式。这一概念对传统的非互联网企业来说具有特别的意义。对于这些企业来说，平台化就是指其组织形态向平台型组织转型，企业管理层从原来的管控者转变为支持者，站在背后为业务单元赋能，让其拥有充分的自主权并直面用户。

传统企业实施平台化转型，让业务部门自主决策，职能部门提供支持，是一场急剧的组织变革。具体的变革举措如下：从赋予行动者自己决定做什么和怎么做的赋权（即"去中心化"）入手，把权力归还给一线（前台），并通过中台、后台提供各种支持，打造对直面市场的行动主体高效赋能的体系。在传统科层制组织中，业务部门和职能部门之间的分工遵循"脑体分离"原则，即职能部门负责规划，业务部门负责执行。组织在实施平台化转型中，首先要通过赋权破除科层制组织的束缚，让直面用户的人有权作决定，其次进行赋能，使相关人员从具备胜任力转变为具有创造力，能够做自己想做的事。让行动者有权做事，进而能够做事，是平台型组织建设的基本任务。

（2）平台型组织的主要构成。与电子商务平台通常作为交易中介不同，平台型组织不是站在业务层和用户层中间充当连接双方的中介，而是作为后盾性质的赋能者，为创造价值的一线员工和参与价值共创的用户及内外资源方提供支持。通过组织的赋能体系建设，让业务部门成为一个个小而精的作战单元。理论上，平台型组织应包括三个部分，即前台、中台、后台。[①]

第一，面向当下短期目标的灵活前台。前台是灵活性要求最高的业务部门，需要快速适应瞬息万变的市场，它直接面对客户并提供相关专业服务从而直接创造价值。从创新的视角来看，前台主要负责产品和服务的快速迭代试错。此外，它还有一个次要功能，即帮助后台探索开发未来资源（包括技术），为后台的颠覆性创新提供事前的初步启发以及事后的初步实验。

---

① 李平，杨政银，胡华．"万联网"与多智生态系统：未来商业模式与组织架构．清华管理评论，2019（3）．

第二，面向中期目标的稳定中台。中台是灵活性要求适中的战术性应用部门，主要保障前台部门业务顺利开展和为项目提供支持，尤其是连接众多事业部为客户提供统一支撑性服务，实现数据在企业各个业务部门之间的透明流动。中台既赋能内部前台，也赋能生态共生企业和其他客户。中台将前台的成功经验总结成为高度标准化、模块化的工具，为前台提供丰富有效的积木式工具库。

第三，面向未来长期目标的兼顾灵活性与稳定性的后台。后台是灵活性要求最低的部门，主要负责高度前瞻性的长期战略设计、基础科技研究、未来市场培育（包括商业趋势分析、长期市场预测），以及企业文化传承与领导力培养四大任务，为前台和中台提供未来长期性支撑。

以上"三台"各自的分工不同，可通过功能互补整合为一个组织体系。鉴于"三台"的功能各异，其组织结构也呈现不同的特点。结合表 12-1 的组织形态分类，一般地，前台适宜采取与市场型组织结构相一致的组织结构，为需求各异的顾客提供多元化定制的产品与服务；中台的组织结构近似于平台型组织结构，提供前台运行总体上所需要的标准化、模块化的赋能工具库；后台采取与网络型组织结构相似的组织结构，其主要功能是成为前台的源头活水与中台的基石沃土，发挥对整个组织的指引作用。前台与中台注重当前及短期性的开放性与封闭性、多元性与统一性以及灵活性与长久性之间的平衡，后台则为前台与中台提供未来及长期性的各种平衡。

表 12-1　不同组织结构的特征

	独立性/封闭性/统一性	相互依赖性/开放性/多样性
集权化管控	科层制组织结构 （基于制度权力）	平台型组织结构 （高网络效应，开放性、成员构成的多元性）
分权化管控	市场型组织结构 （基于市场价格）	网络型组织结构 （低网络效应，基于人际信任）

（3）平台型组织的基本结构特征。关于平台型组织的结构特征，李平等认为它是混合型组织结构，由具备科层制组织结构的平台主（通常由少数或个别垄断性大型企业充当）以及具备市场型组织结构的平台成员（通常由多数附属性小型企业构成）共同组成，并且进一步加入网络效应这一深层机制。如表 12-1 所示，市场型组织结构是以市场价格作为管控机制，交易双方地位平等，因此是一种分权式组织结构；科层制组织结构以制度权力作为管控机制，体现上下级关系；网络型组织结构以人际信任作为主要管控机制（更多依赖超越他人管控的自我管控与激励的独特机制）。与这些对比，平台型组织结构是第四种组织结构，使用平台的成员可以是企业内部的业务单元，也可以是外部的价值共创者，因此具有开放性和成员构成的多元性特征。

结合后文将提到的生态型组织结构，需要说明，呈现"中心-边缘式"组织结构的平台生态系统中，平台运营者与使用平台的一般成员之间仍存在一定程度的不对等关系。相比之下，分布式生态系统或者多个平台企业竞争合作的分散式生态系统，则具有分权的、去中心化的组织结构特征。

4. 生态型组织结构

随着互联网的普及、物联网的兴起，商业世界的组织形态越来越多样化。生态型组织是效仿或借鉴自然界生态系统多物种共生且共同演化的原理，多方参与者彼此之间既有竞争又有合作从而松散联结成"商业生态系统"的一种高度灵活的有机组织形式。在这一大系统中，相关参与者之间围绕价值创造与价值分享结成共生共赢的关系，相关参与者各美其美，美美与共。

生态型组织构建的目的，就是让生产经营过程中的每一个活动环节、每一个业务单元或每一家企业都知道自己的命运是与所处生态系统中其他成员的命运紧紧相连的，整个生态系统中的所有参与者荣辱与共、共生共赢，单独的个体并不能长久生存和发展。共同的命运把以往以竞争为导向的企业组织形态彻底推翻，组织原则发生了前所未有的变化。作为生态系统的组成部分，每个参与者都是整个命运共同体的一部分，其行为会对所处生态系统的健康产生影响，而生态系统的健康也会对其绩效产生影响。因此，整个生态系统共命运，取代了个体对自身竞争优势和局部利益的追逐。以滴滴出行为例，滴滴出行围绕出行这一业务，把包括快车、出租车、顺风车、专车甚至高铁的整个客运系统联结起来，并通过融入大众生活，切实地改变了人们的出行方式。

从具体结构来看，可以按照各参与者所处位置的差异大小，将商业生态系统区分为集中式和分散式。

（1）集中式商业生态系统。此类商业生态系统的运行和发展通常围绕一两个居于中心位置的企业（称为"核心企业"），由其起领导作用，其他成员则作为边缘参与者，因此结构上呈现"中心-边缘式"形态，商业生态系统各成员的地位并不是相同的。可以从价值创造和价值分配相结合的角度刻画集中式商业生态系统的各类参与者及其角色类别，如图 12-8 所示。

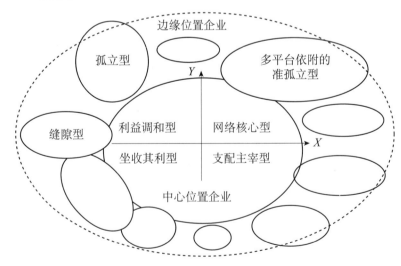

X：价值创造贡献度；Y：价值分配公平度

图 12-8 集中式商业生态系统的各类参与者

资料来源：马尔科·扬西蒂，罗伊·莱维恩. 共赢. 北京：商务印书馆，2006.

在集中式商业生态系统中居于中心位置的企业，依据其在价值创造和价值分配两个维度上的行为表现，可以区分为四类：①网络核心型企业。它对整个商业生态系统的价值创造作出重要贡献，并能够在整个系统范围内广泛分享价值。这类企业会积极地改进商业生态系统的总体健康，使整个系统和企业自身获得可持续的绩效，实现多方共赢。②支配主宰型企业。这类企业常将价值创造的大部分活动集中于企业内部，通过纵向或横向一体化，以主宰所在的商业生态系统或其中的特定业务领域。③坐收其利型企业。这类企业几乎不直接创造价值，而是依赖商业生态系统参与者来创造价值，却占有绝大部分价值，因此本质上行动与收益不匹配。④利益调和型企业。它属于平台所有者与平台运营者身份相分离的情形。从价值创造维度上看，这类企业借助平台所有者的身份，在特定商业生态系统中居于中心位置，但是并不直接控制商业生态系统的主要价值创造活动，在价值分配维度上，它更加强调互利而不是自利，因而与坐收其利型企业不同。

在集中式商业生态系统中边缘位置企业有两类：①孤立型企业。这类企业与商业生态系统其他参与者只有很弱的联系，随时可能脱离这个商业生态系统而另谋他属，或者已经同时附属于多个商业生态系统，甚至与其他商业生态系统的联系更强。②缝隙型（或利基型）企业。这类企业通过专业化使自己在商业生态系统领域某一缝隙（利基）中实现业务或能力的差异化，但地位上从属或依附于中心位置企业。缝隙型企业虽然在当前阶段处于商业生态系统的边缘位置，但是拥有独特的专业能力或服务于某个细分市场，从而与商业生态系统中其他参与者（尤其中心位置企业）形成某种互补性。缝隙型企业借助与同一商业生态系统中具有互补性资产的其他企业的共生关系，能够在取得深度专业化的同时实现各种产品和服务的有机整合，为顾客提供其强烈需求的系统层次的复杂解决方案。

边缘位置企业对整体商业生态系统的健康有重要的作用，正是它们保持了商业生态系统必要的多样性和持续创新能力。可以说，如果特定商业生态系统在中心位置企业领导下能够持续孵化出多样的"物种"，其中有一定比例发展成为"种群"，那么这些边缘位置企业与中心位置企业共同演化，就能够形成共生共荣的发展态势。这要求商业生态系统中的中心位置企业，必须做好价值创造与价值分配的平衡。

（2）分散式商业生态系统。此类商业生态系统中不存在明显的居于中心位置的企业，领导和协调整个网络的责任较为均匀地落到所有参与者身上。一般来说，为了实现技术开发和市场开拓，在商业化机会和市场风险不确定的时候，一些创业企业会自然集聚，依赖与本领域相关企业的广泛合作来实现新技术和新知识的商业化，而合作关系的不断扩大又会带来新的商业机会，在这样的反复迭代过程中形成一个荣辱与共的创业生态系统。这类生态系统的参与者主要是小型、灵活和创新的企业，多出现在新兴产业领域，因为新兴领域多数创新都需要初创企业联合形成多样的、复杂的知识基础。其协调方式通常表现为自组织。

五、组织工作的过程与方法

（一）组织工作的基本过程

管理咨询家爱迪思将权变观用于剖析企业在不同生命周期阶段中的组织工作过程，

认为组织工作不能够一概而论，不能忽略所处的特定管理情境。以组织变革为例，对于规模较大的处于稳定期的企业，其组织变革开展的工作过程可划分为如下步骤：①协作诊断；②组建协作团队；③实行、遵从并启动由上而下的交流渠道；④明确企业使命；⑤组织结构的部门化；⑥建立具有反应能力的责任机制；⑦分层实施变革；⑧拓展顶尖表现；⑨分配资源；⑩上下结合的绩效评估及改进；⑪建立强化行为的奖惩制度。各步骤依序进行，但这只是一般化的组织工作过程，只能适用于已经进入生命周期稳定期阶段的企业。

针对稳定期企业开发的程序，不能简单套用到初创企业。比如，对于尚处于学步期阶段、急需加强管理控制的企业来说，其组织变革过程有所不同。沿用上述的步骤编号，学步期企业开展组织变革工作的顺序，步骤应当依次为①→④、⑤、⑥→⑪→②、③→⑦、⑧、⑨、⑩。[①] 这样将步骤④、⑤、⑥、⑪前置于②和③，意味着聘请咨询公司或顾问人员等"外脑"协助企业高管推行由上而下变革的程序被摒弃了，取而代之的是以企业使命触发内部人员的自主直觉的变革行为。在欠缺行政管理功能（A）的学步期企业中推进组织变革，最好先着眼于明晰组织内部分工、责任机制和行为强化制度的制度建设问题。

依据企业所处的生命周期阶段及其欠缺的功能对组织变革工作过程进行类型区分，并明确其适用的情境条件，使得组织变革这件非常规事情的开展既不是随意的、无规律可循的，也不是刻板的"一刀切"模式。而识别出稳定期企业欠缺创新功能（E），学步期企业欠缺行政管理功能（A），就是管理者"智"的表现。正是有了这种分门别类、因地因时权宜制变的需要，有关组织管理工作开展的知识和能力构成，就从泛泛的关于对象"是什么"这类外显的陈述性知识，转向了更内隐的"做什么"、"怎么做"以及"何时做"等过程性知识，管理的艺术性也由此展现出来。

（二）自组织与他组织

自组织普遍存在于自然界和人类社会中，它着重强调了这样一个事实：在一定的条件下，组成系统的各个部分，不需要外界的特定干预，能够自发地组织起来，相互协同作用，最终使系统在宏观上表现出一种有序的状态。德国理论物理学家赫尔曼·哈肯在《协同学》中明确区分了自组织与他组织的概念，认为靠外部指令、强力推动而形成有序结构的是他组织，自组织则是系统内个体按照相互默契的某种规则，各尽其责、自主协同而形成的有序结构。

自组织原理在商界的应用已经越来越常见。作为传统制造业企业转型的典范之一，海尔集团在实行"人单合一"管理模式中，通过企业平台化、用户个性化、员工创客化变革促成员工的角色从执行者向创客转变，由此构建出"平台＋小微企业"的新型组织模式，已有超过4 000家小微企业在海尔的商业生态系统中栖息、生存和发展。再如本篇末案例"双童公司的自组织创业裂变"所示，在吸管产业深耕几十年已触达产业链顶端的双童公司，也意识到企业过去的逻辑已然失效，仅靠专注和坚持难以突破，于是毅

---

① 伊查克·爱迪思. 企业生命周期. 北京：中国社会科学出版社，1997.

然把企业改造成创业共享平台，在各个事业部中以自组织方式推进员工创业，打造有活力的组织。延伸阅读 12-1 说明，淘宝作为一家连接商家和消费者的平台型组织，其对跨组织边界业务网络的协调带有很强的自组织特征，是移动互联背景下突破科层制，转向多主体自组织成为生态圈的典型实践。

延伸阅读 12-1 淘宝网形成平台企业网络的自组织过程

他组织是与自组织相对应的一个概念，指的是系统依靠外部的力量来改变其结构、状态和行为的过程。对于负责业务操作的作业部门或人员来说，经由专门的管理人员对作业活动进行管理协调，而不是依靠作业人员在直接接触中相互调整，就是进行了他组织。与之对比，处于作业核心层的部门或人员，如果能够自己组织自己，即组织力量来自作业系统自身，就是自组织。

自组织与他组织构成了一对矛盾，两者既有对立性也具有统一性。客观世界不存在绝对的自组织，也不存在绝对的他组织，一切系统都是自组织与他组织的对立统一体。

小 结

1. 规划工作是指通过做计划这一特定的管理行为，为组织规划好在未来一段时间内所要实现的目标以及实现这些目标的途径。

2. 规划工作的结果，通常称为计划。根据其影响的时空范围，可以区分为战略计划和战术计划。战略是对企业未来所做的总体、长期的规划，战术则是局部、短期的安排，必须服从和服务于战略实施的需要。另外，根据计划的正式程度、详尽程度及可复用性，还可以区分为非正式计划与正式计划、具体计划与指向性计划、单一用途计划（工作方案、项目和预算）与常用计划（政策、程序、规则等）。

3. 规划工作的过程，要反映思考与行动的统一，做到价值前提与事实前提兼顾。特别是在战略规划过程中，要根据不同的战略情境加以选择。除了围绕企业"可否做"（OT）和"能否做"（SW）对内外部环境条件进行 SWOT 分析以明确决策事实前提之外，还要考虑由使命和愿景驱动的"想要做"（W）以及由价值观限定的"应当做"（S）的决策价值前提。依照这样的"2S2W+OT"整合性分析框架开展战略规划工作，将使企业作出的战略选择具有个性化。

4. 规划的目的并不是消除变化，而是有备无患。保持规划灵活性的方法之一是互动式规划，面对未来环境可能是一种"无知"的状态，通过组织内外部以及上下层的互动式规划获得对未来的把控，从而实现发展的目标。这种规划方法强调要促进相关参与者的交互作用，不同于以生存为目标的自下而上的事后反应式规划，也不同于以成长为目标的自上而下的事前预防式规划。增强规划灵活性的其他方法，包括提供多套备选计划，以及采取定期滚动的规划方法等。

5. 组织工作作为一项管理活动要素，是指管理者所开展的把相关力量组织起来的活动过程。其结果是形成一种体现分工和协作关系的框架，通常称之为组织结构，有时简称为组织。组织工作的作用在于形成整体力量的汇聚和放大效应，克服"一盘散沙"问题。

6. 组织设计工作的主要内容（及其关注点）包括职务分析与设计（职、责、权、能的匹配），部门划分和层次设计（部门化基准、管理层次与管理幅度关系），结构形成（由作业核心层、支持服务、职能参谋、直线中层和战略高层等基本构件经由某些整合手段如相互调整、直接监督以及工作过程、成果和技能标准化等所形成的构型），流程设计与贯通（分工导向的流程设计、流程一体化整合及再造后的组织形态），职权设计（直线与参谋、集权与分权）等。

7. 组织结构的特征可以用复杂性（横向、纵向、空间复杂性）、集权化程度、正规化、职业化程度和职权层级明晰度等来衡量。

8. 组织设计的结果通常可通过树形的组织结构图来表现。其典型形式包括企业内部的直线制、职能制、直线参谋制、事业部制、矩阵制，以及企业之间基于产权关系的集团组织形式和基于非产权关系的网络型、平台型、生态型等。

9. 组织工作的过程并不能一概而论，而应具有权变性。从组织变革角度看，针对稳定期企业开发的过程，不能简单地套用到初创企业。处于不同生命周期阶段的企业，其组织工作的过程有所不同。管理者需因地因时权宜制变地开发或选用不同类型的组织变革程序，管理的艺术性也由此展现出来。

10. 自组织是激发成员自己组织自己的一种方法。与他组织是靠外部指令、强力推动而形成有序结构不同，自组织是指系统内个体按照相互默契的某种规则，各尽其责、自主协同而形成的有序结构。

思考与讨论

1. 有观点认为，规划跟不上形势的变化，所以不用做什么规划了。你怎么看待这一观点？

2. 你认为企业使命、愿景和价值观是属于规划的内容，还是规划的前提？为什么？

3. 把政策、程序、规则等作为常用计划，纳入规划工作内容，你认为符合逻辑吗？注重制订这些常用计划的企业，其组织结构通常呈现什么特征？

4. 正在推进数字化转型的企业，是否适宜采取定期滚动的规划方法？其定期以多长时间合适？

5. 事前预防式规划方法更有助于企业实现成长目标还是发展目标？为什么？

6. 教育学家赫伯特·斯宾塞提出"课程是组织起来的教育内容"，这里所说的"组织"与企业管理工作有何共通之处？

7. 组织是组织设计工作的结果，但鉴于"组织"一词的多义性及其易混性，人们常常以"结构"一词来替代"组织"。这有可能导致组织设计工作的哪些内容被忽视吗？你有什么解决办法？

8. 在企业内部组织工作中提出的管理幅度概念，是否适用于企业间组织工作？其内涵有什么变化？与之相应的管理层次概念又有何不同？

9. 职能参谋的设置会对管理幅度和管理层次产生什么影响？

10. 企业在生命周期的不同阶段，对明茨伯格提出的五种整合手段的使用侧重会有什么变化？稳定期企业更重用何种整合手段？为什么？

11. 矩阵制组织结构与混合型组织结构有什么异同？

12. 作为企业集团核心的母公司，与平台生态系统中的中心位置企业，其角色有什么异同？

13. 你如何理解当前流行的"去中心化"概念？

14. 自组织与他组织之间的对立是可以统一的吗？如何实现两者的统一？

15. 当前，业务外包越来越流行。据悉，加拿大航空公司曾经开发了一个非常成功的积分项目，名为 Aeroplan，然后将其拆分为一个单独的部门，后来又将其出售，最后又将其回购。这一番折腾背后有什么管理启示？企业建立和运作网络型组织，需要注意什么？

《 第13章 》

管理的基本活动要素（下）

学习目标

● 理解领导、控制的含义及其作为管理过程基本活动要素的意义。

● 认识领导和控制工作开展的必要性及作用。

● 了解领导和控制工作的主要内容与结果。

● 了解领导和控制工作的过程与方法。

通过上一章和本章的学习，你将掌握管理者不直接指挥和控制下属亦能确保组织目标实现的管理原理（重点），理解规划、组织、领导和控制活动要素的独特内涵和其在整个管理过程中所处的位置，以及"整—分—合"逻辑与还原论逻辑的异同（难点）。深入思考加强组织制度建设如何有利于管理者更有效地发挥领导作用和控制作用（思政主题）。

第1节　领　导

领导是管理工作过程中的一项重要而独特的职能要素。领导工作具有人与人互动的性质，领导者正是通过与被领导者的双向互动过程，促使组织成员更有效地实现组织的目标。这也是领导职能与其他管理职能的明显区别。

理论上，组织的所有管理者都应该是领导者，都应成为拥有管理权力并能影响或促使组织成员努力实现既定目标的人。但是，现实中的管理者并不都能称得上是领导者，尽管他们表面上都处于领导的职位。管理者即使在规划、组织、控制等职能方面做得非常出色，但只要不能有效地发挥对他人的领导作用，不能既居领导之"职"同时亦行领导之"能"，那么就不是名副其实的领导者。

一、领导的含义

"领导"一词通常有两种含义：其一，作为名词，是指领导人、领导者，即组织中确定和实现组织目标的领袖。领导者（不论是组织正式任命的，还是从一个群体中崛起的）要产生影响力，不能仅仅依靠职权来进行指挥命令，而要能够运用各种来源的权力，使受其影响的人采取有助于组织目标实现的行动。

其二，作为动词，领导指的是一项管理工作活动。从语义构成来看，"领导"指的是方向上的引领和行动上的指导。通过既"领"又"导"两方面相辅相成活动的开展，领导者能促使被领导者或追随者努力地实现组织的愿景和目标。

从理论发展上看，对领导工作内涵的认识，经历了由狭义到广义不断拓宽的过程。最早关注这项管理活动的法约尔，是以基于职权运用的指挥（directing）来定义之，即上级依靠职位权力来使下属服从。后来拓宽了权力来源之后发现那些没有职位权力的人也可以影响他人，所以不再局限于职权、权势，而更关注领导者个人的影响力及其对追随者的引领（leading）。再后来又发现，对人们施加影响的活动应该包括激励和沟通等，所以在领导行为框架中还纳入了被领导者的因素。相应地，同时关注领导者、被领导者和所处情境的领导力（leadership）概念便得以确立。概言之，领导就是指领导者对组织中的群体或个体施加影响的过程，领导力就是反映这一影响过程中领导行为有效性的各种领导能力的总称。

领导与管理工作中的规划、组织、控制等其他活动要素的区别，突出地表现在领导工作是与人的因素密切关联的，领导活动过程相较其他管理活动往往具有更多的艺术性。所以，领导通常被定义为引领、指导和影响群体或组织成员的思想和行为，使其为实现组织目标而作出努力和贡献的过程或艺术。

二、领导的作用

拿破仑·波拿巴曾说："只有糟糕的将军，没有糟糕的士兵。"我国也有俗语道："干部，干部，先走一步。"这些都说明，领导者只有站在人们的前面，用自己的行动带领人们为实现组织的目标而努力，才能真正地成为队伍或组织的统领者。领导的作用具体表现在：

（1）指挥引导作用。在组织的集体活动中，领导者应当通过指挥、先导、指导或引导等活动，帮助组织成员最大限度地实现组织的目标。尽管各种活动在形式上略有差异，但共同要求是：领导者要作为带头人来引导成员前进，鼓舞成员去奋力实现组织的目标。

（2）沟通协调作用。组织的目标是通过许多人的集体活动来实现的。即使组织制定了明确的目标，由于组织中的成员对目标的理解、对技术的掌握和对客观情况的认识因个人知识、能力、信念等方面的差异而不同，人们在思想认识上发生分歧、在行动上出现偏离目标的情况也是不可避免的，因此需要领导者来协调人们的关系和活动，使组织成员步调一致地朝着共同目标前进。

（3）激励鼓舞作用。任何组织都由具有不同需求、欲望和态度的个人所组成，组织成员的个人目标与组织目标不可能完全一致。领导活动的目的就在于把个人目标与组织目标结合起来，引导组织成员满腔热情地为实现组织目标作出贡献。领导工作的作用在很大程度上表现为调动组织中每个成员的积极性，使其以高昂的士气自觉地为组织作出贡献。如果领导不具备激励、鼓舞的能力，那么即便组织内拥有再多的优秀人才，也很难发挥其整体作用。

（4）提升发展作用。领导者不是被动地站在组织成员的后面去推动、督促他们，而是主动地引导组织成员不断提升自我。德鲁克指出，领导力能将一个人的愿景提升到更高的目标，将一个人的业绩提高到更高的标准，使一个人能超越自我界限获得更大成就。

实例 13－1　联想集团的"发动机文化"

实例 13－1 说明，联想集团强调要给员工提供充分宽广的舞台，打造千千万万个"发动机"。在"发动机文化"与"齿轮文化"的对比中，柳传志说："我作为联想的一把手，是一个大的发动机。我希望把我的副手们（各个子公司和主要部门的负责人）都培养成同步的小发动机，而不是齿轮——齿轮是没有动力的，无论我的发动机再强大、齿轮本身再润滑，合在一起的系统所能提供的总能量也是有限的。如果他们是同步运行的小发动机，那么我们联动的力量将非常强大。"

三、个体层面的领导行为

关于领导行为的探讨，长期以来侧重于个体层面的领导力及其产生与作用过程。有关个体领导力的研究表明，领导工作能否产生预期的效果取决于领导者自身、被领导者和领导工作情境三方面因素。

（一）领导者

1. 领导者的权力来源

领导者是领导工作的主体。领导者在领导工作中所拥有的影响力大小，与其权力的形成与运用有着密切的关系。所谓权力，指的是一个人（A）借以影响另一个人（B）的能力。这个定义实际上假设，B 对自己的行为有一定的自主权，但在某方面对 A 有资源依赖，使得 A 能以此影响 B 去做他本来并不一定去做的事。可见，依赖关系是一个人可以对另一个人行使权力的基础。B 对 A 的依赖性越强，则在他们的相互关系中 A 所拥有的权力就越大。所以，如果说影响是权力的表现和权力使用的结果，那么从权力的来源来看，权力就是对资源拥有者的一种依赖性。

现实中，一个人掌握的资源往往不止一种，因而权力的来源也就相当广泛。根据权力来源的基础和使用方式的不同，权力可以划分为五种类型：（1）合法权力，指组织内各管理职位所固有的法定的、正式的权力。按照组织条例或法规的规定，作为上级主管合法地掌握对下级所做事情的决定和指挥权。（2）奖赏权力，指提供奖金、加薪、表扬、升职和其他任何令人愉悦的东西的权力，通称奖励权。一个人如果能给他人以特殊的利益或奖赏，那么与这个人关系密切是大有益处的。例如，企业中的人事经理对一般员工，大学中拥有排课权的教务秘书对教师，授课老师对学生，市场上供不应求的原材料生产厂家对购买企业，都具有奖赏权力。（3）强制权力，指可施加扣发工资或奖金、批评、降职乃至开除等惩罚性措施的权力，所以也称作惩罚权或处罚权。强制权力是奖赏权力的反面。与奖赏权力一样，一个人不一定非要成为管理者才拥有强制权力。（4）专家权力，指个人由于具有特殊技能或某些专业知识而产生的权力，亦称专长权。一个人以其知识和经验使其他人不得不尊重他，其他人会在一些问题上服从于他的判断和决定，那么他就相应地拥有了权力。（5）感召权力，这是与个人的品质、魅力、经历、背景等相关的权力，通常也称作个人影响权。一个拥有独特的个人特质和超凡魅力的人，会使其他人认同、景仰、崇拜他，甚至想要模仿他的行为和态度，这样就产生了感召权力。

　　以上五种权力可以归纳为两大类：一类是制度权，即与职位有关的权力，亦称行政性权力（如合法权力、奖赏权力、强制权力）。这种权力是由上级和组织所赋予的，并由法律、制度明文规定。制度权不依任职者的变动而变动。有职位者就有制度权，无职位者就无制度权。制度权的基本内容包括对组织活动的合法的决定和指挥权，以及对组织成员的奖赏和惩罚权。组织成员往往由于压力而不得不服从于这种权力。另一类是与领导者个人有关的权力（如专家权力、感召权力）。这通常是在组织成员自愿接受的情况下产生影响力，因而易于赢得组织成员发自内心的长时期的尊重和服从。总体来说，有效的领导者不仅要依靠制度权，还必须具有个人内在的影响力，这样才会使被领导者心悦诚服，才能更好地进行领导。

2. 基于权力运用的领导风格

　　在引导和影响组织成员的过程中，领导者对所拥有权力的运用方式不同，反映出其领导方式或领导风格的差异。领导风格具体区分为以下三种：

　　（1）专制式。亦称专权式或者独裁式。专制式领导者是由个人独自作出决策，然后命令下属予以执行，并要求下级不容置疑地服从命令。专制式领导风格的主要特点是：个人独断专行，不考虑别人的意见，组织各种决策完全由领导者独自作出；领导者预先安排一切工作内容、程序和方法，下级只能服从；主要靠行政命令、纪律约束、训斥惩罚来维护领导者的权威，很少或只有偶尔的奖励，领导者与下级保持相当远的心理距离。

　　（2）民主式。在民主式领导风格下，领导者在采取行动方案或作出决策之前会主动听取下级意见，或者吸收下级人员参与决策制定。民主式领导风格的主要特征是：领导者在作出决策之前通常同下属磋商，不会擅自采取行动；分配工作时，尽量照顾到组织每个成员的能力、兴趣和爱好；对下级工作的安排并不具体，个人有相当大的工作自由，有较大的选择空间与灵活性；领导者主要运用个人的权力和威信，而不是靠职位权力和命令使人服从。

　　（3）放任式。放任式领导风格的主要特点是领导者极少运用权力影响下级，给下级以高度的自主性，甚至达到放任自流和行为根本不受约束的程度。

以上三种领导风格各有优缺点。比较而言，放任式领导风格工作效率最低，只能达到组织成员的社交目标，但完不成工作目标；专制式领导风格虽然通过严格管理能够完成既定的任务目标，但组织成员没有责任感，情绪消极，士气低落；民主式领导风格下成员不但能够完成工作目标，而且成员之间关系融洽，工作积极主动、富有创造性。

（二）被领导者

被领导者或追随者是领导工作的客体。组织中的所有成员都有可能在某个时刻、某种情境下承担领导者的角色，因此领导者与被领导者的区分并没有明确、固定的界限，它们都是流动的社会角色，需要置于具体情境中来评判。

从系统观看，领导力的影响范围通常覆盖多个层次，包括个体（实体）层次、关系层次以及集体（群体）层次。以下针对这三个层次分别介绍相关的领导理论。

1. 个体层次

在人类社会系统中，个人是不能简约的最小实体，所以对每个成员个体的影响是基础。成员个体的背景、经验、知识、能力，以及其要求、责任心和个性等，都会影响领导风格的选择，并影响领导工作的有效性。针对下属人员个体层次的领导行为有很多研究，主要介绍以下两种理论。

（1）双中心理论。从领导者在态度与行为上是否对被领导者表现出关心这一角度，将领导风格区分为两种基本类别：①以任务为中心或工作型领导风格。工作型领导者最为关心工作任务的完成情况，他们总是把工作任务放在首位，而对人际关系不甚关心，有时为了完成任务甚至不惜损害与同事及下属的关系。受这种认识、态度和价值观的影响，工作型领导者可能利用自己法定的决策制定权和奖赏权力、强制权力，命令下属去做某项工作并指挥他们做好这项工作，同时还可能密切关注和掌握下属工作的进度及其在工作中的表现。因此，工作型领导者往往在实际领导活动中表现出前述的专制式领导风格。这种领导风格通常可以带来较高的工作效率，但会降低组织成员的满意程度和影响群体团结。②以人员为中心或关系型领导风格。关系型领导者把主要精力放在下属身上，关注他们的感情和相互之间的人际关系，以及员工个人的成长和发展。其领导权力多是建立在个人专长和模范表率作用的基础上。相比于指挥命令下属行动，关系型领导者倾向于通过指向（指明努力的方向）来使下属完成预期的目标。他们尊重、体谅、关心和支持下属，通过建立良好的人际关系去推动工作任务的完成。这种领导风格能够提高组织成员的满意程度，并加强群体团结，但与工作效率的关系并不总是成正比的。换句话说，领导者表现出关心体谅下属未必能保证工作效率会自然地得到提高。

（2）领导生命周期理论。该理论不是停留在关心工作任务还是员工的领导风格"二选一"上，而是对这两种风格进行组合，并识别与其适配的被领导者特质。成熟度是对被领导者特质的衡量，通过下属对自己直接行为负责任的意愿高低和工作能力强弱两个方面来综合反映。

在图 13 - 1 中，纵坐标表示以关心员工为主的关系型领导风格，横坐标表示以关心工作任务为主的工作型领导风格，图下部是与不同领导风格所匹配的下属成熟度。从右

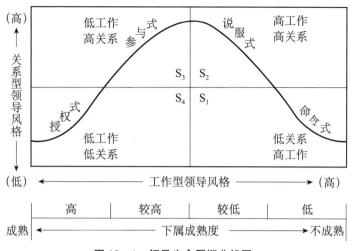

图 13-1　领导生命周期曲线图

到左，随着下属成熟度由低向高变化，其适合的有效领导风格会出现类似产品生命周期曲线的变化，因而被命名为领导生命周期。也就是，随着下属由不成熟向成熟过渡，领导行为应当按"高工作、低关系→高工作、高关系→低工作、高关系→低工作、低关系"逐步推移，这种推移变化就形成了领导生命周期。

　　具体区分为：①命令式。这是体现高工作、低关系结合的领导风格，适用于下属成熟度低的情况，即如果一个下属既不愿意也无能力执行某任务，他就既不能胜任工作又无法得到信任。对这种成熟度低的下属，领导者可以采取单向沟通方式，责令下属执行工作任务。②说服式。这是体现高工作、高关系结合的领导风格，适用于下属较不成熟的情况。下属愿意担负起工作责任，但目前尚缺乏足够的技能。这时，领导者应以双向沟通信息的方式说服下属接受他所分配的工作任务和建议的工作方法，同时从心理上增强他们的工作意愿和热情。③参与式。这是体现低工作、高关系结合的领导风格，适用于下属比较成熟的情况。下属的工作能力强但工作意愿比较低。这时，领导者应该通过双向沟通和悉心倾听的方式与下属进行充分的信息交流，支持下属按自己的想法发挥工作能力，而不给予过多的指示和约束。④授权式。这是体现低工作、低关系结合的领导方式，适用于下属成熟度高的情况。下属具有较强的自信心、能力和愿望来承担工作责任。这时，领导者可赋予下属自主决策和行动的权力，领导者只起监督的作用。

　　2. 关系层次

　　这一层次的关注点，是各层级领导者在各个方向上发生的直接和间接关系，包括向下与被领导者、向上与上级、横向与同级的关系。通过与相关实体建立联系，可以形成个人关系网络，由此获取更多的资源与信息，增加个体的社会资本，且可以培育集体成员之间的相互信任，形成共同的规范和价值观，从而提高合作质量，使所有成员能够更好地联合起来完成共同的任务。

　　（1）领导-成员交换（LMX）理论。西方学者从领导者与不同被领导者个体之间二元关系的角度考察后提出了该理论，认为领导者应当而且可以主动塑造其下属，借由与下属建立良好的关系来提升领导效能。在社会交换过程中，领导者与下属沟通彼此的角色期待，使下属更快地理解领导者的期望与要求。由于这是一种角色塑造的领导过程，因此被称为"关系领导"。

该理论的背景是上下级之间在权力上具有较平等的关系。社会交换指的是一种自愿的行动，即个体会被其期望从别人那里得到的并且一般来说确实也从别人那里得到了的回报所激励。这样的交换可能以纯粹的自我利益的方式出现，可以引起个体的义务感、感激之情和信任感。

组织中的领导者，由于时间压力，在与下属互动的初期，会隐含地将其划分为圈内人或者圈外人，而且这种关系建立在角色形成系统的基础上，相对稳定，不易随着时间的推移而改变。这样，就在工作中发生了一种在制度（聘用合同所约定的经济交换）之外寻求社会交换的关系行为。即同一领导者下属的不同成员，与领导者交换不同的资源与信息，这使得一小部分个体成为领导者所信任的圈内人，其他个体则属于圈外人。相应地，领导者会对他希望与之建立更密切关系的员工进行奖励，对不想与之建立密切关系的员工加以忽视或惩罚。圈内人由于与领导者的特殊关系，往往会得到更多的关照，享有与圈外人不同的特权。不过，要想使领导-成员交换关系保持平等互惠性，领导者和下属都必须对这种关系进行投资。

领导-成员交换是在工作关系中以角色形成系统为基础而发生的社会交换行为，是以交换的品质为着眼点，为更好地达到管理目的而对不同下属进行差别对待，其本质是人与人互动的二元关系的范畴。然而，在现实组织情境中，领导者与某成员之间的特定交换关系，可能受到其他二元关系的影响。比如，圈内人之间的公平感比较，会扭转成员对领导者的看法；成员使用授权时的反馈程度，也会影响领导者对不同成员的认识，从而影响交换关系的进一步演化。以个体成员为关系的对象，一直是领导-成员交换理论的关注焦点。

（2）差序领导理论。在集体主义观念主导的社会中，特定的二元关系必然会受到群体或组织层面因素的影响。不同的组织文化反映了员工包括领导者自身所共同遵守的价值观和意识形态。在强力的组织文化中，领导者与大部分成员在组织发展目标、行为取向上有相似性，因此大部分成员可能自觉地与领导者之间以感情、信任为依托而建立社会连带和义务情感关系。从集体层面考察的内外有别关系模式，会与个体层面的关系模式存在重要差异。

学者郑伯壎通过对华人企业组织的观察发现，华人领导者对不同员工存在差别对待的现象，并以家长式领导和费孝通基于血缘关系亲疏远近的"差序格局"概念为基础，提出了在华人组织中特有的差序领导理论。该理论认为，华人组织领导者会依据亲（与下属的关系亲疏）、忠（下属的忠诚度）、才（下属是否具有才干）三个标准，将下属分为自己人和外人，且会对属于自己人的下属给予更多的偏私，包括沟通照顾、宽容信任和提拔奖励等。在并非一视同仁地对待所有下属成员上，差序领导理论与领导-成员交换理论有相似之处，但目的不同，差序领导是为了更好地完成组织最终目标，而不是为了将自己人和外人真正地割裂开来。而且，差序对待的对象也是动态调整的。

在中华传统文化的熏陶下，人们会认为自己人和外人的界定并非一成不变，而是相对的并且会在一定条件下相互转化。如果目前属于自己人的下属在工作中出现不符合领导者要求的现象，那么差序领导者可能会逐渐将其从自己人转为外人；而属于外人的下属也可能主动通过一些行为来改变领导者对自己的归类，如通过自身努力、提高自己的才能、向领导者表示自己的忠诚等，使领导者转为将其视作自己人。这种动态性使得下属，无论是自己人还是外人，都会受到激励鼓舞。一个群体中长期实行差序领导，其成员可能将其视为一种普遍的规范，认为领导者对自己人和外人的差别对待是合情合理的，并且在对两者身份可动态转变的认识的基础上，这可能成为一种激励机制。其作用表现在，目前作为自己人的下属，会因怕被替代而对领导者更为忠诚，更加努力工作，而目前作为外人的下属，则会希望通过不断提升自己而成为自己人。但是，如果自己人与外人身份的动态转变面临障碍，那么领导者的差别对待可能引起下属的不公平感，破坏群体内部的和谐关系，给群体凝聚力带来负面影响。

3. 集体层次

这里的集体是广义的概念，可以是一个团体、团队或群体，还可以是其上任何一级的更大工作单元，直至整个企业组织。针对集体的领导行为，包括为其确定方向、促进合作以及维持成员的忠诚等。从系统嵌套的角度说，特定集体被当作独立的考察单元时就是实体。所以，如把群体当作实体看待，那么对应地，还有群体间关系以及它们所属的大集体等层次，它们也是领导工作的对象，都应当纳入领导力影响的范围。

特别地，组织是企业中最高层次的集体，对这一层次的领导工作将形成战略领导力。这是指领导者在系统分析利益相关者和战略前景的基础上提出愿景并全力推动愿景实现的能力。其特点是，更强调愿景这样的长远目标，更注重组织的整体平衡，更关注结果而不是过程，强调对情境的控制而非对被领导者的影响，并且强调领导者自身的榜样作用。

从榜样作用的角度看，领导者需要具备什么样的个人能力才能成为具有战略领导力的领导者？研究发现，最重要的个人能力包括面向未来的以下三种能力：（1）学习能力，涉及对新知识和信息的识别、同化和创造性运用，以实现组织和环境之间的有效匹配。（2）变革能力，指基于对环境变化的识别和对组织利益相关者及其关系的理解，通过系统思维发现可行的、有创新性的组织战略。（3）激励能力，指运用愿景和价值观的力量，促进组织成员自动作出有益于组织未来的决策。只有同时具备这三种能力，个体才可以有效地应对来自高度动荡的、模糊的、复杂的、信息超载的外部环境的种种挑战，并作为一个角色模范，促使组织的其他成员自愿作出在短期内有益于组织生存和稳定且在长期内有益于组织适应和发展的决策。

具备上述能力的领导者具有战略领导力，更加关注组织存在的意义，能够凭借个体的知识专长和对组织文化的深刻理解贡献于组织愿景，鼓励组织成员建立关于战略主动性的知觉和主人翁意识，并对从自身工作出发的长期学习形成集体承诺，从而促进创新型战略的涌现和组织愿景的持续更新。与此同时，这类领导者也高度重视组织的外部知识，致力于同各种利益相关者建立复杂的关系网络。当然，战略领导力的载体并不局限于组织高层。实际上，为了实现组织的长远发展，应当让组织中处于各个层级的领导者都具有面向未来的学习能力、变革能力和激励能力，从而促进所有成员的战略化思考和对内外部环境的积极影响。

综上，不论实体究竟是哪一层次的工作单元，个体层次、关系层次和集体层次三个层次都不是孤立的，而应当作为同一系统中逐层递进的阶梯，它们相互关联、相互促进。一方面，较高层次的发展以较低层次的发展为基础，如个体层次领导力发展是关系层次领导力发展的基础；另一方面，较低层次的发展又要受较高层次发展的制约，比如组织的核心价值观、战略、人力资源管理政策等组织情境因素，都会影响个体层次和关系层次的领导力发展。因此，企业的领导力强弱，取决于这三个层次中各种系统要素的发展及其相互作用过程的发展状况。全面提升企业的领导力，需要在上述三个层次发力，让个体领导者的影响力覆盖整个企业。

（三）领导工作情境

领导工作中可采取的风格多种多样，没有哪一种风格是普遍适用的。领导工作，与其他的管理工作一样，都是在一定的环境中进行的。这里的环境，是指领导工作所面对的特定情境条件。与特定工作情境相适应的领导风格才是有效的，与工作情境不相适应的领导风格，则往往是无效的。

领导情境理论认为，领导并不是单方面的领导者行为，也不仅仅局限于领导者与被领导者之间，而是领导者和被领导者之间在特定情境下发生相互作用关系的过程。对特定一种领导风格是否合适、有效的判断，除了需考虑领导者和被领导者的特性之外，还需要考虑所处的领导工作情境。

领导工作情境可以分解为以下三方面因素：

（1）上下级关系。指领导者与被领导者在相处中关系的性质和友好程度。如果双方高度信任、互相尊重、互相支持、密切合作，则上下级关系是好的；反之，则上下级关系是差的。

（2）任务结构。指下属所从事工作在任务方面的明确程度。如果工作任务是例行性的、常规化的、容易理解和有章可循的，则这种任务结构是明确的或高度结构化的；反之，则属于不明确的或低度结构化的。

（3）职位权力。指领导者在所处职位上被组织赋予的与该职位相关联的权力。这种权力并非来源于个人的影响或专长，而是来源于职位本身。这意味领导者的职位越高，所拥有的职权就越大，从而就更易得到他人的追随。

上述三方面情境因素的不同组合，构成八种不同类型的工作情境，可将其归纳为三大类，如表13-1所示。基于权变管理原则，当领导者面临有利和不利的工作情境时，宜采用工作型领导风格；反之，当领导者面临中等程度的工作情境时，则宜采取关系型领导风格，这样会取得较好的领导效果。

对个体领导者来说，其领导行为的有效性是领导者自身、被领导者和领导工作情境三方面因素综合作用的结果。从整个企业的角度说，可以采取两条途径来改善领导工作的有效性：一是替换领导者，以适应特定领导工作情境的要求；二是改变领导工作情境，以适应现有的领导风格。

表 13 - 1　与工作情境适配的领导风格

上下级关系	好				差			
任务结构	明确		不明确		明确		不明确	
职位权力	强	弱	强	弱	强	弱	强	弱
工作情境	有利				中等			不利
适宜的领导风格	工作型				关系型			工作型

四、组织层面的领导力

（一）组织领导力的内涵

领导不只是一种个人影响行为，还可以是群体或组织层面的集体行动。长期以来，高层管理者个体或群体的领导力，被视同于或广泛解读为组织领导力，特别是受高阶团队理论的影响，高层管理者普遍被视作组织的代表，从而忽略了组织层面上具有非人格化特征的制度化、组织化的领导力。现实中，对于规范化管理的企业来说，其组织领导力已不再取决于组织内某些人的领导力，而表现为一系列非人格化要素的功能。真正卓越的公司应当"造钟"（将领导力根植在组织中让组织自组织），而不是"报时"（依靠高瞻远瞩的魅力型领袖）。把非人格化要素深嵌于组织体系之中，才能够真正实现领导力的广泛性和持久性，使组织能够不随个体领导者变动而拥有持续且稳定的领导力。

组织层面的领导力（组织领导力），指的是一个组织所有的、能对组织内外成员乃至整个外部环境产生深远影响的非人格化要素的组合及其结果。其影响对象并不仅仅是下属人员，而是范围广泛的追随者。业界经常说的某企业成为特定行业或细分市场的领导者，就意味着这家企业对一批追随或追赶其的企业具有影响力，如领先企业对模仿者具有标杆或示范效应。从广义的角度看，组织领导力可以视为追随者对源于各种非人格化要素的组合及其结果所产生的制度信任，而不是对某些领导者的人际信任。

（二）领导者的新角色

传统的领导观注重个体领导者的魅力、智慧与胆略等，并把领导力发展视为领导者发展，这是一种以人为导向的狭窄的认识。然而，组织层面的领导工作，并不是所有个体领导者行为的简单集合，而是具有质的不同。个体化领导力注重的是在组织之中的个体领导者所展现的某种特质或行为特征，而制度化领导力则表现为组织层面的领导力，是整个组织展现出来的某种一致性特征，表明组织成员在互动中有某种心照不宣、认为理所当然的思考及行为的模式。

从依靠人领导转向依靠制度领导，是领导行为的一场革命。两者的区别表现在以下三点：（1）基础不同。前者建立在个人专断与独裁的基础上，体现英雄崇拜、人格化色彩，即人治；后者建立在平等、民主和权力约束的基础上，体现制度崇拜、非人格化色彩，即法治。（2）行为特点不同。前者呈现随意性、多变性和因人而异的差别性，后者具有规则性、稳定性和与具体领导者无关的统一性。（3）影响不同。前者易造成组织运行不稳定、难持久，后者利于组织的稳定和持续发展。以组织制度代替个体领导者发挥领导作用，可以使企业在领导者离开后依然能够稳定而持续地发展下去，从而让组织对内和对外的影响力得以超越特定领导者个体的任职期限及职业生涯。

在企业发展组织领导力过程中，领导力的承载主体由个人转向组织，这并不意味着取缔了领导者的职务和作用。与个体化领导力通常体现为张扬的个性和自身能力的发挥不同，制度化领导力是让领导者的作用隐藏在制度中，领导者不再直接影响被领导者，而是将主要精力用于组织制度的制定、设计和执行，以便让组织参与主体在制度框架的规范和引导下自己积极主动地开展各项活动。因此，领导者的角色由显转隐。

韩非子曾说："小智者治事，大智者治人，睿智者治法"。有卓越智慧的领导者，其领导风格应该超越对工作型还是关系型的考量，把注意力集中于如何运用制度来达到"人叫人干人不干，制度调动千千万"的领导效果。制度化领导力，本质上就是淡化英雄主义主导的个体领导力，强化制度化状态的组织领导力，让各种正式与非正式的组织制度发挥领导力作用，为组织成员更有效地联合起来完成任务提供一种支持性环境。

以习近平同志为核心的党中央高度重视制度建设，围绕党的十八届三中全会确定的改革任务，坚决破除各方面体制机制弊端，在许多领域推进历史性变革、系统性重塑、整体性重构，"实现到党成立一百周年时各方面制度更加成熟更加定型取得明显成效的目标，为全面建成小康社会、实现党的第一个百年奋斗目标提供有力制度保障，推动我国迈上全面建设社会主义现代化国家新征程"①。关于制度的作用方式，习近平总书记强调指出："制度不在多，而在于精，在于务实管用，突出针对性和指导性。如果空洞乏力，起不到应有的作用，再多的制度也会流于形式。牛栏关猫是不行的！要搞好配套衔接，做到彼此呼应，增强整体功能。要增强制度执行力，制度执行到人到事，做到用制度管权管事管人。……坚决维护制度的严肃性和权威性，坚决纠正有令不行、有禁不止的行为，使制度成为硬约束而不是橡皮筋。"②

（三）制度工作在组织领导力构建中的作用

制度化领导力的产生不是偶然事件，而是领导者促成组织不断创建并完善制度的过程，这个过程即是领导者在组织中的制度工作。所谓制度工作是一种有目的的行动，旨在通过组织制度的构建、维系和消解，对成员个体和群体产生规范和引导，实现组织内部思想及行动的一致性，维护组织价值观。

领导者在组织制度化过程中的作用体现在两方面：一是意义导向的制度化领导力，即赋予组织独特的意义，通过理念共享与组织追随来引导组织成员的认知和态度，激发成员在既有制度框架下发挥自身的能动性，主动应对普遍性的问题。巴纳德所强调的创造组织道德，就指向领导者的此类作用。二是实务导向的制度化领导力，即通过行为规范和反馈激励来影响组织成员在特定情境下的行为，降低员工行为的不确定性，以应对

---

① 中共中央关于进一步全面深化改革 推进中国式现代化的决定. 人民日报，2024 - 07 - 22（1）.

② 中共中央文献研究室. 十八大以来重要文献选编：中. 北京：中央文献出版社，2016：95.

预期的特定问题。①

制度工作的任务，就是在组织内部形成一个由制度目标价值、制度规则体系、制度保障措施和制度调整对象四方面构成的制度系统。② 图 13-2 显示了领导者在组织层面产生和发挥制度化领导力的基本过程。

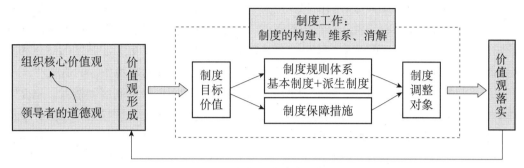

图 13-2　制度化领导力的产生与作用过程

（1）制度目标价值。它是组织制度系统的灵魂，体现制度构建者对特定制度规则所赋予的价值理念与目标定位，并承接和彰显组织的核心价值观。制度目标价值必须成为建立制度规则体系及制度保障措施的逻辑起点。

（2）制度规则体系。这是连接价值观形成和价值观落实的核心环节，旨在给相关主体提供稳定的预期。从体系化的角度看，制度建设应该覆盖基本制度和派生制度两大部分。其中，基本制度通常由一些抽象的原则构成，反映组织对待理性、人性及社会性问题的道德立场，规定相关主体在遵循这些道德性原则的前提下可自主行动的空间，并且框定可容许衍生或变异的派生制度的范围。一般地，由于基本制度是相对抽象、概括的，对其具体含义往往可做出几种有一定差异的解释，由此就可能派生出若干可相互替代的派生制度。这些派生制度为组织相关主体提供了规范其行为方式的行动指南和奖惩机制。相比基本制度主要承载意义导向的制度化领导力，派生制度更具有可操作性和规范化意蕴，主要承载实务导向的制度化领导力。不论采取什么表现形式来承载领导力，都必须始终将制度目标价值直接或间接地体现在一切规则中，避免出现作为手段的制度凌驾于目标之上的本末倒置问题。

（3）制度保障措施。制度规则体系和制度保障措施是两大并列方面，二者相互作用，相互策应，共同发挥作用。制度保障措施包括实施主体和实施手段，前者指的是把制度付诸实施的人和组织，即制度执行者；后者是指实施制度的物质或非物质的工具或方法。

（4）制度调整对象。指制度规则体系和制度保障措施所作用的对象，体现特定制度系统的要求所指。对象的设定使得制度有了一个明确的运行场所和作用范围，保证了制度的针对性和有效性。没有对象的制度是没有实际意义的书面文件堆积，是流于形式的，会沦为一纸空文。为此，在组织形成制度化领导力的过程中，应该把包括制度的订立者、实施者以及奖惩对象在内的所有利益相关者，都纳入制度工作。

---

① 李鹏飞，葛京，席酉民. 制度化领导力的类型与作用机制. 管理学报，2017，14（4）.
② 蒯正明. 制度系统的构成、层次架构与有效运作. 东方论坛，2010（5）.

以上是就制度的构建过程而言的。此外，制度的维系和消解也是制度工作的重要内容。制度的构建、维系和消解，必须作为一个完整的制度工作过程。党的二十届三中全会明确要"坚持以制度建设为主线，加强顶层设计、总体谋划，破立并举、先立后破，筑牢根本制度，完善基本制度，创新重要制度"。菲利普·塞尔兹尼克在提出制度化领导力概念时，将其区分为负责任的制度化领导力和创造性的制度化领导力两种类型。负责任的制度化领导力，要求领导者注重对组织制度的构建和维系，使制度能够持续且稳定地发挥作用，不随个体领导者的替换而变动；创造性的制度化领导力则更关注制度的建立和不断更新，目的是使组织能够体现新的持久的价值，更好保持制度对环境条件的适应性。

总而言之，与制度的构建、维系和消解相对应，领导者可以扮演制度创造者、制度守护者或制度搅局者的角色，通过制度工作实践，让组织制度承载部分领导力，以弥补个体化领导力不稳定和难持久的局限。制度型领导，作为组织层面的领导行为，就是指领导者通过制度工作将个体化领导力根植于组织体系中，实现组织持续稳定发展的过程和结果。

第2节　控　制

控制是管理过程循环中的关键一环。管理过程的经典观点，倾向于以线状呈现各职能要素的关系及组合顺序，在此视角下把控制视为管理过程的最后一个活动环节。即便如此，控制工作也是非常重要的。通常认为，管理工作始于规划，在明确了行动的目标和方案后，通过组织和领导将它们付诸实施。而要掌握规划实施的结果如何，当初所确定的目标是否顺利实现，目标本身是否制定得科学合理等并处理所出现的问题，就需要开展有效的控制工作。

一、控制的含义

控制就是通过对组织内部各种要素及其与外部环境的关系进行调节，以保持动态平衡的一项管理活动。围棋对弈者流行的复盘，亦称为复局，被认为是棋手增进棋力的重要方法。复盘是指在对弈结束后，复原刚才所下那盘棋的棋局，重新走一遍并且检查双方攻守的漏洞，找出自己所采取招法的优劣和得失的关键。复盘强调要对一件事的各种可能及不同后果进行审视和设计，推演出成功和失败的原因，以及哪里可以优化。通过复盘，棋手可以从实战经验中学习，实现自己棋力的提升。这种复盘，就是管理学中的一种反馈控制，有利于工作绩效的改进。

要全面理解管理活动中控制工作的含义，需要把控制与规划联系起来，将它们作为同一事物的两面。一方面，有方向、目标和行动方案的规划而没有控制，人们可能知道自己干了什么，但无从知道自己干得怎样，哪些地方需要改进。另一方面，有控制而没有规划，人们不知道要控制什么，也不知道怎么控制。规划和控制二者密不可分。事实上，规划越是明确、全面和完整，控制的效果也就越好；控制越是科学、有效，规划也就越容易得到贯彻落实。控制把组织、领导职能与规划设定的目标连接在一起，在必要时，它能随时启动新的计划方案，使组织运行的目标更加符合自身的资源条件和适应组织环境的变化。

作为一项重要的管理活动，控制工作就是由管理人员对组织实际运行是否符合预定目标进行监测并采取措施确保组织目标实现的过程。狭义上，控制工作指的是纠偏，即按照规划确定的标准来衡量规划的实际完成情况，针对出现的偏差情况采取纠正措施，以确保规划得以贯彻落实。

广义上，控制工作并不仅限于按照规划所确定的标准来衡量和纠正规划执行中的偏差，它还包含在必要时调整目标、修改标准，以使规划更加适合实际情况的含义。以规划为起点的"规划—组织—领导—控制……"管理过程模式，是以组织的运行由零起步作为假设。现实中，组织的运行往往不是从零开始，这样，上一阶段控制的结果就可能导致组织确立新的目标、提出新的行动方案，并在组织结构、人员配备和领导等方面作出相应的改变。因此在这一意义上，控制工作也可以说是下一阶段管理过程的起点。对于非初创企业来说，其管理工作的实际过程很难区分出规划与控制究竟哪个是开始、哪个是结束。可以说控制既是一个管理工作过程的终结，又是一个新的管理工作过程的起始。而且，规划与控制工作的内容还常常相互交织地联系在一起。管理工作本质上就是由规划、组织、领导和控制等职能要素有机地联系而成的一个不断循环的过程。

二、控制的作用

"吃一堑，长一智""前事不忘，后事之师"等俗语，都指明了行动后进行反思和经验总结的重要性。党的二十届三中全会强调，要"完善党中央重大决策部署落实机制，确保党中央令行禁止"，并且"围绕解决突出矛盾设置改革议题，优化重点改革方案生成机制，坚持真理、修正错误，及时发现问题、纠正偏差"。在现代企业管理活动中，控制工作的重要性也不容忽视，其功能体现在如下两方面。

（1）纠偏：限制偏差的积累。一般地，不论个人还是组织，任何工作的开展总不免会出现一些偏差。虽然小的偏差不会立即给组织带来严重的损害，但千里之堤，溃于蚁穴，小偏差积少成多，最终可能对计划目标的实现造成威胁，甚至给组织酿成灾难性的后果。有效的控制系统应当能够及时地获取偏差信息，防微杜渐，及时采取措施纠正偏差，以免影响组织目标的顺利实现。

（2）调适：适应环境的变化。行动方案确定后，要经过一段时间的实施才能够实现组织目标。在这段实施过程中，组织内外部环境可能会发生一些变化，如组织内部人员和结构变化、政府出台新的政策和法规等，这些内外部环境的变化不仅会妨碍计划的实施进程，甚至可能影响计划本身的科学性和现实性。因此，任何组织都需要构建有效的控制系统，帮助管理人员预测和把握内外部环境的变化，并对这些变化带来的机会和威胁作出正确、有力的反应，以将组织调整到合适的状态。

控制无论是着眼于纠偏还是调适，都是紧紧地围绕组织目标进行的。控制工作的意义就体现在，通过发挥纠偏和调适功能，促使组织更有效地实现目标。

三、控制的特点与内容

（一）控制的特点

深化学习 13-1 控制目的性的具体化类型

（1）目的性。同其他管理活动一样，控制也具有明确的目的性特征。深化学习 13-1 介绍了控制目的性的具体化类型。控制并不是管理者主观任意的行为，它总是受到一定的目标指引，服务于达成组织特定目标的需要。如图 13-3 所示，组织面临的工作情境不同，对组织目标实现情况的评估会选用不同的标准。管理者需要根据欲求标准的明确程度和对因果关系的认识是否完全两个维度来选择合适的评估标准，将其作为控制的依据。

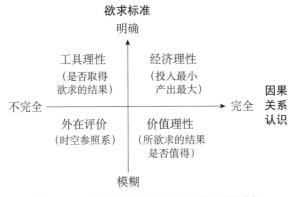

图 13-3　组织目标实现情况评估标准的选择

（2）整体性。整体性包含两层意思：首先从控制的主体来看，完成计划和实现目标是组织全体成员共同的责任，控制应该成为组织全体成员的职责，而不单单是管理人员的职责。让全体成员参与到控制工作中来，是现代组织中推行民主化管理的重要方面。其次从控制的对象来看。控制覆盖组织活动的各个方面，人、财、物、时间、信息等资源，各层次、各部门、各单位的工作，以及企业生产经营的各个不同阶段等，都是控制的对象。不仅如此，控制需要把整个组织的活动作为一个整体来看待，使各方面的控制协调一致，达到整体的优化。

（3）动态性。管理工作中的控制是一种高度程序化的控制，具有稳定性特征。但组织不是静态的，其内外部环境随时都在变化，从而决定了控制标准和方法不可能固定不变。控制应具有动态性，以保证和提高管理工作的有效性与灵活性。

（4）人性化。控制本质上是由人来执行的而且主要是对人的行为的一种控制。与物理、机械、生物及其他方面的控制不同，控制不可忽视其中的人性因素。控制应该成为提高员工工作能力的工具。控制不仅仅是监督，更重要的是指导和帮助。管理者可以制订纠偏的计划，但这种计划要靠员工去实施，只有当员工认识到纠偏的必要性并具备纠偏能力时，偏差才会真正被纠正。通过控制工作，管理者可以帮助员工分析偏差产生的原因，端正员工的工作态度，指导他们采取纠正措施。这样，既能达到控制的目的，又能提高员工的工作能力和自我控制能力。

（二）控制的内容

1. 任务控制

任务控制也称为运营控制、业务控制，主要是针对基层生产作业和其他业务活动而直接进行的控制。任务控制的目的是确保有关人员或机构按既定的质量、数量、期限和成本标准要求完成所承担的工作任务。延伸阅读 13-1 说明了某家具厂是如何进行生产任务控制的。

延伸阅读 13-1　家具生产任务的控制

对应于业务活动所要达成的目标及实现的难点，任务控制中可根据实际情况设立各种具体的控制标准。根据侧重点不同，任务控制可区分为如下方面：

（1）质量控制。质量也称为品质，是根据产品使用目的所提出的各项适用特性的总称。对产品质量按一定的尺度、技术参数或技术经济指标规定必须达到的水平，就形成了质量标准，它是检验产品是否合格的技术依据。质量控制就是以这些技术依据为衡量标准来检验产品质量的。为保证产品质量符合规定标准要求和满足用户使用目的，企业需要在产品设计、试制、生产制造直至使用的全过程中，进行全员参加的、预先控制和事后检验有机结合的、从最终产品的质量到产品赖以形成的工作质量全方位要求的质量管理活动，即全面质量管理。

（2）库存控制。这主要是对量大面广的原材料、燃料、配件、在制品、半成品及产成品等存货品种和数量的控制。库存增加不仅需要占用储存空间，还会造成保管费用上升、资金周转减慢、材料腐烂变质等。而库存过少，又容易造成生产过程因待料而停工中断、产成品因储备不足而出现脱销损失等。因此，库存应当保持在适当的水平，以保证生产和销售的需要。

（3）进度控制。这是根据产品生产或项目建设的进度计划要求，对各阶段活动开始和结束的时间进行的控制。基于活动网络分析，进度控制可以从一系列相互关联的活动中挑选那些时间冗余幅度小的关键活动路径加以密切关注，以免某关键活动的一次延误影响后续各项活动乃至总体进度按时完成。

（4）预算控制。预算是用财务数字或非财务数字来表示预期的结果，并以此作为标准控制执行工作中的偏差的一种计划和控制手段。企业中的预算包括销售预算、生产预算、费用预算、投资预算，以及反映现金收支、资金融通、预计损益和资产负债情况的财务预算等内容。预算控制的好处是，能把整个组织内所有部门的活动用可考核的量化方式表现出来，以便查明其偏离标准的程度并采取纠正措施。但预算无法反映组织中那些难以用数量表示的因素，也不能说明表面的数字偏差背后的原因。

2. 财务控制

财务控制是从财务绩效角度进行的控制。它指的是利用财务数据来观测企业的经营活动状况，以此考评各责任中心的工作实绩，控制其经营行为。此种控制亦称为责任预算控制或以责任发生制为基础进行的控制。一般而言，企业的内部组织单元可以区分为四类责任中心：

（1）成本责任中心。这类组织单元只对成本费用负责，而不对收入、利润和投资负责，因而是成本责任中心。成本责任中心的应用范围最广。任何对花费负有责任的产品生产单元如工厂、车间、工段、班组等，均可成为成本责任中心。有些不进行生产的服务部门，如会计、人事、法律、总务等部门，也是广义的成本责任中心。成本责任中心只对本单元发生的可控花费（责任成本）负责，对其评价和考核以开支报告为依据，以责任成本的实际数与预算数的差异作为衡量工作绩效的标志。

（2）收入责任中心。这类组织单元只对其销售过程所实现的收入情况及为取得这些收入所花费的直接费用负责，因而称为收入责任中心。收入责任中心通常在不负盈亏责任但相对独立的销售机构中采用。这类机构一般自身无权为扩大销售额而降低价格，也无权控制产品的质量和设计，主要依靠增加销售费用来增强人员推销力度而不是做广告宣传。对这种部门的绩效考评，就要看它是否使用既定的直接销售费用完成了预算中的销售定额，而不考虑其所销售产品的制造成本，因而它不能直接作为利润责任中心。

（3）利润责任中心。利润责任中心既对经营成本负责，又对经营收入及利润负责。这意味着它既要能控制责任成本的发生，也要能对应当取得的经营收入进行控制，因而主要适用于企业中有独立收入来源的较高层次的组织单元，如分厂、分部、分公司等。对利润中心的评价与考核是以成果报告为依据进行的，主要衡量其实际销售收入和销售成本是否达到目标销售额和目标成本水平。其考评指标有两个：一个是销售毛利，即销售收入扣减变动成本后的余额；另一个是销售利润，即将销售毛利减去该利润责任中心直接发生的固定成本和从总部管理费用中分摊来的间接固定成本后的余额，也就是销售收入与全部变动成本和固定成本的差额。将销售利润除以销售收入，可以得到销售利润率这一相对指标。

（4）投资责任中心。投资责任中心既对成本、收入、利润负责，也对投入和使用的资金负责，即它不但要能控制收入和成本，也要能控制生产经营过程所占用的全部资金（包括流动资金和固定资产及长期投资等）。投资责任中心一般是拥有较大经营自主权的部门（如超事业部和规模较大的分公司）以及最高层次的组织单元（包括总公司、子公司等）。对投资责任中心的考评也以成员报告为依据，主要衡量指标是投资报酬率，亦称资金利润率，它是销售利润率与投资周转率的乘积。具体计算公式如下：

$$投资报酬率 = \frac{利润总额}{投资总额} = \frac{利润总额}{销售收入} \times \frac{销售收入}{投资总额} = 销售利润率 \times 投资周转率$$

可见，投资报酬率与销售利润率成正比关系，投资责任中心是比利润责任中心更高一级的责任中心。同理，销售利润率也与其内部单元的成本花费水平有密切关系，这说明利润责任中心又比成本责任中心高一个层级。三个责任中心之间是相互嵌套的关系。

3. 战略控制

战略控制是指对战略实施情况的控制。与财务控制是围绕关键财务绩效指标达成及平衡情况实施控制不同，战略控制侧重于对战略方向目标及若干具有战略性意义的财务和非财务绩效指标进行控制。比较而言，财务控制相对严格，战略控制较有弹性；从时间长度看，财务控制关注的是较短期间（如年度、半年度、季度）内的绩效完成情况，战略控制关注的期间通常较长，从几年到十几年不等；再从控制的方式和方法看，财务控制是事后的、量化的评价，战略控制往往还包含事前和事中的评价，并采用定性与定量结合的评价方法。战略控制通常要对企业整体经营情况和外部环境进行全面评估，这个过程有可能引起原定战略方案的重大修改或重新制订。因此，战略控制往往具有前述控制的广义概念中所指的两种功能：一是纠偏，即监测战略实施的进程和结果，及时纠正偏差，确保战略有效实施，使战略实施结果符合预期的战略目标；二是调适，即在发现内外部环境出现重大变化时，控制的意向可以是修改或添加必要的战略内容。

需要说明，在业务多元化的集团公司中，战略控制工作是一个复杂的、循环的过程。公司或集团总部需要首先明确其下属业务单元（子公司、事业部等）的战略管理权限，界定各单元的战略管理责任；其次，配合集团战略管理体系的构建，选择合适的战略控制模式，对业务单元的战略方向或结果及进程实施不同程度的影响。

如图 13-4 所示，根据结果导向与过程导向两个维度的强度不同，可以将总部所采取的控制模式区分为四种类型。

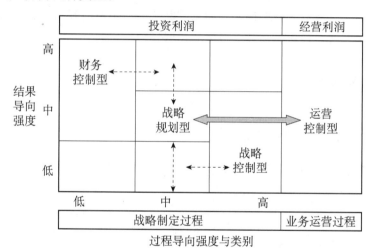

图 13-4 多业务公司中的总部控制模式分类

（1）财务控制型（分权型）。母公司将战略规划和业务发展的权责完全授予各个业务子公司，对其严格进行以短期盈利目标（投资利润）为主的控制。基本特征是，总部扮演财务投资者角色（甩手大掌柜），集团实现投资组合和风险分散。

（2）战略规划型（相对分权型）。总部规划业务板块发展的战略性方向，并设立衡量优秀表现的一系列标准，其中既包括财务和非财务的绩效指标，还包括重要的里程碑过程绩效。其特征是，总部扮演战略投资者角色，重点关注战略方向和战略绩效（抓"两头"），激发业务板块负责单元（业务弱相关的子公司、事业群组）在各自业务领域战略制定中发挥自主性，以促进集团实现业务组合更新。

（3）战略控制型（相对集权型）。总部深度介入战略制定过程（抓"两头"和"中间"），关注战略性行动方案和项目、预算等细节的安排和控制。其特征是，总部扮演战略管理者角色，促进各单元（业务强关联的事业部、分子公司）之间关键资源和能力的共享，使集团实现业务战略协同和范围经济。

（4）运营控制型（集权型）。总部深度介入下属单元业务运营活动，对作为战略优势来源的业务运营活动及其产出结果进行全面的控制，确保经营利润目标的实现。其特征是，总部扮演全面管理者角色（"一竿子插到底"），强化集团业务整合和规模经济。可见，总部对不同业务单元的战略控制具有强弱程度的差异。从权责配置的角度看，在战略控制型控制模式下，控制主体是总部，但在战略规划型控制模式下，控制主体往往还包括负责特定业务板块的子公司、事业群组等。

对于不倚重产权关系而注重非产权联结的业务协作关系网络型或平台型组织来说，战略创业型控制模式更具有适用性。它是指网络核心或平台企业将战略制定权赋予各个独立的协作单位，且很少对其提出的战略方案进行质询和挑战。其控制通常很宽松，协作单位拥有充分的自主权，有充裕的时间建立自己的市场地位。网络核心或平台企业在保留重要资源配置的决定权的同时，会努力打造一种支持性环境，为各类协作单位赋能，同时会监控各单位取得的结果，并在出现严重问题时主动进行干预。因此，战略创业型控制模式类似于风险投资公司的运作模式，但其目标不是期望所扶持的初创企业在首次发行上市后带来巨额的投资回报，而是借助这些新企业所开拓的业务赢得具有战略意义的新的竞争优势，促进整体业务范围的拓展和活力化。

四、控制的类型

（一）前馈控制、现场控制和反馈控制

根据控制信息获取时点不同，可以将控制划分为前馈控制、现场控制和反馈控制三类，如图 13-5 所示。

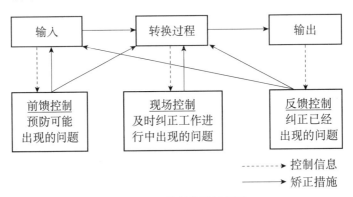

图 13-5 控制类型示意图

1. 前馈控制

前馈（feedward）控制是指在工作正式开始前对工作中可能产生的偏差进行预测和估计并采取防范措施，将可能的偏差消除于产生之前。例如，组织要制定一系列规章制度让员工遵守，事前规范基本行为以保证工作的顺利进行。再如，企业为了生产出高质量的产品而对进厂原材料进行检验、对员工进行岗前培训等，这些都属于前馈控制。前馈控制是一种防患于未然的控制，通常亦称作事前控制或者预先控制。前馈控制的优点表现在：

（1）前馈控制是在工作开始之前进行的，可以防患于未然，以避免事后控制对已铸成的差错无能为力。（2）前馈控制是在工作开始之前针对某项计划行动所依赖的条件进行控制，不针对具体人员，因而不易造成面对面的冲突，易于被员工接受并付诸实施。但是，前馈控制需要及时和准确的信息，并要求管理人员能充分了解前馈控制因素与计划工作的关系。从现实看，要做到这些是十分困难的，因此，组织也必须依靠其他类型的控制。

2. 现场控制

现场控制也称同步控制或同期控制，是指在工作进行过程之中所实施的控制。具体可分为两种：

（1）驾驭式控制。这种控制是在活动进展过程中随时监测各方面情况的变动，一旦发现干扰因素介入，立即采取对策，以防执行中出现偏差。好比驾驶员在行车中根据道路情况随时使用方向盘来控制行车方向。

（2）关卡式控制。这种控制规定某项活动必须经由既定程序或达到既定水平后才能继续进行。如企业规定，某产品售价能否调整或某项投资是否继续都要经过有关主管人员的同意，以及生产过程中对在制品质量进行分段检验等，这些都是关卡式控制。

现场控制有助于及时发现和解决问题，但也存在弊端：①使用容易受到管理者的时间、精力和业务水平的制约。管理者不能时时事事都进行现场控制，只能偶尔或在关键项目上使用这种控制方式。②应用范围较窄。一般地，对于便于计量的工作较易进行现场控制，而对一些难以计量的工作，就很难进行现场控制。③现场控制容易在控制者与被控制者之间形成对立情绪，影响被控制者的工作积极性。

3. 反馈控制

反馈（feedback）是把信息的输出又反过来作用在输入端，从而对输入产生影响的过程。反馈控制是在工作结束或行为发生之后进行的控制，常称作事后控制。这种控制主要把注意力集中于工作或行为的结果上，通过对已形成的结果进行测量、比较和分析，发现偏差，依此采取措施，对今后的活动进行纠正。比如，企业发现不合格产品后追究当事人的责任且制定防范再次出现质量问题的新规章；发现产品销路不畅而相应作出减产、转产或加强促销的决定；以及学校对违纪学生进行处罚等，这些都属于反馈控制。其主要弊端是，在矫正措施实施之前，偏差、损失已经产生，只能亡羊补牢。反馈控制可在如下四方面发挥作用：（1）在周期性重复活动中，可以避免下一次活动发生类似的问题。（2）可以消除偏差对后续活动过程的影响，如在产品在出厂前进行最终的质量检验，剔除不合格品，避免不合格品流入市场后对品牌信誉和顾客满意度造成不良影响。（3）通过总结经验教训，了解工作失误的原因，为下一轮工作的正确开展提供依据。（4）可以提供员工奖惩的依据。因此，在实际工作中，反馈控制得到了相当广泛的应用。

总的来说，上述三种控制各有优缺点。有效的控制不能只依靠某一种控制方式，而必须根据特定情况将不同控制方式各有侧重地结合起来使用，以取得最佳控制效果。

（二）负馈控制和正馈控制

根据控制目的，控制可以分为负馈控制和正馈控制。前文述及控制的作用体现在纠偏和调适两方面。结合图 13－6 所示的管理工作循环图，纠偏和调适适用于不同的控制对象：前者是为了使执行结果符合控制标准的要求，为此需要将管理循环中的实施环节作为控制对象；后者则是为了使控制标准发生变化，以便更好地符合内外部环境条件的要求，其控制对象为计划环节，即控制对象包括了控制标准本身。图13-6中处理行动A_1和A_2分别代表这两类不同的控制，它们实际上就是负馈控制和正馈控制。

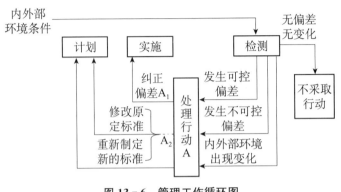

图 13-6　管理工作循环图

1. 负馈控制

这是传统意义上的控制概念，指按照计划标准衡量所取得的成果，并纠正所发生的偏差，以确保计划目标的实现。负馈控制的目的是纠正偏差，以保持组织的稳定运行。

2. 正馈控制

指根据情况变化对原定的控制标准和目标做适当的调整和修改，以便把不符合客观需要的活动拉回到正确的轨道上。正馈控制的目的是，通过对控制标准和目标的适当修正，确保组织对内外部环境的适应性。

有效的控制系统应实现负馈控制和正馈控制，也就是纠偏和调适这两种功能的有机统一。举例来说，一家公司如果预料到生产所需的原料将出现市场短缺，现在就可能需要增加储备，提高库存水平；企业如果发现产品供大于求、价格大幅下跌，就需要改变原定的生产计划，减少或停止该产品的生产。上例中，原料短缺时增加储备，是缩小偏差的负馈控制；而使作为控制标准的合理库存量和产品产量水平发生变更，便是适应环境条件的正馈控制。保证预期水平的达成和改变预期需达到的水平，是既对立又统一的两种不同的要求。

当然，在现实中要处理好这两方面控制工作的关系确实不容易。一方面，提高适应性的正馈控制有时很容易被用作无视控制的借口，以以前的标准不再是合理的为由，称控制是行不通的，从而不再严格地进行控制（指负馈控制）。而这样做就会导致系统运行的不稳定、不平衡。另一方面，平衡不应该是静态的。现代企业面临复杂多变的环境。环境条件的改变，意味着计划的前提改变了，如果还僵化地依照原先设定的控制标准，不做任何调整，那么组织很快就会衰亡。现代意义上的控制应该持一种动态平衡的观念，应能促进被控制系统在朝目标前进的同时，适时地根据内外部环境条件做出调整、适应和变化。现代企业控制的难点就在于，如何妥善地处理好负馈控制与正馈控制的关系。延伸阅读13-2以冷战时期美苏军备竞赛为例，说明正馈控制与负馈控制的区别与关联。

延伸阅读 13-2　冷战时期的美苏军备竞赛

（三）综合性的分类

综合考虑以上两种分类角度，把基于控制目的分类与基于控制信息获取时点的分类结合起来，就形成了如下四种细分的控制类型：

（1）负反馈控制。其内涵是负向（纠偏）的反馈控制，也就是在比较现有工作实绩与控制标准的差距后纠正执行活动。如上所述，反馈其实就是后馈，指的是利用所输出的结果（即事后的信息）对输入产生作用。在这个反向作用过程中，如果反馈信息起到了削弱原来输入的作用，就称为负反馈控制。

（2）正反馈控制。指正向的反馈控制。与负反馈控制对比，如果反馈信息在输出对输入反向作用过程中是起到增强输入的作用，就称之为正反馈控制。其内涵是指在比较控制标准与现实条件及环境要求的差距后调整控制标准，使原有的趋势得以强化。贫者愈贫、富者愈富或者赢者通吃都体现了正反馈控制。

（3）负前馈控制。指的是在预测工作实绩变化基础上纠正执行活动。其作用的实质是，未雨绸缪，缩小偏差。

（4）正前馈控制。指的是在预测环境条件变化基础上调整控制标准。其作用的实质是，把握潜在机会，以图拓新发展。调适功能的实现，在很大程度上依赖于这种控制方式。

通常来说，在较低层次的控制中，以稳定为目的、负反馈控制为手段的事后反应性控制占据主要地位；随着组织层次的提高和环境变化的需要及责任的加重，以变革和适应为目的、正前馈控制为手段的前瞻性控制的比重会越来越大。前述战略控制中对战略规划型和战略控制型控制模式的划分，也体现了控制工作类型的区别。战略控制应该站在更高的角度看待问题，不能局限于纠正眼前的、内部的具体执行工作。

延伸阅读 13-3 具体说明了正、负反馈控制在战略控制中的应用。在已建组织的战略管理中，正、负反馈控制往往结合起来使用。正

延伸阅读 13-3 战略计划执行中的正、负反馈

前馈控制作为前瞻性控制的手段，因为是在计划执行过程中采用的，所以被视为控制，但本质上亦是规划工作的一部分。这表明，控制与规划是不可分割的管理活动。

五、控制的过程与方法

控制工作有很强的科学性。联想集团把复盘列为公司三大方法论[1]之一，强调公司上下要做到小事及时复盘、大事阶段性复盘、事后全面复盘。联想所推行的包括回顾目标、评估结果、分析原因、总结经验在内的复盘流程，彰显了控制工作的意义与典型过

---

[1] 方法论与方法之间具有联系，但在抽象与具体程度上不同。方法是指在具体情况下的事情处理，与之对比，方法论是由一个个事情解决方案抽象、归纳、总结而来的，因此比方法更深入了一个层次，是对事情处理规律的总结。

程，详见实例 13 - 2。

联想式复盘

"复盘"一词来源于围棋。2001 年，柳传志将"复盘"引入联想集团，强调对于一些重大的事情要定期进行复盘，以便发现问题、找出方法，为日后的工作提供指导。他说，所谓复盘，就是一件事做完了以后，无论成功或者失败，都要重新演练一遍，分析当时的目标是什么，当时做的时候以为环境会怎么变化，怎么做的战略，怎么执行的，最后结果又如何，每次都不断地总结，慢慢地就会总结出一些带有规律性的东西。

柳传志借用复盘概念强调要通过复盘对各项工作进行回顾总结，不断检验和校正目标，不断分析得失便于改进，不断深化认识和总结规律。

在联想早期，复盘工作更多叫总结，2006 年联想进行了文化梳理，在联想的组织文化中，除核心价值观之外，另一重要组成部分就是概括为"目的性极强、分阶段实现目标、复盘"的方法论。复盘的本质是基于核心价值观进行自我反省，强调开放心态、坦诚表达、实事求是、反思自我、集思广益。复盘的目的，是考察当初制定的目标和现在达成的结果之间的差异，根据差异分析原因，寻找解决方案，并开展后续的行动，通过不断检验和校正目标，不断分析过程中的得失，不断改进，不断深化认识和总结规律。

在联想，复盘工作有一套规范的流程。首先，在整个公司中成立一个复盘的项目小组，梳理公司的项目；其次，小组会根据所有项目的历史情况、现在的结果以及小组对事情的反思和总结，写出复盘报告。在复盘概念引入后的 10 年时间里，联想已经总结出复盘文档 240 多个。

联想的复盘过程包括四个步骤：（1）回顾目标：回顾当初的目标或期望的结果；（2）评估结果：对照原来设定的目标，看完成情况如何；（3）分析原因：仔细分析事情成功或失败的关键原因；（4）总结经验：既包括得失的体会，以及是否有规律性的东西值得思考，又包括下一步的行动计划。联想把这一套规范流程提炼为复盘的方法论，不仅在国内持续推行，还向海外团队推广。

柳传志强调复盘的重要启发有四点：（1）企业处于上升期时，也是最适合开展下一步布局的时候。公司的"一把手"与核心管理人员，一定要吃着碗里的饭，看着锅里的饭，再种着地里的田。如果等到碗里没有饭的时候才去做锅里的饭，就来不及了。（2）主观努力很重要。比如，20 世纪 80 年代，联想还是很小的公司，没办法拿到 PC 生产许可证，只能转战香港，为了站稳脚跟，只能努力地用各种办法证明自己。（3）复盘者要敢于否定自己，尽量不谈客观条件和环境，从自身出发，把根本原因找到，看清事物的本质。而且，复盘要反复地做，慢慢地就会从中找到规律，改进未来的工作。（4）高层管理人员一定要"退出画面看画"，退出来看全局。我们在做一件事情时，完全沉浸在具体的工作步骤中，往往会忘了根本目的和全局。以一种局外人的角度重新推演一遍，会获得一种站在画面外看画的从容，给自己理智地重新思考的机会。

（一）控制过程的基本步骤

控制过程一般由以下三个基本步骤组成：

（1）制定控制目标，确立控制标准。控制目标、控制标准是控制工作得以开展的前提，是检查和衡量实际工作的依据和尺度。没有控制目标、控制标准，便无法衡量实际工作，控制工作也就失去了目的性。设定什么样的控制目标、控制标准，是控制工作启动之时就要首先作好决策的事项。延伸阅读 13-4 说明了以效率为控制标准的隐患。

延伸阅读 13-4　以效率为控制标准的隐患

（2）衡量实际工作，获取偏差信息。信息是控制的前提和基础。偏差信息是工作实绩与控制标准之间所发生偏离程度的信息。了解和掌握偏差信息，是控制工作的重要环节。如果没有或无法得到这方面的信息，就无法知道是否应该采取纠正措施以及纠正的力度，这样控制工作便无法正常地开展。为获取有关实绩的信息，管理者需要全面地考虑衡量的项目、衡量的方法、衡量的频率和衡量的主体等问题。在得出实绩后，将之与控制标准进行比较，确定有无偏差，并判定偏差是否超出可容许的限度。若是，则控制过程进入下一步骤。

（3）分析偏差原因，采取纠正措施。任何控制行动都是针对问题及其产生的原因而采取相应的解决对策。控制措施、对策、办法的提出必须建立在对偏差原因进行正确分析的基础上。不正确的归因会导致控制行动的低效、无效甚至产生负效果。

以上步骤是着眼于纠偏的功能而言的。但积极的控制还应包括调适的功能。从调适的角度看，控制工作过程的步骤会有些变化。比如，第二步要改为检测计划执行中内外部环境条件已发生或将发生的变化；确定差距也不是进行实绩与控制标准之间的比较或者实绩在历史水平或横向水平的比较，而主要是查看有关控制标准、指标或目标之间是否平衡一致，查看决策前提的变化及决策本身的连续控制。此外，第三步针对差距采取措施，也不是着眼于纠正计划执行不力所引起的偏差，而要更多考虑原控制标准制定不合理或内外部环境条件变化这些方面的问题；其行动措施的结果，不是促使实绩向控制目标、标准靠近，而是使控制标准本身发生变化。

总之，控制系统是由控制标准和控制目标、偏差或变化的信息，以及纠正偏差或调整控制标准和控制目标的行动措施三部分要素构成的。这三个要素共同决定了控制系统的效率和效能，因此它们也就是有效控制的基本条件。

（二）控制工作的实施条件

（1）具有明确的控制标准和控制目标。控制工作的目的性可以表现为使实绩与控制标准、控制目标相吻合，或者使控制标准、控制目标获得适时的调整。有效的控制系统不仅要能使执行偏差得到及时纠正，还应该能够促使管理者在现实情况（内外部环境条件）发生较大变化时对原定控制标准或控制目标做出正确的修正和更改。

（2）具有及时、可靠、适用的信息。信息是控制的基础。只有掌握了有关执行偏差或环境变化的足够信息，管理者才有可能作出有针对性的决策。

（3）具有行之有效的行动措施。管理者应能够通过落实所拟定的措施方案，使执行中的偏差得到尽快纠正，或者形成新的控制标准和控制目标。

（三）控制工作的基本原则

（1）控制应该同规划与组织相适应。管理的各项职能相互关联、相互制约。控制的目的是保证规划得到顺利实现，它就需要依靠组织中的各单元、各部门及全体成员来实施。所以，控制系统和控制方法应当与规划和组织相适应。

（2）控制应该突出重点，强调例外。这一原则要求管理者在一个完整的计划执行过程中选出一定的关键点，把处于关键点的工作预期成果及其影响因素作为控制的重点。在这样的情况下，管理者不必完全了解计划执行中的全部具体细节，就能达到对工作有效控制的目的。

（3）控制过程应避免出现目标扭曲问题。组织在将规则、程序和预算这些低层次的计划作为控制标准时，容易发生目标与手段相置换的问题，错将第一层次的手段作为控制目标。管理者在控制工作过程中要特别注意次一层级控制标准的从属性和服务性地位，这对于成功、有效地实施控制至关重要。

（4）有效的控制需要将财务控制与非财务控制有机地结合起来。有效的管理控制系统应该是一个综合性的完整的控制体系，它能将企业各方面的情况以整合、一体的方式反映给高层管理者及有关人员，使他们对组织绩效有全面的把握。平衡计分卡法，就是将传统的财务评价与非财务评价结合起来，从与企业成功经营关键因素相关联的方面建立绩效评价指标的一种综合控制方法。这种方法涵盖四个主要的绩效评价领域：财务绩效、顾客服务、内部业务流程及学习和成长。

（5）控制工作应注重培养组织成员的自我控制能力。生产和业务活动一线的广大员工，是各种规划、决策的最终执行者，所以，员工进行自我控制是提高控制有效性的根本途径。当然，鼓励和引导员工进行自我控制，并不意味着可以对员工放任自流。员工的工作目标必须服从于组织的整体目标，并有助于组织整体目标的实现。管理者要从整体目标的要求出发，经常检查各单元和员工的工作效果，并将其纳入企业的全面控制系统。

深化学习 13 - 2　管理控制工作的五项基本原则

深化学习 13 - 2 详细说明了这五项原则的表现及适用情境。

小　结

1. 领导工作是指领导者对组织中的群体或个体施加影响的过程，领导力就是反映这一影响过程中领导行为有效性的各种领导能力的总称。因为与人的因素密切关联，领导工作相较其他管理活动具有更多的艺术性。

2. 领导所影响的对象包括个体层次、关系层次和集体层次三个层次。产生影响的可能是领导者个人，也可能是组织。领导者在组织内所发挥的个体层面的领导力，取决于领导者自身、被领导者和领导工作情境三方面因素的综合作用，组织层面的领导力则意味着从依靠人领导转向依靠制度领导。

3. 制度型领导是组织层面的领导行为，指领导者通过制度工作将个体领导力根植于组织体系中，实现组织持续稳定发展的过程和结果。制度工作的任务，就是在组织内部形成一个由制度目标价值、制度规则体系、制度保障措施和制度调整对象构成的制度系统，使组织制度承载部分领导力的功能，具体包括意义导向和实务导向的制度化领导力。

4. 规划与控制是同一事物的两个方面，两者常常相互交织地联系在一起。主张以规划为起点的"规划—组织—领导—控制……"管理过程模式，是以组织的运行由零起步作为假设。对于非初创企业来说，控制既是一个管理工作过程的终结，又是一个新的管理工作过程的起始。

5. 控制工作是通过对组织内部各种要素及其与外部环境的关系进行调节，以保持动态平衡状态的一项管理活动。控制的作用有两个方面：纠偏，即限制偏差的积累；调适，即适应环境的变化。与这两种功能对应的控制方式，分别称为负馈控制和正馈控制。

6. 控制具有目的性、整体性、动态性和人性化的特点。从目的性角度看，需要根据欲求标准的明确程度和对因果关系的认识是否完全两个维度来选择合适的评估标准，以之作为控制的依据。

7. 控制的主要内容包括任务控制、财务控制和战略控制。任务控制是针对基层生产作业和其他业务活动而直接进行的控制，关注质量、数量、期限和成本标准的完成情况。财务控制是以责任发生制为基础的控制，指利用财务数据观测企业的经营活动状况，以此考评作为成本责任中心、收入责任中心、利润责任中心或投资责任中心的各类业务单元的工作实绩，控制其经营行为。战略控制是指在战略实施过程中，对战略方向目标及若干具有战略性意义的财务和非财务绩效指标进行控制。总部对不同业务单元的战略控制具有强弱程度的差异。

8. 按照分类标准的不同，控制可以有各种各样的分类法。根据控制信息获取时点不同，将控制划分为前馈控制、现场控制和反馈控制三类。根据控制目的的不同，区分为正馈控制和负馈控制。两类的结合可形成正反馈控制、负反馈控制、正前馈控制和负前馈控制。一般地说，任务控制以纠偏功能的负反馈控制为主，战略控制以调适功能的正前馈控制为主。

9. 从控制的工作过程看，控制系统由控制标准和控制目标、偏差或变化的信息，以及纠正偏差或调整标准和控制目标的行动措施三部分要素构成。

10. 平衡计分卡法是将传统的财务评价与非财务评价结合起来，从与企业经营成功关键因素相关联的各个方面，包括财务绩效、顾客服务、内部业务流程及学习和成长，建立绩效评价指标的一种综合控制方法。

思考与讨论

1. 领导者在组织中的所有行为都是领导行为吗？为什么？

2. 直线管理人员与职能参谋人员在组织中的领导力各自是如何体现的？你认为职位在多大程度上对领导力产生影响作用？

3. 从指挥（directing）到引领（leading）再到领导力（leadership），这组概念的变迁说明了领导工作的内涵有什么演进？

4. 领导者在职位权力基础上产生的领导力是个体化领导力还是制度化领导力？为什么？

5. 试讨论让组织制度承载部分领导力的必要性与可能性。

6. 制度工作中所构建的规则体系如何承载意义导向的制度化领导力和实务导向的制度化领导力？试举例说明。

7. 有观点指出，领导工作应该对人不对事，控制工作则应该对事不对人。你如何看待这一观点？试结合管理工作的类型区分加以说明。

8. 企业以"同业之最"作为标杆进行对标，补短板、强弱项，这属于哪一种控制方式？其控制标准的选择有什么特点和利弊？

9. 以稳中求进为准则，相比冒进或者守成来说，对控制工作有什么独特要求？

10. 联想把复盘工作的过程总结提炼为一套规范的流程，作为方法论来推广，这与组织的领导方式有关吗？具体是如何关联的？

11. 与发展期相比较，企业在转型期复盘的重点和方式有什么主要特点？对于当前实业界正在如火如茶地开展的数字化转型来说，复盘具有什么价值？

第14章

管理决策

学习目标

● 理解决策的含义及其在管理工作中的作用，认识决策有效性的标准与决策的主要特点，了解决策的构成要素与基本类型。

● 理解组织中复合决策网络与单项决策过程的内涵，认识决策的民主与集中及决策权的配置方式。

● 认识决策主体权威性的本质，了解"无差别区"和"期待区"概念的异同，领会决策受体立场的必要性。

● 理解决策事实前提和价值前提的含义，领会组织在分权决策中实施决策前提影响的重要性，认识决策问责制运行中预防式问责与追责式问责的区别。

● 理解决策的有限理性与满意化准则，领会"手段-目的链"关系原理，认识实质理性与程序理性、因果逻辑与后效逻辑以及适当性逻辑下决策过程的异同。

通过本章的学习，你将掌握从"管理人"与"经济人"角度对决策工作性质的不同认识，理解决策与抉择概念的区别以及过程理性的意义（重点），领会决策作为全过程概念的实质及其对组织中决策行为管理的启发（难点）。深入思考如何运用习近平新时代中国特色社会主义思想的世界观、方法论和贯穿其中的立场观点方法进行管理决策问题的理性分析、充分论证和科学决策（思政主题）。

引例

窘境中的 B 公司出路何在？

B 公司，同第 12 章引例中的 A 公司一样，也曾是那家大型技术产品公司下属的电子产品制造厂，在业务剥离出售中被一个投资家购得。它位于市郊，厂房新而宽敞。得益于前期电子行业的兴旺发展，B 公司也取得了不错的业绩，年销售额达 4 800 万元，有480名员工。在变更所有者之前，B厂虽然与A厂规模不相上下，但在盈利方面要逊于A厂。不过市场很大，员工期待着将来的扩展与繁荣。投资家包景明也很清楚该厂当前的盈利状况与A厂差距不小，但他更看好员工的素质与激情。

交易后，包景明有选择地留用了部分原管理人员，外聘了一个电子研究所的所长罗奇来担任公司总经理。B公司设有与A公司相似的管理部门，但新一届管理班子并不相信组织结构图的作用。罗奇认为，自己公司的规模不大，像组织结构图这类东西只能在专家之间制造人为的障碍，而这些专家是需要在一起工作的。他很关心员工的满足感，希望每个人都把自己看作组织的一员，熟悉整个组织的活动。他强调部门之间的工作协调，但不提倡人们在沟通中使用书面文件，也不对人们的工作作出硬性规定。技术部门的一个新员工说："我刚来这里时，不知道自己该干些什么。今天我同技术人员一起工作，明天我又帮助装运部门设计包装盒。但我对公司的整个活动有了比较真实的了解。"

罗奇在正式接到复印机厂设计蓝图之前，于7月8日召开了一次管理层会议，把公司即将接到一项新任务之事面告了各部门负责人，希望大家一接到设计蓝图就开始工作。7月11日，设计蓝图送来了。各部门负责人再次开会讨论这项工作。会议结束时，产品设计部门同意尽快准备制造图纸，方法设计部门和生产部门则一起进行方法设计。

同A公司一样，B公司也遇到了两个问题：一些外购元器件未能按时采购到；装配顺序的设计也是个难题。对于这些问题，各部门互相帮着出主意。各部门负责人及主要人员还每天开会讨论工作进程。产品设计部门的负责人说他知道日本有个货源，从那里可以买到一般供应商无法提供的元器件。果然在7月16日，B公司买齐了装配所需的所有元器件。

7月18日，B公司方法设计工程师和生产主管共同制订出装配计划，准备第二天开始正式生产。7月18日下午，产品设计、方法设计、生产和技术等部门的有关人员聚集在一起讨论并开始第一件样品的试制工作。在试制过程中，他们发现了接线板设计上的那个错误。经过反复检查设计图纸后，所有的工程师都同意接线板设计有误的看法。当晚，产品设计部门和技术部门的人员重新设计了接线板，并修改了制造图纸。次日上午，罗奇得知设计修改的消息后大为吃惊，决定要征得复印机厂认可。复印机厂的设计负责人给罗奇回话说，他们可以按设计修改方案继续工作。7月22日，B公司试生产的100件样品经过质量管理部门的检验后装运出厂。

B公司的所有样品都通过了复印机厂的检验。相比之下，A公司本来就推延了交货日期，后来因返修不合格产品，又进一步拖延了些日子。但复印机厂仍把下半年的生产协作任务交由A公司和B公司共同来承担，而没有把整批订单全部交给其中一家。不过，复印机厂在协作合同中附加了两个条件：一是保证产品无缺陷；二是降低产品成本。在执行合同过程中，A公司通过努力，使单位产品成本降低了20%。就这样，A公司赢得了复印机厂存储器的全面生产协作任务。

在第一轮样品试制中一度领先的B公司，最终却未能获得该复印机厂存储器协作生产合同。面临这样的窘境，B公司该何去何从？是在反馈循环中反思其两轮竞争中败北的教训，还是发掘和总结其中潜而未显的本企业自身优势，另辟蹊径，走出一条相异于A公司的发展之路？对这条路径，在规划的内容和程序上都可以进行创新性的谋划与决

策。鉴于 B 公司与大规模生产所需能力的距离较大，如果实行正反馈控制而非负反馈控制，则可以转向战略升级的发展之路，通过扬长避短，避免与成本领先企业包括 A 公司的正面竞争。从这个例子可以看出，决策渗透在企业经营和管理工作的方方面面。

第 1 节　决策的一般原理

一、决策的含义

"决策"一词通常有名词和动词两种词性。从名词角度来理解，所谓决策（decisions）就是指人们作出的决定、裁决、选择或抉择。从这个概念推演开来，动词意义上的决策（decision-making）很容易被理解为人们在不同方案中所进行的抉择。但这种理解过于简单，也无益于切实提高人们的决策水平。在管理学中，决策是作为"决策制定过程"来理解的，而不仅仅指选择方案、作出抉择的那一时点的行为。决策远比抉择的范围广泛，应当被视为一个全过程的概念。

个人在一生中需要做许许多多的决策。组织也要经常做决策。组织决策与个人决策一样，都要着眼于实现某种或某些特定的目标。所谓组织决策，就是为了实现组织的目标，由组织整体或组织的某个部分作出对组织未来一定时期内有关活动的方向、内容及方式的选择的过程。组织决策所要解决的问题，既可以是对组织活动的选择，亦可以是对这种活动的调整；决策选择或调整的对象，既可以是活动的方向和内容，亦可以是在特定方向下从事某种活动的方式、方法；而决策涉及的时限，既可以是未来一段较长的时期，亦可仅涉及某个较短的时段。

二、决策的作用

管理实际上是由一连串的决策组成的，决策是管理工作的核心内容，贯穿管理过程始终。有人曾对高层管理者做过一项调查，要他们回答三个问题："你每天花时间最多的是哪些方面？""你认为你每天最重要的事情是什么？""你在履行你的职责时感到最困难的工作是什么？"结果，绝大多数人对这个问题的回答都是：决策。可以认为，管理过程是围绕着决策的制定和实施而展开的。诺贝尔经济学奖获得者赫伯特·西蒙甚至强调，管理就是决策。表 14 - 1 列举了各项管理活动中所渗透的决策。

表 14 - 1　各项管理活动中所渗透的决策

管理活动	待决策的管理事项
规划	组织的长期目标是什么？什么战略能够最佳地实现这些目标？ 组织的短期目标是什么？所订立目标的实现难度有多大？怎样实现？ 在企业间关系的导向上，是制定竞争战略还是合作战略？ 组织应采用什么样的规划方法？如何处理计划性与灵活性的关系？

续表

管理活动	待决策的管理事项
组织	直接向我报告的员工应当有多少？组织应当设计多大程度的集权？ 职位应当专业化还是扩大化或者丰富化？ 组织什么时候应当采用不同的结构形式？ 企业是否要打破管理层级制？
领导	对哪些工作加大授权是适当的？ 在给定的条件下什么是最有效的领导方式？ 薪酬体制的变革会如何影响工人的生产效率？如何处理员工情绪低落的问题？ 对于不同类型的员工，促进其跨部门沟通的渠道是什么？
控制	需要对组织中的哪些活动进行控制？怎么控制这些活动？哪些要加以事先控制？ 组织应按照关键绩效指标来严格考核员工吗？ 绩效差异偏离到什么程度是显著的？ 在什么情境下选择正馈控制方法而非负馈控制方法？

不仅管理过程中的各项活动离不开决策，而且整个管理体系的构建也是决策的结果。从第 12 章与本章引例可看出，尽管 A 公司和 B 公司有着同样的出身背景，并且在同一行业中经营，但是剥离出来后各自表现出差异化的行为与结果，展现了不同管理方式下的异构性。在执行大规模生产任务方面，B 公司相对于 A 公司有明显的劣势，但它未必要向 A 公司靠拢，而可以凭借不同于 A 公司的组织管理模式开辟出一条新路。对比而言，B 公司是一家更具民主性、非集权化的企业，A 公司则实行相对更集权化的管理模式。对不同管理模式的选用，在一定程度上与领导者的风格及偏好有关。所以，考察特定决策是怎么作出的，需要关联组织内外的各方面因素。

三、决策有效性的标准

一项决策是好是坏、效果如何，必须得到及时准确的评价，以便于改进决策工作。评价决策工作有效性的主要标准有：

（1）决策的质量或合理性，即所作出的决策在何种程度上有益于实现组织的目标；

（2）决策的可接受性，即所作出的决策在何种程度上是下属乐于接受并付诸实施的；

（3）决策的时效性，即制定和执行决策所需要的时间，它不仅指作出决策的快慢，更是指决策实施到位的周期长短；

（4）决策的经济性，即制定和执行决策所需要的投入是否在经济上是合理的。

以上四个方面的标准必须在决策效果评价中得到综合考虑。有时，一项决策的质量确实很高，但花费了很长时间才制定出来，而且不易实施，或者实施成本过高，那么这个决策并不具备有效性。

四、决策的主要特点

组织中进行的决策具有下述几个特点：

（1）目标性。任何决策都必须根据一定的目标来作出。目标是组织在未来特定时限内完成任务所预期要达到的水平。没有目标，人们就难以拟定未来的活动方案，也就没有标准来评价和比较这些方案，更失去了对未来活动效果的检查依据。旨在选择或调整组织在未来一定时间内活动方向、内容或方式的组织决策，比纯粹的个人决策，具有更明确的目标性。正是从这种目标性角度，我们说组织决策是一种理性的决策。

（2）可行性。组织决策的目的是指导组织未来的活动。组织的任何活动都需要利用一定资源。缺少必要的人力、物力和技术条件的支持，理论上非常完善的决策方案就只是空中楼阁。因此，决策方案的拟定和选择，不仅要考察采取某种行动的必要性，而且要注意实施条件的限制。组织决策应该在结合研究外部环境与内部条件并寻求二者动态平衡的基础上制定。

（3）选择性。决策的实质是方案的选择。没有选择就没有决策。而要能有所选择，就必须提供可以相互替代的多种方案。事实上，为了实现相同的目标，组织总是可以从事多种不同的活动。这些活动在资源需求、可能结果及风险程度等方面均有所不同。因此，组织中的决策不仅要具有选择的可能，即多种备选方案，还要有选择的依据，即选择的标准和准则。从本质上说，决策目标与决策方案两者都是经由选择而确定的。

（4）过程性。决策是一个过程，而非瞬间行动。组织中的决策，往往是包含了许多工作、由众多人员参与的过程，从决策信息的收集、决策问题的确定，到决策方案的拟定、比较和选择，再到决策方案执行结果的评价，这一系列步骤构成了一项完整的决策。如果说决策工作的重点是对拟采用的方案作出抉择，而抉择要有可选择的余地，那么就必须事先拟定出多个备选方案，只有在分析、评估和比较各备选方案优劣的基础上才可能有选择；而要拟定备选方案，要判断组织活动是否有调整的必要，具体的决策问题是什么，需要收集相关的信息。因此，决策不是指作出抉择的那一瞬间，而是由信息活动、参谋活动、抉择活动和评价活动等步骤构成的全过程的概念。延伸阅读 14-1 说明，跳过决策的过程而直接下结论，将作决策的过程压缩成分辨是非的过程，将导致决策错误。应该注意，方案抉择是基于价值前提进行是非、善恶评判，应该与决策过程的其他步骤相对独立。

> 延伸阅读 14-1　在交流中决策，而不是妄下结论

（5）动态性。决策的动态性，首先与其过程性相联系。决策不仅是一个过程，而且是一个不断循环的过程。因此，决策是动态的，没有真正的起点，也没有真正的终点。其次，决策的主要目的之一是使组织的活动适应外部环境的变化。外部环境不断发生变化，决策者必须不断监视和研究这些变化，从中找到组织可以利用的机会，并在必要时作出新的决策，以及时调整组织的活动，从而更好地实现组织与环境的动态平衡。

五、决策的构成要素与基本类型

（一）决策的构成要素

虽然决策活动形形色色，但不论哪种决策，都包含共同的构成要素。

（1）决策主体：组织中的决策者可以是单独的个人或组成群体的机构（如委员会）。

（2）决策目标：决策行动所期望实现的成果和价值。

（3）自然状态：决策时所面临的不以决策者主观意志为转移的情况和条件。

（4）备选方案：可供决策者选择的各种可行方案。

（5）决策后果：采取决策决定的行动所引起的变化或结果。

（6）决策准则：选择方案所依据的原则和对待风险的态度。

深化学习 14－1　决策主体与决策受体的关系

决策的上述六个构成要素之间是密切关联的。例如，决策准则会影响决策者对决策后果的评价，而决策后果又与自然状态和备选方案之间是对应的关系。深化学习 14－1 详细讨论了决策主体与决策受体的关系。

（二）决策的基本类型

决策可以依照不同的角度进行分类。

1. 个体决策与群体决策

从决策主体来看，组织的决策可以区分为个体决策与群体决策。个体决策的决策者是单个人，所以也称为个人决策。群体决策的决策者可以是几个人、一群人甚至扩大到整个组织的所有成员。从广义上说，当决策全过程的活动涉及两人或两人以上时，不论这些人是一般性地参与决策，还是真正作出决策，这时的决策就是一种群体决策。而狭义上的群体决策，仅局限于若干人参加抉择活动的情形。比如，某项决策可能由一个人负责收集信息并进行初步的加工整理，另一些人负责拟定备选方案，最后由某一个主管人员选定一个方案，这时的决策过程尽管也需要多人参与，但抉择活动这一最主要的决策环节仍由单个人来完成，所以在严格意义上仍是一种个体决策。厂长负责制企业中的决策就主要是由厂长个人作出的，尽管其在决策过程中可能接受工厂管理委员会这类智囊机构的咨询意见，相比之下，董事会制企业的决策则通常是群体决策，由集体作出决策方案的选择。

个体决策与群体决策各有优缺点，两者都不可能适用于所有的情况。相对来说，群体决策一般具有两个主要优点：（1）决策质量更高：群体能提供更完整的信息，产生更多备选方案，并从更广泛的角度评价和论证，从而作出更准确、富有创造性的决策。（2）决策接受性更高：群体决策方式易于提高人员对决策方案的接受性。决策参与者更可能鼓励他人接受决策。当然，群体决策的效果也受到群体规模、成员从众现象等的影响。如果决策群体成员不能够真正地集思广益，以一个声音说话，那么决策质量就难以得到提高。再者，从决策群体规模来看，参与决策制定的人员越多，提出不同意见的可能性虽然增大，但也需要花费更多的时间和进行更多的协调来达成相对一致的意见，使得群体决策的效率比较低。因此，组织在决定是否采用群体决策方式时，必须考虑其决策质量和接受性的提高是否足以抵消决策效率方面的损失。

2. 单目标决策与多目标决策

组织决策中应该贯彻什么样的目标，有时很难有统一的标准。根据一个决策过程中决策目标的多寡，决策可分为单目标决策与多目标决策。在单目标决策中，决策行动只力求实现一个目标，因而是相对比较简单的决策。多目标决策，顾名思义就是决策行动力图实现多个目标。比如，个人购买小轿车的决策就需要考虑购买价格、性能、舒适性、耐用性、环保性、操作便利性、维修情况及象征的社会地位等。这些多重目标很难在某一品牌车型中完全实现，所以，购买者作出购车决策时需要妥善地处理多目标间的冲突问题。组织决策经常面临多目标的情况，特别是多重目标企业，需要处理好经济目标与非经济目标的关系。

3. 确定型决策、风险型决策和非确定型决策

这是从决策的自然状态、备选方案及决策后果角度进行的分类。决策的理想状态是确定型决策，即无论这一决策有多少备选方案，各备选方案都只有一种确定的结果。这类决策并不困难，只要推算出各个方案的结果并加以比较，就可判断方案的优劣。风险型决策是指各备选方案的自然状态有若干种，但每种自然状态发生的概率可以客观估计的决策，亦称随机型决策或统计型决策。这种决策下不可确定的只是最终将出现哪一种自然状态。现实中通常最难处理的决策是非确定型决策，即无法在方案实施中预测可能出现的自然状态或者决策后果的决策。由于后果及其出现概率都是未知的，非确定型决策所面临的不确定性通常更大。

4. 程序性决策与非程序性决策

按照决策问题的重复程度和有无既定的程序可循，可将决策区分为程序性决策与非程序性决策两种。

程序性决策是按预先规定的程序、处理方法和标准来解决管理中经常重复出现的问题，又称重复性决策、定型化决策、常规决策。例如，订货、日常生产技术管理等决策总是可以通过规则和标准操作程序来简化决策工作。在一般组织中，约有 80% 的决策属于程序性决策。

非程序性决策则是为解决不经常重复出现的、非例行的新问题而进行的决策，又称为一次性决策、非定型化决策或非常规决策。它通常是有关重大战略问题的决策，如新产品开发、组织结构调整、企业合并或分立等的决策。非程序性决策由于无先例可循，因此更多地依赖于决策者个人的知识、经验、直觉判断和解决问题的创造力等。

5. 经验决策与科学决策

决策方法多种多样。根据决策者是基于经验还是基于科学分析作出决策，可以将决策区分为经验决策和科学决策两大类。

所谓经验决策，是指决策者主要根据个人或群体的阅历、知识、智慧、洞察力和直觉判断等人的素质因素而作出的决策。纵然有许多依赖经验决策的成功事例，但这种决策方法具有如下主要缺陷：决策优劣过于依赖决策者的个人因素，组织兴衰成败与少数决策者紧密相连，"其人存，则其政举；其人亡，则其政息"。在决策问题复杂性、不确定性不断增强，决策影响愈来愈深远的今天，单纯凭个人经验办事难以为继，于是科学决策便应运而生。

所谓科学决策，是指以科学预测、科学思考和科学计算为根据来作出决策。美国耗资上百亿美元的阿波罗计划的成功，就是运用科学决策的范例。科学决策离不开定量分析方法的开发和应用，但过分地追求决策问题的数学化、模型化、计算机化，将使科学决策走进"死胡同"。在决策问题存在不确定性的情况下，依靠专家的直觉判断和定性分析，可能比采用定量方法更有助于形成正确的决策。美国著名的兰德咨询公司在20世纪50年代接受美国空军委托的"如果苏联对美国发动核袭击，其袭击目标会在什么地点及后果如何"课题（该课题系绝密，以古希腊阿波罗神殿所在地德尔菲来命名）时，发现使用数学模型很难准确计算出结果，遂改用专家估计的方法，依靠其独创的行为集结法成功地综合了众多专家的智慧和直觉判断。这种定性决策方法称为"德尔菲法"，广泛地应用于复杂问题的决策中。注意到现代科学决策在技术上的智囊化倾向，各种IT技术被广泛应用于建立专家系统，以提高直觉判断的准确程度。现代意义上的定性决策，已不再是传统的一般经验决策。

6. 初始决策与追踪决策

从解决问题的性质来看，决策可以区分为初始决策与追踪决策两种。初始决策是指组织对从事某种活动或从事该活动的方案所进行的初次选择；追踪决策则是在初始决策的基础上对活动方向、内容或方式的重新调整。如果说初始决策是在对组织内外部环境的某种认识的基础上作出的，那么追踪决策则是在这种环境条件发生变化，或者是组织对环境特点的认识发生变化的情况下作出的。显然，组织中的大部分决策都属于追踪决策。

第2节 决策权配置、决策前提与决策问责

组织中常常同期进行多项决策，且每一项决策往往包含很多环节，涉及众多部门或职位。所以，组织决策是一个复合决策网络。延伸阅读14-2以一个技术项目的融资过程为例，说明了决策过程的复杂性。

延伸阅读 14-2

某项目融资的过程

某公司规定，融资借款合同必须由财务主管签字方可生效。根据这个规定，对于项目融资这样的决策，公司财务主管握有大权，同时他也被要求对此承担相应的责任。但是，该项决策就是由财务主管一人说了算吗？在他在合同上签字之前，该项决策经过了哪些步骤呢？

这家公司在为某一技术或工程项目申请融资前，总工程师要根据下属汇报的信息和

提供的分析结果采取特定的行动。他也许会得出方案,为了能让该项目最终顺利运行,工程技术部门预计需要 400 万元的投资,才能建造出产生预期效果的一种特殊结构的系统。就技术方面而言,总经理可能怀疑该项目所产生的效益是否抵得上为此付出的代价。因此,他对公司是否在该项目上进行这么大的投资,持有比较谨慎的态度。在一次高层会议上,总经理就该项融资的可行性和时机问题,向公司的 CEO 和某些董事征求了意见。

经过这些步骤后,总工程师决定,对该方案的内容进行修改并缩减项目经费,工程技术部门也重新起草了项目计划,将工程费用降到 320 万元。然后,正式拟订了建议书,征得总工程师和有关人员批准之后,提交到董事会。董事们就是否应该批准通过这一项目融资提案进行了多次讨论,最后以多数票通过了。但是,考虑到预算额测算误差存在的风险,董事会建议将融资金额增加到 340 万元,否则一旦工程费用超支 30 万元,公司就会面临尴尬的财务境况。

经过多次论证和讨论之后,公司最后决定采用抵押贷款的方式,以某水平的利率向金融机构借款。董事会还授权财务部门与最合适的金融机构——Z 银行具体洽谈借款事宜。然而,在洽谈过程中,Z 银行不同意该公司有关人员提出的借款利率水平,而且认为融资计划书中工程技术方面的内容需要细化。于是,相关人员又重新按以上过程进行了新一轮的方案修改和讨论,最后财务主管终于在 Z 银行接受的项目融资合同上签了字。

从抉择前的信息收集与方案设计,到合适的贷款方式、利率水平及贷款机构的抉择,再到决策方案的细化与执行,前后涉及这家公司内部的工程技术人员、总工程师、总经理、CEO、某些董事成员、董事会、财务人员、财务主管,以及公司外部的关联银行等。财务主管虽然代表该公司在融资合同上签字,但是并非真正的决策制定者,而是执行者。这项融资决策只是该公司进行的一系列决策中的一项而已。鉴于企业中的决策并不只是单独某一项决策,而是一系列决策的综合,因此需要在组织中发挥集体的作用,并且审慎斟酌决策制度、决策前提以及决策问责。

一、组织中的决策制度

(一)决策的民主与集中

组织中的决策必须贯彻民主集中制。所谓民主,就是让广大成员发表自己的意见,集中就是把大家的意见集中起来,作出统一的决定。民主集中制是一种在民主基础上的集中和集中指导下的民主相结合的制度。民主和集中有机结合,构成两方面的对立统一体。

我国《宪法》规定,中华人民共和国的国家机构实行民主集中制的原则。习近平总书记强调"要保证权力在正确轨道上运行,坚持民主集中制,形成决策科学、执行坚决、监督有力的权力运行机制,督促公正用权、依法用权、廉洁用权"[1]。他多次指出,

---

[1] 习近平在十九届中央纪委四次全会上发表重要讲话强调 一以贯之全面从严治党强化对权力运行的制约和监督 为决胜全面建成小康社会决战脱贫攻坚提供坚强保障. 人民日报,2020-01-14 (1).

民主集中制是我国国家组织形式和活动方式的基本原则，是我国国家制度的突出特点；既充分发扬民主，又有效进行集中，克服了议而不决、决而不行、行而不实等不良现象，避免了相互掣肘、效率低下的弊端。① 民主集中制包括民主和集中两个方面，两者互为条件、相辅相成、缺一不可。②党的二十届三中全会指出，"党中央领导改革的总体设计、统筹协调、整体推进"，"各级党委（党组）负责落实党中央决策部署，谋划推进本地区本部门改革，鼓励结合实际开拓创新，创造可复制、可推广的新鲜经验"；同时"走好新时代党的群众路线，把社会期盼、群众智慧、专家意见、基层经验充分吸收到改革设计中来"。

以民主集中制为组织原则的制度安排，同样适用于企业组织。其根本要求就是，一切重大的问题由适当的集体而非个人作出决策。只有在决策过程中充分发扬民主，在民主的基础上实行集中，把民主和集中有机结合起来，才能够使组织成员的意愿和要求得到最广泛表达和反映，最大限度把组织成员的积极性、主动性和创造性发挥出来。

（二）组织中决策权的配置方式

如图 14 - 1 所示，组织可以从三个维度进行决策权配置，以增强组织决策的民主性。

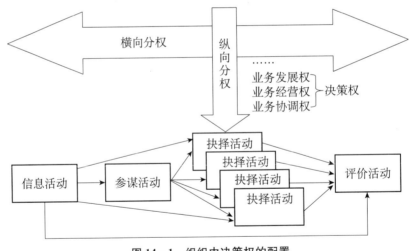

图 14 - 1　组织中决策权的配置

1. 纵向分权、分层决策

纵向分权是指决策权沿着层级链自上而下分散开来，使组织的各个层级都拥有对不同决策事项作出抉择的决策权，整个企业呈现由多个"主脑"进行分布式决策的状态。德鲁克指出，决策应该由尽可能低的层次和最接近行动现场的部门及人员制定，而最低的层次必须是能够全面考虑到受该项决策影响的所有业务活动及管理目标的层次。这表明，特定的决策应该由对实际问题充分了解且顾及决策受体的层次来作出，这样就形成了组织中层级化嵌套的分层决策架构。

---

① 习近平. 坚持、完善和发展中国特色社会主义国家制度与法律制度. 求知，2020（1）.
② 丁向群. 坚持民主集中制必须充分发扬党内民主. 党建，2019（3）.

2. 横向分权、角色分工

横向分权是指决策过程的不同步骤由不同职务的人来完成。通常而言，除了备选方案的抉择活动由某个体或群体作为"主脑"负责之外，还要设置"外脑"辅助决策过程的其他环节。比如，关于哪些事项被列为决策议题或问题的信息收集活动、设计出几种可行的解决方案的参谋活动，以及决策实施情况的评价活动，都可以由"外脑"来开展，使组织决策权流向各职能领域知识型、智囊型专家以及人机结合的决策支持系统和大数据分析者。延伸阅读 14-3 说明，企业智库是由专家群体或专业机构组成，为企业决策者提供信息、策略、方法等咨询服务的智囊组织。

延伸阅读 14-3　企业智库之智、制、治

凌小平在《中国式决策》中指出，决策过程不同环节的工作应该实施明确的角色分工：原则上，要有独立地掌控决策过程的决策组织者，方案裁决者与备选方案提供者最好不要由一个人来担当，方案裁决时要广泛地代表大多数人的利益，且要由干系人尽早独立客观地提出方案裁决的标准。程序上，负责方案裁决的个人或团队需要了解所收集的信息，但不宜与信息收集者直接沟通，以免带入私人感情；方案裁决者不能做出关于备选方案的任何结论或倾向性的暗示，只能告知要实现的目标是什么；方案裁决者可以将决策形成的过程告知信息收集者，明确说明会由方案拟定者来处理收集的信息，还可以指定人员对备选方案进行抉择，自己再对此抉择的结果进行最后的裁决。从组织层级的角度来看，在一个完整的决策团队中，决策组织者、方案裁决者和决策标准制定者的角色，通常由最高管理者担任；备选方案设计者和决策调整者的角色，由中层管理者担任；信息收集者、执行者、执行效果监测者和决策记录者的角色由基层人员来担任。

3. 脑体结合、当家作主

如果组织决策权的纵向分配不局限于管理层范围，而是进一步延伸至基层，这样便形成对一线操作人员的赋权（empowerment），亦称为还权于员工。自 20 世纪初的科学管理运动以来，在管理职能从作业职能中分离的过程中，各类企业都产生了规模越来越庞大的管理队伍，建立起了如金字塔般层层叠叠、机构臃肿的管理组织，基层员工退化为被动地听令行事的执行者，"脑体分离"成为严重影响企业活力与生命力的阻碍力量。向一线员工赋权，使组织权力广泛地流向组织基层，即作业的现场，激发基层员工进行自我管理或者参与管理，有助于消除"脑体分离"的弊端，实现组织的活性化。

"鞍钢宪法"倡导"两参一改三结合"，是中国企业在产业经济民主方面的早期重要尝试。后来，全面质量管理旨在激发基层员工在规定限度内具有做决定和采取行动的知识、技能、职权和欲望。随着各式自我管理小组、流程团队等的设立，亲自做事的人们更具有主体性，更有意愿和能力主动地为实现组织目标而努力，这就是还权于员工的意义所在。近年来，各种"去中心化"的新型商业组织不断涌现，打造出"自由人的自由联合"经济组织的愿景变得愈益清晰。

从"脑体结合"的角度去赋权，让员工代表甚至员工个体有充分的空间和机会去决定或影响组织决策的制定，使其成为企业的主人翁，真正地"当家作主"，是实现"人

的全面发展"目标的根本落脚点，是德性管理的目的之所在。与传统的授权（delega-
tion）囿于管理层内部不同，以还权概念来理解组织内部的权力配置，能够阐明开展管
理工作的主体为什么可以（甚或就应该）是操作者群体自身。在某种意义上说，管理者
的存在，意味着是对原本内嵌于作业活动中的管理权限的某种剥夺。可以认为，通过赋
权或还权，让决策权高度分散于组织的所有成员，切实地使决策的制定与执行环节融合
起来，才能够实质性地推进高程度的民主决策。

当然，组织决策权的配置呈现动态变化的特征。实际中，立足于有效管理的立场，
需要依据不同决策事项以及不同的时空情境进行权力或集中或分散的权变性配置。一般
地，就组织中决策的起因而言，通常有三类：来自上司的指令，来自下属的要求，以及
来自管理者自己的创见。前两类看似属于上令下达或下情上传的"通道性"工作，但管
理者也需要就沟通的具体内容（信息）的解释、传达和运用时机等作出决定。最后一类
是受权者发挥自己的创造性来处理与自身责任范围有关的而其他主体不能有效地处理的
问题。

（三）决策的无差别区

按照所发出命令被下属人员接受的难易程度，巴纳德将管理权限区分为三类：一为
显然不可能接受的；二为可能接受也可能不接受的；三为毫无疑问会得到接受的。第三
类情况，就属于"无差别区"（zone of indifference），或者称为"冷漠区"。只要在无差
别区范围之内，受命令所影响的个体就会毫无疑问地接受命令，而不关心命令的内容。巴
纳德认为，只有同时具备以下四个条件，组织成员个体才会承认一项命令对他是具有权威
性的，会毫无疑问地接受：（1）这项命令是他能够理解而且的确理解了的；（2）在他作出
决定时，他认为这项命令与组织目的是没有矛盾的；（3）在他作出决定时，他认为总体而
言这项命令与他的个人利益是一致的；（4）这项命令在精神和肉体上有实行的可能。

总之，居于管理职位、被赋予决策权限的管理者，并不是像传统管理理论所主张
的那样必然拥有职位所规定的权威，而必须通过有效的管理活动在决策受体中构建出
足够大的无差别区，使其所作决策为相关人员毫无疑问地接受。如果管理者发布命令
时注意提示自己仅发出那些能够得到接受的、处于无差别区以内的命令，则为组织共同贡献力量的参与者往往会愿意维护这类命令的权威性。那么，如何界定无差别区呢？深化学习 14-2 从组织诱因的角度给出了无差别区范围的界定。

深化学习 14-2　无
差别区范围的界定

（四）从无差别区到期待区

在管理行为研究中，西蒙在继承巴纳德思想的基础上发展出"接受区"概念，之后
该概念又进一步被延伸为"期待区"（zone of expectations）[①]。与巴纳德侧重从协作系

---

① Dubnick M J, Justice J B. Barnard's regret：zones of accountability and the limits of authority. Public Integri-
ty，2014，16（2）.

统参与者个人利益不受损的角度考察无差别区不同，期待是来自他人，包括组织中其他
参与者以及整个社会。于是，特定决策对决策受体影响的结果就有了更广泛的责任
内涵。

把关注点从权威是否被接受转变为责任是否被承担，则对决策主体能够自主且负责
任地行使选择能力的期待，就包含了对协作系统参与者的自主性和责任感的同时考量。
如图 14-2 所示，把参与者承担责任的自主性和组织对其行动指向的细密性作为两个维
度同步纳入决策权配置框架，可以区分出四种不同类型的责任期待区及对应的行动者：
(1) 执行类，该类行动者相当于完成所规定任务的工具，其被期待的责任只是遵照命令
行事，责任承担中很少有自主性，任务完成情况被严格控制；(2) 规制类，该类行动者
相当于制度的附属物，制度代替上级命令，使其按部就班地做事，缺乏独立自主性；
(3) 行政管理类，该类行动者拥有手段选择上的自主性，但是对于其行动所要达成的目
标并无话语权，工作结果被严格控制，其责任承担主要是为实现既定目标而在决策的事
实判断环节发挥主观能动性，通过选择合适的行动达成预期结果；(4) 构建类，该类行
动者在目的和手段选择上都拥有自主性，积极地与组织其他成员交互，在协同行动中使
组织的方向目标逐渐成形，以个体能动性的发挥推动构建组织的新特质。

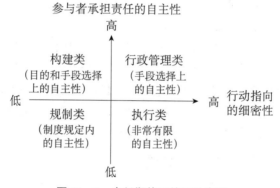

图 14-2 责任期待区的四种类型

在上述四类责任期待区对应的行动者中，后两类相较前两类在承担责任自主性方面
高，第一、三类相较第二、四类在行动指向的细密性方面高。对比而言，第四类行动者
被期待的责任是最大的，其自主性表现在可参与组织决策价值前提的塑造和构建，因此
具有更大的自主选择空间。

二、决策前提

一项合理的可行的决策方案，总是在价值前提的约束下，依据事实前提而引申出判
断与决断。所谓价值前提，是指决策者对事物的好恶取舍，属于决策者的价值观问题，
往往与道德伦理有关。而事实前提是对能够观察的组织内外部环境及其作用方式的真假
说明。通俗地说，在某一时期或者某一部分人作出"方案 A 最好"的选择，实际上就
可能包括如下两个前提假设：一是企业应当追求利润最大化（或其他）目标，或者说追
求利润最大化（或其他）目标是好的；二是方案 A 能实现利润最大化（或其他）目标。

第一个假设涉及企业的最终目标是应当追求利润还是其他，利与义之间如何平衡取舍，只能以道德伦理和价值观为基准进行"应否"或"值不值得"的价值判断。至于方案 A 是否比其他方案更有助于导向最终目标，则是手段性质的"是否"如此的事实判断，只要分析评价方法得当，就可以形成一个比较明确的肯定的结论。

从决策目标的角度来说，如果决策者据以作出方案选择的标准是基于某种价值偏好，那么所选择的方案即便是最优的，也是为实现其所偏好的目标服务的，因此只是一种主观理性。以出门是否带伞的简单决策为例，带伞能否达到遮雨的目的或效果，这是一种事实判断（基于某种客观存在而作出的"是否"如此的判断，主要与实现目标的手段选择相关），是相对客观的。然而，从更高的层次讲，遮雨本身并不是最终目的，而是保护出行者身体健康的手段，或者说只是中间目的。如果下雨，带伞起的遮雨作用将帮助保护身体健康。但如果下雨只是概率事件，实际可能并不下雨，那么带伞又可能徒增麻烦。这样，出行者需要在保护身体健康与减少麻烦之间进行权衡。如果把身体健康放在第一位，那么他就会倾向于选择带伞，但如果认为自己身体健康问题不大而又特别不愿意增添麻烦，那么他就会倾向于选择不带伞。在保护身体健康与减少麻烦之间判断何者更为重要，这是价值判断，因人而异。同样，对于企业来说，一个举措是否有助于实现利润是事实判断，而企业在这一特定时期值不值得去追求利润，则属于与决策目标选择相关的价值判断。日本企业在开拓国际市场时，常常为了追求市场份额而不惜牺牲当前利润，这就反映了决策中的价值判断。与日本企业相比，美国企业在国际化发展中更重视攫取利润。可见，价值判断体现了决策者对特定事物的偏好或好恶等的看法与信念。现实企业中的决策问题一般包含价值判断和事实判断两种因素，只是在不同决策情形下两者的比重不同。组织中的高层决策，通常与决策目标的选择相关，因此更多地涉及价值判断。相对来说，组织低层的决策，主要与实现目标的手段选择相关，因此更多涉及对特定行动方案效力和效率的事实判断。

三、决策问责

强调管理者对其所作出的决策及后果负有责任，能够促使决策者事前对该项决策将影响的决策受体及其所承受的决策后果做到心中有公正的尺度，并且也为决策问责制的确立、错误决策的及时中止和纠正以及事后实施相应的奖惩提供了内在驱动机制与制度保障。

所谓问责（accountability），就是责成承担特定责任的主体对其行为、职责表现等进行解释与说明。建立和强化决策问责制的目的是，树立相关人员责任意识和获取责任信息，以便事前和事中进行监管与督促，而不是出现决策失误后确定罪责的归属和实施惩罚。问责的立足点应该是促使责任主体主动承担责任并提高责任意识，而不是一方追责、另一方避责，片面将问责重点放在事后的惩戒阶段。

问责的本质在于预防，不在于追究。传统的追责式问责试图以制裁代替管理，会诱使相关人员设法推卸责任、逃脱惩罚，导致相关人员不求有功、但求无过。与之对比，预防式问责是为了使组织确立起决策过程与结果的应然状态，促使决策主体把其对相应决策受体所负的责任纳入其决策权限行使过程，从源头上避免出现决策错误或失误。管理决策中的问责，不仅仅是一种事后的负责任行为，还包括促使和引起个体或群体决策者事前采取负责任行为的组织制度设计。这样以预防式问责替代事后的追责式问责，有利于决策主体勇担责任，在决策时克服有责必躲、有责必避和但求无过等消极的心理与行为倾向。

第 3 节　有限理性与决策逻辑

一、管理人的有限理性

理性是人类能够运用理智的能力。理性的管理者所确定的目标必须既是合理的又是有可能实现的，这样的目标才有意义。由于指向未来的目标，在确定时只不过代表了一种可能的状态，为了使这种可能变成现实，就需要管理者从价值前提和事实前提相结合的角度作出理性决策。也就是说，要根据价值前提判定决策目标的合理性，根据事实前提判定实现目标的可能性。

决策是否理性及达到的理性水平，需要以某种准则来评判。赫伯特·西蒙摒弃传统的"经济人"假设，代之以"管理人"假设，提出了决策行为服从有限理性原则而不是完全理性准则的观点。他主张，"管理人"对组织活动方案的选择，通常根据的是满意化准则，而不是最优化准则。

最优决策往往只是理论上的幻想，因为它要求：决策者了解与组织活动有关的全部信息；决策者能正确地辨识全部信息的有用性，了解其价值，并能据此制订出没有疏漏的行动方案；决策者能够准确地计算每个方案在未来的执行结果；决策者对组织在某段时间内所要达到的结果具有一致而明确的认识。然而，以上这些条件在现实中往往是难以具备的。

西蒙认为，意图追求理性但实际上只能达到有限理性的"管理人"，其在决策过程中可以促发和执行相对确定的程序以处理复杂性在一定限度范围内的问题，而且并没有办法改变认知的界限，因为人类本质上不是全知全能的。具体原因是：（1）广义来说，外部存在的一切对组织的目前或未来均会产生或多或少、或直接或间接的影响，然而组织很难收集到反映外界全部情况的信息；（2）对于收集到的有限信息，决策者的利用能力也是有限的，这种双重有限性决定了企业只能制订有限数量的行动方案；（3）任何方案都需要在未来付诸实施，而人们对未来的认识能力和影响能力是有限度的，目前预测的未来状况与未来的实际状况可能有着非常显著的差别，这样根据目前的认识确定未来的行动总是有一定的风险性，也就是说，各行动方案在未来的实施结果通常是不确定的；（4）即便决策方案的实施带来了原来预期的结果，这种结果也不一定就是组织实现其最终目标所需要的。在方案数量有限、执行结果不确定和结果判定不明确的条件下，人们势必难以作出真正最优的决策，而只能是根据已知的全部条件，加上人们的主观判断，作出相对满意的选择。所以，组织决策通常只是有限理性的决策。

二、决策的实质理性与程序理性

（一）手段-目的链关系

鉴于现实中待决策的问题比较复杂，决策者很少能够考虑整个问题，通常只是关注问题的各个部分。因此，问题的分解就是常用的决策方法。西蒙认为，决策过程往往是多次的连续接近，而不是一次性的系统优化。那些制定总体决策的人通常只能从全局上概略地设想各种情况，而把大量有待弄清楚的细节留在下一层级的问题分解中逐步解决，直到已有的手段能够用来实现细化的目标或目的。

一般而言，管理者的目标是追求决策及管理工作的合理性，而合理性取决于为实现特定目的所选择的手段将在多大程度上实现这一目的。手段-目的链关系原理可概括为：（1）明确拟实现的总体目的或目标；（2）发现一系列具体化的实现这个目的或目标的手段；（3）把每个手段当作一个新的下层目标，并发现实现它的一系列更具体的手段；（4）依此类推，直至预期的目标与已知的程序化的手段连接起来，如图 14 - 3 所示。

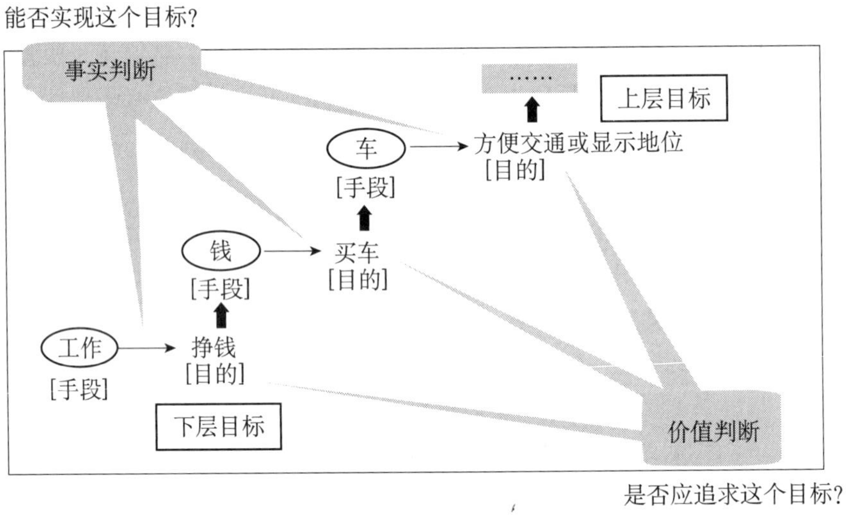

图 14 - 3　手段-目的链关系示意图

图 14 - 3 中的箭头"━➤"显示手段的选择要服从于特定目的实现的需要，而箭头"⬆"表明下层目标与上层手段和目的之间也是有关联的。特定目标是否值得去实现是价值判断，而某一行动是否及在多大程度上支持所服务目标的实现，就是对其作为手段的有效性的事实判断。在总体目标实现的过程中，需要一连串的行动。将各个层次的行动作为手段，与所达成的目标或目的关联起来，就形成手段-目的链关系。通过这条路径，实现总体目标所需的所有各层次行动将相互联系起来，从而构成一条指向最终目标的连续的有效途径。

通常，支配低层次行为的小决策可能在某种程度上更多体现的是事实判断成分，但是，如果将下层目标作为实现上层目标的手段来看，那么下一层次的决策判断要受到上一层次决策目标的制约，从而"目标应是什么"和"目标本身正确与否"的问题就必然包含价值判断成分。可以说，任何决策实际上都包含事实判断和价值判断两类因素，关键是决策者如何处理两者的关系。清楚手段-目的链关系原理，有助于从整体视角理解决策过程中事实判断与价值判断的区别及联系。它表明，如果脱离手段支撑目标或目的实现的链条关系来孤立地看待某一行动，那么决策时容易出现手段与目的本末倒置的问题。

（二）从实质理性到程序理性

手段-目的链关系原理，为管理者进行决策问题分解和连续接近提供了技术方法。以西蒙为代表的决策理论学派的管理学者强调决策程序的理性，以实现满意化而非最优化的决策结果。这促使决策的方法由传统倚重量化分析，转向更注重决策行为和软方法。按照有限理性的主张，决策者需要弱化对特定结果最优化的追求（实质理性），而更加注重搜寻和选择过程的有效性（程序理性）。他们认为，行动选择过程本身的设计，应该成为理性决策的对象。

经济学中的决策者是追求效用最大化的"经济人"，依据最优化准则进行方案抉择，是一种强意义上的理性。它完全受逻辑支配，要求在制定任何决策之前详细列出所有可能方案，然后以成本最小化或利润最大化为准则，从所有可行方案中作出整体最优的抉择，并认为这是保证实现理性决策结果的唯一程序。显然，这种方法在现实中并不常见。西蒙主张，现实中"管理人"是采用满意化准则进行决策，这虽然降低了优化的标准或水平，但可以使行为程序的搜寻和选择过程大为简化，从而使决策过程具有更好的理性。这种理性虽然不是直接针对决策结果的（实质理性），而是针对引致这一决策的过程本身（程序理性），但同样涵盖了对哪一种程序更具合理性的评判和裁决，所以亦属于理性范畴，可将之视为弱意义上的理性。

基于程序理性的考量，有限理性的"管理人"，可以通过问题分解、连续接近和层级化嵌套等方法来缓解其认知局限，以便通过具有程序理性的决策过程给组织带来满意的结果。（1）问题分解。即把复杂的非结构化问题逐层分解为结构化的、可处理的子问题并逐一解决。（2）连续接近。西蒙认为，无论组织还是个人，在决策过程中都可以遵循满意化准则，在决策问题分解的基础上进行系列化步骤的渐进思考，将复杂的判断过程转化为一系列的简单操作。连续接近的程序使得决策问题得以简化，这与传统决策理论的观点截然不同，后者主张从所有可行方案中作出整体最优的抉择，并将其视为保证达到理性决策结果的唯一程序。（3）层级化嵌套。在组织系统中，下层决策可以授权给再下一层级的管理者，即通过纵向分权推进分层决策，上层管理者侧重进行包括事实前提和价值前提在内的决策前提控制。

总之，尽管人的理性是有限度的，但理性所指向的既可以是结果，也可以是过程本身，这样就有了实质理性与程序理性之分。与"经济人"追求效用最大化这样的实质理性不同，"管理人"更关注决策过程的合理性，即程序理性。

（三）从因果逻辑到后效逻辑

从"经济人"的立场来看，为达成决策结果的最优化，往往采用因果逻辑（causation logic）的决策思维。这种思维方式的特点是，基于既定目标去寻找完成目标的最优手段。但是，这要以所追求的决策结果将带来什么样的预期收益为确定的或可预测的作为前提。

萨拉斯·萨拉斯瓦西基于对创业家行为共性的观察，提出了另一种决策逻辑，即后效逻辑（effectuation logic，又译为效果逻辑、奏效逻辑等），以处理新事物产生（如创业）中弗兰克·奈特所称的属于真正不确定性情境的决策问题。在这种情境下，不仅行动的确切结果无法预料，而且结果的性质及发生的概率都只能主观地加以估计，无法被客观衡量，且因人而异。针对不确定性情境下如何做决策的问题，萨拉斯瓦西提炼出一种后效逻辑的系统启发法，将此类行为特征描绘为行动者"是以自己的方式对新事物产生的混乱环境的理性应对"。从这个方面来说，后效逻辑符合各界更广泛使用的弱意义上的理性的定义。

延伸阅读 14 - 4 显示，关注结果（包括财务结果）的传统思维方式对创业问题并不

延伸阅读 14 - 4 公司想要投资某个项目，怎么判断这个项目该不该投？

适用。后效逻辑是一种过程理性，是对创业过程中如何创造新事物的行动原则的总结，本质上是一个使创业者（具有企业家精神的行动者）确立身份并使其行为规则与已识别的不确定性情境相符合的过程。

作为两种对立统一的决策思维方式，后效逻辑在以下五方面与因果逻辑形成鲜明的对比：

（1）以手段为导向，而不是以目标为导向。因果逻辑是基于既定目标去寻找和选择完成目标的手段。与之不同，采用后效逻辑的决策者通常基于一组既定的手段，在行动可能产生的诸种结果中选择相对满意的，再继续下去。他们更关注于手头可利用的资源，包括自身的能力和先前经验（自己是谁）、所认识的成功创业者和所拥有的知识（知道什么）以及所处的社会网络（认识谁），基于这些手段来创造性地构想自己能做什么。其行动的目标往往是在不断实验、试错、迭代的过程中涌现的，决策就是从可能实现的几种结果中作出选择，这被概括为"手中鸟"原则。

（2）关注可承受的损失，而不是期望的回报。风险的概念包含收益与亏损两方面。与奉行因果逻辑的决策者追求预期收益（上限）不同，遵循后效逻辑的决策者关注的是自己可承受多大范围的损失。以可承担损失作为冒险行动的界限（下限），为创业者框定了试错的范围，这是一条被赋予了新内涵的底线原则。

（3）建立合作关系，而非竞争分析。与利益相关者广泛地建立合作关系，在各方预先承诺愿意承担损失范围的前提下结成团队和战略联盟，将其作为控制不确定性和树立进入壁垒的一种方式，这就是"缝被子"原则。

（4）拥抱偶然，而不是规避变化。把非预期变化当作机会利用起来，而不是当作威胁进行规避。在行动中拥抱偶然、善用情境，这就是"柠檬水"原则。它强调保持灵活性，以充分利用行动中出现的意外事件。

（5）控制，而非预见。这是一条总括性的核心原则，意指"如果你控制了未来，就

不需要预见未来"。这犹如在飞机行进中通过驾驭、掌控行动和路线，使飞行的轨迹不偏离设定，因此被概括为"飞行员"原则。它强调行动者主动参与、塑造和把控事情发展方向，而不是在规划中设法预测不确定的未来，从而创造性地去控制一个不可预见的未来。

三、决策者的身份与适当性逻辑

（一）对决策者身份的关注

人们在工作、生活中的行为，是依据理性逻辑进行利益得失权衡的结果，还是按照适当性逻辑以符合自己身份和社会规范的方式行动的结果？举例来说，遇到危险时，依据理性逻辑的当事人会从对危险场景可能导致的后果或结果评价的角度作出解释。他会思考：我有哪些方案可供选择？我预期实现的目标是什么？我采取特定方案或行动后会取得什么样的结果？基于这样的利益计算，理性的决策者作出了逃离危险地的选择。理性逻辑主张，决策是人们出于利益最大化或满意化这一利益计算而作出的结果导向式选择。

与结果导向的理性逻辑相反，詹姆斯·马奇在论著《决策是如何产生的》中指出，决策是由于遵循规则和实现身份而产生的，是某种身份的决策者基于特定行动是否适当（appropriateness）的评判标准而作出的规则遵循式反应。就上例而言，对于普通人来说，遇到危险的时候向远处逃，这样的行为是适当的。而对于士兵来说，在战场上遇到危险也应该坚守阵地，临阵逃跑是不适当的。规则遵循理论认为，人和组织的选择行动不能随意，因为行动者的角色已经被高度制度化。遇到危险时，普通人选择逃离而士兵选择坚守，就反映了不同身份决策者的角色规范与情境的契合。

在社会生活中，很多决策都是以身份和规则为基础的。个体、家庭、非正式团体、企业、政党、国家的决策都依赖于规则，并依赖于行动的标准化、惯例化、合法化。与个体类似，企业组织也具有身份。所谓身份，指的是对自我的概念。规则是指决策者面对内部或外部压力时作出反应的方式或程式。如果某个工商企业希望成为预想中的某类组织，它就必须以特定的方式来行动，以符合人们对其身份的某种描述。只有这样，它才能名副其实地代表自身的身份。马奇提出决策的适当性逻辑，强调行动是通过遵循与身份一致的规则而与决策情境相契合。

在追求结果最优化的实质理性逻辑下，决策是使行动结果与目标相吻合的过程，通常包括备选方案、价值偏好和决策后果等要素。与之不同，适当性逻辑则是使行动与规则体系相吻合的过程。奉行适当性逻辑的决策者会这样思考：我处在什么情境中？我是谁或者想成为谁？具有某种身份的我在此种情境下，采取什么样的行动是适当的？

前述的后效逻辑，是从有限理性角度对决策过程的程序理性的深度考量，并且在一定程度上向决策者身份进行了延伸。在后效逻辑下，特定结果的产生和被选择是两个因素的函数，这两个因素分别是决策者及其合作伙伴可承受的损失水平，以及他们通过战略合作而实现的对未来的控制程度。后效逻辑的侧重点是在特定行动所产生的若干可能实现的结果中进行选择，但对于决策者特征（我是谁）的关注点，主要是资源能力属性，即"能够做什么"，而不是"应当做什么"。后者与决策者身份和规则相关。个体或组织为实现自己的身份，总会遵循一定的规则作出决策。

（二）适当性逻辑下的决策要素

适当性逻辑下的决策，包括如下三方面过程要素：

（1）情境认知。这是问题识别步骤，决策者要对自己所处的情境作出评判。前述例子中，行动者是否意识到其所处的情境是危险的就是情境认知。

（2）身份确立。决策者要对自己是什么身份或所在机构是什么样的组织作出或明确或含蓄的判断。

（3）规则运用。决策者基于对身份特征和所处情境的认知作出何种行为合乎规则的选择。

总之，基于适当性逻辑的决策过程与基于理性逻辑的决策过程是不同的。经由不同的决策过程所产生的决策结果，自然也就不同：前者是选择与其身份最适当的行动，后者是选择能获得最佳结果的行动。从关联的方面看，两种决策逻辑并不截然相斥。如果我们将规则理解为一种约束，在约束条件下进行理性选择，那么理性或有限理性的决策也是规则遵循式的。类似地，如果将逐利视为一条规则（尤其是自利观盛行的社会将之视为具有合法性的规则），那么理性就是由规则遵循所派生的。因此，规则遵循是所有决策的根本。决策主体对其各方面具体决策应贯彻哪一种决策逻辑——理性逻辑还是适当性逻辑，需要作出更为高阶的、具有统领性的选择。

小　结

1. 管理实际上是由一连串的决策组成的，决策是管理工作的核心内容，贯穿管理工作过程始终。

2. 在管理学中，决策是作为"决策制定过程"来理解的，而不仅仅指选择方案、作出抉择的那一时点的行为。决策远比抉择的范围广泛，应当被视为一个全过程的概念。

3. 组织中的决策是一种受约束的自主的行动。不论决策主体是谁，判定决策有效性的主要标准包括决策的质量或合理性、可接受性、时效性和经济性。

4. 组织中进行的决策具有目标性、可行性、选择性、过程性和动态性等特点。决策的构成要素包括决策主体、决策目标、自然状态、备选方案、决策后果和决策准则等。根据这些构成要素的性质和表现不同，决策可分为各种不同的类型，比如个体决策与群体决策，单目标决策与多目标决策，确定型决策、风险型决策和非确定型决策，程序性决策与非程序性决策等。

5. 组织中制定决策的主体，可能是个体，也可能是群体。比较而言，个体决策在效率方面要优于群体决策，但由群体作出决策会使决策质量和决策接受性得到提高。

6. 组织决策是一个复合决策网络，而每一项决策的过程包含收集相关事实的信息活动、设计方案的参谋活动、比较各方案优劣后作出决定的抉择活动和对决策实施结果进行审查的评价活动等。鉴于组织中决策工作的复杂性，可以通过纵向分权、横向分权和"脑体结合"方式进行决策权配置，以增强组织决策的民主性。

7. 决策主体所作出的决策、所发布的命令能否被确立为权威的，取决于决策受体对其决策的接受程度。决策者需要通过有效的管理活动在决策受体中构建出足够大的无差别区，使其决策为相关人员毫无疑问地接受。这种以权力为优先考量而确立决策主体所发布命令的权威性，是基于个人利益不受损的立场。如果把关注点从权威是否被接受转变为责任是否被承担，那么"无差别区"概念宜延伸为"期待区"。

8. 期待是来自他人的，意指对决策主体能够自主且负责任地行使选择能力的期待。从参与者承担责任的自主性和组织对其行动指向的细密性两个维度，可以将行动主体被期待的责任区分为执行类、规制类、行政管理类和构建类四种。其中，后两类相较前两类在承担责任自主性方面高，第一、三类相较第二、四类在行动指向的细密性方面高。第四类行动者被期待的责任是最大的，其自主性表现在可参与组织决策价值前提的塑造和构建，因此具有更大的自主选择空间。

9. 任何决策都是在价值前提的约束下，依据事实前提而引申出来的判断与决断。价值前提是指决策者对事物的好恶取舍，关乎"应否"如此的判断，事实前提是对能够观察的组织内外部环境及其作用方式的真假说明，关乎"是否"如此的判断。组织中高层的决策较多地涉及价值判断，低层的决策更多涉及事实判断。

10. 与"经济人"假设主张决策者是完全理性的、依据最优化准则进行方案抉择不同，"管理人"假设认为组织管理者是意图上追求理性但实际上只能达到有限理性，所以采用满意化准则进行决策。决策者可采取问题分解、连续接近和层级化嵌套等方法来缓解认知的局限，通过具有程序理性的决策过程给组织带来满意的结果。

11. 作为一种对新事物产生的混乱环境的理性应对，关注手头可利用的资源（手段）的后效逻辑替代了最大化预期收益（目的）的因果逻辑。后效逻辑对真正不确定性的情境更具有适用性。

12. 围绕决策者"我是谁"的考量，除了后效逻辑关注资源能力属性（能够做什么）之外，还需要从适当性逻辑的角度考虑身份（应当做什么），使所采取的行动与规则相吻合。身份，是指对自我的概念，规则是决策者面对内部或外部压力时作出反应的方式或程序。个体或组织为实现自己的身份，总会遵循一定的规则作出决策。情境认知、身份确立和规则运用，是适当性逻辑下决策的过程要素。对比而言，在追求结果最优化的实质理性逻辑下，决策是使行动结果与目标相吻合的过程，通常包括备选方案、价值偏好和决策后果等要素。

───────── 思考与讨论 ─────────

1. 为什么说决策是管理的核心？将管理决策与经营决策相对比，两者有什么区别和联系？

2. 管理人员都是决策主体，而作业人员都是决策受体，这一观点对吗？请说明具体理由，并举出反例。

3. 企业组织中的民主集中制与国家机构中的民主集中制，有什么异同之处？试结合国有企业领导体制的改革过程，具体说明在不同时期呈现的民主与集中之间的关系。

4. 决策准备和商议中的民主与决策制定中的集中，决策制定中的民主与决策执行中的集中，是合理的决策方式吗？为什么？

5. 从"共同富裕"目标出发的决策，在多大程度上可以成为程序化决策？你有什么可行方案可提供？

6. 从权益考量的立场和从责任承担的立场对比来看，决策主体的行为有什么重要差异？

7. 有观点认为，目标一定不是根据条件计算出来的，而是根据需要设定的，需要打破限制条件本身。你认同这一观点吗？为什么？

8. 有观点认为，效率型决策通常采取个体决策模式，公平型决策则采取群体决策模式。你是否赞同这一观点？为什么？

9. 如果一家企业选定了以人机系统作为主要的决策主体，你认为该如何判定这一决策的有效性？

10. "手段-目的链"与"目的-手段链"是否可以替换？请阐述理由，并举例说明其具体内涵。

11. "管理人"假设是对哪一种理性的弱化？与此同时，它是否强化了其他形式的理性？为什么？

12. 企业对于决策者"我是谁"问题的关注，会如何影响其对决策逻辑的选用？有哪些备选方案，如何评价其利弊？

13. 结合第12章与本章的引例，试讨论：①你认为 A、B 公司谁的组织模式更好？②假设你是这两个企业的管理者，你会怎么办？③企业战略与组织结构有什么关系？④你个人喜欢在什么样的组织中工作？为什么？⑤企业所有者身份的差异，会对特定企业的管理方式产生什么样的影响？请针对 A、B 公司分别阐述其所产生影响的类型与途径。

《 第15章 》

管理创新

学习目标

● 理解创新与管理创新的内涵和影响。

● 理解管理创新的基本内容、管理现代化概念的整体性和动态性。

● 了解管理创新分类的主要维度及依此划分出的各种类别。

● 认识管理创新过程的主要阶段、企业内外部创新主体在各阶段中的行为及关系。

通过本章的学习，你将掌握全新型管理创新与引进型管理创新的性质和实现过程的异同（重点），领会企业内外部行为主体合作推进管理创新的重要性及基本方式（难点）。思考和把握如何树立守正创新的意识，不断推进中国式管理的与时俱进（思政主题）。

引 例

吉利以管理创新配合技术体系创新

吉利控股集团是一家创建于 1986 年的民营企业，1997 年进入汽车行业。公司凭借灵活的经营机制和持续的自主创新，取得了快速的发展，成为国家创新型企业试点单位和首批国家级汽车及零部件出口基地企业，并被评为"中国汽车工业 50 年发展速度最快、成长最好"的企业。

2008 年全球金融危机爆发，面对严峻的经营环境，吉利通过调整业务结构、推出新产品以及推行产品线利润中心管理模式等管理创新，成功地化危为机。其创新过程是：首先，吉利通过分析行业背景和市场环境，发现随着汽车产业国际化和汽车企业多元化的发展，汽车产品研发、采购、制造、销售、财务管理等各项工作联系日益紧密，对企业各单位、部门间的协作提出了更高的要求。吉利集团内部各环节和各部门虽然都在关注市场和效益，但未能形成一个有机的整体。为确保统一行动，吉利管理层认识到有必要对组织结构进行调整，把市场压力转换为统一行动的动力，以激发组织开展管理创新的热情。然后，基于对行业和管理现状的认识，吉利在参考其他企业矩阵制组织结构设置的基础上，提出产品线利润中心管理模式创新方案，即在不打破现有公司运行模式、核算方法和预算管理的前提下，把同一产品的研发、采购、制造、销售全过程虚拟为利润中心，进行目标管理，以销售为中心，开展服务和协调行动，强化绩效考核，实现对市场需求和质量信息反馈的快速响应。接着，吉利根据创新方案，充分调动组织资源，持续开展管理创新活动，2年内成立11个产品线利润中心，较好地协调了汽车业务研发链、供应链和营销链的关系，初步形成了部门间共同关注市场、质量、效益的管理机制。[1]

2010年，吉利净利润达到138.86亿元，相比上年的12.52亿元，增长了10倍多。就在这一年，吉利以100%股权收购瑞典的沃尔沃汽车公司，成为我国车企跨国并购中的一个"蛇吞象"案例，引起了全世界的关注。随着战略转型进程的加速，吉利奋力向中高端轿车市场进军。在这个过程中，吉利管理层认识到，在日趋成熟的中国汽车市场，除了有丰富的产品线供不同消费者选择之外，还必须有强大的品牌力对产品进行反哺，而这正是自主品牌最缺失的。

为塑造和提升品牌形象，2011年，吉利集团从产品线管理向品牌线管理转变，在吉利母品牌之下构建了"全球鹰"、"帝豪"和"上海英伦"三个整车子品牌，各子品牌彼此并列平等，代表不同的品牌特性和风格，对应全新的Logo。其中，全球鹰旨在传递时尚、激情、梦想的产品理念；帝豪传递豪华、稳健、力量的产品理念；上海英伦则传递经典、英伦、贵族的产品理念，其中包括吉利高档豪华轿车"吉利卓越"。相应地，集团成立了3个品牌汽车公司并投入运营，探索品牌线大矩阵式管理模式。通过这些管理创新，吉利持续改进了经营成效。

从全集团范围看，自2010年收购沃尔沃以后，吉利以扩张模式开启了发展的黄金十年，旗下吉利、领克、沃尔沃等品牌都在各自的市场获得了认可，吉利也走出了一条自主品牌发展之路。2022年开始，吉利启动了"聚焦汽车主业、强化战略协同"的战略调整，在保证品牌个性的前提下，强化后台统筹协同作用，打破以前各自为政的局面。特别是，长期以来吉利旗下各个汽车品牌都有独立的研发、采购及营销部门。随着供应链协同委员会、产品技术协同委员会的设立，乘用车板块的管理将遵循"前台分开，后台整合"原则。不过，虽然各个板块将加强协同，但每个品牌的发展规划、日常管理依旧归各自的董事会、经管会负责。

党的二十大报告指出：创新是第一动力。创新是对既有的事物所进行的替代和更新。从状态来说，创新具有"首先"之意。特定对象但凡进行了创新，就与之前有了不同，有了变化，而不是重复或维持旧有的，所以创新是一种与守旧不同的状态。同时，创新还指创立或创造新的事物的过程及结果。任何领域一旦创立或创造出了新的东西，就是进行了创新。引例中，吉利推出的不同品类、品牌的产品，是创新；先后实行的产

---

[1] 林海芬，苏敬勤. 动态能力对管理创新过程效力影响实证研究. 科学学研究，2012，30（12）.

品线利润中心管理模式和品牌线大矩阵式管理模式，也是创新；当前阶段重视后台整合，强化产品技术协同，亦是重要的创新之举。

基于所发生领域的不同，企业中的创新一般可区分为技术创新和管理创新。技术创新的结果是有形的，具有可观测性，因此往往易引起重视，而管理创新的结果相对无形、不易观测，所以常常没有得到足够的关注。但是，经济发展三分靠技术、七分靠管理，技术与管理需要并驾齐驱。因此，管理学关注的创新问题，应该关联并且超越技术创新，使管理创新贯穿于规划、组织、领导和控制活动的方方面面。尤其是伴随着企业内外部环境条件的变化，企业管理工作要保持和提高有效性，就必须明确地把管理创新作为管理过程中的一项关键支持活动，将其置于与管理决策并重的位置。可以说，没有管理方案的创新，决策的可选范围就大受局限，管理工作也就很难推陈出新。

第 1 节　管理创新的内涵和影响

一、创新和管理创新的内涵与实质

（一）创新的内涵

创新（innovation），指更新、创造新事物或改变现有的做事方式。"创新"亦写作"刱新"，意指创立或创造新事物过程中需要用"刀"来始造。该象形文字暗含之意，与企业家精神所蕴含的"冒险"含义相通，意味着创新就要承担风险，因此，需要具有勇气，才能敢于实施创新。

1912 年，美籍奥地利经济学家约瑟夫·熊彼特在《经济发展理论》一书中首次提出创新理论，将"创新"定义为建立一种新的生产函数，即把一种前所未有的关于生产要素和生产条件的新组合引入生产体系，以获取新的潜在利润。这个新的组合包括五种情形：引入一种新的产品或者某产品的一种新的特性；采用一种新的生产方式；开辟一个新的市场；获得原材料或半成品的一种新的供应来源；建立一种新的企业组织形式。可见，熊彼特所说的新的生产函数，并不仅是技术层面的，而是更倾向于商业层面的。

彼得·德鲁克认为，任何改变现存物质财富、创造潜力的方式，都可以称为创新。创新是企业家把变化作为抓住不同业务与服务领域中的机遇的特殊工具，创新出现在企业的各个阶段，发生在企业的所有领域、所有部门、所有活动之中。创新是新思想的运行，是付诸行动的一切新的想法。

创新是企业家精神的一种体现（另一种体现是创业，即新企业的设立）。沙伦·奥斯特主张，企业追求更高回报的方式之一，就是在其他组织觉察到之前抢先寻求并抓住有利的机会。这意味着创新是企业的生命线。在当今时代，企业的竞争优势不能止步于物美价廉，而要越来越多地承载于"新"。通过具有企业家精神的创新行动，企业才能够比竞争对手更快和更有效地捕获稍纵即逝的、有吸引力的市场机会，形成独有的发展机遇和更好的生存空间。不创新则灭亡，是动荡多变时代企业存续的一个不变法则。

习近平总书记反复强调创新的重要性，认为创新是引领发展的第一动力，是建设现代化经济体系的战略支撑。他明确指出："创新是一个民族进步的灵魂，是一个国家兴旺发达的不竭动力，也是中华民族最深沉的民族禀赋。在激烈的国际竞争中，惟创新者进，惟创新者强，惟创新者胜。"① 在迈向中国式现代化的新征程中，习近平总书记强调，要坚持创新在现代化建设全局中的核心地位，并对加快实施创新驱动发展战略进行部署。

在企业这一微观主体中进行的创新，就是将国家层面战略部署落地实施的重要一环。企业管理中之所以要高度重视创新，可以从微观和宏观两个层面来探明缘由：在微观层面，创新是一种具有远见、洞悉环境变化和富有冒险精神的发展能力，意味着企业找到了新的使命或者更好地完成现有使命的途径，由此获得新的竞争优势和生存环境；在宏观层面，创新反映了一个社会的整体面貌，意味着全社会在持之不懈地追求某种新的价值，由此获得新的发展资源和进步动力。因此，不论在哪一层面，管理者抓创新就是抓住了发展机遇，谋创新就是谋划了未来。管理者需要以"创新是第一动力"为根本遵循，不断追求新发展，确保其所服务的组织能够长盛不衰。

（二）管理创新的内涵

时间在推移，企业在发展，一成不变的管理是不可行的。企业某一管理实践，与现状相比，如果为新时，就可以认为该企业发生了一定程度的管理创新。伦敦商学院管理学家朱利安·伯金肖将管理创新定义为：组织中管理活动的形式、质量或状态随时间推移而发生变化，这种变化代表了与过往做法的重大背离，是一种新颖的或前所未有的变化。

管理创新也是由一系列决策构成的。管理创新活动通常包括识别企业管理工作中所面临的新问题，探索可行的方案并进行细节设计，对可能不止一个的新方案进行抉择，然后付诸实施并进行效果评价的完整的决策过程。该决策的结果，通常并不是某一项管理举措、管理实务，而是一组方略的组合。

方略②，是指总体的谋划和策略，是在一定历史时期指导全局更好地达成组织目标的行动方案的总称。与方针相比，方略更为具体，是针对某类问题的解决方案；与方法相比，方略具有谋略性、统括性。简言之，管理创新中所决策的方略，或者说所形成的方案集，代表了一种特定的新型的解决问题方式，能够指引同一类问题的化解与处理。

参考李占祥教授《矛盾管理学》一书中的定义，所谓管理创新，就是管理者及其组成的管理组织以新思想、新方式、新方法等对管理系统或其中某一方面的方略组合进行重新设计、选择、实施与效果评价，以提高管理工作有效性的过程。

① 习近平. 习近平谈治国理政. 北京：外交出版社，2014：59.

② 为便于理解"方略"这一概念，不妨将其含义看作近似于"战略"（strategy），但要剔除其中"战"所特指的意思。从跨学科的角度看，国家治理中的经济方略、国际政治中的制度方略，可供借鉴。这些学科把"方略"的英文 statecraft 从词源学角度拆解为 state 和 craft，前者用以限定行为主体为国家或代表国家的政府、行为客体为国家事务，后者则泛指手艺、工艺或执行某项工作的技巧。这两者组合而成的 statecraft 一词，其字面含义就是指行为主体（国家、政府）处理国家事务的策略、方法和技巧。参见张发林. 经济方略与美元霸权的生成. 世界经济与政治，2022（1）；张发林. 国际政治中的制度方略：内涵、逻辑与策略. 东北亚论坛，2022，31（5）。

（三）管理创新与制度创新、技术创新的关系

以企业为主体的创新通常包括三方面内容，即制度创新、技术创新和管理创新。管理创新作为企业创新的一个组成部分，既是不可缺少的，又非完全独立的，不能从管理本位出发为了管理创新而创新，而应该服务于更好地实现企业目标的需要。

按照汤普森在《行动中的组织》中提出的三层次模型，一个企业组织可以区分为制度层、管理层和技术层三个层面（详见第 5 章）。其中，技术层是相对封闭的组成部分，应该尽可能免受环境波动的影响；制度层负责适应环境的变化，是更为开放的组成部分；管理层是在两者之间发挥媒介作用的组成部分。基于这一区分，企业创新的基本组成成分包含三方面：（1）技术创新，即发生在操作活动中的创新，包括新产品、新工艺、新装备和新系统等形式在内的技术向实现商业化的首次转化。一般地，技术创新与企业的价值创造过程直接相关。（2）制度创新，除了企业产权组织形式、治理结构，还涉及企业与其所处环境之间相互关系及行为规则的变化。（3）管理创新，即发生在管理活动中的创新，指通过引入新的管理要素或者形成新的管理要素组合，以提升管理工作有效性的企业创新活动。

技术创新、制度创新、管理创新构成了企业内部创新的"金三角"结构。首先，就构成而言，三者都是企业创新系统中缺一不可的组成部分，有各自独特的作用。技术创新是企业价值创造的根本和核心，制度创新是决定技术创新能否带来收益和成功的平台与保证，管理创新就是为实现这二者的协同而提供促进和保障的匹配性举措。其次，就关系而言，需要从管理创新与技术创新、制度创新一起构成有机统一体的角度来认识三者的作用，不可让其中某一部分超越整体而独自过度超前。从实质上说，管理创新是企业创新一个不可或缺的组成部分。因此，基于对企业创新活动的系统性认识，企业必须建立起以技术创新为核心、制度创新为基本前提、管理创新为有效保障的协同创新体系。[①]

现实中，企业创新"金三角"各自的重要性并非绝对对等。对于成熟经济体已建企业，由于企业制度在其组织形成之时就已经确定，或者即使初期没有确定但在运行中逐步成型或相对稳定，所以不会时刻把制度纳入创新的范围。相比之下，在转型经济体中，企业制度并未在组织创建之时就充分建立或者尚不健全，这使得制度问题成为企业发展瓶颈而被置于重要的位置。很多家族企业就存在这一情况，需要进行制度创新或变革。我国在实施国有企业改革中，针对改革开放初期曾出现的"以改代管"现象，力图建立起现代企业制度，为此把"产权清晰、权责明确、政企分开、管理科学"确立为社会主义市场经济体制下国有企业改革的目标。这时，从政策到实务层面都不再单方面强调"企业改制"，而是将改革企业制度与加强内部管理相结合，强调制度创新与管理创新齐头并进。

从着眼于"补齐短板"的木桶原理出发，对于制度欠完善的特定类型或特定阶段的企业来说，制度创新同技术创新、管理创新一起成为影响其发展能力与前景的重要因

① 徐向艺，陆淑婧，任劳. 后转轨时代中国企业的协同创新. 山东社会科学，2015（9）.

素。但归根结底，不论要协同的创新是技术创新还是管理创新或是全部同步，管理创新都不是独立存在的，不能够与企业创新其他方面割裂开来而分立地实施。管理层为了显示自己有所作为而大张旗鼓地实施管理创新，可能是非理性之举，会损害企业的利益。

二、管理创新的影响

从理性的角度看，管理创新对企业的发展具有积极影响。这种影响表现在两个方面：一是在企业内外部条件既定的情况下，管理创新的开展将使其与技术创新、制度创新之间有更好的匹配性，提升三者之间的协同程度；二是在内外部环境条件改变的情况下，企业通过管理创新可以与时俱进，避免管理系统不合时宜。企业适应性能力的提升并非一蹴而就，需要在创新过程中持续学习，确保管理工作在环境变化中仍具有有效性。

引例中吉利从产品线管理向品牌线管理的转变，就是管理创新与技术创新保持高度一致的协同表现。技术创新的实现，毫无疑问需要相应的管理创新来提供支持。同时，管理创新与制度创新也必须协同。从企业制度的影响看，吉利作为控股集团形式的民营企业这一组织制度，不仅为强化经营绩效考核提供了动力机制，而且为将利润中心的权、责、利下授到合适的管理层次乃至作为独立法人的子公司奠定了合法性基础。反过来，管理创新又对特定形式组织制度的实现具有加速和保障作用。

任何管理工作都应该具有维持和创新两种功能，管理创新的开展是在更高层次上为企业实现系统维持功能提供依托和保证。让创新渗透于管理过程之中，成了当今时代管理层常态化的主要管理职责。

前文述及的巴纳德关于维持一个协作系统和创造组织道德的认识，反映出管理活动在变与不变之间需要保持一定的平衡，不可厚此薄彼。美国学者加里·哈默尔认为，对现状不满和来源于外部的灵感，都可能触发管理创新，这是就动因而言的。再从结果来看，管理创新可能带来三方面影响：一是对实施该项创新的企业的各种绩效指标的影响；二是对该项创新后续采用者的绩效和合法性的影响；三是给整个社会带来的各种影响。① 黄群慧等国内学者在有关国有企业管理创新的动力分析中发现，越是竞争激烈的行业，处于该行业中的企业生存和发展的压力就越大，就越具有管理创新的动力，以创新求生存、以创新求发展。② 这些表明，企业所处的内外部环境条件作为情境因素，也在管理创新的形成过程中扮演着重要角色。管理创新是企业生存发展中内因与外因共同作用的结果。

延伸阅读 15-1 从空间和时间维度评判管理创新的必要性

---

① Birkinshaw J，Hamel G，Mol M J. Management innovation. Academy of Management Review，2008，33（4）．

② 黄群慧，苏根强，罗振宇．国有企业管理创新的现状研究：对国家级企业管理现代化创新成果的统计分析．经济管理，2001（22）．

延伸阅读 15-1 说明，有关特定企业实施管理创新的必要性及作用，要基于空间和时间维度来评判。

第 2 节　管理创新的内容和类别

一、管理创新的内容

在管理过程中，创新活动是相对于维持活动的另一类活动，它是在探究人类管理活动规律的基础上，着眼于改变管理活动过程与结果的行为，该行为将带来一种新的管理思想或者新的管理行动。管理创新贯穿于整个管理过程，并赋予管理职能要素以新的目标方向和展开方式。对管理创新所包含内容的界定，不同时期、不同国家以及不同学者可能不尽相同。

（一）中国改革开放以来对管理创新的认识

我国对管理创新的重视始于 20 世纪 80 年代初期。当时兴起的管理现代化，是指企业采用新的思想、组织、方法、手段等对管理要素及其组合进行更新，以适应开展现代化大生产和发展社会主义生产关系的需要。当时把管理现代化的内容界定为四大方面：管理思想现代化、管理组织现代化、管理方法现代化和管理手段现代化。

管理思想现代化是管理现代化的主导。实现管理思想现代化，首先要充分认识到管理对于发展生产力和不断完善生产关系的双重意义，促进企业从单纯的生产型管理转变为生产经营型管理，即转轨变型。为此，强调要树立市场、竞争、经营决策、时间效益和改革求进步的观念，这实际上指向了管理理念的创新。其次在管理现代化中还需要改革实施管理的主体，实现管理人员专业化、管理组织高效化，并针对管理客体的性质与演进情况，改革所采用的管理方法和手段，全方位、立体地推行管理现代化。可以看出，管理现代化是一个体系，包括管理思想、管理组织、管理方法和管理手段等方面的现代化，目的是全面地提高企业管理的水平。

管理现代化还是一个动态的概念，是以实现现代管理为目标，推进管理当代化、时代化，不断地与时俱进。因此可以说，管理现代化是过程，其结果是现代管理，置于更一般的语境下，管理现代化就是管理创新，管理创新是管理现代化的本质。

（二）西方对管理创新的认识

在对管理创新的操作化定义中，朱利安·伯金肖从可观察到的变革出发将管理创新简化定义为实施新的管理实践、流程、结构或技巧。

近百年来，西方发生的管理创新名目繁多。为鉴别其影响力，哈默尔提出三条评价标准：某项管理创新是否相比以前的管理实务有了重大差异；是否给其首创或首批实践的企业提供了竞争优势；是否在当今组织中以某种形式保留了下来。以这三条标准识别出西方企业界在 20 世纪实施并延续至今的最重大的 12 项管理创新：科学管理（动作时间研究），科技产业化，大规模项目管理，品牌管理，规范化战略分析，事业部制，急剧分权化（自组织），多企业合作联盟，领导力发展，员工驱动问题解决，成本会计与变异分析，投资回报率分析与资本预算。

在总结这些创新的基本特征的基础上，哈默尔提出，为了促进企业在特定管理过程中取得创新，管理层需要回答如下三大方面问题[①]：

（1）"何人"（who）型问题：该管理过程的主管是谁，谁有权责对其进行创新变革，谁参与变革，以及谁是该管理过程的对象？

（2）"是何"（what）型问题：该管理过程开展的目标是什么？其成功开展与否的标志是什么？该过程开展需要哪些数据或信息的输入，运用哪些分析工具？什么样的事件和里程碑驱动着该管理过程？该管理过程会产生哪些决策？决策制定的标准是什么？

（3）"如何"（how）型问题：这些决策指向哪些主体及如何进行沟通？该管理过程与管理系统中的其他部分如何相互关联？

这里需要说明或修正的是，20世纪初出现的科学管理，并不仅仅是动作时间研究这样的方法创新，其中一个重要的思想是强调劳资双方精诚合作以共同做大"蛋糕"。这实际上是管理理念层面的创新，回答了"为何"（why）型问题。它应该被增补为第四个方面。

管理理念是有关管理者应该做什么的一个相当稳定的包括假定、公认原则及程序规则的体系。管理创新究竟着眼于实现什么目标、为什么要进行这样的创新、为使该项管理创新得以采纳的价值前提，反映了管理层秉持的价值观，并且决定了管理创新的方向和实现的成果。任一管理创新方案的选择，都离不开在特定理念统领下的价值判断。管理创新过程往往伴随着时间和成本上的投入高昂，且成功与否还具有一定的风险性。在此情况下，企业为什么要致力于推行管理创新？无疑必须有管理理念创新的指引。

管理者在基本理念上持有什么样的立场，将决定其对管理创新方案和内容的偏好。秉持理性观的管理层相信，管理创新作为一种新的管理实践、流程、结构或者技巧的发明与应用，有助于组织目标的实现。不过，特定管理创新在实际中的采纳，除了决策者的理性选择之外，还可能受到其他理念的影响，包括制度同构、追潮跟风、理论指导等，详见延伸阅读15-2。

延伸阅读 15－2　管理创新的四种视角对比

（三）当代系统观下对管理创新的认识

管理创新实际上是一项系统工程，创新方案的设计需要统筹考虑多个方面。可以认为，管理现代化框架下的管理思想现代化近似于管理理念的创新，管理组织现代化对应于管理主体及与其互动的管理对象的创新，管理方法和管理手段现代化意味着管理职能单要素或其组合方式有了某种程度或侧面的创新。此外，从开放系统的角度看，管理环境的创新也应纳入管理创新的范围。

---

①　Hamel G. The why，what，and how of management innovation. Harvard Business Review，2006.

因此，从较为完整的意义上说，管理创新的内容应该包括管理理念创新、管理职能要素及其组合方式创新、有关管理对象和管理环境的认知的创新及管理情境或应对方式的创新等。依据系统论的观点，这些内容是相互联系、不可分割的，共同构成一个整体。

值得注意的是，有关管理工作的任意一种可供选择的方案，只要是该企业过往并未实行而现在开始实施的，就可以认为该企业启动了管理创新。

二、管理创新的分类维度和类别

管理创新的类别很多。除了依据创新内容进行区分之外，还可以引入其他的维度加以分类。以下基于常用的一些分类维度来概要介绍管理创新的类别。

(一) 基于管理创新程度的分类：突破性与渐进性

根据管理创新程度，可以区分为突破性与渐进性两种管理创新。突破性管理创新是对于现有管理理念、手段和方法的根本性突破。与之对比，渐进性管理创新是在已有管理做法基础上进行的微小改进和提升，是对现有的管理理念、手段和方法进行局部性改进而产生一种新的管理活动。

在环境没有重大变化的情况下，管理者从既有管理理念出发，对现行的管理做法进行适度调整，可以保证管理活动的有效性。这是一种以渐进改良方式进行的创新。而当环境发生了重大变化时，就要求管理者以管理理念的变革为出发点，采用偏离于既有做法的管理行动。这种管理创新往往构成突破性管理创新。

(二) 基于管理创新来源的分类：全新型与引进型

基于管理创新是否来源于本企业创造发明，可以区分为全新型与引进型两种管理创新。全新型管理创新，是指本企业创造或发明出前所未有的全新的管理方略。称之为全新的，不仅在于就世界范围而言其具有新颖性，而且其必须是体系化的管理方案集。在这一情况下，为了申明或表征创造者的权益，或者由于其创新成果难以用某个明确的概念来标识，倾向于把其发明的新做法以"××（企业名）制"来冠名。比如，泰勒制、福特制、丰田制与海尔制，就彰显了特定企业作为权益主体的创造发明。依照伯金肖的操作性定义，发明和实施一种全新的管理实践、过程、结构或技能以更好地实现组织目标的过程与结果，就是全新型管理创新。不过，全新型管理创新由于具有系统性、复杂性和高风险性，是相对少见的，往往间隔数个年代才会出现一次。

与之对比，引进型管理创新是指将行业内外已出现的管理创新成果引入本企业。它只是对于本企业来说是新的。这可进一步区分为两种：其一是应用外界已有的先进成果，但在实践中对其进行了调适，使其更适合本企业的情境和需要，因此有一定的改进和创新之处；二是全盘引进和吸收已有成果，不进行任何的调整改造。如第 1 章引例中，华为引入 IPD 流程，就属于此类创新。但是，这一方式是否合适，也需要因时因地加以考量。从"拿来主义"的立场来说，伴有情境化调适的引进，或许更符合扬弃的主张。因此，实施引进型管理创新的企业，需要在变异度与标准化程度之间作出权衡和决策。

（三）基于管理创新覆盖面的分类：单项创新、体系创新与体制创新

单项创新是指对构成整个管理活动的某些要素进行的创新。体系或结构创新是指在管理职能要素核心概念不变的情况下对于要素组合方式进行的创新。体制创新是指把管理活动系统内部的结构与所处的管理情境关联起来，从系统全局出发进行的整体管理过程与制度的创新。延伸阅读 15-3 中，日本企业在开展全面质量管理过程中形成的 PDCA（计划—执行—检查—行动）循环，及其进一步向 PDSA（计划—执行—研究—改进）

延伸阅读 15-3　质量管理循环体系由 PDCA 向 PDSA 的演进与创新

循环的演化，就是管理体系创新的表现。此外，我国在建立现代企业制度时，把管理与改革结合起来，使企业的经营管理理念和运行方式发生彻底变革，这是一种管理体制创新。可以说，从单项创新到体系创新再到体制创新，管理创新覆盖面逐渐扩大，视域也更加开阔。

（四）基于管理创新轨迹特征的分类：模式内持续改进式、模式间变换转型式与颠覆式

技术创新通常可依据相对于竞争对手或者既有轨迹的差异度而区分为顺轨（沿着某一特定轨道深化发展）、选轨（在两个或更多的轨道上进行方向选择）、转轨（从已有的轨道转向新出现的轨道）等创新方式。[①]以之为参考，管理创新也可以根据与既有管理模式的差异度而区分为模式内持续改进式、模式间变换转型式与颠覆式。越靠后，越具有破旧立新的意蕴。

所谓管理模式，是指围绕特定管理理念而建构起来的一个独特的管理体系，它提供了一套指导管理者如何最好地完成技术和社会任务的规则。一个管理模式通常包含多个管理概念，这些概念时而竞争、时而互补，但有着共同的主题。在特定管理模式及其与企业其他组成部分（尤其是技术和制度）交互的影响作用下，企业会呈现出某种组织范式（organizational paradigm）。组织范式是指用以描述企业作为一个特定组织的基本特征的一组思想。由管理模式的创新扩展到组织范式的创新，其波及或影响范围更大，因此更具有颠覆性。

通观全球管理思想发展史，会发现伴随着四次技术革命浪潮（分别是铁路与蒸汽动力革命、钢铁与电力革命、汽车与石油革命、计算机与电信革命），企业管理模式及在

延伸阅读 15-4　四次技术革命浪潮驱动下管理模式和组织范式的颠覆式创新

其与技术互动基础上形成的组织范式，依次经历了几个周期性的演进。在延伸阅读 15-4 中，兹拉特科·博德罗奇和保罗·阿德勒以新熊彼特理论考察了这一演进过程，发现当创新对象从管理概念上升到抽象度更高的管理模式、组织范式时，其普适性、广泛性和持久性随之提高。

---

① 陈传明. 管理学. 北京：高等教育出版社，2019：340.

在一种既定的组织范式下，组织内部存在着主要模式发展周期和次要模式发展周期，它们作为一对辩证矛盾的两极，既相对独立又彼此作用。在主要模式发展周期内，通常是聚焦于某些概念的渐进性管理创新，但是当该模式固有问题积累到一定程度后，会促发作为矛盾另一极的次要模式出现，这便产生具有质变意义的管理模式创新。辩证矛盾的两极既相互对立又相互依存，深化了特定组织范式，使矛盾的两极重新平衡。然后，随着新技术革命的发生，又触发一个新的主要模式发展周期，由此循环反复，推进管理模式和组织范式不断演进。

比较而言，在概念层面进行的模式内创新是一种变革幅度较小的持续改进式创新，具有管理行为连续、转换成本低等特点。在已有的两个或多个管理模式中进行选择或切换的，是一种模式间变换转型式管理创新，但没有突破既有的组织范式。颠覆式创新，是指对既有管理模式的破旧立新，其成功可能依赖于技术与制度等情境条件。颠覆式创新具有管理行为不连续、高转换成本和潜存失败风险等特点，现实中较难发生，并且对变革推动者的管理创新能力要求很高。

第 3 节　管理创新的过程与行为主体

不同类别的管理创新，实现过程不同，企业内外部创新主体在特定过程中所发挥的作用也不相同。本节基于全新型管理创新与引进型管理创新，分别介绍其创新实现过程所经历的主要阶段，然后以全新型管理创新为主介绍相关创新主体在各阶段所起的作用及合作关系。

一、管理创新的过程

（一）全新型管理创新的过程

伯金肖等学者主张，创造发明类管理创新通常是在"触发—发明—实施—理论化、标识及扩散"过程的循环反复中，最后达成某种全新型管理创新。其实现过程包括如下四个主要阶段：

（1）触发阶段。这一阶段关注的是哪些促进要素和突发事件引致行为主体去考虑所在企业对管理创新的需要，强调推进组织成员去尝试某种新型管理的前提和动机。行为主体会在威胁、机会和对现况的不满等各种触发因素的作用下，开始考虑开展管理创新。

（2）发明阶段。某种灵感、想法首次产生，并通过最初的实验行为，形成一种新的假设性管理实践；然后，在试错过程中，新的有待验证的管理实践开始出现，其中一些新的思想随后被组织选中，从而确认所产生的变异是一种与既有做法不同的发明。

（3）实施阶段。此阶段是指在本企业内即真实的环境中进行范围逐步扩大的实践探索，从而通过内部选择确立这一管理创新的价值的技术过程。它包括从实践探索到新的管理模式逐步成熟并成型这段时间内的所有活动。

（4）理论化、标识及扩散阶段。创新实践经过概念化和理论化后得到命名标识，并由发明单位向组织内外传播，从而作为一种新的管理方略得以保留和制度化。这是一个使组织内外的个体或团体理解并证实该项管理创新的有效性，进而建立起它的合法性或正当性的社会过程。

上述过程并不是一个简单地从前一阶段到后一阶段推进的线性的顺序，相反，它往往是一个复杂的、递归的过程。即基于创造发明而产生的全新型管理创新，不是一次到位的，而是在反复迭代和循环中最终打造出来的。

（二）引进型管理创新的过程

就存有某种调适的引进型管理创新来说，其实现过程可划分为如下四个阶段：

（1）发现问题。通过感知外部环境变化对企业造成的冲击以及内部运行中存在的问题，识别管理创新的机会，形成发起管理创新变革的意愿。

（2）寻求创新方案。即从不同创新知识源汲取企业外部已有的管理创新经验和实践，以供参考和借鉴。从与企业现实问题与情境调适的角度看，一些企业可能从不同渠道选取相关方面的管理内容，通过组合多种来源，取长补短，让参照方案趋于完善。

（3）提出并决定适合企业自身条件的新方案。即在吸收各种外部知识的基础上提出最适合本企业的新的管理方案，该方案应该与所要解决的问题或所存在的需要相匹配。当企业并非成套地引进某一方案时，确保不同来源的管理内容融为一体，彼此相互契合，且与使用情境相配适，是引进型管理创新产生应有成效的关键。

（4）实施新方案。即便所引进的是外界业已存在的成熟的管理方案，该方案对于本企业员工来说也是新的。因此，需要对方案实施过程进行妥善管理，确保各项举措得到贯彻落实，并对实施效果进行评价和反馈。

二、管理创新的内外部主体及其合作关系

发起和实施管理创新的行为主体，统称为管理创新主体。以全新型管理创新为聚焦点，基于横向和纵向二维，可以总结出如图15-1所示的管理创新过程模型，并识别出组织内外部创新主体的行为（包括各自的行动和彼此间的互动）。图15-1中，横向代表管理创新过程的四个阶段；纵向代表组织内部和外部创新主体及其在各阶段采取的行动；中部双向箭头符号框内的文字则代表内部和外部创新主体之间的互动。此外，情境条件是外在于创新主体但具有先决性影响的因素，会对管理创新活动的发生、发展过程以及相关行为主体致力于解决管理问题时优先考虑的方面及决策产生重要影响。

（一）组织内部的管理创新主体

内部创新主体，由开展管理创新的企业的一部分员工所组成，他们不满足于按部就班地工作，会主动展现出"内企业家精神"，从而成为管理创新的行为主体。通常，他们作为创新者会对那些尚处于意向阶段的管理创新的可能效果和试验、推进非常积极且有兴趣，对现存的管理做法产生质疑，并愿冒风险开展实验，在实践中证明新想法的有效性。

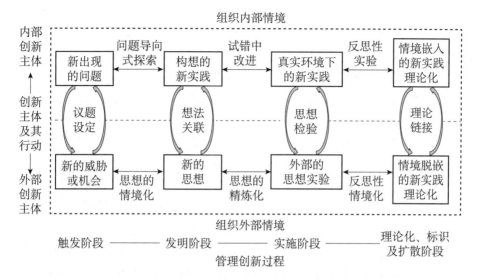

图 15 - 1　组织内外部创新主体及其在管理创新过程中的行为

资料来源：Birkinshaw J，Hamel G，Mol M J. Management innovation. Academy of Management Review，2008，33（4）.

与全新型管理创新过程各阶段相对应，企业内部的管理创新主体主要有如下四种角色：（1）发起者，他们对管理创新产生兴趣，能敏感地察知本企业正在或将要面临的新问题，在问题导向式探索中把握管理创新的机会；（2）创造者，他们会设法通过各渠道探索解决方案，构想出假设性的新实践并在真实环境下进行试错式实验，对备选的新颖方案进行决策；（3）实施者，他们对新的方案进行反复试验、改进，且向高层管理者反馈相关信息；（4）标识者，他们通过各种形式确认新方案的有效性，争取组织内外部的认可。

鉴于管理创新并非一个线性的过程，需要关注参与创新活动的各个行为主体在创新过程相邻阶段之间是如何连接的。例如，发明和实施两个阶段之间的反复试验行为，是一个发现问题、解决问题、取得一定管理创新成果、出现新问题、再次解决新问题的循环过程。还有，反复试验不是简单的无意识循环，而是试错式学习的迭代过程，能够不断促进管理创新成果趋向成熟。因此，只有跨越简单、机械的阶段分割，形成一个顺畅开展、无缝对接的有机的过程，才能真正取得颠覆式创新。

（二）组织外部的管理创新主体

尽管通常预期大多数的管理创新是由企业内部人员发起的，但处于企业外部的专业的咨询顾问、专家、学者等人员正在管理创新中起着越来越重要的作用。外部创新主体独立于特定情境，视野开阔、立场中立，且具有可信性和专业性等优势，可以对企业内部人员形成有益的互补。而且其中一部分人可能从事管理咨询类工作，对新的管理实践的兴起、发展、存续和合法化有积极的探索。

与企业内部创新主体尤其是高层管理者更常关注本企业所面对的实际问题不同，外部创新主体对于环境变化中出现的机会与威胁的洞察可能更敏锐，解释也更具有趋向性和普遍性，从而易于产生在业界有影响力的观点。

首先，在触发阶段，一旦与特定企业管理创新发起人建立起联系，他们就会基于自己的理论基础和行业知识，针对这家具体的企业给出一个论断，在普适性思想的情境化中帮助企业内部创新主体更好辨明所要应对的新问题。

其次，在发明阶段，外部创新主体会直接或间接地给所关联企业带来可信性的原始思想，并引导企业内部进行新思想的试验与探索。在这个过程中，外部创新主体会采取一种规范性的想象活动来推进新思想的精炼化。他们会基于职业规范和某些特定领域的专业知识，系统展开对于可能适合该具体企业的新方案的探寻，并根据某种新概念在现实实践中的可能表现来发展其内涵，使初期的概念知识与企业内所面临的特定情境对接。在管理创新的发明阶段，外部创新主体扮演着关键的新思想引导者的角色。

再次，进入实施阶段后，外部创新主体的角色相对更具间接性。其主要任务是开展一种思想实验。在思想实验中，外部创新主体一方面继续提炼和发展新思想，另一方面会基于其先前经验和专业知识来完善这一新思想，即开展反思性理论化工作。他们不仅致力于发展概念背后的理论，同时也可能变成一个有经验的实战者，在关联企业实施管理创新遇到困难时对该理论本身的局限性与不良的实践进行区分，并为企业改进实践提供指导。

最后，在理论化、标识及扩散阶段，外部创新主体扮演着双重角色。其一是帮助在关联企业内部建立起该项管理创新的正当性。作为外部专家，他们用专业分析来证实企业所面临挑战的严峻性以及应对这一挑战的管理创新的正当性。其二是在反思性理论化中发展出与某一种特定创新相关的理论知识，以便于向其他组织传播、扩散。他们通常可能成为管理创新合法性的某种重要来源，甚至还可能为尚未获得认可、还处于"星星之火"状态的管理创新进行背书，助力其发展成燎原之势。外部创新主体特别是那些在业界享有盛名的管理大师，对于新的管理实践常常起着强有力的推动作用，有助于证明特定企业某项管理创新的正当性，促进其被更多组织采用，从而保留下来。

（三）内外部创新主体的互动

如图 15-1 所示，企业内外部创新主体在管理创新中并非独立的两股力量，而会在管理创新过程的各个阶段或环节密切配合。通过内外部创新主体的合作，致力于某项管理创新的企业可以在内外部力量的相互推动中产生更好的管理创新效果。具体来说，管理创新过程中内外部创新主体间的合作关系表现在如下几方面：

（1）触发阶段的议题设定。在议题设定环节，内部创新主体通过与外部创新主体开展对话，对察觉的某一个问题或者机会进行双向评价。这不但有助于寻求外部情境的支持，也有助于判明此项管理创新的新颖性所在。

（2）发明阶段的想法关联。指将从外界获悉或外部创新主体提供的某些概念或零散的理论思想与本企业正在开展的实践探索之间建立一种关联，鼓励内部创新主体进行广泛的阅读与学习、参与会议与其他互联网活动来培育并提升创新意识及能力，使最初源自灵感的构想不断系统化。

（3）实施阶段的思想检验。试错中改进所取得的初步成果反映所构想的新方案对于现实情境的适宜性。基于此，内外部创新主体需要进行反思，形成对新思想的立体化检验，从而对新实践的进展和绩效进行客观的评价，以便进一步调整实践行为。

（4）理论化、标识及扩散阶段的理论链接。一项新颖的创新成果，要得到广泛的认可和采纳，需要内外部创新主体携手进行理论链接。为此，内外部创新主体需要通过面对面的交流和沟通，将企业内部迭代实验的成果和理论文献、专业知识、专家意见进行跨界链接，快速推进新实践在组织内部的扩散并加快标识化进程中不可缺少的理论化。唯有既源自实践探索（嵌入），又超越关联企业特定情境（脱嵌）的管理创新，才能被传播和扩散，由此获得生命力。

总之，企业作为开放系统，其管理创新也和技术创新一样，是一种开放式创新。原则上说，企业内外部创新主体需要密切合作，共同推进管理创新实践的有效开展。另外，相比全新型管理创新，在引进型管理创新中尤其是在其发明阶段，企业外部创新主体通常起到更为主导的作用。延伸阅读 15-5 说明了全球管理模式发展中参与管理创新的主要行为主体及其劳动分工。

延伸阅读 15-5　全球管理模式发展中的行为主体及其劳动分工

第 4 节　管理创新的中国式道路

一、中国企业管理创新的新动向

（一）数字时代的管理创新

第 9 章简要介绍了数字时代新技术环境带来的机遇与挑战。这一环境变迁将对管理产生意义深远的广泛影响。特别是，随着企业全面拥抱数字化转型，企业的战略、结构、资源、能力、决策流程等方面都会发生变化。如何在管理的各项职能中利用数字技术，将管理活动、流程和工具数字化，从而更好地推动决策优化和提高生产力，是当代中国企业面临的突出问题。

为了顺利实施数字化转型，企业首先需要制定全面而详细的数字化战略，并持续投入资源进行优化和更新。组织内部的结构和制度也需要相应调整，以适应新的管理模式。由于共享信息的成本很高，在传统工业化时代占据主导地位的企业普遍依靠官僚制和等级权威。然而，随着数字技术在工作场所的引入，企业内部和企业间的信息收集与共享变得更加高效。位于世界上任意两个地方的员工现在可以实时协作，工作及组织变得更加模块化、扁平化，组织的决策权更加分散，适应环境变化的灵活性也更大。[①] 为了支持数字化战略的有效实施，企业需要采用新的组织结构，并设立数字化转型部门，

---

① Menz M，Kunisch S，Birkinshaw J，et al. Corporate strategy and the theory of the firm in the digital age. Journal of Management Studies，2021，58（7）.

以建立促进数字创新协作、互动和协调的组织逻辑与机制。

在数字化转型中管理者的角色也需要转变。在数字化转型的背景下，管理者要明确业务转型的战略方向，并负责指导和协调因采用新数字技术而产生的多重的组织和运营变革。管理者需要了解大数据、云计算、人工智能、物联网等前沿技术可能带来的影响，以识别环境中潜在的机遇和挑战，并相应地调整企业的管理流程。因此，数字化转型也对管理者能力提出了更高要求。企业需要重新定义管理者角色，使其能够驾驭更加复杂的技术环境。首席数字官（chief digital officer，CDO）职位便应运而生。当然，管理者可以动员和组织企业内部业务人员深度参与甚至主导数字化转型，如实例 15-1 所示。深化学习 15-1 概述了数字经济时代管理实践和研究面临的新议题。

实例 15-1　友达光电（苏州）有限公司的内生型全方位数字化转型之路

深化学习 15-1　数字经济时代的企业管理新议题

数字化可以为管理创新活动带来多种优势。首先，通过实时数据分析，企业可以更加准确快速地作出决策。其次，数字化管理可以提高工作效率，减少人为错误，并降低运营成本。最后，数字化管理有助于增强企业的竞争力，帮助企业快速适应市场变化，并提高客户满意度。随着数字技术在企业运营中的全面应用，企业势必要对内部的各项职能活动作出适应性调整，进而不断提高价值创造与供给的效率。这导致企业内部管理创新活动不断。主要变化有以下方面：营销模式趋于精准化、精细化；生产模式趋于模块化、柔性化；产品设计趋于版本化、迭代化；研发模式趋于开放化、开源化；用工模式趋于多元化、弹性化；组织结构趋于网络化、扁平化。[①]

然而，数字化管理也面临着包括员工态度、资源投入、数据安全和隐私保护等方面的一系列挑战和困难。首先，数字化转型可能遭到员工的抵制，因为他们可能担心数字化会威胁到他们的工作。为解决这一问题，企业需要进行更多的内部沟通，明确传达数字化转型的目标和愿景，强调其在提高工作效率和企业竞争力方面的重要性，并提供相应的培训和教育，帮助员工提高数字化技能，使其更好地适应新的工作环境。其次，企业需要投入大量的时间和资源来实现数字化转型，这对于一些中小企业来说可能负担较重。作为应对，中小企业可以寻求与大企业合作，通过共享资源和知识，共同推进数字化进程。最后，数据安全和隐私保护也是数字化管理需要重点考虑的问题。企业需要建立严格的数据安全制度，实施加密技术，提高员工的安全意识，确保数据的安全性和完整性。同时，企业也需要遵守相关的法律法规，尊重并保护个人隐私。

（二）生态思维下的管理创新

第 12 章介绍了平台生态系统的概念以及新型的生态型组织。随着越来越多的企业

---

① 戚聿东，肖旭.数字经济时代的企业管理变革.管理世界，2020，36（6）.

加入现有的商业生态系统或作为主导者创建新的商业生态系统，有必要立足于生态思维来全面地思考和推进管理创新，以形成和利用商业生态系统优势。

在生态思维下，管理创新的内外部环境都呈现出新的特征。就内部环境而言，生态系统的所有成员都必须为生态系统的价值主张作出各自独有的贡献。可以说，企业的资源和能力不仅仅为自己所用，而是与生态系统的其他企业共享，发挥互补效应。同时，企业可利用的资源与能力也不仅仅存在于自身组织边界内，而是可以广泛利用生态系统其他参与者的资源与能力。不同参与者的互补资源共同构成了生态系统价值创造的来源。例如，在半导体芯片行业中，台积电公司打破了传统厂商采用的从前端设计到后端生产闭环的商业模式，专注负责中段的芯片制造，成了全世界芯片设计公司的"中央厨房"。①

从外部环境影响的角度看，生态系统也给管理创新带来了诸多新的挑战。由于生态系统中的参与者通常是多边相互依赖的，生态系统内和系统间的合作有时错综复杂地交织在一起，由此提高了外部环境的复杂性和动态性。这在电商平台生态系统中尤其明显。由于电商平台、产品公司、数字化服务公司以及物流公司等生态参与者具有复杂的竞争与合作关系，不同的参与者需要根据其他参与者的行动来制订自己的管理创新方案。

实例 15－2 说明，中国航天科工集团有限公司响应国家"大众创业、万众创新"号召，在高科技军工集团中推动创新创业（双创）向更大范围、更高层次、更高程度发展，但面临着如何让经过几十年实践不断优化的内部研发

实例 15－2　中国航天科工建设新业态、培育新态势的实践创新

体系与诞生不久的双创体系融合并存的难题。在历史上以高科技大系统工程技术创新为主的复杂系统项目研发中，该公司形成了"大兵团作战"的方式，如何同步开展大众化、草根化的双创活动，做到内外兼顾并与外部双创接轨，是一个巨大挑战。中国航天科工作为中央企业，充分发挥领军企业核心优势，积极构建开放共享的"互联网＋"创业创新平台，以平台聚集的资源、能力为创客群体提供完备的配套服务，以平台汇聚的需求拉动创客群体释放创业创新潜能，以资源的高效协同和有效利用，推动加速构建适应互联网经济发展需求的产业发展新业态和共享经济新生态。

面对内外部环境变化的新挑战，企业可以通过三个管理措施来促进利益相关者参与价值共创：一是定义、构建并努力实现共同目标。在包含多类利益相关者的生态系统中，共同的价值观和目标会产生积极的协同作用。二是打造通用基础设施，为价值共创开发接触点。价值共创需要共同设计的正式实践，使利益相关者不仅能够参与，而且能够成为积极的价值共创者。如企业可以通过设计平台和通用界面将生态系统的参与者连接在一起。三是创建专门的跨组织协作接口团队。这对于培养参与者之间的有效关系、

---

① 魏炜，张振广，汪鹏．生态系统下的商业模式创新．企业家信息，2023（1）．

实例 15-3 融合共生：深圳湾科技园区的生态运营之路

保持专注并利用价值共创所需的领导技能非常重要。[①]

实例 15-3 说明了一家传统房地产企业向生态运营模式转型的过程。

（三）面向可持续性的管理创新

党的二十大报告指出要推动绿色发展，促进人与自然和谐共生。尊重自然、顺应自然、保护自然，是全面建设社会主义现代化国家的内在要求。随着国际环境管理标准、新的可持续发展指标和 ESG（环境、社会与公司治理）报告标准的陆续出台，企业越来越多地参与或发起面向可持续性的管理创新，关注自身业务运营对经济、社会和环境绩效的长期影响。例如，华为建立了企业可持续发展（CSD）管理体系，持续从领导力、策划、组织与能力支撑、流程运营、绩效评估以及改进六个方面，依照改进版的 PDCA 循环逻辑推进可持续发展战略和目标的闭环管理。

为了在战略层面切实推动面向可持续性的管理创新，企业往往需要在总部设立相关

延伸阅读 15-6 CSO 职位的八项任务

的管理职位。比如，越来越多的全球公司设立了专门的首席可持续发展官（chief sustainability officer，CSO），该职位的具体任务参见延伸阅读 15-6。

（四）中国式现代化背景下的管理创新

中国式现代化是中国企业发展的基本环境和基本遵循。党的二十大报告指出：中国式现代化，是中国共产党领导的社会主义现代化，既有各国现代化的共同特征，更有基于自己国情的中国特色。中国式现代化是人口规模巨大的现代化，是全体人民共同富裕的现代化，是物质文明和精神文明相协调的现代化，是人与自然和谐共生的现代化，是走和平发展道路的现代化。在这一背景下，人类面临着一系列现代化之问：两极分化还是共同富裕？物质至上还是物质精神协调发展？竭泽而渔还是人与自然和谐共生？零和博弈还是合作共赢？照抄照搬别国模式还是立足自身国情自主发展？我们究竟需要什么样的现代化？怎样才能实现现代化？[②] 这些是对当今世界现代化面临的各种矛盾和困境进行深入思考后提出来的带有普遍性的问题。

从宏观层面对微观层面所具有的决定性影响来看，中国式现代化的普遍要求必然投射于在社会主义市场经济中发挥主体作用的企业行为中。企业是社会经济的细胞，是推动社会经济发展进步的主要力量，其成长过程在相当程度上映射着整个社会经济体系发展的格局、方向与路径，微观层面的企业成长发展进程与宏观层面的中国式现代化在前

---

① Pera R，Occhiocupo N，Clarke J. Motives and resources for value co-creation in a multi-stakeholder ecosystem：a managerial perspective. Journal of Business Research，2016，69（10）.

② 习近平. 携手同行现代化之路：在中国共产党与世界政党高层对话会上的主旨讲话. 人民日报，2023-03-16（2）.

进目标和本质要求上遥相呼应。因此，新时代的企业管理创新，必然要与推进中国式现代化的步伐保持一致。实例 15－4 以中国规模
最大、产品品类最全的乳制品企业伊利公司为
例，说明了企业实践中蕴含着中国式现代化征
程中的种种困难选择，但是致力于管理创新
探索的企业将在化解矛盾中稳步前行，确保
中国式现代化从微观层面到宏观层面行稳致远。

实例 15－4　伊利集团管理创新蕴含的五个现代化

党的二十大报告明确指出："实践没有止境，理论创新也没有止境。"① 为此，实践界和理论界都必须坚持自信自立，坚持守正创新。只有守正，才能不迷失方向、不犯颠覆性错误；同时，只有创新，才能把握时代、引领时代。坚持守正创新，是我们党百年
来推进马克思主义中国化、时代化得出的规律
性认识，是指导我们持续推进管理实践创新和
管理理论创新的科学方法论。延伸阅读 15－7
联系民族复兴的时代背景阐释了企业管理创新
的基本要求。

延伸阅读 15－7　民族复兴的时代内涵与企业管理创新的基本要求

二、中国企业独特的管理创新之路

党的二十大报告指出："只有把马克思主义基本原理同中国具体实际相结合、同中华优秀传统文化相结合，坚持运用辩证唯物主义和历史唯物主义，才能正确回答时代和实践提出的重大问题，才能始终保持马克思主义的蓬勃生机和旺盛活力。"② 我们在探索并采用适应本土独特情境的管理创新中国模式时，必须坚持"两个结合"原则，形成独具中国特色的管理创新之路。

（一）理念范导：实事求是

中国的企业必然拥有自己独特的生存发展规律。面向中国企业的管理，亦是与众不同的。当代商业世界中的管理者和管理学者必须认识、把握并遵循事物本身的规律。中国式管理现代化的发展是一个逐步丰富和深化对事物本质、特性及运行规律的认识，并使之不断体系化、学理化的过程。

一切从实际出发，理论联系实际，实事求是，在实践中检验真理和发展真理，是马克思主义的根本观点和方法。"实事"就是人的实践活动（包括管理活动这样客观存在的事物）本身的规律，"是"就是对实践活动中所蕴含的规律的认识，即真理，"求"就是去研究、去趋近真理，以获得对人的实践活动内在联系的深刻理解与动态反思。

---

① 习近平. 携手同行现代化之路：在中国共产党与世界政党高层对话会上的主旨讲话. 人民日报，2023－03－16（2）.

② 习近平. 高举中国特色社会主义伟大旗帜 为全面建设社会主义现代化国家而团结奋斗：在中国共产党第二十次全国代表大会上的报告. 北京：人民出版社，2022：17.

企业管理领域中的"是"，从性质上说，应界定为介于基础研究与应用研究之间的研究成果，即应用导向的基础研究。与处于两个极端的纯粹的基础研究和纯粹的应用研究不同，管理创新所探索和追求的真理是介于这两者之间的知识状态，它既需要理解事物底层的基础原理，又以实际应用价值为导向。推进中国式管理创新，就是要致力于形成以管理应用为导向的、体系化的基础研究成果。

（二）道路选择：适者为佳

党的二十大报告明确指出要建设中国式现代化，它既有各国现代化的共同特征，更有基于自身国情的中国特色。为实现管理现代化，中国企业必然要走一条适合国情和自身特点的管理创新之路。

从指导原则来说，基于企业管理活动不同细分领域的现有理论和实践发展水平，需要因地制宜地选用合适的创新发展道路。具体地，在战略方向上，要运用情境化、体系化思维，促进中国式现代化管理学科的发展，加快建构中国自主的管理学知识体系。在具体路径、道路或通路上，可以根据具体情况从如下几种方案中择优[①]：

（1）弱国之路：取长补短。对处于落后水平的学术领域，应取人之长以补己之短。

（2）大国之路：扬长补短。对处于中游水平的学术领域，应扬己之长以补己之短。通过获取并强化优势的领域资源，反哺领域之短处。

（3）强国之路：扬长避短。对处于顶尖水平的学术领域，应扬己之长且避己之短。通过充分发挥已有之长项，夯实并保持"一直被追赶、永不被超越"的领先局面，避开领域之短项（非关键方面），集中精力和资源打造并保持更多的长项。

（三）知识创新路径：殊途同归

党的二十大报告指出，"实践没有止境，理论创新也没有止境"[②]，"今天我们所面临问题的复杂程度、解决问题的艰巨程度明显加大，给理论创新提出了全新要求"[③]，我们必须坚持问题导向，继续推进实践基础上的理论创新。习近平总书记在中共中央政治局第六次集体学习时强调，"时代是思想之母，实践是理论之源……推进理论创新是实践基础上的理论创新，而不是坐在象牙塔内的空想，必须坚持在实践中发现真理、发展真理，用实践来实现真理、检验真理"[④]，提倡"要尊重人民首创精神，注重从人民的创造性实践中总结新鲜经验，上升为理性认识，提炼出新的理论成果"[⑤]。党的二十届三中全会在阐明守正创新时，明确强调要"顺应实践发展，突出问题导向，在新的起点上推进理论创新、实践创新、制度创新、文化创新以及其他各方

① 华昕海. 质量理论创新. 北京：中国标准出版社，2021.
② 习近平. 高举中国特色社会主义伟大旗帜 为全面建设社会主义现代化国家而团结奋斗：在中国共产党第二十次全国代表大会上的报告. 北京：人民出版社，2022：18.
③ 同②20.
④ 习近平在中共中央政治局第六次集体学习时强调 不断深化对党的理论创新的规律性认识 在新时代新征程上取得更为丰硕的理论创新成果. 人民日报，2023-07-02（1）.
⑤ 同④.

面创新"。

依照马克思主义实践辩证法,对管理现象的认识要经历由实践到认识,再由理论到实践的两次飞跃。其中,第一次飞跃是个思维过程,第二次飞跃是个实践过程,二者不能割裂开来。只有在思维过程与实践过程的有机结合中,才能构建出具体而理性的管理理论,从"感性—理性"和"抽象—具体"两个维度结合的角度来考察思维过程,可以把管理知识区分为感性具体的管理经验知识、理性抽象的管理理论知识和理性具体的管理应用知识三类。[①]

从服务于解决管理实践问题的目的来说,呈现理性具体特征的管理应用知识的生产与传播,应该成为管理知识创新过程的旨归。从知识生产的过程看,有三条路径可以产生这样的管理应用知识:

(1)立足于管理实践问题,直接将感性具体的管理经验知识总结概括为理性具体的管理应用知识的短路径;

(2)上述过程中把理性抽象的管理理论知识作为中介环节加入后的长路径;

(3)先从管理实践中凝练出科学问题,形成理性抽象的管理理论知识,而后再转化为理性具体的管理应用知识的分步实现路径。

从管理知识向实践界有效传播的角度看,前两条路径均以管理应用知识的生产为直接目标,所产生的管理应用知识相对较易传播;对比而言,第三条路径中如果知识生产过程终止于呈现理性抽象特征的管理理论知识,那么其传播的效果就较差。作为纠正措施,通常需要事后增补一个由专门机构或人员(如咨询公司、教练型顾问)进行知识转化的环节,借助这一额外的过程使知识状态从理性抽象向理性具体转化。

(四)研究成果普适化:源自本土,推及全球

管理学是一门综合性应用学科,兼具社会属性与自然属性。不同社会制度下存在情境差异性,需要针对中国现象和问题提出自己的理论,加快建构中国自主的管理学知识体系。

习近平总书记多次强调中国学者应担负起建构中国自主的知识体系的历史使命。习近平总书记 2022 年 4 月 25 日在中国人民大学考察调研时明确指出:"加快构建中国特色哲学社会科学,归根结底是建构中国自主的知识体系。要以中国为观照、以时代为观照,立足中国实际,解决中国问题,不断推动中华优秀传统文化创造性转化、创新性发展,不断推进知识创新、理论创新、方法创新,使中国特色哲学社会科学真正屹立于世界学术之林。"[②] 近年来,越来越多的中国学者响应习近平总书记的号召,深入思考如何融合中西方理论来研究中国企业发展问题,在"通古今之变化"和"融通中外文化"中,努力建构具有中国特色、中国风格、中国气派的理论体系,形成管理的中国理论。

---

① 张正堂:如何提升中国管理学研究对实践的贡献:基于管理知识生产传播模型的研究.中国工业经济,2023(10).

② 习近平在中国人民大学考察时强调 坚持党的领导传承红色基因扎根中国大地 走出一条建设中国特色世界一流大学新路.人民日报,2022-04-26(1).

应该认识到，"中国理论""中国知识"并不是一般的社会知识，而是对世世代代中国人的感性认识和理性认识的辩证综合，承载着中华民族的自我意识，因此有其具体规定性；同时，它又是属于人类的社会知识，因此有普遍性。具体针对企业管理领域，管理的中国理论是源自中国本土情境的知识创造和创新，它有别于中国管理理论。它不是对既有管理知识的全面颠覆，亦不是对西方管理理论与研究范式的全盘否定，而是基于中国企业独特的管理情境，以兼容并蓄和文化融合为原则，以管理学既有理论体系为基础，结合中国管理实践现状与发展诉求进行管理理论体系和研究内容的拓展与创新，以解决现实管理工作的痛点与盲点，实现管理知识的交叉与融合、继承与发展，从而建构起原创性的、充分体现中国特色的管理新理论和新思想。

从认识主体来说，管理的中国理论绝不是外部观察者将中国作为"他者"形成的认知成果，即将本土情境置入西方理论框架中以检验西方管理理论在中国企业情境下的解释力的所谓"中国管理理论"，也不是中国人模仿外部观察者以"远经验"方式形成的认知结果，而是深度情境化的、有着鲜明的中国属性的知识，是中国历史文化主体性的体现。当然，构建中国理论亦不排斥外部世界的贡献，但相比中国人的自我意识，这是第二位的，需要通过批判性的活动，将一种来自外部视角的认知消化融合进中国人的自我认知中。所以，中国自主的管理学知识体系既是"中国的知识"又是"中国底知识"，它一方面可以为国家意志的形成提供理性选项，另一方面也可对外全面展现真实的中国国家形象。①

为了加快建构中国自主的知识体系，对于中国人自身而言，就必须基于"我们是谁""我们从哪里来""我们要走向何方"的身份认知，以参与者的立场，在贴近或深度卷入管理实践中进行"近经验"或"入世"式研究；对于外部世界而言，则需明确何谓中国，尤其是何谓当代中国，以及中国将如何发展。为了建构中国自主的管理学知识体系，必须在研究范式上进行根本转变，由客位的观察变成主位的分享，以克服舶来的理论所固有的情境化不足缺陷。② 这样在主位-客位关系重塑中构建的管理的中国理论，虽然主要源自中国本土情境，但能够普适全球，可推广应用于各行各业和世界各地，具有跨越时空的广阔的应用情境。

正如习近平总书记对我国哲学社会科学研究者指明的，当前"世界百年未有之大变局加速演进，世界进入新的动荡变革期，迫切需要回答好'世界怎么了'、'人类向何处去'的时代之题……哲学社会科学工作者要做到方向明、主义真、学问高、德行正，自觉以回答中国之问、世界之问、人民之问、时代之问为学术己任，以彰显中国之路、中国之治、中国之理为思想追求，在研究解决事关党和国家全局性、根本性、关键性的重大问题上拿出真本事、取得好成果"③。

对于企业管理领域致力于构建管理的中国理论的知识生产和传播者来说，要遵循"实事求是"的治学方针，在理论密切联系实际中，系统深入地开展以管理应用为导向

① 高瑞泉．构建中国知识体系是一项重要历史任务．光明日报，2020－07－31.
② 吕力．中国管理哲学：中国传统文化视域中企业的"道"与"治"．上海：东方出版社，2022.
③ 习近平在中国人民大学考察时强调 坚持党的领导传承红色基因扎根中国大地 走出一条建设中国特色世界一流大学新路．人民日报，2022－04－26（1）.

的基础研究，对丰富多彩、独具特色的管理实践进行体系化总结和学理化阐释，切实履行好解释世界（实然）、规范世界（应然）和改造世界（行动）的使命责任，以此为中国式现代化贡献管理智慧，为世界管理发展贡献中国智慧。

小　结

1. 创新是企业家精神的一种体现，意指更新、创造新事物或改变现有的做事方式。

2. 管理创新，是指管理者及其组成的管理组织以新思想、新方式、新方法等对管理系统或其中某一方面的方略组合进行重新设计、选择、实施与效果评价，以提高管理工作有效性的过程。

3. 以企业为主体的创新包括制度创新、技术创新和管理创新三个方面。系统观要求企业建立起以技术创新为核心、制度创新为基本前提、管理创新为有效保障的协同创新体系。

4. 任何管理工作都具有维持和创新两种功能，管理创新的开展是在更高层次上为企业实现系统维持功能提供依托和保证。

5. 管理创新的内容包括管理理念创新、管理职能要素及其组合方式创新、有关管理对象和管理环境的认知的创新及管理情境或应对方式的创新等，它们共同构成一个整体。

6. 基于不同的分类维度，可以将管理创新区分为突破性管理创新与渐进性管理创新，全新型管理创新与引进型管理创新，单项创新、体系创新与体制创新，模式内持续改进式、模式间变换转型式与颠覆式等类别。

7. 不同类别的管理创新，实现过程不同。就全新型管理创新来说，其实现过程包括触发阶段、发明阶段、实施阶段，以及理论化、标识及扩散阶段，是一个复杂的、递归的过程。对存有某种调适的引进型管理创新来说，其实现过程包括发现问题、寻求创新方案、提出并决定适合企业自身条件的新方案、实施新方案四个阶段。

8. 管理创新主体，指的是发起和实施管理创新的行为主体。在管理创新过程的各个阶段中，既有企业内部与外部的管理创新主体各自的行动，也存在他们之间围绕议题设定、想法关联、思想检验、理论链接等环节的互动。企业需要通过开放式创新，使内部与外部的管理创新主体密切合作，共同推进管理创新实践的有效开展。

思考与讨论

1. 与创业和技术创新相比，是否可以把企业管理创新视为企业家精神的表现？试说明理由。

2. 管理现代化与管理创新之间有什么区别和联系？管理创新与管理变革之间又是什么关系？

3. 在企业发展的不同时期，制度创新、技术创新和管理创新三者之间的关系有什么变化？能否把这三者之间的协同关系，解构为两两之间的协同关系的加和？为什么？

4. 管理的维持功能和创新功能的重要性，是对管理创新所有方面的内容都统一而论的吗？在某些时期，是否有些内容的创新更具有引领性？若是，请举例说明。

5. 在管理创新的各种类别中，为了尽快建构起中国自主的管理学知识体系，你认为当前阶段首要的是哪些？

6. 比较全新型管理创新与引进型管理创新的过程，你认为二者最重要的差别是什么？

7. 一国的宏观环境如何对企业的管理创新行为产生影响？这种影响与对企业管理维持功能的影响是类似的吗？为什么？

8. 对企业构成深远影响的管理创新，一定是由高层管理者发起的吗？为什么？

9. 你认为管理咨询公司一般在企业管理创新中发挥什么样的作用？其角色在工业时代与数字时代有什么主要区别？

10. 管理大师对特定企业管理创新取得成效有什么样的作用？请举例说明。

11. 区分效率性与合法性两个评价标准，你认为企业外部的管理创新主体是否有必要细分子类？你建议如何分类？

12. 结合引例，你认为吉利公司所开展的管理创新属于什么类别？其创新实现的过程有什么特点？其经验是否具有普适性，或者在什么范围内具有普适意义？为什么？

篇末案例Ⅳ-1

双童公司的自组织创业裂变

楼仲平是浙江义乌的一位民营企业家，于1994年创办义乌市双童日用品有限公司，把公司建成世界上最大的饮用吸管生产企业之一。近年来面临产业内增长空间受限、年轻团队的成长诉求和期望持续增加的挑战，楼仲平认识到垂直层级管控（权威型）的传统组织方式已不足以激发核心员工和知识型员工的工作活力、自主提升和价值创造意识，于是从2016年开始进行结构性的组织创新。他强调："作为正常的组织和个体，要理解我们的能力是有极限的；在人心思变的数字化环境下，让更多优秀成员转变成创业者来分担这个时代带来的挑战。"

楼仲平注意到，时代越来越复杂，做决策也越来越难，要看的东西太多了，反而不能判断一件事是对是错，做选择的时候也不会像以前那样有底气。过去许多决策成功，不是因为自己高瞻远瞩，而是恰巧站在了正确的位置上。比如，2005年双童开始制定公司的五年规划，前两个五年都完成了，但到第三个五年规划时，问题出现了。2016年11月定下的关键词，半年之后就发现跟不上环境变化，不得不做了修订。半年时间里变化就这么大，怎么保证新规划能预测未来五年？外部环境变得越来越快，企业生存发展的先决假设不一样了，楼仲平对五年规划的意义产生了怀疑。楼仲平意识到，自己要"远离公司，才能更了解公司"。

尽管双童公司已经获得塑料吸管行业2/3的专利，鼎盛时，全世界超过1/4的吸管都是由双童生产的，但是从2015年以来，楼仲平越来越不希望别人叫他"吸管大王"。边实践边思考，楼仲平将公司的价值观从"专注、创新、共赢"改为"致力成长，协同共生"。他认为，传统组织都会面临如何打破组织僵化、持续创新的困境。他回顾说，包括双童在内，大多数制造业企业都经历过这一过程：最早的组织形态是家庭作坊式的，一个领头人带几个员工，编制灵活、人员精干，是十分高效的组织形态；随着规模不断扩大，这种小的自组织形态被现代化的金字塔式组织形态所替代，直线管控、权责分明，但规模越大，管控难度就越大；更大的变化是，组织成员个体价值越来越强，分工和管控的模式无法激发他们的创造热情，要打造有活力的组织，最重要的是通过分权培养创业者，而不是通过授权培养经理人。

楼仲平认识到：金字塔结构的中心组织比较脆弱，一旦失控就容易整体崩溃而死亡，而分布式组织得益于多边开放组合和连接，个体死亡不会带来整体的失控和死亡。他认为，公司所在地义乌是一座创业型的城市，自己最有价值的事情就是去培养创业者，带领大家共同富裕。2018 年，他把公司徽标从"双童吸管"换成了"双童创业共享平台"。他本人虽然保留公司董事长的职位，但不干预创业体的任何经营和管理。他的行为越来越像一个学者，他的主要工作变成了思考和布道，双童则更像是他践行自身思考的修道场。

楼仲平立志于在双童打造无数个自组织集群，用创业体矩阵来对抗组织失控和僵化。为此，他明确把"回归自组织"确立为双童组织变革的方向，通过组织结构的设计，让核心成员对自己的工作认知从"要我做"向"我要做"转变。转型过程中，为拓展出新的创新经营体，双童通过以下几个方面的组织设计推进组织转型变革进程：（1）在原本庞大的主业务板块上分离出若干小实体独立经营，所分离出的经营体既可作为独立创业项目成立法人公司（按《中华人民共和国公司法》运营），也可作为事业部板块独立运营（内部签署严格分享机制）。（2）在业务主板形成创业生态后扩大产业边界，在产业生态的周边拓展新的创业体（以第三产业轻资产项目为主），引导并推动原核心成员转变角色进入创业体担任负责人，引导更多成员从管理者向创业者转变。（3）在主业务板块及产业周边形成创业生态后，引导核心成员向服务业拓展新的创业项目，既可以在人文教育领域，也可以在商业模式和产业技术上，拓展创新创业项目输出。（4）鼓励创业体自身裂变出创业体事业部控股的创业项目，形成新的自组织集群。通过自组织继续孵化自组织，形成各个创业体裂变后的自中心和多中心，在双童构筑起多层架构的创业矩阵。

目前，双童已经陆续孵化了 12 个创业体，其中双童生物科技、双童生活科技、双童文化传媒、双童进出口公司、上海欧投中国等都是员工控股的创业实体企业。双童旗下除第一事业部坚持双童吸管的主业，为孵化其他创业平台打基础之外，其他几个创业体都跳出了吸管制造的赛道。第二、第三事业部聚焦做跨境贸易。通过给仓库、给产品，公司扶持这两个事业部迈出了第一步，它们的销售额都突破了几千万元。第五事业部定位于开拓文化和教育阵地，以培养和发现更多人才。另外还有七个规模更小一些的自营体，它们都有不同的探索领域。通过"分子裂变"，双童在稳固主业的同时利用义乌贸易优势拓展产业和能力边界，不断孵化出新的成长板块。

资料来源：楼仲平 . 别叫我吸管大王 . 商界，2021（5）；楼仲平：双童如何通过组织变革把传统企业做成"创业共享平台"？. http://www.china-straws.com/news/2174.html.

启发思考题

1. 楼仲平认为"在时代面前，个人是如此渺小"，这反映出的是传统制造业企业共同面临的时代挑战，还是企业家个人修养的进阶，抑或是企业成败转换的动态性？

2. 放弃对公司业务发展做出五年规划的楼仲平，还是一个规划者吗？为什么？

3. 吸管行业领导者转型为创业生态的赋能共享平台，如何能够既满足员工张扬个性的需要又激发组织活力？双童布局的多层架构的创业矩阵，宜如何设计其宽度和深度，体现什么管理原理？

4. 有人将"回归自组织"解释为从"他的组织"转变到"我的组织"，你对此有何评价？

5. 你认为双童公司激发员工自主性的组织变革措施有怎样的适用性和推广价值？

篇末案例 IV - 2

不断拓展的小米生态圈

小米生态链发展迅速，到 2020 年底共计投资了超过 310 家生态链企业，总账面价值为 480 亿元，形成了多个圈层的业务结构。但这一布局并不是规划出来的，而是一点一滴涌现出来的。刘德回忆说："早期并没有想到这些。我们（生态链团队成员）早期的特点是敏感、活跃。觉察到一个投资机会就去做，然后就不断思考，不断调整政策。你事后总结的时候觉得还很有道理，但是事先并没有人指导你。"

生态链发展初期，小米主要围绕手机周边的智能硬件，如小米手环、移动电源、耳机、蓝牙音箱等进行第一圈布局投资。这是因为这些产品不只在销售端可以最大化利用与手机的互补效应，而且在设计端的产品方法论较为类似，便于输出和合作。随后，为了抢占物联网风口，智能产品成为小米生态链投资的第二圈，包括智能白色家电、智能交通、厨房电器、智能设备等。在这一圈层，小米投资了扫地机器人、净水器、空气净化器、路由器、VR眼镜、无人机、平衡车等。这一圈层是对物联网时代硬件智能化趋势的提前布局，预期未来会出现智能硬件的大爆发。

小米对第三圈的布局是一开始没预料到的，但是在各种机缘巧合下形成了生活耗材圈层，包括电动牙刷、行李箱、床垫、挂烫机、智能刀架、护眼仪等产品。刘德说："其实原本两圈就够了，但是内外因素共同起作用，就往外做了。外因是整个巨大的消费升级时代来临，时代变了；内因就是我们既然组了队，只做两圈就没事儿干了。所以我们往外又布了一圈，这一圈是大量的生活用品和消费品。"在消费升级时代，太多生活消费品带来了品质升级的机遇，包括最普通的毛巾。这些生活耗材拥有小米一直坚持的高品质和高性价比的特点，所以获得了小米粉丝的喜爱和支持。甚至一些原来不是小米手机粉丝的用户因为使用了生态链其他产品而开始关注小米手机，实现了"反哺"。第三圈布局充分利用了小米的用户红利和渠道红利，帮助生态链企业快速成长，同时提升了用户的购买频率和黏性，帮助小米获得了较高的品牌热度。

如果说小米对生态链第一圈手机周边的布局是水到渠成的事情，对第二圈智能硬件的布局是抢占物联网风口的战略投资，那么对第三圈优质生活耗材甚至未知的第四圈的布局则既是对消费升级时代的提前布点，也是小米想象未来的"版图涌现"（如图Ⅳ-1所示）。

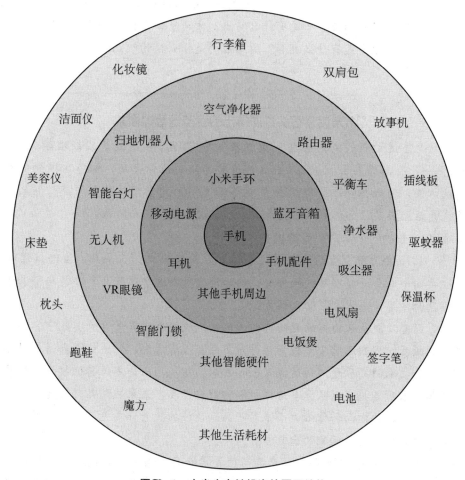

图Ⅳ-1　小米生态链投资的圈层结构

小米生态链谷仓科技集团创始人洪华说："预测未来最好的方式，便是一起创造它。"小米工业设计师李创奇指出："小米生态链模式是没法复刻的，它有很多历史时代背景的机缘，2014年国家号召全民创业，这样的话它有很多的创业公司让你去里面挑，我们知道每年都会有很多创业公司出来，但是那种集中爆发的情况，历史上就那一次。我们在做这件事情的时候，刚好跟整个时代的步伐暗合。"刘德认为，小米对生态链的管理虽然可以选择控股、收购和战略联盟，但小米坚持参股不控股，因为这样可以充分利用诸多创业者的群体智慧。市场上有太多前车之鉴表明很多企业被收购后流于平庸。原因就是，控股和收购后，生态链企业不再是独立个体，生态链企业CEO也不再是为自己干，其创业热情和创业精神会有所折损。而参股不控股的方式可以保护创业者的创业精神，生态链企业有充分的自主空间，可以自由驰骋。做智能照明的易来公司创始人姜兆宁说："小米的平台的确很好，但是关键还是要看你团队本身。小米就像一个火箭的第一级，它能够快速地将你推离地面达到一定的高度，接下来就是你利用这个惯性来点燃第二乃至第三级火箭的时候了。"

启发思考题

1. 以"创造未来，而不是预测未来"来概括小米生态链的发展过程，你认为合适吗？
2. 小米物联网版图的业务布局有什么特点？体现了什么样的企业发展战略？
3. 参股不控股的方式有什么利弊？所形成的是什么样的组织形式？

篇末案例Ⅳ-3

小米摸着石头过河得出的生态链管理模式

小米对生态链管理模式的探索一直在摸索中前行。生态链产品经理李创奇回忆："生态链是一个全新的东西，并没有什么可借鉴的模式让你去用，都是在摸索中不断地去找解决方法，然后去找弥补的方法。"从事后总结的角度，刘德介绍说，小米生态链管理模式先后经历了"个体户"、"集体制"和"议会制"三个阶段。

1. 野蛮生长的"个体户"管理模式

2013—2015年为野蛮生长阶段的"个体户"管理模式。在早期，生态链团队成员不多，主要由个人负责找项目、投项目，然后持续跟踪这个项目并负责其与小米体系的对接。刘德称之为"个体户"管理模式。

当时，孙鹏发现易来公司的照明产品还不错，就联系了其董事长姜兆宁，着手策划对该公司的投资。同期还有几家投资公司对易来有投资意向，但最终小米通过与姜兆宁团队对产品和技术的高质量沟通达成了合作意向。刘德指出，不像其他投资人聚焦于估值和股份，小米和姜兆宁团队更多地探讨如何做好产品，未来应该往哪里走，这让姜兆宁团队获得了清晰的方向和信心。小米对产品和设计的执着让姜兆宁团队获益匪浅，共同研发的台灯实现了高于预期的出货量。

另一个典型例子是2014年小米产品经理夏勇峰负责与石头科技扫地机器人的对接和投资。夏勇峰拥有成熟的产品经验和很高的产品格局，获得了石头科技扫地机器人负责人的认可与赞赏。夏勇峰团队和石头科技团队并肩作战，花了两年多的时间终于做出一款高效的扫地机器人。

生态链团队初期的几个管理者兼任投资人和产品经理的努力，为小米生态链初期很多产品的成功打下了基础。"个体户"管理模式的好处是，投资效率很高，而且给了生态链企业充分的空间，让其自由奔跑。结果，小米生态链投资初期涌现出了一批优质的生态链企业。例如，华米在小米手环上市的第二年就实现了超过10亿元的销售额，石头科技与小米合作推出的米家扫地机器人一经上市就成为爆品。随着优质企业的增多，一些问题也逐渐暴露出来，如容易产生对产品经理个人的高度依赖，小米产品经理个人也承受较大的压力。刘德指出过于依赖个人的问题是："如果这个人很强，那么他投的公司都好；如果这个人有问题，那么他投的公司很可能都做不好。"为了改变这种状况，小米生态链团队进行了调整，探索了"去个人化"的"集体制"。

2. 走向精细化的"集体制"管理模式

2016—2018 年，小米通过生态链投资决策的"集体制"管理模式，进入管理精细化阶段。随着生态链团队的扩大以及为解决"个体制"的一些弊端，小米开始以分组的形式对生态链企业进行管理。各小组一般由若干产品经理组成，这些产品经理共同找项目，共同进行投资决策，通过发挥群体智慧，降低了"个体户"管理模式时期的投资风险和投资人压力。每一小组可以对应若干生态链企业和产品。这样，对生态链企业的粗放式管理逐渐转向精细化。例如，生态链管理小组在产品规划、工业设计、质量管理等方面对生态链企业进行全方位辅导，帮助生态链产品形成统一的设计语言——好用的功能、极简的外形、极高的工艺品质。① 小米生态链产品的品牌形象因此得以提升，被认为是"科技界的无印良品"。

除了精细化之外，小米对生态链企业的管理模式还有一个变化，那就是共同负责制。从 2016 年开始，小米分配给每家生态链企业两个人，即以生态链企业利益为出发点的公司负责人和以小米长远利益为出发点的产品经理。公司负责人和产品经理共同负责，帮助实现小米与生态链企业的利益平衡和共赢。

转为以小组形式对生态链进行管理之后，小米生态链团队内部共有 20 名产品经理和 70 名生态链企业 CEO 直接向刘德汇报，管理半径仍然很大。

3. 走向规范化的"议会制"管理模式

2018 年以后，小米以"议会制"管理模式进入管理规范化阶段。随着小米生态链规模快速扩张，管理复杂性加剧。管理模式的规范化和投资决策的谨慎性要求日益提升。当时刘德在负责生态链部门时就表示："如果 80 家公司的事情都到我这来决策，瞬间就崩盘了。所以我们做了一个中层决策制，很多事情在中层就把它解决掉。"早期的模式，不可能永远有效。在这种情境下，小米探索出了"议会制"管理模式，"议会"由十几名议员组成。在进行投资决策时，若可以说服两三名议员，那么就可以上会，由整个议会讨论某一方案或决策是否可行。作为生态链掌门人，刘德只有否决权，没有决定权。

李创奇介绍说："生态链最早的时候就几个人，这几个人就直接把事情拍板了。到生态链有几百人的时候，发现像早期那种可以直接对一个事情拍板的人是越来越少的，它的浓度是越来越低的，但是你对于投资的要求是越来越高的。所以，应运而生的就是议会制。"这种浓度降低一方面是指生态链团队可以直接做决策的成员数量的浓度降低，另一方面是指市面上智能硬件创业潮后期优秀企业的浓度也逐渐降低。

2018 年 7 月小米上市后，投资决策趋向于更加谨慎，投资管理模式日益规范化。刘德说："今天，我们投公司的效率应该会低一点。降下来，是因为没法估值的公司，我们很难投了，所以我们会投一些具有一定规模、可以清楚估值的公司。我们必须要符合上市公司的规定，要尊重通行的投资规则。"

现在，小米生态链企业管理和投资模式转变为"投资决策会"管理模式。李创奇在访谈中介绍说："现在投资已经变成业务方提需求，然后投资部去找对应的方案，或者是拿到业务方给的方案，去上投资决策会，这又回到偏早期的一种方案。投资决策会一定程度上来说跟'议会'有点像，但是雷总其实最后有一票决策权。"小米的投资决策

会是由公司整个高层组成的，各个事业部的总经理也都会参与相关的业务投资。

从个体户、集体制到议会制再到投资决策会，小米对生态链企业的管理模式，随着业务的变化、规模的变化及管理需求的变化而持续迭代和演化。同时，对更优管理模式的探索也将一直进行下去。刘德回忆说："我们对生态链管理模式进行了持续的探索和尝试，因此有了这样不断的变化。我们每年都开'闭门会'，通过这种形式来讨论我们今天有什么问题，我们要怎么改，怎么修正。"他指出，这样做可以对目前出现的问题进行敏锐感知，然后通过积极的、持续的调整和迭代来探索新的管理模式，从而保障和促进生态链投资的顺利开展。

启发思考题

1. 小米在生态链管理模式上所经历的变迁，与企业生命周期阶段有关系吗？具体是什么关系？这在各个不同时期是如何体现的？

2. 依你看来，小米上市后的管理模式变迁，是个别化的特殊实例，还是具有某种普适性？为什么？

3. 生态链管理模式的变革是一种什么样的创新？其驱动因素是什么？

4. 从总体趋势来看，小米管理层是如何应对其管理情境的？这反映出小米是什么类型的系统？

参考文献

[1] 伯特尔·奥尔曼. 辩证法的舞蹈：马克思方法的步骤. 北京：高等教育出版社，2006.

[2] 包政. 管理的本质. 北京：机械工业出版社，2018.

[3] 彼得·德鲁克. 管理：任务、责任和实践. 北京：华夏出版社，2008.

[4] 饭野春树. 巴纳德组织理论研究. 北京：生活·读书·新知三联书店，2004.

[5] 黄孟藩，赵苹，王凤彬. 管理概论. 台北：五南图书出版有限公司，1995.

[6] 黄卫伟. 管理政策：矛盾、辩证法与实践. 北京：中信出版集团，2022.

[7] 李占祥，杨先举. 现代企业管理学. 北京：中国人民大学出版社，1990.

[8] 李占祥. 李占祥自选集. 北京：中国人民大学出版社，2007.

[9] 李占祥. 矛盾管理学：企业可持续成长之路. 北京：经济管理出版社，2000.

[10] 理查德·达夫特. 组织理论与设计：第 7 版. 北京：清华大学出版社，2003.

[11] 刘文瑞. 管理学在中国. 北京：中国书籍出版社，2018.

[12] 罗素·艾柯夫. 艾柯夫管理思想精华集. 上海：上海三联书店，2007

[13] 马尔科·扬西蒂，罗伊·莱维恩. 共赢. 北京：商务印书馆，2006.

[14] 切斯特·巴纳德. 经理人员的职能. 北京：机械工业出版社，2007.

[15] 王凤彬，李东. 管理学. 6 版. 北京：中国人民大学出版社，2021.

[16] 王利平. 管理学原理. 4 版. 北京：中国人民大学出版社，2017.

[17] 杨杜. 现代管理理论. 北京：经济管理出版社，2008.

[18] 伊查克·爱迪思. 企业生命周期. 北京：中国社会科学出版社，1997.

后　记

　　在中国企业管理学科的建设上，李占祥教授给我们留下了丰富的遗产。作为中国特色企业管理学的倡导者、开拓者和引领者，我国卓越的管理学家、杰出的管理教育家，中国人民大学荣誉一级教授，李占祥教授将自己的一生奉献给了中国企业管理理论研究与教育事业。李占祥教授自 1952 年于中国人民大学工业企业管理专业硕士研究生毕业留校任教后，一直从事企业管理的教学和科研工作，曾长期担任企业管理教研室副主任、主任等职，1986 年被国务院学位委员会评为企业管理专业全国首批博士生导师。李教授是新中国管理理论先驱者、矛盾管理理论创建者。20 世纪 80 年代，他主持和参加编写的《中国工业企业管理学》（1～4 册），于 1987 年获得北京市哲学社会科学和政策研究优秀成果一等奖，1988 年获得国家教委颁发的高等学校优秀教材奖；所主持的"从中国实际出发创建企业管理学科"项目，于 1989 年获得国家教委颁发的国家级优秀教学成果奖。"七五"期间，他主持的《上海宝山钢铁总厂现代化管理调研报告》，于 1994 年获得北京市第三届社会科学优秀成果二等奖；"八五"期间，他主持的国家自然科学基金重点项目"我国国有大型工业企业活力的系统分析与实证研究"成果《国有大中型企业活力研究》，于 1998 年获得教育部颁发的普通高等学校第二届人文社会科学研究成果管理学三等奖。

　　李占祥教授毕生注重教书育人。他所主持的"高质量、高水平培养硕士研究生"项目于 1993 年获得中国人民大学第二届校级优秀教学成果二等奖。李教授强调实事求是，实践出真知，并以多种方式引导和促进年轻人深入企业开展调查研究，在理论联系实际中总结提炼中国企业的先进管理经验，并把分散的、丰富的管理实践经验条理化、系统化，上升为理论。《李占祥自选集》前言中明确指出："长期以来，作为一名创建中国式企业管理科学的积极倡导者和探索者，我始终认为，世界上各个国家的企业管理科学都是从本国实际出发，认真吸收其他国家的管理科学理论和实践成果，并在不断地研究和总结本国企业管理实践经验的基础上而形成和发展的。创建中国式管理科学是时代赋予我们的历史使命。""什么是科学？科学就是对各种自然和社会现象及其运动、发展的客观规律的认识，并且把它加以系统化、理论化。科学的基础是实践，企业管理科学必须立足于企业管理实践。"他主张，创建中国式企业管理科学有多种途径和方法，但下列两点是他最为重视的：其一是辩证唯物论认识论是创建管理科学的基本途径，其二是矛盾分析法是创建中国式管理科学的基本方法。

　　2002 年，在李占祥从教五十周年之际，德高望重的中国人民大学老校长袁宝华先生在贺信中说："欣闻今年是您从教五十周年，在此，谨向您和您的全家表示衷心的祝贺和诚挚的敬意！五十载风霜，历尽沧桑。自青年时代，您就投身于我国管理学的研究和教学事业，始终坚持理论与实践相结合，呕心沥血，辛勤耕耘，取得了丰硕的成果，成为我国著名管理学家。在企业管理科学建设中，您一贯坚持从中国实际出发，洋为中用，古为今用，博采众长，自成一家。在长期的科研和教学中，您独树一帜，逐步创立了以研究企业生命为对象，以企业可持续成长为主题，以提高企业寿命为目标，以矛盾分析为方法的矛盾管理理论，为建设有中国特色的管理学作出了突出贡献。五十余年来，您在教育战线上孜孜不倦，培养了大批优秀人才，其中很多学生已成为各行各业的骨干力量和学科带头人。您造诣精深，品德高尚，受到学术界的尊敬和好评，是广大师生学习的楷模。"

李教授培养的学生不计其数，可谓桃李遍天下。作为李占祥教授门下 40 多名博士研究生中的一员，本书第一编著者在中国人民大学出版社副总编辑于波和管理分社社长熊鲜菊的多次动员下，有幸接受"中国管理学"系列教材编委会的委托，作为牵头人组织编写本书。四位编著者精诚合作，协调各方，多位志愿参与者提供辅助和支持，编写团队以传承与创新相结合为原则，在各方通力协作中完成了本书稿。具体分工如下：熊鲜菊、胡国栋协助王凤彬对全书进行了总体设计，征求了教材大纲初审专家的意见和建议；王凤彬主笔第 1 章、第 4～8 章、第 11～15 章；胡国栋主笔第 3 章，以及第 9 章部分内容；郭长伟主笔第 2 章，并与王凤彬合作完成第 10 章和第 15 章部分内容；何文龙主笔第 9 章部分内容。还有其他作者也对本书作出了贡献，尤其李鸿磊协助完成第 10 章第 1 节和第 2 节，郑珊珊协助完成第 9 章前 2 节和第 15 章前 3 节，王天娇、李文昊协助完成第 3 章，杨京雨对第 11 章、第 12 章部分内容做了增补，张雪参与了有关小米公司的三个案例的编写，张琦提供了中国电科案例和锐科激光案例，曾凯提供了深圳湾科技园区案例，陈荣凯、郭奕锴收集整理了双童公司和中粮忠良文化案例素材。郭长伟协助王凤彬对全书进行了通读、简化和形式美化，并且深度参与了二维码中各种材料的编排。除此之外，本书收录或改编了一些前期完成的教学案例或论文成果，参与人员包括李彬、陶哲雄、刘露露、郝瑾、刘松博、郑腾豪等。

由于编写过程中考量因素很多，而且充满着矛盾，最终只能以相对满意为标准结束无止境的修改过程。本书能够成稿，需要感谢诸多人员的指导与支持。特别感谢秦志华、李东红、李彬、李鸿磊等评审专家在本书大纲初审与研讨环节的批评指教，感谢中国人民大学商学院企业管理系多位教师对本书第一稿做了全面审读并反馈了细致的修改建议，感谢匿名的两位学科专家和一位读者对书稿的评价与反馈。他们不仅对本书的阶段性成果鼎力扶持，而且坦诚、细致地"打靶子"，从多个角度献计献策。得益于他们的帮助等，编写团队才可能在战战兢兢中有了些胆量来推出这本前缀"中国"二字的管理学教材。

借本书出版之机，我们特别感谢中国企业管理研究会黄速建会长、黄群慧理事长，他们自中国人民大学商学院主办的"企业管理哲学与组织生态论坛"启动以来就一直给予大力支持，并于 2022 年批准筹建和设立中国式管理专业委员会。我们还感谢在中国式企业管理道路上一直努力进行实践探索与经验和思想总结提炼的各界人士。他们的积累与坚持，让本书编写团队备受鼓舞和启发，得以在短时间内汇聚点滴或支流为江河，为形成中国式企业管理体系提供坚实的基础。忠心致谢在这一艰难道路上共同前行的同人！

特别感谢中国人民大学商学院领导和"中国管理学"系列教材编委会。他们规划了全系列教材的总体编写流程并且举办了多场教材编写主旨和内容研讨会，启动了包括编写者遴选、大纲审核、书稿中期审核、书稿终稿审核和校外同行双向匿名评审等环节的质量保障机制，有力地推动着我们尽可能地趋近建构中国特色、中国自主的管理学知识体系的目标。感谢他们在本书编写过程中的方向性指导与程序性把关。

特别感谢本书的策划编辑熊鲜菊和谷广阔以及责任编辑。本书的最终呈现离不开他们的全过程投入及专业细致的编辑工作。

本着持续改进、开放学习的心态，我们真心希望能够得到本书使用者、推介者和其他有关方面的反馈、评价与指正，希冀有机会在后续版本中优化本书，推动管理学领域迈向中国式现代化新征程。

编著者

图书在版编目（CIP）数据

中国管理学：理念、情境与过程 / 王凤彬等编著.
北京：中国人民大学出版社，2024.9. --（中国人民
大学中国管理学系列教材 / 叶康涛总主编）. -- ISBN
978-7-300-33058-7

Ⅰ. C93

中国国家版本馆 CIP 数据核字第 2024EL0118 号

中国人民大学中国管理学系列教材
总主编　叶康涛
中国管理学：理念、情境与过程
王凤彬　胡国栋　郭长伟　何文龙　编著
Zhongguo Guanlixue：Linian、Qingjing yu Guocheng

出版发行	中国人民大学出版社		
社　　址	北京中关村大街 31 号	**邮政编码**	100080
电　　话	010 - 62511242（总编室）		010 - 62511770（质管部）
	010 - 82501766（邮购部）		010 - 62514148（门市部）
	010 - 62515195（发行公司）		010 - 62515275（盗版举报）
网　　址	http://www.crup.com.cn		
经　　销	新华书店		
印　　刷	天津鑫丰华印务有限公司		
开　　本	787 mm×1092 mm　1/16	**版　　次**	2024 年 9 月第 1 版
印　　张	21.25 插页 1	**印　　次**	2024 年 9 月第 1 次印刷
字　　数	472 000	**定　　价**	59.00 元

中国人民大学出版社　管理分社

教师教学服务说明

中国人民大学出版社管理分社以出版工商管理和公共管理类精品图书为宗旨。为更好地服务一线教师，我们着力建设了一批数字化、立体化的网络教学资源。教师可以通过以下方式获得免费下载教学资源的权限：

★　在中国人民大学出版社网站 www.crup.com.cn 进行注册，注册后进入"会员中心"，在左侧点击"我的教师认证"，填写相关信息，提交后等待审核。我们将在一个工作日内为您开通相关资源的下载权限。

★　如您急需教学资源或需要其他帮助，请加入教师 QQ 群或在工作时间与我们联络。

中国人民大学出版社　管理分社

🔔　教师 QQ 群：648333426(工商管理)　114970332(财会)　648117133(公共管理)
　　教师群仅限教师加入，入群请备注 (学校＋姓名)

☎　联系电话：010-62515735，62515987，62515782，82501048，62514760

✉　电子邮箱：glcbfs@crup.com.cn

📍　通讯地址：北京市海淀区中关村大街甲 59 号文化大厦 1501 室（100872）

管理书社

人大社财会

公共管理与政治学悦读坊